Theorie der musischen Künste der Hellenen

VOLUME 2:
GRIECHISCHE HARMONIK UND MELOPOEIE

RUDOLF WESTPHAL

CAMBRIDGE
UNIVERSITY PRESS

CAMBRIDGE UNIVERSITY PRESS

Cambridge, New York, Melbourne, Madrid, Cape Town,
Singapore, São Paolo, Delhi, Mexico City

Published in the United States of America by Cambridge University Press, New York

www.cambridge.org
Information on this title: www.cambridge.org/9781108061506

© in this compilation Cambridge University Press 2013

This edition first published 1886
This digitally printed version 2013

ISBN 978-1-108-06150-6 Paperback

CAMBRIDGE LIBRARY COLLECTION

Books of enduring scholarly value

Classics

From the Renaissance to the nineteenth century, Latin and Greek were compulsory subjects in almost all European universities, and most early modern scholars published their research and conducted international correspondence in Latin. Latin had continued in use in Western Europe long after the fall of the Roman empire as the lingua franca of the educated classes and of law, diplomacy, religion and university teaching. The flight of Greek scholars to the West after the fall of Constantinople in 1453 gave impetus to the study of ancient Greek literature and the Greek New Testament. Eventually, just as nineteenth-century reforms of university curricula were beginning to erode this ascendancy, developments in textual criticism and linguistic analysis, and new ways of studying ancient societies, especially archaeology, led to renewed enthusiasm for the Classics. This collection offers works of criticism, interpretation and synthesis by the outstanding scholars of the nineteenth century.

Theorie der musischen Künste der Hellenen

Rudolf Westphal (1826–92) originally studied theology at the University of Marburg before turning to classical philology and comparative linguistics. He learnt Sanskrit and Arabic and took a keen interest in Indo-European languages and Semitic grammar. In the late 1850s and early 1860s he joined his friend and fellow philologist August Rossbach (1823–98) at the University of Breslau (Wrocław). This multi-volume work on ancient Greek metre and music resulted from their collaboration. Reissued here is the revised third edition published in four parts between 1885 and 1889. Volume 2 (1886) is devoted to Westphal's thorough account of melody and harmony in Greek music. He provides a general introduction to the development of Greek melody through history as well as an account of Aristoxenus' theory on intervals. The latter part of the volume focuses on the scholarship relating to harmonies and scales.

Cambridge University Press has long been a pioneer in the reissuing of out-of-print titles from its own backlist, producing digital reprints of books that are still sought after by scholars and students but could not be reprinted economically using traditional technology. The Cambridge Library Collection extends this activity to a wider range of books which are still of importance to researchers and professionals, either for the source material they contain, or as landmarks in the history of their academic discipline.

Drawing from the world-renowned collections in the Cambridge University Library and other partner libraries, and guided by the advice of experts in each subject area, Cambridge University Press is using state-of-the-art scanning machines in its own Printing House to capture the content of each book selected for inclusion. The files are processed to give a consistently clear, crisp image, and the books finished to the high quality standard for which the Press is recognised around the world. The latest print-on-demand technology ensures that the books will remain available indefinitely, and that orders for single or multiple copies can quickly be supplied.

The Cambridge Library Collection brings back to life books of enduring scholarly value (including out-of-copyright works originally issued by other publishers) across a wide range of disciplines in the humanities and social sciences and in science and technology.

THEORIE

DER

MUSISCHEN KÜNSTE

DER

HELLENEN

VON

AUGUST ROSSBACH UND RUDOLF WESTPHAL.

ALS DRITTE AUFLAGE

DER ROSSBACH-WESTPHALSCHEN METRIK.

ZWEITER BAND:

GRIECHISCHE HARMONIK UND MELOPOEIE

VON RUDOLF WESTPHAL.

LEIPZIG,

DRUCK UND VERLAG VON B. G. TEUBNER.

1886.

GRIECHISCHE

HARMONIK UND MELOPOEIE

VON

RUDOLF WESTPHAL,

EHRENDOCTOR DER GRIECHISCHEN SPRACHE UND LITTERATUR AN DER UNIVERSITÄT MOSKAU,
PROF. A. D.

DRITTE GÄNZLICH UMGEARBEITETE AUFLAGE.

LEIPZIG,

DRUCK UND VERLAG VON B. G. TEUBNER.

1886.

DEM ANDENKEN

AUGUST BOECKHS

UND

FRIEDRICH BELLERMANNS,

DER BLEIBENDEN VORBILDER KRITISCHER QUELLENFORSCHUNG

IN DER THEORIE DER GRIECHISCHEN MUSIK,

UND DEM

HERRN GEHEIMRATH

H. VON HELMHOLTZ,

DEM

WIEDERAUFFINDER DER DORISCHEN TONICA UND DOMINANTE,

WIDMET

IN AUFRICHTIGER VEREHRUNG

DEN ABSCHLUSS DIESER SEINER STUDIEN

DER VERFASSER.

Vorwort.

Während von den drei Disciplinen der musischen Kunst der Griechen die griechische Metrik durch G. Hermann und A. Böckh begründet, die griechische Rhythmik durch Böckh unter lebhafter Theilnahme Hermanns in energischen Angriff genommen wurde, muss den Ruhm, die wissenschaftliche Bearbeitung der griechischen Harmonik begründet zu haben, August Böckh allein für sich in Anspruch nehmen.

Böckhs Arbeiten über griechische Harmonik wurden durch Friedrich Bellermann in der erfolgreichsten Weise fortgesetzt. Insbesondere ist es die griechische Semantik d. i. die Notenkunde, welche durch Friedrich Bellermann in den meisten Punkten für alle Folgezeit endgültig festgestellt worden ist. Auch was Bellermann über die griechischen Tonoi d. i. Transpositionsscalen eruirt hat, wird bleibendes Resultat sein. Seine Arbeiten waren hier lediglich quellenmässige im Sinne Böckhs. Bezüglich des Gebrauches, welchen die griechische Musik von ihrer Chromatik und Enharmonik machte, glaubte Bellermann der alten Ueberlieferung seinen Glauben versagen zu müssen: die sogenannten Chroai, sofern in denselben solche Intervalle, welche der heutigen Musik fremd sind, vorkommen sollen, erklärt Friedrich Bellermann für lediglich theoretische Deductionen, welchen die Grundlage der Praxis gefehlt habe.

Die reichhaltige Ueberlieferung des Ptolemäus über die praktische Musik seiner Zeit hätte es ausser Frage stellen müssen, dass damals unsere heutige diatonische Tonleiter, Syntonon diatonon genannt, bei den Kitharoden und Lyroden der Trajanischen und Hadrianischen Epoche so gut wie gar keine Anwendung mehr fand, dass vielmehr (unsere Transpositionsscala ohne Vorzeichnung vorausgesetzt) an der Stelle, wo bei uns die Klänge c und f vorkommen, bei den Melopoioi der damaligen Kaiserzeit merklich tiefere Tonstufen gebraucht wurden. Diese Nichtbeachtung des Ptolemäus ist der einzige schwache Punkt der Bellermannschen Untersuchungen.

Um die Auseinandersetzungen des Ptolemäus über die praktische Musik seiner Zeit verstehen zu können, muss man vorher ermittelt haben, dass dort die Klangnamen Hypate, Mese, Trite, Nete u. s. w. nicht in der Bedeutung, welche dieselben bei Aristoxenus und den übrigen Musikern des Griechenthums haben, angewandt sind, sondern in derjenigen, welche Ptolemäus selber als Onomasia kata Thesin bezeichnet. In seiner Edition des Anonymus de musica kommt auch Bellermann auf die thetische Onomasie des Ptolemäus zu sprechen; aber ganz gegen die gewohnte Akribie, durch welche Friedrich Bellermann in allen seinen Forschungen sonst so bewundrungswürdig ist, lässt er die Erklärung, welche der erste und bisher einzige Herausgeber und Interpret der Ptolemäischen Harmonik von der betreffenden Stelle gegeben hatte, unberücksichtigt.

Als ich die erste Auflage meiner griechischen Harmonik niederschrieb, stellte ich, dem gesunden Urtheile der Mitforscher vertrauend, ohne gegen die Ansicht des von mir hochverehrten Forschers Bellermann eine Polemik zu eröffnen, kürzlich dar, was Ptolemäus unter der thetischen Onomasie versteht, und glaubte dies um so eher thun zu dürfen, als ich von der Stelle keine andere Interpretation zu geben hatte als diejenige, welche bereits vor 200 Jahren von dem ersten und einzigen Herausgeber des Textes gegeben wurde. Nach dem Erscheinen meiner griechischen Harmonik erster Auflage sagte von ihr ein Fachgenosse, Herr Dr. C. v. Jan in den Jahrbüchern für classische Philologie 1864 S. 587: „Das Buch bleibt hinter den davon gehegten Erwartungen nicht zurück, sondern das grosse schöpferische Talent des Verfassers bekundet sich hier noch augenscheinlicher als in seinen früheren Werken. Die spärlich vorhandenen Nachrichten über die Musik der alten Griechen sind hier mit so grosser Umsicht und so allseitiger Combination benutzt, dass dieser Zweig der Wissenschaft, für den seit dem Jahre 1847 nichts Erhebliches geleistet worden war, jetzt auf einmal einen ungeheuren Fortschritt gemacht hat."

Darauf wurde mein Buch von dem Gymnasialdirector A. Ziegler in Lissa besprochen: „Untersuchungen auf dem Gebiet der Musik der Griechen: Ueber die ὀνομασία κατὰ θέσιν des Ptolemäus." Hier heisst es: „Die Art, wie Westphal die ὀνομασία κατὰ θέσιν

versteht und zu weiteren Folgerungen benutzt, weicht von allen
früheren Auffassungen ab und bringt eine so gänzliche Umwäl-
zung in das System der griechischen Musik hinein, dass es einer
genaueren Prüfung bedarf, um Bedeutung und Werth dieser Bezeichnungsweise der Musiktöne festzustellen und sich zu überzeugen, ob die daraus gewonnenen Resultate Anspruch auf
Anerkennung haben. Westphal meint, es habe nur an der Unachtsamkeit und dem Missverstehen der neueren Forscher gelegen,
dass alle diese Resultate nicht schon längst bekannt geworden
seien; der Herausgeber der ἁρμονικά des Ptolemäus, Johannes
Wallis, ist der einzige, dem er zuspricht, die ὀνομασία κατὰ
θέσιν richtig verstanden zu haben; Bellermann in der Einleitung
zum Anonymus habe dieselbe zwar erklärt, aber am Ende doch
falsch verstanden. Allein da Wallis sich vielmehr mit Bellermann
in Uebereinstimmung befindet als mit Westphal, und man sich
bei einem gerade im Fache der griechischen Musik so bewan-
derten und verdienten Forscher, wie Bellermann, nicht leichthin
an dem Vorwurfe der Unachtsamkeit und des Missverstehens
betheiligen darf, so ist Vorsicht nöthig und die Entscheidung
wichtig, ob und von wem die Sache richtig verstanden worden ist.

„Um aber eine Vorstellung von der Wichtigkeit der vorliegenden Frage zu geben, muss ich hier im voraus gleich daran
erinnern, dass in Westphals 'Harmonik und Melopöie der Griechen' auf die Lehre von der ὀνομασία κατὰ θέσιν zunächst die
Erklärung einer Stelle aus den Problemen von der zweifelhaften
Autorität des Aristoteles gegründet wird, wonach die μέση κατὰ
θέσιν, d. h. der vierte Ton von der Tiefe her, der wichtigste
Ton in einer jeden (Tonart oder) Octavengattung sein soll. Hieraus
wird dann weiter gefolgert, dass in jeder derselben nicht die
Tonica der Grundton sei*), sondern die Quart, welche zugleich die
Eigenthümlichkeit habe, mit ihrer Quint, das ist so viel wie mit
der Tonica, den melodischen Satz zu schliessen. Dieselbe Tonart
könne jedoch auch mit ihrer Prime oder mit ihrer Terz schliessen
und bringe dann wieder zwei neue Octavengattungen hervor. Es
gebe überhaupt in der griechischen Musik fünf Grundoctaven, die
mit der Quint schlossen und auf die sich anderweitige sechs
Modificationen derselben gründeten, welche mit der Prime oder
mit der Terz schlossen — eine vollständig neue Lehre, die zu-

---

*) Ist von dem Berichterstatter missverstanden.

nächst den Schein erweckt, als sei die mittelalterliche Lehre
von den authentischen und plagalischen Tonarten in einer noch
grösseren Ausdehnung durch Hinzufügung ganz neuer, weder in
der alten noch in der neuen Musik bisher bekannter
Tonarten auf das Alterthum übertragen worden. Ausserdem
beruft sich Westphal bei seinen übrigen Untersuchungen, d. h. bei
denen über die χρόαι, häufig auf seine Erklärung der ὀνομασία
κατὰ ϑέσιν, so dass es um so nothwendiger erscheint, ihre
Richtigkeit zu prüfen."

Ziegler meint: weil der durch Besonnenheit und Gewissen-
haftigkeit ausgezeichnete Forscher Friedrich Bellermann von der
thetischen Onomasie eine andere Erklärung gegeben habe, so
werde Westphals Interpretation unmöglich richtig sein. Das
letztere glaubt Ziegler durch seine Abhandlung im vollsten Masse
nachgewiesen zu haben: Bellermanns Auffassung der thetischen
Onomasie sei die richtige, die thetische Mese, Hypate, Nete sei
in der That, wie Bellermann behaupte, mit der dynamischen
dem Klange nach identisch; die von mir gegebene Interpretation
sei verfehlt und mit ihr zugleich alle jene Consequenzen über die
Ptolemäischen und Platonischen Scalen ἀπὸ τῆς τῇ ϑέσει νήτης
und τρίτης, die Tonarten mit schliessender tonaler Quinte und
Terz, welche ich auf Grundlage meiner Interpretation der thetischen Onomasie für die griechische Harmonik gefolgert habe.

Schon die nächste Generation wird kaum mehr für möglich
halten, dass man in der jetzigen dem Herrn Ziegler fast allgemein nachgesprochen hat, es könne in der Musik weder auf
der tonalen Terz noch auf der tonalen Quinte geschlossen werden,
während doch in den Lehrbüchern der musikalischen Theorie die
Eintheilung in vollkommene Ganzschlüsse (auf der Tonica) und
in unvollkommene Ganzschlüsse (auf der Terz- und Quintlage
des tonischen Dreiklanges) gelehrt wird. Die „vollständig neue"
Anschauung, die ich nach Ziegler in die griechische Musik hinein-
gebracht haben soll, ist eben die, dass ich den Griechen die
unvollkommenen Hauptschlüsse der christlichen Musik vindicirte.

Für die diatonische Musik der Griechen sind mit dieser
Erkenntniss so gut wie alle Dunkelheiten geschwunden, so dass
man von diesem Gebiete im allgemeinen sagen darf, die grie-
chische Harmonik sei durch die mit dem Anfange der sechziger
Jahre auf sie verwandten Studien ebenso klar wie die griechische
Rhythmik geworden. Der Satz freilich, dass bei den Griechen

die unvollkommenen Hauptschlüsse der Musik mindestens ebenso
beliebt waren wie die vollkommenen, wird unseren Musikfor-
schern auffallend genug erscheinen, dürfte aber streng genommen
kaum mehr befremden, als in der griechischen Musik das Vorkommen fünfzeitiger Takte, welche in der modernen Musik nur
sehr ausnahmsweise angewandt sind.

Die nicht-diatonische Musik der Griechen, welche Intervalle zulässt, welche kleiner als der Halbton und der modernen
Kunst völlig fremd sind, wird leider wohl immer der Wissenschaft
ein Räthsel bleiben. Was die alten Quellen darüber überliefern,
lässt sich zwar zusammenstellen, aber begreifen lässt es sich
nicht. Der nicht-diatonischen Musik haben mich meine Studien
offen gestanden nicht eigentlich näher geführt: sie erwartet ihre
Aufklärung von der Arbeit der folgenden Generationen.

Für die diatonische Musik ist mir der Vorwurf gemacht,
dass ich mich allzusehr durch Vorstellungen habe leiten lassen,
welche der modernen Musik entnommen seien. Aber als meine
erste Auflage der griechischen Harmonik zum ersten Male eine
von der früheren abweichende Ansicht über die Melodieschlüsse
darlegte, da wusste ich von den vollkommenen und unvollkommenen Ganzschlüssen der modernen Musik nur dieses, dass
die schwäbischen Volkslieder den Terzenschluss lieben. Der Ge-
danke an diese schwäbischen Volksmelodien musste mich in
der Gewissheit bestärken, dass es schwerlich ein zurechnungs-
fähiges Urtheil war, welches Herrn C. v. Jan zu dem Ausrufe
veranlasste: „Fort also mit den unmöglichen Terzenschlüssen
und den ebenso unwahrscheinlichen Schlüssen auf der
Quinte!"

In unserer modernen Musik hat man die Terz- und Quintenschlüsse weniger in den Instrumental- und Vocalcompositionen
unserer klassischen Meister zu suchen, als vielmehr in dem
deutschen Liede. Während ich dies schreibe, werden hier in
Bückeburg von einer Concertsängerin aus Hannover folgende
Lieder mit unvollkommenem Ganzschlusse vorgetragen:

1) aus dem Trompeter von Säkkingen: „Ach nun sind es schon zwei
   Tage, dass ich ihn zuerst geküsst". Das Lied schliesst in der tonalen
   TERZ.
2) aus dem Trompeter von Säkkingen: „Das ist im Leben hässlich
   eingerichtet, dass bei den Rosen gleich die Dornen stehn". Bei der
   ersten Strophe hören wir den Schluss in der tonalen QUINTE, ebenso
   bei der dritten und bei der fünften Strophe.

3) aus dem Trompeter von Säkkingen: „Jetzt geht er hinaus in die weite Welt, hat keinen Abschied genommen". Die erste Strophe schliesst in der tonalen TERZ.

4) C. Reinecke, am Felsenborn: „Im Eimer das Wasser treibt tanzend sein Spiel". Die zweite Strophe schliesst in der tonalen QUINTE.

Ich durchblättere das Schubert-Album und finde in folgenden Liedern unvollkommene Ganzschlüsse *):

1) Ständchen: „Leise flehen meine Lieder"; schliesst in der tonalen Dur-TERZ.

2) Des Baches Wiegenlied: „Gute Ruh, gute Ruh, thue die Augen zu". Das instrumentale Nachspiel geht auf der tonalen QUINTE aus.

3) Morgengruss: „Guten Morgen, schöne Müllerin"; schliesst in der tonalen Dur-TERZ, das instrumentale Nachspiel in der tonalen QUINTE.

4) Erstarrung: „Ich such' im Schnee vergebens". Das instrumentale Nachspiel geht auf der tonalen QUINTE aus.

5) Auf dem Flusse: „Der du so lustig rauschtest". Das instrumentale Nachspiel schliesst auf der tonalen QUINTE.

6) Der Leiermann: „Drüben hinterm Dorfe steht ein Leiermann" (A moll). Das instrumentale Vorspiel schliesst in der tonalen QUINTE. Der letzte Vers: „Willst du zu meinen Liedern deine Leier dreh'n", schliesst in der tonalen QUINTE, während das sich dem Schlussverse anschliessende Nachspiel in der Primenlage des tonischen Dreiklanges ausgeht.

7) Kriegers Ahnung: „In tiefer Ruhe liegt um mich her"; der Schluss-vers: „Herzlichste gute Nacht" geht in der tonalen QUINTE aus.

8) Frühlingssehnsucht: „Säuselnde Lüfte wehen so mild". Der Schluss-vers: „Nur du!" geht in der tonalen QUINTE aus, während der darauf folgende instrumentale Schlussvers den Ausgang auf die Tonica hat.

9) Ihr Bild (Heine): „Ich stand in dunkeln Träumen" (B moll). Das instrumentale Nachspiel schliesst in der tonalen QUINTE.

10) Erlkönig (G moll). Der Schlussvers: „In seinen Armen das Kind war todt" schliesst in der tonalen QUINTE, von einem recitativähnlichen Schlussaccorde in der Prime.

11) Gretchen am Spinnrade: „Meine Ruhe ist hin" (D moll). Schluss in der tonalen TERZ.

12) Der Wanderer: „Ich komme vom Gebirge her" (Cis moll). Das instru-mentale Vorspiel schliesst in der grossen TERZ. Der letzte Vers: „Dort wo du nicht bist, ist das Glück" schliesst auf der Tonica in E dur, das instrumentale Nachspiel auf der tonalen TERZ in E dur.

13) „Du bist die Ruh, der Friede mild" (Rückert) (Es dur). Der vor-letzte Vers: „O füll' es ganz" schliesst in der TERZ, der letzte: „O füll' es ganz" in der QUINTE; das instrumentale Nachspiel in der Prime.

---

*) Sollten dem Herrn C. v. Jan, der am Gymnasium zu Landsberg an der Warthe den Gesangunterricht zu leiten hatte, jemals weder Terzen- noch Quintenschlüsse zu Gehör gekommen sein? Wenn er öffentlich die einen für „unmöglich", die anderen für ebenso „unwahrscheinlich" erklärt, so kann man dazu nichts anderes sagen als „unglaublich!"

14) Rosamunde (F moll): „Der Vollmond strahlt auf Bergeshöh'n". Das
instrumentale Nachspiel schliesst in der tonalen Dur-TERZ.

15) Geheimniss (As dur): „Ueber meines Liebchens Aeugel'n steh'n ver-
wundert alle Leute" (Goethe). Das instrumentale Nachspiel schliesst
in der tonalen TERZ.

Diesen Compositionen neuerer Zeit stellen wir Compositionen
früherer Jahrhunderte aus den „kirchlichen Chorgesängen zum
Gebrauch beim Evangelischen Gottesdienste, zusammengetragen
von Frd. Krausse u. Joh. Chr. Weeber, Stuttgart 1854. Partitur."
zur Seite. Im zweiten Hefte sind es folgende Nummern, welche
ich nach ihren Schlüssen aufzähle:

1) Orlandus Lassus (1524—93): Bussgebet; Dorischer Kirchenton
G moll, Halbschluss, Tonica ohne Terz.

2) Christoph Tye (1570): Lobgesang auf die Himmelfahrt; Ionischer
Kirchenton schliesst in der TERZlage des tonischen Dreiklanges.

3) Palestrina: „Der Herr richtet sein Volk". Ionisch, schliesst auf der
Dominante in der QUINTlage des Dreiklanges.

4) Palestrina: „Dem dreieinigen Gott". Wie Nr. 1.

5) Jacob Gallus (1550—1591): Es dur mit Anklängen an den Mixolydischen Kirchenton. Schliesst in der TERZlage des tonischen Dreiklanges.

6) Prätorius (1607): „Heilig ist Gott". Ionischer Kirchenton in F dur,
mit vollkommenem Abschlusse.

7) Thomas Ford (geb. 1606): G moll mit Vorzeichnung von ♭♭, Phrygische Schlüsse in der Mitte, endet mit vollkommenem Dur-Schlusse.

8) Peter Rogers (1620): „O hilf uns, Herr". As dur. Schlüsse: a) vollkommen, b) unvollkommen in der TERZlage, c) vollkommen.

9) Heinr. Purcell (1685—1695): Gebet in der Noth. Vollkommener
Schluss in C moll.

10) Aus dem 17. Jahrhundert. Psalm 51: „Herr, erbarme dich". Dorischer Kirchenton mit einem ♭. Schluss in der QUINTlage.

11) Dr. William Croft (1677—1728). Ganzschluss.

12) Antonio Lotti (16..—17..). Aeolischer Kirchenton mit ♭♭. Schluss
in der QUINTlage.

13) J. S. Bach (1685—1750): Dem dreieinigen Gott. G moll. Plagalschluss.

14) Pergolese (1707—1739): „Sei mir gnädig". Schluss: C moll-Tonica.

15) Nic. Jomelli (1714—1774): „Ehre sei Gott in der Höhe". D moll.
Schluss in der QUINTlage.

16) Nic. Jomelli: Bitte um Erbarmung. G moll. Schlüsse: a) QUINT-
lage, b) C moll-Tonica, c) D dur-TERZlage, d) G moll-Tonica.

17) Um 1750: „Harre des Herrn". B dur. Schluss vollkommen.

18) G. A. Homilius (1714—1785): Sündenbekenntniss. Vollkommener
D moll-Schluss.

19) G. A. Homilius: Des Sünders Zerknirschung. Vollkommener D moll-
Schluss.

20) S. G. Schicht (1753—1823): Der Christ am Grabe des Heilands.
Es dur mit vollständigem Ganzschlusse.

21) **Cherubini** (1760—1842): Gebet um die ewige Ruhe. C moll. Schliesst in der Dur-TERZlage.

Ausserdem nenne ich noch aus dem zweiten Hefte:

28) **Conrad Kocher** (geb. 1786): „Gott sei mir gnädig". D moll. Schlüsse: a) Dominante, b) Dur-TERZlage.

Von den 13 Nummern des dritten Heftes seien folgende aufgeführt:

1) **Orlandus Lassus**: „Der Herr erhört Gebet". Dorischer Kirchenton. Ganzschluss in der TERZlage.

2) **Palestrina**: „Adoramus te". Passionsgesang. Aeolischer Kirchenton. Ganzschluss in der QUINTlage.

3) **Palestrina**: „Heilig". Ionischer Kirchenton, Plagalschluss in der TERZlage.

4) **Felice Anerio** (um 1590): „Christus factus est". Mixolydischer Kirchenton, Schluss in der TERZlage.

5) **Leonhard Schröter** (1587): „Ein Kindelein so löbelich". Weihnachtslied. Plagalschluss in der QUINTlage.

6) **Melch. Vulpius** (1560—1660): Die Auferstehung des Herrn. Plagalschluss in der QUINTlage.

7) **Joh Eccard** (1553—1511): Der Trost von Israel. Dorischer Kirchenton, vollkommener Durschluss.

Muss man angesichts der in unserer modernen Musik und in der Musik der Kirchentöne so häufig vorkommenden Terz- und Quintschlüsse nicht fast mit Nothwendigkeit die Reflexion machen:

Die Musik der Griechen kennt zufolge der Ueberlieferung der Aristoxeneer sieben Octavengattungen, welche im Allgemeinen die Bedeutung der christlichen Kirchentöne haben. Aber nach Plato und den Berichterstattern der früheren Zeit übersteigt die Zahl der thatsächlich vorkommenden Harmonien (d. i. Octavengattungen) bei Weitem die Zahl sieben. Liegt es da nicht zunächst zu denken, dass die Harmonien Platos u. s. w. als besondere Species der Octavengattungen zu fassen sind, etwa so, wie es für den einzelnen Kirchenton verschiedene Formen gibt, je nachdem derselbe auf einen vollkommenen Ganzschluss in der Prime, oder auf einen unvollkommenen Ganzschluss entweder in der Terze oder in der Quinte ausgeht?

Die richtige Interpretation der von Ptolemäus überlieferten thetischen Onomasie der Klänge macht diese Auffassung der griechischen Octavengattungen und Harmonien durchaus unerlässlich. In Wahrheit nämlich haben die Klänge der Dorischen, Phrygischen und Lydischen Octavenklasse folgende harmonische Bedeutung:

Ly. Phr. Do.

c	d	e	Thetische **Nete** diez. ⇒ Oberquinte, **Dominante**.
h	c	d	Thetische **Paranete** diez. = Oberquarte.
a	h	c	Thetische **Trite** diez. = Oberterz, **Mediante**.
g	a	h	Thetische **Paramese** = Obersecunde.
f	g	a	Thetische **Mese** = Prime, **Tonica**.
e	f	g	Thetische **Lichanos** mes. = Untersecunde.
d	e	f	Thetische **Parhypate** mes. = Unterterz.
c	d	e	Thetische **Hypate** mes. = Unterquarte, **Dominante**.

In der ersten, zum Theil auch in der zweiten Auflage meiner Harmonik war ich der Meinung, dass die thetische Onomasie der Harmonik des Ptolemäus eigenthümlich sei; Aristoxenus habe nur die dynamische Onomasie gekannt. Bei meiner Herausgabe des Aristoxenischen Textes kam ich zu der Ueberzeugung, dass bereits Aristoxenus in einer handschriftlich nicht mehr auf uns gekommenen Partie seiner Harmonik eine Darstellung der thetischen Onomasie gegeben habe. In meiner deutschen Uebersetzung und Erläuterung der Aristoxenischen Melik und Rhythmik Leipzig 1883 S. 359—382 gab ich hierfür den Nachweis und damit verbunden zugleich eine Widerlegung der von Ziegler gegen meine Auffassung der Ptolemäischen ὀνομασία κατὰ θέσιν erhobenen Einwürfe. Damit nämlich Ziegler der von mir gegebenen Interpretation widersprechen konnte, musste er den von Wallis sorgfältig nach 11 Handschriften herausgegebenen Text der Ptolemäischen Tabellen gegen alle philologische Kritik umändern*). Ich versuchte den Ptolemäischen Text, wie ihn der Engländer Wallis herausgegeben hatte, in seiner Integrität zu rechtfertigen.

Ausser dem fünften Capitel des zweiten Buches seiner Harmonik und den demselben hinzugefügten Tabellen hat Ptolemäus auch im fünfzehnten Capitel des zweiten Buches eine Uebersicht der thetischen Onomasie für alle Octavengattungen der griechischen Musik gegeben. Auf die Tabellen, welche Ptolemäus an dieser zweiten Stelle seiner Harmonik aufgestellt hat, werden die Aenderungen Zieglers unmöglich Anwendung finden können.

---

*) C. v. Jan leugnet das. In Calvarys Philol. Wochenschrift 1883 Nr. 43 sagt er, am Texte des Ptolemäus habe Ziegler nicht ein Iota geändert. Die Textesworte sind freilich unverändert geblieben, nicht aber der Zusammenhang der Worte! Denn die Worte sind gegen die handschriftliche Ueberlieferung aus der einen Zeile in die andere gesetzt. Nach C. v. Jan ist das kein Aendern des Textes! Dass dies die wahre Ansicht meines Recensenten sei, ist ebenso unglaublich, als dass er niemals eine Musik mit unvollkommenem Ganzschlusse gehört habe.

Sie allein sind schon im Stande die Bedeutung der Ptolemäischen ὀνομασία κατὰ θέσιν unumstösslich festzustellen. Es sei mir erlaubt diese Tabellen der zweiten Stelle des Ptolemäus hier dem Leser vor die Augen zu führen. Folgendes diene zur Orientirung.

Ptolemäus betrachtet die natürliche diatonische Scala (σύντονον διάτονον) völlig wie die Modernen als die genaue Tonreihe, er legt ihr das ἀκριβὲς ἦθος bei im Gegensatze zu allen übrigen, auch zu der pythagoreischen Scala, denn er sagt 2, 1 p. 49 mit Rücksicht auf die pythagoreische Tetrachord-Eintheilung 256 : 243, 9 : 8, 9 : 8 „Ἐὰν τοῦ ἀκριβοῦς ἤθους ἐχόμενοι καὶ μὴ τοῦ προχείρου τῆς μεταβολῆς, ποιῶμεν τὸ ἐκκείμενον τετράχορδον

λιχ (h) ⌣ μέση (c) ⌣ παραμ (d) ⌣ τρίτ (e)
     16 : 15   8 : 9   9 : 10

ὥστε συνίστασθαι τὸ τοῦ συντόνου διατόνου γένους.“

Trotzdem ist diese natürliche Diatonik zur Zeit des Ptolemäus keineswegs die häufigste Art der Musik. Für die Praxis der Kitharoden und Lyroden seiner Zeit unterscheidet er nämlich 5 Arten von Scalen:

α΄ μῖγμα τοῦ συντόνου χρώματος ($\frac{22}{21}$, $\frac{12}{11}$, $\frac{7}{6}$) καὶ τοῦ τονιαίου διατόνου ($\frac{28}{27}$, $\frac{8}{7}$, $\frac{8}{9}$).

β΄ μῖγμα τοῦ μαλακοῦ διατόνου ($\frac{21}{20}$, $\frac{10}{9}$, $\frac{8}{7}$) καὶ τονιαίου διατόνου ($\frac{28}{27}$, $\frac{8}{7}$, $\frac{8}{9}$).

γ΄ καθ᾽ αὑτὸ καὶ ἄκρατον τὸ τονιαῖον διάτονον ($\frac{28}{27}$, $\frac{8}{7}$, $\frac{9}{8}$).

δ΄ μῖγμα τοῦ τονιαίου διατόνου ($\frac{28}{27}$, $\frac{8}{7}$, $\frac{9}{8}$) καὶ τοῦ διτονιαίου διατόνου ($\frac{256}{243}$, $\frac{9}{8}$, $\frac{9}{8}$).

ε΄ μῖγμα τοῦ τονιαίου διατόνου ($\frac{28}{27}$, $\frac{8}{7}$, $\frac{9}{8}$) καὶ τοῦ συντόνου διατόνου ($\frac{16}{15}$, $\frac{8}{7}$, $\frac{10}{9}$).

Am Schlusse seiner Auseinandersetzung (2, 15 p. 92 ff.) fügt Ptolemäus Tabellen oder κανόνες für eine jede der sieben Octavengattungen hinzu, worin er die Höhe der Klänge nach diesen fünf Stimmungsarten in Zahlen ausdrückt. Für diese Mühe müssen wir ihm dankbar sein, denn sollte uns irgend etwas in dem Vorausgehenden fraglich geblieben sein, so wird durch sie jedem Missverständnisse vorgebeugt. Seine Tabelle ist folgendermassen geordnet:

Κανὼν α΄
Μιξολυδίου ἀπὸ νήτης
τῶν διεζευγμένων.

Κανὼν β΄
Λυδίου ἀπὸ νήτης.

Κανὼν. η΄
Μιξολυδίου ἀπὸ μέσης
ἢ νήτης τῶν ὑπερβολαίων.

Κανὼν θ΄
Λυδίου ἀπὸ μέσης.

Κανων γ'
Φρυγίου ἀπὸ νήτης.
Κανὼν δ'
Δωρίου ἀπὸ νήτης.
Κανὼν ε'
Ὑπολυδίου ἀπὸ νήτης.
Κανὼν ς'
Ὑποφρυγίου ἀπὸ νήτης.
Κανὼν ζ'
Ὑποδωρίου ἀπὸ νήτης.

Κανὼν ι'
Φρυγίου ἀπὸ μέσης.
Κανὼν ια'
Δωρίου ἀπὸ μέσης.
Κανὼν ιβ'
Ὑπολυδίου ἀπὸ μέσης.
Κανὼν ιγ'
Ὑποφρυγίου ἀπὸ μέσης.
Κανὼν ιδ'
Ὑποδωρίου ἀπὸ μέσης.

Die hier des Raumes wegen unter einander gesetzten sieben κανόνες ἀπὸ νήτης hat Ptolemäus, wie er p. 93 angibt, in eine Linie neben einander gestellt und unter dieselben in einer zweiten Reihe die entsprechenden sieben κανόνες ἀπὸ μέσης. Jeder κανών umfasst eine Octave, deren acht Töne für jeden der fünf verschiedenen Stimmungsarten (α' bis ε') durch die Zahlen α' bis η' ausgedrückt sind. Ich wähle von diesen κανόνες als Beispiel folgenden:

Κανὼν γ'
Φρυγίου ἀπὸ νήτης.

(linke Randspalte: 504/19)

	σελίδιον α' μίγμα τ. συντόνου χρώματος κ. τονιαίου διατόνου		σελίδιον β' μίγμα τ. μαλακοῦ διατ. κ. τονιαίου διατ.		σελίδιον δ' τὸ τονιαῖον διάτονον		σελίδιον δ' μίγμα τ. τονιαίου διατ. κ. διτονιαίου		σελίδιον ε' μίγμα τ. τονιαίου διατ. κ. συντόνου διατ.	
α'	ξ		ξ		ξ		ξ		νθ	ις
β'	ξη	λδ	ξη	λδ	ξη	λδ	ξς	λ	ξς	μ
γ'	οα	ζ	οα	ζ	οα	ζ	οα	ζ	οα	ζ
δ'	π		π		π		π		π	
ε'	Ⴑιγ	κ	Ⴑια	κς	Ⴑι		Ⴑι		Ⴑι	
ς'	ρα	μ	ρα	λε	ρβ	να	ρβ	να	ρβ	να
ζ'	ρϛ	μ	ρϛ	μ	ρϛ	μ	ρϛ	μ	ρϛ	μ
η'	ρκ		ρκ		ρκ		ρκ		ριη	λα

Die fünf abwärts laufenden, mit Zahlen ausgefüllten Columnen (σελίδια) enthalten „τὰς τῶν συνήθων γενῶν κατατομάς", die am Rande links stehenden acht στίχοι von α' bis η' bedeuten die Töne „ἀπὸ τῆς τῇ θέσει νήτης τῶν διεζευγμένων ἐπὶ τὸ βαρύ", d. h. von der Phrygischen νήτη διεζευγμένων κατὰ θέσιν an nach der Tiefe zu bis zu deren tieferer Octave, so dass also z. B. die

Zahlen der achten Zeile (στίχος η΄) die Phrygische Hypate meson d,
die Zahlen der siebenten (στίχος ζ΄) die Phrygische Parhypate
meson ausdrücken. Für den höchsten Ton ist die Zahl ξ (= 60)
angenommen, die Bruchtheile sind in Sechzigsteln ausgedrückt;
die Zahl der Sechzigstel ist von Ptolemäus nur annähernd angegeben, ganz ähnlich wie bei unseren Decimalbrüchen.

Sollte noch Jemand Zweifel an der Richtigkeit unserer Interpretation der ὀνομασία κατὰ θέσιν haben, so wird er sie jetzt,
denke ich, aufgeben. Denn die Verhältnisse, welche sich aus
den zu den Tönen von α΄ bis η΄, d. h. der κατὰ θέσιν Φρυγίου
νήτη διεζευγμένων bis zur κατὰ θέσιν Φρυγίου ὑπάτη μέσων
hinzugesetzten Zahlen ergeben, sind die von uns zu den Ptolemäischen ἀριθμοί hinzugefügten 10 : 9, 28 : 27, 8 : 7 u. s. w., die
der in der jedesmaligen Ueberschrift des σελίδιον bezeichneten
Tetrachord-Eintheilung entsprechen; aus ihnen erhellt mit un-
umstösslicher Gewissheit, dass z. B. im σελίδιον ε΄ der στίχος η΄
den Ton d, der στίχος ζ΄ den Ton e bezeichnen muss.

Aber nicht alle auf den κανόνες des Ptolemäus enthaltenen
Stimmungen kommen in der Praxis vor, sondern nur einige.
Darüber spricht Ptolemäus zunächst 2, 16 p. 118. Er betrachtet
hier einige eigenthümliche Stimmungsarten der Lyra und Kithara
und bezeichnet dieselbe mit denjenigen Namen, welche sie in
der Praxis der Lyra- und Kithara-Virtuosen, der λυρῳδοί und
κιθαρῳδοί, führten und welche wir nur hier bei Ptolemäus an-
treffen. So unterschieden die Lyroden die στερεά und μαλακά
als die ihnen eigenthümlichen Spiel- und Stimmungsarten, die
Kitharoden hatten wieder andere Namen, deren einige den Saiten
entlehnt sind, z. B. τὰ κατὰ τὰς τριτῶν ἁρμογάς oder kurz τρίται, andere den Tonarten, wie Ἰαστιαιολιαῖα, andere wieder auf
metabolische Verhältnisse hinweisen, wie die Namen τροπικά oder
τρόποι und ὑπέρτροπα. Wir lernen nun eben aus Ptolemäus, der
hier auf die Praxis recurrirt, was man unter diesen Spiel- und
Tonweisen verstand. Er sagt: Περιέχεται

τὰ μὲν ἐν τῇ λύρᾳ καλούμενα
στερεὰ τόνου τινὸς ὑπὸ τῶν τονιαίου διατόνου ἀριθμῶν τοῦ
αὐτοῦ τόνου.
τὰ δὲ μαλακὰ ὑπὸ τῶν ἐν μίγματι τοῦ μαλακοῦ διατόνου ἢ συντόνου χρώματος ἀριθμῶν τοῦ αὐτοῦ τόνου. Das Wort μαλακοῦ χρώματος ist ein Fehler, denn eine Mischung mit dem
χρῶμα μαλακόν kommt in den fünf σελίδια des Ptolemäus

nicht vor. Es muss entweder heissen μαλακοῦ διατόνου oder συντόνου χρώματος. Dass das letztere das richtige ist, lehrt die Parallelstelle Ptolem. 1, 16 p. 43.

τῶν δὲ ἐν τῇ κιθάρᾳ μελῳδουμένων

τὰς μὲν τρίτας περιέχουσιν οἱ ἀπὸ νήτης τοῦ τονιαίου διατόνου ἀριθμοὶ τοῦ Ὑποδωρίου τόνου, d. h. die in κανὼν ζ Ὑποδωρίου ἀπὸ νήτης für das σελίδιον γ´ angegebenen Zahlen enthalten die Tonstimmungen, welche die Kitharoden in den von ihnen τρίται genannten Spiel- und Singweisen anwenden.

τὰ δὲ ὑπέρτροπα ὁμοίως οἱ τοῦ τονιαίου διατόνου ἀριθμοὶ τοῦ Φρυγίου. Das sind die Zahlen in κανὼν γ´ (Φρυγίου ἀπὸ νήτης) und zwar σελίδιον γ´.

τὰς δὲ παρυπάτας οἱ τοῦ μίγματος τοῦ μαλακοῦ διατόνου τοῦ Δωρίου. Das sind die Zahlen in κανὼν δ´ (Δωρίου ἀπὸ νήτης), σελίδιον β´.

τοὺς δὲ τρόπους οἱ τοῦ μίγματος τοῦ συντόνου χρώματος τοῦ Ὑποδωρίου. Das sind die Zahlen in κανὼν ζ´ (Ὑποδωρίου ἀπὸ νήτης), σελίδιον α´.

τὰ δὲ καλούμενα παρ᾽ αὐτοῖς Ἰαστιαιολιαῖα οἱ τοῦ μίγματος τοῦ διτονιαίου διατόνου τοῦ Ὑποφρυγίου. Das sind die Zahlen in κανὼν ϛ´ (Ὑποφρυγίου ἀπὸ νήτης), σελίδιον δ´.

τὰ δὲ Λύδια(?) οἱ τοῦ τονιαίου διατόνου τοῦ Δωρίου. Das sind die Zahlen in κανὼν δ´ (Δωρίου ἀπὸ νήτης), σελίδιον γ´.

Bei den ἐν λύρᾳ μελῳδούμενα gibt Ptolemäus die Tonarten nicht speciell an, er sagt blos τόνου τινός — wir müssen es also dahin gestellt lassen, in welchen Octavengattungen die sogenannten στερεά und μαλακά der Lyra genommen wurden. Bei den ἐν κιθάρᾳ μελῳδούμενα dagegen können wir die Octavengattung und Stimmung aus den Angaben des Ptolemäus erkennen. Er selber verweist, wie wir sehen, auf die Selidien seiner Kanones.

Die von Ptolemäus 2, 16 p. 118 gemachten Angaben finden sich bei ihm auch 1, 16 p. 43, nur dass er dort von den Arten der Melopöie, hier von den Tetrachord-Stimmungen ausgeht. Es heisst hier: Τῶν ἄλλων καὶ συνήθων ἠθῶν

τὸ μὲν μέσον καὶ τονιαῖον τῶν διατονικῶν ὅταν καθ᾽ αὑτὸ καὶ ἄκρατον ἐξητάζεται

τοῖς τε ἐν τῇ λύρᾳ στερεοῖς ἐξαρμόσει

καὶ τοῖς ἐν τῇ κιθάρᾳ κατὰ τὰς τῶν τριτῶν καὶ ὑπερ-
τρόπων ἀρμογάς.

τὸ δὲ εἰρημένον τοῦ συντόνου χρωματικοῦ πρὸς αὐτὸ μῖγμα
τοῖς ἐν λύρᾳ μὲν μαλακοῖς,
ἐν κιθάρᾳ δὲ τροπικοῖς.

τὸ δὲ τοῦ μαλακοῦ διατονικοῦ πρὸς τὸ τονιαῖον μῖγμα
τοῖς μεταβολικοῖς ἤθεσιν ταῖς ἐν κιθάρᾳ παρυπάταις.

τὸ δὲ τοῦ συντόνου διατονικοῦ πρὸς τὸ τονιαῖον μῖγμα
τοῖς μεταβολικοῖς ἤθεσιν ἃ καλοῦσιν οἱ κιθαρῳδοὶ Λύδια
καὶ Ἰάστια.

Der Schluss dieser Stelle steht in Widerspruch mit dem Schluss
der vorher angeführten Stelle: τὰ δὲ Λύδια οἱ τοῦ τονιαίου διατόνου τοῦ Δωρίου. Wir haben bei der obigen Anführung dieser
Worte hinter Λύδια ein Fragezeichen gesetzt, denn was sollen
die Λύδια in der Dorischen Octavengattung? Hier gehören
die Λύδια nicht wie dort dem τονιαῖον διάτονον an, sondern
dem συντόνου διατονικοῦ μῖγμα, welches dort fehlte, obgleich
damit Ptolemäus in seinen κανόνες jedes letzte σελίδιον ausfüllt.
Es muss also dort ein Ausfall in den Handschriften stattgefunden

Ptol. 1, 16. Πόσα ἐστὶ τὰ συνηθέστερα ταῖς ἀκοαῖς γένη καὶ τίνα.

Σελ. γ΄. Τῶν συνήθων γενῶν ἀνακρίσεως ἐκλαμβανομένης τὸ μὲν μέσον καὶ τονιαῖον τῶν διατονικῶν, ὅταν καθ᾽ αὐτὸ καὶ ἄκρατον ἐξετάζηται	
τοῖς ἐν τῇ ΛΤΡΑι στερεοῖς ἐφαρμόσει,	καὶ τοῖς ἐν τῇ ΚΙΘΑΡΑι κατὰ τὰς τριτῶν καὶ ὑπερτρόπων ἀρμογάς
Σελ. α΄. Τὸ δὲ εἰρημένον τοῦ συντόνου χρωματικοῦ πρὸς αὐτὸ μῖγμα	
τοῖς ἐν ΛΤΡΑι μὲν μαλακοῖς,	ἐν ΚΙΘΑΡΑι δὲ τροπικοῖς.
Σελ. β΄. Τὸ δὲ τοῦ μαλακοῦ διατονικοῦ πρὸς τὸ τονιαῖον μῖγμα	
	τοῖς μεταβολικοῖς ἤθεσιν ταῖς ἐν ΚΙΘΑΡΑι παρυπάταις.
(Σελ. δ΄. Τὸ δὲ τοῦ διτονιαίου διατόνου πρὸς τὸ τονιαῖον μῖγμα	
	τοῖς ἐν ΚΙΘΑΡΑι Ἰαστιαολιαίοις.)
Σελ. ε΄. Τὸ δὲ τοῦ συντόνου διατονικοῦ πρὸς τὸ τονιαῖον μῖγμα	
	τοῖς μεταβολικοῖς ἤθεσιν ἃ καλοῦσιν οἱ ΚΙΘΑΡΩιΔοὶ Λύδια καὶ Ἰάστια.

haben und wir werden den Schluss der Stelle 2, 16 folgendermassen schreiben müssen:

τὰ δὲ καλούμενα παρ' αὐτῶν Ἰαστιαιολιαῖα οἱ τοῦ μίγματος
τοῦ διτονιαίου διατόνου τοῦ Ὑποφρυγίου.

τὰ δὲ Λύδια καὶ Ἰάστια ⟨οἱ τοῦ μίγματος τοῦ συντόνου διατόνου τοῦ .....⟩

τὰ δὲ ..... οἱ τοῦ τονιαίου διατόνου τοῦ Δωρίου.

Den Namen der betreffenden Melopöie kennen wir nicht, und ebenso
auch nicht die Tonart, in welcher die Λύδια καὶ Ἰάστια genommen
wurden. Vermuthlich ist dies für die Λύδια die Lydische, für die
Ἰάστια die Hypophrygische. Verschieden von den Ἰάστια sind die
Ἰαστιαιολιαῖα, welche nicht wie die Ἰάστια dem συντόνου διατόνου
μίγματι Ὑποφρυγίου angehören. Das διτονιαῖον μίγμα ist in der
Stelle 1, 16 ausgelassen oder vielmehr ausgefallen, denn ursprünglich wird dies in den κανόνες das vierte σελίδιον bildende μῖγμα
hier sicherlich nicht gefehlt haben. Unter den Scalen unserer Tabelle,
wo blos die im Texte genau überlieferten Stimmungsarten stehen,
fehlt das μῖγμα des τονιαῖον διάτονον mit dem σύντονον διάτονον.
Die hier unter einander gegenübergestellten Partien Ptol. 1, 16

Ptol. 2, 16. Περὶ τῶν ἐν λύρᾳ καὶ κιθάρᾳ μελῳδουμένων.

Περιέχεται τὰ μὲν ἐν ΛΎΡΑι καλούμενα στερεὰ τόνου τινὸς ὑπὸ τῶν τοῦ τονιαίου διατόνου ἀριθμῶν τοῦ αὐτοῦ τόνου·	Τῶν δὲ ἐν τῇ ΚΙΘΑΡΑι μελῳδουμένων τὰς μὲν τρίτας περιέχουσιν οἱ ἀπὸ νήτης τοῦ τονιαίου διατόνου ἀριθμοὶ τοῦ Ὑποδωρίου τόνου, τὰ δὲ ὑπέρτροπα ὁμοίως οἱ τοῦ τονιαίου διατόνου ἀριθμοὶ τοῦ Φρυγίου.
τὰ δὲ μαλακὰ ὑπὸ τῶν ἐν μίγματι τοῦ συντόνου χρώματος ἀριθμῶν τοῦ αὐτοῦ τόνου.	τοὺς δὲ τρόπους οἱ τοῦ μίγματος τοῦ συντόνου χρώματος τοῦ Ὑπο-δωρίου·
	τὰς δὲ παρυπάτας οἱ τοῦ μίγμα-τος τοῦ μαλακοῦ διατόνου Δω-ρίου·
	τὰ δὲ καλούμενα παρ' αὐτοῖς Ἰα-στιαιολιαῖα οἱ τοῦ μίγματος τοῦ διτονιαίου διατόνου τοῦ Ὑπο-φρυγίου
	τὰ δὲ Λύδια (καὶ Ἰάστια) οἱ (τοῦ μίγματος τοῦ συντόνου·καὶ) τοῦ τονιαίου διατόνου τοῦ Δω-ρίου.

und 2, 16 werden an der Richtigkeit der von mir vorgenommenen
Emendationen wohl kaum einen Zweifel lassen.

Was nun die von Ptolemäus zu den einzelnen Tönen seiner
Kanones und Selidia angesetzten Zahlen betrifft, so gibt hier
zwar die handschriftliche Ueberlieferung viel Unrichtiges, aber
das Richtige lässt sich mit absoluter Genauigkeit wieder her-
stellen, wie dies bereits durch Wallis geschehen ist. Einmal
kennen wir nämlich die Verhältnisse, welche Ptolemäus für die
Berechnung der Zahlen zu Grunde legt. Sodann enthalten von
den 14 Kanones immer je 2 genau dieselben Zahlenreihen (z. B.
καν. η' = *καν. δ'* u. s. w.). Unter den Tönen *νήτη, ὑπάτη* u. s. w.
versteht Ptolemäus immer die *τῇ θέσει νήτη, τῇ θέσει ὑπάτη*;
vgl. p. 93 lin. 5, obwohl er späterhin den Zusatz *τῇ θέσει* con-
sequent auslässt. In der Harm. 2, 15 sagt er:

'Ετάξαμεν δὴ κἀνταῦθα κανόνας ιδ', διπλασίους τῶν ἑπτὰ
τόνων· στίχων μὲν ὁμοίως ἕκαστον ὀκτώ, τοῖς τοῦ διὰ πασῶν
φθόγγοις ἰσαρίθμων· σελιδίων δὲ πέντε, κατὰ τὸ πλῆθος τῶν
συνήθων γενῶν· Περιέχουσι δὲ οἱ μὲν ὑποκείμενοι κανόνες ἑπτά,
τοὺς ποιοῦντας ἀριθμοὺς τὸ ἀπὸ τῆς τῇ θέσει νήτης τῶν διεζευγμένων ἐπὶ τὸ βαρὺ διὰ πασῶν· Οἱ δὲ ὑποκείμενοι τούτοις,
τοὺς ποιοῦντας ἀριθμοὺς τὸ ἀπὸ τῆς τῇ θέσει μέσης ἢ τῆς
νήτης τῶν ὑπερβολαίων ἐπὶ τὸ βαρὺ διὰ πασῶν.

Wir müssen nun endlich noch eine dritte Stelle des Ptolemäus herbeiziehen 2, 1 p. 47.

Nachdem Ptolemäus die fünf angeführten Stimmungsarten
des Tetrachords durch Zahlen ausgedrückt hat und auf dem Mono-
chord oder dem Kanon die Probe gemacht, dass bei einer jenen
Zahlen entsprechenden Saitenlänge in Wirklichkeit die durch sie
bezeichneten Töne zum Vorschein kommen, sagt er in unserem
Capitel: „Wir wollen jetzt den umgekehrten Weg einschlagen;
„wir wollen ausgehen von den in der musikalischen Praxis der
„Kitharoden angewandten Stimmungsarten und dann nachweisen,
„welchem Genos und welcher Chroa eine jede derselben an-
„gehört und durch welche Zahlen die betreffenden Töne aus-
„gedrückt werden müssen." Die beiden Voraussetzungen, von
denen er ausgeht, sind die, dass die Quarte $= \frac{3}{4}$ und der gewöhnliche Ganzton $= \frac{8}{9}$.

„Zuerst nehme man von den bei den Kitharoden vorkom-
„menden Tetrachorden die mit dem Namen *τρόποι* bezeichnete

„Quarte von der *νήτη* bis zur *παραμέση* und bezeichne ihre vier
„Töne durch die Buchstaben *α β γ δ*, so dass *α* zur *νήτη* ge-
„setzt werde:

$$\tau\varrho\acute{o}\pi o\iota$$

παραμέση	*τρίτη*	*παρανήτη*	*νήτη*
δ	*γ*	*β*	*α*

„Ich behaupte, dass in ihnen das oben besprochene *συντόνου*
„*χρώματος γένος* enthalten ist, und zwar zuerst, dass $\alpha : \beta = 6 : 7$,
„$\beta : \delta = 7 : 8$. Denn wir empfinden, dass beide Intervalle grösser
„als ein Ganzton, also grösser als 9 : 8 sind. Da *δ* und *α* ein
„Quarten-Intervall bilden, so ist $\alpha : \delta = 3 : 4$. Da nun auch die
„beiden Intervalle *α β* und *β δ* zusammen eine Quarte bilden
„müssen $\left(\frac{\alpha}{\beta} \cdot \frac{\beta}{\delta} = \frac{3}{4}\right)$, so muss $\frac{\alpha}{\beta}$ und $\frac{\beta}{\delta}$ den angegebenen Werth
„haben, denn $\frac{6}{7} \cdot \frac{7}{8} = \frac{3}{4}$."

Doch wird die Uebersetzung des Anfanges genügen, denn
mit Hülfe der obigen Erläuterungen wird nunmehr ein Jeder die
folgenden Ptolemäischen 14 Kanonia des Diatonon toniaion richtig
verstehen können. Wer da wollte, konnte dies Alles schon in
der zweiten Auflage der griechischen Harmonik lesen, aus der die
acht vorhergehenden Seiten fast unverändert in dies Vorwort der
dritten Auflage herübergenommen sind. Aber selbst wer das
Recensiren meiner griechischen Harmonik sich zum Geschäfte
machte, pflegte die Tabellen ungelesen zu lassen, erklärte auch
wohl, sie seien nicht zu finden gewesen. So mögen denn die
Ptolemäischen Tabellen der *θέσεις* gleich im Vorworte der dritten
Auflage stehen, wo sich ihnen kein Recensent wird entziehen
können. Bisher liess es sich immer noch als Unwissenheitssünde entschuldigen, wenn man die Bellermann-Zieglersche Auffassung der Ptolemäischen *θέσεις* für die richtige, die zuerst in
meiner griechischen Harmonik der Vergessenheit entzogene Interpretation des Wallisius für verfehlt oder vielmehr die letztere
für identisch mit der Bellermannschen erklärte. Von jetzt an
wird das nicht mehr eine Unwissenheitssünde, sondern eine
Sünde gegen den heiligen Geist der Wahrheit sein.

Διάτονον τονιαῖον

Κανόνιον α΄ Μιξολυδίου				Κανόνιον β΄ Λυδίου				Κανόνιον γ΄ Φρυγίου ἀπὸ τῆς τῇ			
α΄	νήτη δι.	h ξ	60	α΄	c ξ νζ	60 57		α΄	d ξ		60
β΄	παραν. δι.	a ξζ λ	67 30	β΄	h ξγ ιγ	63 13		β΄	c ξη λδ		68 34
γ΄	τρί. δι.	g οζ ϑ	75 56	γ΄	a οα ζ	71 7		γ΄	h οα ζ		71 7
δ΄	παράμεσ.	f πε μγ	86 47	δ΄	g π	80		δ΄	a π		80
ε΄	μέση	e ῃ	90	ε΄	f ῃα xϛ	91 26		ε΄	g ῃ		90
ϛ΄	λιχ. μ.	d ϱα ιε	101 15	ϛ΄	e ῃδ μϑ	94 49		ϛ΄	f ϱβ να		102 51
ζ΄	παρυ. μ.	c ϱιε μγ	115 43	ζ΄	d ϱϛ μ	106 40		ζ΄	e ϱϛ μ		106 40
η΄	ὑπατ. μ.	h ϱx	120	η΄	c ϱxα νδ	121 54		η΄	d ϱx		120

Κανόνιον η΄ Μιξολυδίου				Κανόνιον ϑ΄ Λυδίου				Κανόνιον ι΄ Φρυγίου ἀπὸ τῆς τῇ			
α΄	μέση	e ξ	60	α΄	f ξ νζ	60 57		α΄	g ξ		60
β΄	λιχ. μ.	d ξζ λ	67 30	β΄	e ξγ ιγ	63 13		β΄	f ξη λδ		68 34
γ΄	παρυ. μ.	c οζ ϑ	77 9	γ΄	d οα ζ	71 7		γ΄	e οα ζ		71 7
δ΄	ὑπατ. μ.	h π	80	δ΄	c πα ιϛ	81 16		δ΄	d π		80
ε΄	λιχ. ὑπ.	a ῃ	90	ε΄	h πδ ιζ	84 17		ε΄	c ῃα xϛ		91 26
ϛ΄	παρυ. ὑπ.	g ϱα ιε	101 15	ϛ΄	a ῃδ μϑ	94 49		ϛ΄	h ῃδ μϑ		94 49
ζ΄	ὑπατ. ὑπ.	f ϱιε μγ	115 43	ζ΄	g ϱϛ μ	106 40		ζ΄	a ϱϛ μ		106 40
η΄	προσλαμβ.	e ϱx	120	η΄	f ϱxα νδ	121 54		η΄	g ϱx		120

(nach Ptolem. harm. 2, 14).

Κανόνιον δ' Δωρίου	Κανόνιον ε' Ὑπολυδίου	Κανόνιον ϛ' Ὑποφρυγίου	Κανόνιον ζ' Ὑποδωρίου
θέσει νήτης			
α' e ξ 60	α' f ξ νζ 60 57 +	α' g ξ 60	α' a ξ 60
β' d ξζ λ 67 30	β' e ξγ ιγ 63 13	β' f ξη λδ 68 34 +	β' g ξζ λ 67 30
γ' c οζ θ 77 9 +	γ' d οα ζ 71 7	γ' e οα ζ 31 7	γ' f οζ θ 77 9 +
δ' h π 80	δ' c πα ιϛ 81 16 +	δ' d π _ 80	δ' e π 80
ε' a ϙ 90	ε' h πδ ιζ 84 17	ε' c ϙα κϛ 91 26 +	ε' d ϙ 90
ϛ' g ρα ιε 101 15	ϛ' a ϙδ μθ 94 49	ϛ' h ϙδ μθ 94 49	ϛ' c ρβ να 102 51 +
ζ' f ριε μγ 115 43 +	ζ' g ρϛ μ 106 40	ζ' a ρϛ μ 106 40	ζ' h ρϛ μ 106 40
η' e ρκ 120	η' f ρκα νδ 121 54 +	η' g ρκ 120	η' a ρκ 120

Κανόνιον ια' Δωρίου	Κανόνιον ιβ' Ὑπολυδίου	Κανόνιον ιγ' Ὑποφρυγίου	Κανόνιον ιδ' Ὑποδωρίου
θέσει μέσης			
α' a ξ 60	α' h νϛ ια 56 11	α' c ξ νζ 60 57 +	α' d ξ 60
β' g ξζ λ 67 30	β' a ξγ ιγ 63 13	β' h ξγ ιγ 63 13	β' c ξη λδ 68 34 +
γ' f οζ θ 77 9 +	γ' g οα ζ 71 7	γ' a οα ζ 71 7	γ' h οα ζ 71 7
δ' e π 80	δ' f πα ιϛ 81 16 +	δ' g π 80	δ' a π 80
ε' d ϙ 90	ε' e πδ ιζ 84 17	ε' f ϙα κϛ 91 26 +	ε' g ϙ 90
ϛ' c ρβ να 102 51 +	ϛ' d ϙδ μθ 94 49	ϛ' e ϙδ μθ 94 49	ϛ' f ρβ να 102 51 +
ζ' h ρϛ μ 106 40	ζ' c ρη κβ 108 22 +	ζ' d ρϛ μ 106 40	ζ' e ρϛ μ 106 40
η' a ρκ 120	η' h ριβ κβ 112 22	η' c ρκα νδ 121 54 +	η' d ρκ 120

Die oben S. XX angeführten Worte des Ptolemäus verlangen es, dass ich die Worte „ἀπὸ τῆς τῇ θέσει νήτης" und „ἀπὸ τῆς τῇ θέσει μέσης" in die Tabelle einschaltete und dass ich ferner den Ptolemäischen ἀριθμοὶ α' β' γ' δ' ε' ς' ζ' η' die Klangnamen νήτη, παρανήτη, τρίτη, παράμεσος, μέση, λιχανός, παρυπάτη, ὑπάτη hinzufügte. Auch der eifrigste Anhänger Zieglers wird angesichts der ihm hier vorgeführten Ptolemäischen Tabelle gestehen müssen, dass dieselbe keine Zweifel zulässt, in welchem Sinne Ptolemäus seine ὀνομασία κατὰ θέσιν verstanden wissen will, dass er nämlich dieselbe nicht wie Bellermann genommen hat, sondern genau so, wie es bereits meine erste Auflage der griechischen Harmonik in völliger Uebereinstimmung mit dem englischen Herausgeber und Erklärer des Ptolemäus, John Wallis, dargelegt hat.

Ptolemäus verfährt in der Aufstellung seiner 14 Κανόνια mit der grössten Akribie. Für jede der fünf Stimmungsarten, deren sich die Lyroden und Kitbaroden seiner Zeit bedienten, hat er die Intervalle der betreffenden Klänge auf ihre Verhältnisszahlen zurückgeführt. Innerhalb der Quinte des διάτονον τονιαῖον sind die Verhältnisszahlen der fünf Intervalle 27:28, 7:8, 8:9, 8:9. Nach diesen Verhältnisszahlen bestimmt er die acht Klänge der Octave (bezeichnet durch die Zahlenziffern α' β' γ' δ' ε' ς' ζ' η' sowohl der von der thetischen νήτη διεζευγμένων bis zur ὑπάτη μέσων, wie auch der von der thetischen μέση bis zum thetischen προςλαμβανόμενος reichenden Octave) in der Weise, dass er die Saitenlängen angibt, durch welche dem Monochorde gemäss die betreffenden Klänge bedingt werden. Selbstverständlich sind dies nicht absolute Schwingungszahlen, von denen das Alterthum noch nichts wusste: Ptolemäus nimmt an, dass von den um eine Octave differirenden Klängen der höhere durch die Zahl 60, der tiefere (nach dem Verhältniss 1:2) durch die Zahl 120 ausgedrückt werde. Hiernach wird für die zwischen dem höchsten und dem tiefsten Tone der Octave in der Mitte liegenden Klänge die entsprechende Saitenlänge durch eine Bruchzahl ausgedrückt, und zwar durch eine Bruchzahl nach dem Systeme der von den babylonischen Astronomen herübergenommenen Sexagesimalbrüche, welche bei Ptolemäus die Stelle der modernen Decimalzahlen vertreten und welche auch bis auf den heutigen Tag bei der Eintheilung der Stunde in 60 Minuten, der Minute in 60 Secunden, der Secunde in 60 Terzien noch fortwährend in prakti-

schem Gebrauche sind. Wenn Ptolemäus z. B. im *Κανόνιον δ'*
Δωρίου dem Klange *β'* d. i. der *παρανήτη διεζευγμένων* die Zahl
ξξ λ d. h. 67 30 zuertheilt, so bedeutet dieses 67$\frac{30}{60}$ (in eine
Decimalzahl übersetzt 67,5). Man braucht die Sexagesimalzahlen
des Ptolemäus nur in Decimalzahlen umzuformen, so ergibt sich,
dass die acht Klänge des *Κανόνιον γ' Φρυγίου ἀπὸ τῆς τῇ θέσει*
νήτης folgende sind:

thetische *νήτη διεζευγ.*	d———	⎫ 8 : 9
thetische *παρανήτη διεζευγ.*	c̟———	⎬ 27 : 28
thetische *τρίτη διεζευγ.*	h———	⎬ 8 : 9
thetische *παράμεσος*	a———	⎬ 8 : 9
thetische *μέση*	g———	⎬ 7 : 8
thetische *λιχανὸς μέσων*	f̟———	⎬ 27 : 28
thetische *παρυπάτη μέσων*	e———	⎬ 8 : 9
thetische *ὑπάτη μέσων*	d ———	⎭

Es liegt hier die Phrygische Octave in der Stimmung des *διά-*
τονον τονιαῖον vor, in welcher unsere Klänge c und f nicht vorkommen, sondern statt ihrer die Klänge f̟ und c̟ d. i. eine merklich erniedrigte *τρίτη* und eine merklich erniedrigte *παρυπάτη*.

Von den neueren Forschern ist demnach Riemann in vollem
Rechte, wenn er in seinem musikalischen Lexikon 1882 S. 338
die thetischen Klänge der Phrygischen Octave folgendermassen
angibt: d e f g a h c d.

Durch Helmholtz ist es zu allgemeiner Anerkennung gekommen, dass in der Dorischen Octavengattung die *μέση* als
Tonica, die *ὑπάτη* als Dominante fungirt.

Wird die thetische Onomasie des Ptolemäus nicht im Bellermannschen, sondern im richtigen Sinne interpretirt, so weiss
man, dass auch die *τῇ θέσει μέση Φρυγίου* die Function der
Phrygischen Tonica hat, die *τῇ θέσει ὑπάτη Φρυγίου* die Function der Phrygischen Dominante. Analog hat auch die Lydische
μέση die Function der Lydischen Tonica, die Lydische *ὑπάτη*
fungirt als Dominante der Lydischen Octavengattung. Dies ist
genau so zu verstehen, wie wenn wir von unserer c Dur-Tonart
sagen: der Ton c hat die Bedeutung der Dur-Tonica, der Ton g
die der Dur-Dominante; von unserer a Moll-Tonart: der Ton a
hat die Bedeutung der Moll-Tonica, der Ton e hat die Bedeutung
der Dominante.

Wer mit der Akustik nicht unbekannt ist, der sieht alsbald, dass nach der *ὀνομασία κατὰ θέσιν* sowohl in der Phrygischen wie in der Lydischen Octavengattung der *προςλαμβανόμενος*, die *ὑπάτη μέσων*, die *μέση*, die *τρίτη διεξευγμένων*,
die *νήτη διεξευγμένων* genau mit den fünf ersten Obertönen des
für eine Dur-Tonart als Basis angenommenen Grundtones zu-
sammenfallen:

		Lydisch	Phrygisch
thetische Nete	= fünfter Oberton	$\overline{\overline{\text{f}}}$	$\overline{\overline{\text{g}}}$
thetische Trite	= vierter Oberton	$\overline{\text{a}}$	h
thetische Mese	= dritter Oberton	$\overline{\text{f}}$	$\overline{\text{g}}$
thetische Hypate	= zweiter Oberton	c	d
thetische Prosl.	= erster Oberton	f	g
	Grundton	F	G

Hieraus ergibt sich, dass (die Transpositionsscala ohne Vorzeichnung vorausgesetzt) die Lydische Octavengattung (oder Harmonie) als f Dur-Tonart, die Phrygische als g Dur-Tonart
interpretirt werden muss, so jedoch, dass die Lydische eine f Dur-
Tonart mit fehlender Quarte b, die Phrygische eine G Dur-Tonart
mit fehlender grosser Septime fis war. Wir können daher das
Phrygische der alten Griechen als eine Dur-Tonart, welcher der
Leitton fehlte, definiren; das Lydische als eine Dur-Tonart mit
fehlender Quarte. Beide Dur-Tonarten kommen genau wie sie bei.
den Griechen waren in der Reihe der christlichen Kirchentonarten
vor: antikes Phrygisch ist Mixolydischer Kirchenton, antikes
Lydisch ist Lydischer Kirchenton.

Ptolemäus selber, obwohl der grösste Akustiker des Alterthums, wusste noch nichts davon, dass von den Klängen der
thetischen Onomasie der Proslambanomenos, die Hypate, die
Mese, die Trite, die Nete des Lydischen und des Phrygischen
unter das wichtige akustische Gesetz der Obertöne fallen.
Aber wenn auch seit Ptolemäus die Wissenschaft der Akustik
eine andere geworden ist und auf einen dem Alterthume wohl
noch ganz unfassbaren Höhepunkt durch die Männer der modernen
Wissenschaft emporgehoben worden ist, so sind doch die Gesetze der Akustik unverändert dieselben geblieben. Auch schon
im griechischen Alterthume waren jene fünf thetischen Klänge
mit den fünf ersten Obertönen des Phrygischen und Lydischen
Grundtons identisch und mussten nothwendig bedingen, dass die
Phrygische wie die Lydische Octavengattung eine Dur-Tonart war

Es lässt sich nunmehr der Satz von der Tonica und der Dominante der altgriechischen Musik dahin bestimmen:

In der Dorischen Octavengattung (in der Transpositions-scala ohne Vorzeichnung) hat der Klang a, die sogenannte Mese, die Function der Tonica; der Klang e, die so-genannte Hypate, hat die Function der Dominante. Mithin bildet die Dorische Octavengattung eine a Moll-Tonart, welche des Leittones gis entbehrt; ist identisch mit dem Aeolischen Kirchentone der christlich-modernen Musik.

Nach der thetischen Onomasie hat auch die Phrygische und die Lydische Octavengattung ihre als Tonica fungi-rende Mese und ihre als Dominante fungirende Hypate. Durch die thetische Trite dieser beiden Octavengattungen manifestiren sich beide als Dur-Tonarten.

Aus dem Aristotelischen Probleme 19, 36, welches der griechi-schen Mese eine vor allen übrigen Klängen prävalirende Bedeutung vindicirt, ersehen wir, dass die griechischen Melodien in der be-gleitenden Instrumentalstimme stets mit der Mese abschlossen. In der allerfrühesten Zeit der griechischen Musik war die instru-mentale Begleitung des Gesanges eine homophone, aber schon in der Musikepoche Terpanders war die Instrumentalbegleitung eine heterophone, wie uns durch Aristoxenus in einem bei Plutarch erhaltenen Fragmente überliefert ist. Wir ersehen daraus, dass durch diese heterophone Begleitung sowohl symphonische wie diaphonische Accorde zu Gehör gebracht wurden. Und zwar ge-hörte der höhere Accordton der Instrumentalbegleitung, der tiefere Accordton der Gesangmelodie an. Ausser der in Rede stehenden Stelle des Aristoxenus wird dies ausdrücklich durch ein Problem des Aristoteles bezeugt. In Gemässheit des von der Mese handelnden Aristotelischen Problemes schloss bei jeder griechischen Melodie die Begleitung in der Mese: bei jeder grie-chischen Octavengattung wurde also am Schlusse durch das be-gleitende Instrument die Tonica zu Gehör gebracht.

Hiernach versuchen wir in der aus Ptolemäus vorgeführten Tabelle die beiden Kategorien zu erklären, welche durch die Worte ἀπὸ τῆς τῇ θέσει νήτης und ἀπὸ τῆς τῇ θέσει μέσης be-zeichnet sind. Für jede Octavengattung ist einmal die Octave von der Nete bis zur Hypate, sodann zweitens die Octav von der Mese bis zum Proslambanomenos aufgeführt. Weiterhin gibt Ptolemäus an, dass bei dieser oder jener Melodieweise der Ly-

roden oder Kitharoden eine bestimmte Octavengattung entweder
ἀπὸ νήτης oder dass sie ἀπὸ μέσης angewandt werde.

Ausser aus Ptolemäus selber lässt sich auch aus Manuel
Bryennios für jene beiden Kategorien ein Fingerzeig entnehmen.
Manuel Bryennios, der späteste aller griechischen Musiktheoretiker, welcher zur Zeit des lateinischen Kaiserthumes im byzantinischen Reiche lebte, spricht auch von den νεώτεροι μελοποιοί
d. i. den praktischen Musikern seiner Zeit. Damals gebrauchte
man noch die alten Klangnamen Hypate, Mese in derselben
Bedeutung wie in der thetischen Onomasie des Ptolemäus. Nach
Bryennios' Darstellung schliessen die Melodien der verschiedenen
Tonarten, ἦχοι genannt, entweder in der Mese oder in der Hypate. Beim Schluss auf der Mese hat die Melodie ein εἶδος
τέλειον, beim Schluss auf der Hypate ein εἶδος ἀτελές. Also
eine mit der Mese schliessende Melodie hat nach der bei
Bryennios vorkommenden Terminologie einen vollkommenen
Schluss, eine auf der Hypate schliessende Melodie hat einen
unvollkommenen Schluss.

Auch die modernen Theoretiker reden von vollkommenen
und von unvollkommenen Schlüssen (Schlusscadenzen). In Richters
Grundzügen der musikalischen Formen heisst es S. 2: „Unter den
Cadenzen unterscheiden wir ganze und halbe. Die ganze oder
authentische Cadenz wird durch den tonischen Dreiklang, dem
der Dominant-Accord vorhergeht, gebildet, z. B.

Wenn die ganze Cadenz wie in den vorstehenden Beispielen
eingerichtet ist, dass nämlich der Bass den Grundton des Do-
minant-Accordes, die Oberstimme den Grundton des tonischen
Dreiklanges enthält, so nennt man die ganze Cadenz eine vollkommene.

Unvollkommen ist die ganze Cadenz, wenn entweder der
Dominant-Accord oder der tonische Dreiklang nicht in der Grund-
lage erscheint, oder die obere Stimme in die Terz des tonischen
Dreiklanges führt, z. B.

Der authentischen steht die plagalische Cadenz, auch der Kirchenschluss genannt, gegenüber. Sie wird gebildet durch die Unterdominante verbunden mit dem tonischen Dreiklang, z. B.

So weit Richters Grundzüge der musikalischen Formen. Recapituliren wir: Sowohl bei den authentischen wie bei den plagalischen Cadenzen besteht der Schlussaccord in dem tonischen Dreiklange. Wird der oberste Ton in der Oberstimme durch die Tonica gebildet, dann heisst der Schluss ein vollkommener; wenn durch die Terz oder die Quinte (d. i. die dritte oder die fünfte Tonstufe), dann wird der Schluss ein unvollkommener genannt.

Anders als die vollkommenen und unvollkommenen Schlüsse im modernen Sinne werden wir es nicht verstehen dürfen, wenn nach der Versicherung des Manuel Bryennios bei den *νεα΄τεροι μελοποιοί* die Melodie eines *ἦχος* entweder auf die *μέση* oder auf die *ὑπάτη* ausgeht und hiernach ein zweifaches *εἶδος* der Melodie, im ersten Falle ein *τέλειον εἶδος*, im zweiten ein *ἀτελὲς εἶδος* bildet. Schlüsse auf der Tonica (*μέση*) sind vollkommene, Schlüsse auf der Quinte (*νήτη*) sind unvollkommene Schlüsse.

Die *νεώτεροι μελοποιοί*, von denen Manuel Bryennios berichtet, bedienen sich für die Klangnamen *μέση, ὑπάτη* u. s. w. derselben Onomasie der Klänge, welche Ptolemäus als die *ὀνομασία κατὰ ϑέσιν* bezeichnet. Die beiderseitige Uebereinstimmung in der Onomasie der Klänge scheint die Annahme zu erheischen, dass auch die bei Ptolemäus vorkommenden zwei Kategorien „*ἀπὸ τῆς ϑέσει μέσης*“ und „*ἀπὸ τῆς ϑέσει νήτης*“ ebenso wie die beiden Kategorien, welche nach Manuel Bryennios von den *νεώτεροι μελοποιοί* statuirt werden, zu verstehen sind.

Ptolemäus ist anerkannter Massen eine der ersten wissen-

schaftlichen Grössen auf dem Gebiete der Physik, Mathematik,
Astronomie und Geographie. Paul Marquard (in seiner Aristoxenus-
Ausgabe S. 293) hat das Gefühl, als ob es mit Ptolemäus' musikalischer Bildung keineswegs zum Besten bestellt sei. In einem
Punkte können wir dies constatiren: Im vierten Capitel des
zweiten Buches seiner Harmonik stellt Ptolemäus das Verhältniss
der Octavengattungen zu den Transpositionsscalen so dar, als ob
die Dorische, Phrygische, Lydische Octavengattung u. s. w. stets
in der gleichnamigen Transpositionsscala gehalten sei, die Dorische
Octavengattung im Dorischen Tonos, die Phrygische Octavengattung im Phrygischen Tonos. Der gelehrte Director des Brüsseler
Conservatoriums hat den Ptolemäus so verstanden, und es ist
nicht zu leugnen, dass Ptolemäus schwerlich anders interpretirt
werden kann. Daraus folgt aber, dass sich Ptolemäus hier geirrt
oder übereilt hat. Denn gerade die κιθαρῳδοί seines Zeitalters,
auf welche sich Ptolemäus beruft, machen es anders: der Hymnus
auf Helios ist in der Dorischen Octavengattung componirt, im
Tonos Lydios notirt; der Hymnus auf Nemesis gehört der Hypophrygischen Octavengattung und wiederum dem Tonos Lydios an.
Nur vom Standpunkte der Akustik aus hatte die Musik für Ptolemäus ein Interesse; was er an musikalischen Kenntnissen bedurfte, scheint er sich Alles erst für diesen seinen Zweck von den
Musikern und Musikkennern seiner Umgebung angeeignet zu
haben. Wie es scheint, hat Ptolemäus nicht Alles richtig verstanden, was er uns von der Musik überliefert (sein Versehen
betreffend das Verhältniss der Octavengattungen zu den Tonoi
wird wohl nicht das einzige sein!); aber immerhin müssen wir
dem unmusikalischen Akustiker des griechisch-römischen Alterthumes dankbar sein, dass er so vieles Wissenswerthe überliefert,
was wir in den Schriften der Fachmusiker vergeblich suchen.
Von den Fachmusikern seiner Zeit scheint sich Ptolemäus die
musikalischen Tabellen, die Tonleiterverzeichnisse haben geben
lassen, um diesen die akustischen Klangbestimmungen hinzufügen. Auf dieser Autorität werden auch die κανόνια ἀπὸ τῆς
τῇ θέσει μέσης und ἀπὸ τῆς τῇ θέσει νήτης beruhen. Ob dem
Ptolemäus selber die Kenntniss von der musikalischen Bedeutung
dieser beiden Kategorien als der Tonreihen des vollkommenen
und des unvollkommenen Schlusses, des εἶδος τέλειον und des
εἶδος ἀτελές zu Gebote stand, darf uns fraglich, sogar als unwahrscheinlich erscheinen. Aber mit Hülfe dieser von Ptolemäus

überlieferten Tonleitern ἀπὸ τῆς τῇ θέσει' μέσης und ἀπὸ τῆς τῇ θέσει νήτης vermögen wir die Auseinandersetzung zu verstehen, welche Plato im dritten Buche seiner Politeia von den für die Jugend seines Staates zulässigen oder nichtzulässigen Harmonien gibt. Von Plato werden die Harmonien nach einer dreifachen Kategorie unterschieden. Aus den hierzu von Aristides über lieferten Notenscalen, aus einem Fragmente des alten Pratinas u. a. geht mit Sicherheit hervor, dass die Harmonien der zweiten Kategorie Platos nach der Bezeichnung des Ptolemäus in Scalen ἀπὸ τῆς τῇ θέσει μέσης, die der dritten Kategorie Platos in Scalen ἀπὸ τῆς τῇ θέσει νήτης bestehen. Jeder der Harmonien der ersten Kategorie Platos entsprechen Scalen, welche wir im Anschluss an die Terminologie des Ptolemäus nicht anders als Scalen ἀπὸ τῆς τῇ θέσει τρίτης zu bezeichnen haben.

Die Politeia Platos überliefert p. 400, dass es drei Klassen des Rhythmus und vier Klassen der Harmonien gibt:

ὅτι μὲν γὰρ τρί' ἄττα ἐστὶν εἴδη, ἐξ ὧν αἱ βάσεις πλέκονται, ὥσπερ ἐν τοῖς φθόγγοις τέτταρα, ὅθεν αἱ πᾶσαι
ἁρμονίαι, τεθεαμένος ἂν εἴποιμι.

In der Politeia des Aristoteles werden zwei Klassen der Har-monien unterschieden, eine Dorische Harmonie-Klasse und eine Phrygische Harmonie-Klasse, zu welcher alle diejenigen Harmonien gehören, welche nicht zur Dor. Harmonie-Klasse gerechnet werden.

Aehnlich wird auch jede der vier Harmonie-Klassen Platos nach einer einzelnen der zu ihr gehörenden Octavengattungen be-nannt gewesen sein. Ohne meine in der dritten Auflage der Rhyth-mik S. 238 ausgesprochene Ansicht weiter zu urgiren, muss ich an dieser Stelle darauf bestehen, dass für die Platonischen Har-monie-Klassen sicherlich auch die Benennungen Dorisch, Phry-gisch, Lydisch vorgekommen sind. Für die vierte der Platonischen Harmonie-Klassen mag die Benennung dahin gestellt bleiben.

Mit Sicherheit lässt sich sagen: es gab Dorische, Phrygische, Lydische Scalen ἀπὸ τῆς τῇ θέσει μέσης, Scalen ἀπὸ τῆς τῇ θέσει νήτης und (denn auch solche müssen nach Platos Republik angenommen werden) ἀπὸ τῆς τῇ θέσει τρίτης.

1) Die Octavenreihen ἀπὸ τῆς τῇ θέσει μέσης gehen von der μέση abwärts bis zum προσλαμβανόμενος, oder, was dasselbe ist (vgl. die Schlussworte der oben S. XX angeführten Stelle Ptolem. harm. 2, 15), in höherer Tonlage von der νήτη ὑπερβολαίων bis zur μέση:

Δωρίου ἀπὸ τῆς τῇ θέσει μέσης.

Φρυγίου ἀπὸ τῆς τῇ θέσει μέσης.

Λυδίου ἀπὸ τῆς τῇ θέσει μέσης.

Die Begleitstimme eines jeden Melos kehrt immer wieder auf die Mese zurück; so endet bei einem Melos der Scala ἀπὸ μέσης die Begleitstimme stets unison mit der Gesangmelodie.

2) Die Scalen ἀπὸ τῆς τῇ θέσει νήτης gehen von der νήτη διεζευγμένων abwärts bis zur ὑπάτη μέσων:

Δωρίου ἀπὸ τῆς τῇ θέσει νήτης.

Φρυγίου ἀπὸ τῆς τῇ θέσει νήτης.

Λυδίου ἀπὸ τῆς τῇ θέσει νήτης.

Da die Begleitstimme bei einem jeden Melos stets auf die *μέση* zurückkehrt, so muss sie auch für Harmonieformen *ἀπὸ νήτης* mit der *μέση* schliessen. Die Melodiestimme schliesst in diesen Formen in der *νήτη* oder in deren Octave, der Hypate meson: den Griechen wurde also bei den Melopöien dieser Art das Intervall der Unterquarte zu Gehör gebracht:

(A)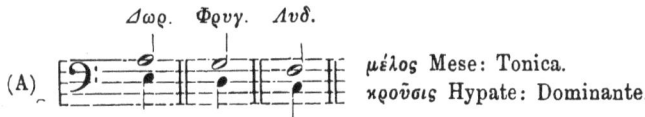

μέλος Mese: Tonica.
κροῦσις Hypate: Dominante.

Bestände in der heterophonen Musik nicht das von Aristot. probl. 19, 12 überlieferte Gesetz (vgl. S. XXXV), dass dem Melos stets der tiefere, der Krusis der höhere Accordton zukommt, so würde eine Dorische, Phrygische, Lydische Melopöie auch folgendermassen schliessen können:

(B)

κροῦσις Nete: Dominante.

μέλος Mese: Tonica.

Dann würde als Schlussaccord nicht wie in (A) die Unterquarte der Tonart, sondern die Oberquinte zu Gehör gebracht. Der moderne Musiker würde der schliessenden Oberquinte (in B) nicht widerstreben. Das Ohr der Griechen hatte sich an die Unterquartenschlüsse (in A) gewöhnt, wenn es uns auch schwer wird einzusehen, wie das griechische Ohr sich so gewöhnen konnte.

Augenscheinlich haben die griechischen Musiktheoretiker diese Art des Quartenintervalles im Sinne, wenn sie das *διὰ τεσσάρων διάστημα* für eine *συμφωνία* erklären. Ernst von Stockhausen schreibt mir: *„Es scheint beachtenswerth, was der Philosoph Karl Christ. Fried. Krause (handschriftlicher Nachlass erste Abtheilung,*

*zweite Reihe, II. Kunstphilosophie, B. Anfangsgründe der allgemeinen
Theorie der Musik, Göttingen, Dieterichsche Buchhandlung, 1838)
geäussert hat.* „Man hat viel gestritten," *sagt Krause,* „ob das Intervall der Quarte ein consonirendes oder dissonirendes sei. Dabei aber
muss man unterscheiden, ob von einem Accorde oder von einem
Melodietone die Rede ist, und wenn die Quarte in einem Accord
zusammenklingend betrachtet wird, so kommt es darauf an, welcher
Ton als Grundton angenommen wird. Nehme ich z. B. bei dem
'Sammklange' c f den Ton c als Grundton an, und empfinde
ihn als Grundton (wenn z. B. das ganze Stück aus c Dur ginge),
so ist dieser Klang nicht befriedigend; wenn ich aber dabei f als
Grundton ansehe [wie im Schlussaccorde des Lydischen], so ist dieser
Klang insofern befriedigend; denn er ist ja dann als Quinte empfunden." Das ist meiner Meinung nach, wenn auch für den
heutigen praktischen Musiker nicht verständlich, doch die Theorie
der consonirenden Unterquarte der Griechen.*„

3) Die Scalen ἀπὸ τῆς τῇ θέσει τρίτης gehen von der τρίτη
διεζευγμένων abwärts bis zur παρυπάτη ὑπάτων:

Δωρίου ἀπὸ τῆς τῇ θέσει τρίτης.

Φρυγίου ἀπὸ τῆς τῇ θέσει τρίτης.

Λυδίου ἀπὸ τῆς τῇ θέσει τρίτης.

Die Begleitung solcher Melopöien schliesst wiederum auf der
Mese. Es werden hier also folgende Terzen-Intervalle zu Gehör
gebracht:

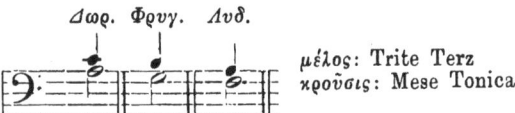

oder, wenn man sich die Tonica in der höheren Octav, die Nete
hyperbolaion, als Begleitton denkt, folgende Sexten-Intervalle:

Nach der von der Mese handelnden Stelle der Aristotelischen
Probleme wird man freilich zunächst an Terzen-Intervalle denken,
welche durch die Trite des Gesanges und durch die Mese der
Krusis gebildet werden; aber dann kommt jene andere Stelle der
Probleme 19, 12 nicht zu ihrem Rechte, wonach in der heterophonen Musik der tiefere Accordton stets dem Melos, nicht
der Krusis angehört, eine Notiz des Aristoteles, welche durch
die bei Plutarch erhaltene Aristoxenische Darstellung der alten
Heterophonie aus der Periode des Terpander bestätigt wird.
„Διὰ τί τῶν χορδῶν ἡ βαρυτέρα ἀεὶ τὸ μέλος λαμβάνει;“ So
heisst es wörtlich in dem Aristotelischen Probleme 19, 12. Dieser
Notiz würden wir nicht gerecht werden, wenn wir Terzen-Intervalle
als Ausgang der Trite-Formen annehmen wollten. Daher müssen
wir uns für den Ausgang auf Sexten-Intervalle entscheiden. Es
findet dies in Folgendem seine Bestätigung. Die Scala Φρυγίου
ἀπὸ τῆς τῇ θέσει τρίτης, d. i. die Octave von h bis h, führt den
Namen Mixolydisti, jene Octavengattung, welche Plato als zu wehmüthig für die Erziehung nicht gestatten will. Die Scala Λυδίου
ἀπὸ τῆς τῇ θέσει τρίτης, d. i. die Octave von a bis a, führt bei
Plato den Namen Syntonolydisti und wird von ihm aus dem
nämlichen Grunde wie die Mixolydisti verworfen. In dem Commentare, welchen Plutarchs Musikdialog von den Platonischen
Harmonien gibt, heisst es § 15 von der Syntonolydisti: „Plato
verwirft sie wegen ihrer zu hohen Tonlage (weil sie eine ἁρμονία ὀξεῖα ist) und weil sie für Klagemelodie geeignet sei.“ Plutarchs Bemerkung über die „zu hohe Tonlage“ stammt vermuthlich aus Aristoxenus, den Plutarch in dem unmittelbar darauf

folgenden Satze als Quelle citirt. Wenn, wie wir vorher angenommen haben, die Begleitungstöne der Syntonolydisti bis zur
Nete hyperbolaion hinaufgehen, dann ist die Tonart, wie Plutarch vermuthlich nach Aristoxenus referirt, in der That eine
„ἁρμονία ὀξεῖα". Auch in den Octavenreihen der Form 1) kann
nach den oben S. XVI mitgetheilten eigenen Worten des Ptolemäus die νήτη ὑπερβολαίων an die Stelle der μέση treten.

Die Terzenschlüsse, deren Vorkommen in der altgriechischen
Musik in der ersten Auflage der griechischen Harmonik als nothwendige Consequenz der thetischen Onomasie dargethan wurde,
waren es vor allem, welche mir die ernste Opposition Zieglers
zuzogen. Er verspottete die „ganz neuen, weder in der alten noch
in der neuen Musik bisher bekannten Terztonarten". Für die
alte Musik hatte nun freilich vor mir noch Niemand davon gesprochen, für die neuere Musik aber waren sie keineswegs ganz
unbekannt. In den Lehrbüchern der modernen Musiktheorie
werden sie zwar nicht ausdrücklich genannt; aber was dort als
die häufigste Form des unvollkommenen authentischen Schlusses
aufgeführt wird, ist nichts anderes als der Terzenschluss. E. von
Stockhausen sagt: *„Es ist fraglos, dass im Volksgesange und in
analogen Compositionen Schlüsse vorkommen auf einem Tone, der
die wesentliche Bedeutung als tonale Terz besitzt."* Wer längere
Zeit in Schwaben gelebt und dort die nationalen Volkslieder gehört hat, der wird die sentimentale Eigenthümlichkeit des Terzenschlusses fest in der Erinnerung behalten und denselben z. B. auch
in Beethovens Claviersonate op. 109 Finale und in Bachs wohlt.
Clav. II, 15 G Dur-Fuge lebhaft empfinden. Weshalb das Vorkommen des Terzenschlusses in der alten Musik so überaus bedenklich
erschien? Meine Annahme eines Terzenschlusses in der griechischen Musik stiess deshalb auf so energischen Widerstand, weil
die griechischen Musiktheoretiker, wie sie die Quarte unter die
Consonanzen, so die Terz unter die Dissonanzen rechnen. Nur
der ebenso geniale wie gelehrte Herr Gevaert, damals Director
der grossen Oper zu Paris, jetzt Director des Brüsseler Musikconservatoriums, war der einzige, welcher die als angebliche
Dissonanz übel berüchtigte Terz der griechischen Musik in den
Musikbeispielen des Anonymus als ein Intervall erkannte, welches völlig wie das moderne Terzenintervall zum griechischen
Melodieschlusse gebraucht, mithin in der griechischen Musikpraxis
als Consonanz verwendet worden sei. In seiner zweibändigen

Histoire et Théorie de la Musique de l'antiquité 1875. 1881 trat
Fr. Aug. Gevaert offen für die in meiner griechischen Harmonik
1861 dargelegte neue Auffassung der griechischen Musik auf,
welche von Ziegler und manchen anderen Philologen und Musikern Deutschlands so übel angesehen wurde.

Meine „Terzentheorie" war eine den übrigen so unbequeme
Entdeckung, dass sie lieber bei F. Bellermanns Interpretation
der thetischen Onomasie verblieben, als dieser Lehre des Ptolemäus, wie ich es gethan, ein sorgsames Studium zuwenden wollten.
Oscar Paul und Hugo Riemann waren bis in die letzten Jahre
die einzigen, welche sich nicht zu der Bellermannschen, sondern
zu der richtigen Auffassung der Ptolemäischen ὀνομασία κατὰ
θέσιν bekannten. Aber von den Schlüssen auf der thetischen
Trite und Hypate wollten sie nichts wissen, der eine von beiden
auch nichts von einer besonderen Phrygischen und Lydischen,
sondern nur von der Dorischen Melopöie. Wir lesen in Hugo
Riemanns Musik-Lexikon 1882 S. 338: „Dass die Griechen durchaus
nicht so, wie das später bei den Kirchentönen der Fall war, dem
Phrygischen u. s. w. eine ähnliche grundlegende Bedeutung bei-
massen wie dem Dorischen, d. h. dass sie nicht d oder g als
Hauptton des Phrygischen betrachteten (sozusagen als Tonica oder
Dominante), sondern dass sie vielmehr wirklich alle Octavengattungen als verschiedene Ausschnitte aus einer Dorischen Scala
betrachteten, geht zur Evidenz aus der Unterscheidung der Thesis
(Stellung) und Dynamis (Bedeutung) hervor. Der Stellung nach
(kata thesin) ist in der Phrygischen Tonart d' Nete, g
Mese und d Hypate; der Bedeutung, Wirkung nach (kata
dynamin) ist d Paranete, g Lichanos meson, d Parhypate,
d. h. die Dynamis ist immer die der Dorischen Tonart.
Wenn daher Aristoteles der Mese eine besondere Bedeutung bei-
misst, so meint er stets die Dorische Mese, und R. Westphal hat
eine sehr verderbliche Verwirrung in die Theorie der griechischen Musik gebracht, indem er die gegentheilige Auffassung
geltend machte. Auch die an ihn anlehnende Darstellung Gevaerts ist daher mit Vorsicht aufzunehmen."

Was hier Hugo Riemann von der Musik der Griechen behauptet, wäre gerade so, als wenn die Musik der Kirchentonarten
sich z. B. nur des einzigen Aeolischen Kirchentones bediente, nicht
aber auch des Lydischen, Mixolydischen, Dorischen u. s. w. Die
verschiedenen Octavengattungen der Griechen — meint Riemann —

seien nur verschiedene Ausschnitte aus der Dorischen Scala, es
gebe keine andere Tonica als nur die Dorische Tonica, keine
andere Dominante als nur die Dorische Dominante. Mit demselben Rechte würde er auch behaupten, die moderne Mollscala
sei nichts als blos ein Ausschnitt aus der Durscala, die Moll-
Tonica sei dieselbe wie die Dur-Tonica.

Von den Octavengattungen des griechischen Alterthums galt
freilich die Dorische als die vornehmste. Deshalb gebraucht
Aristoxenus, wenn er in seiner Harmonik allgemeine musikalische
Sätze über Tonumfänge, über Klanggeschlechter u. s. w. aufstellt,
stets die dynamische Onomasie, in welcher jeder Klang den
Namen führt, welcher ihm zukommen würde, wenn er einer
Dorischen Melopöie angehörte. Die dynamische Onomasie gehört
der Theorie, nicht der Praxis an; in der musikalischen Praxis
kommt einem jeden Klange der Name zu, welcher ihm als Klang
der Lydischen, Phrygischen Melopöie gebührt. Die musikalischen
Praktiker, die Lyroden und Kitharoden des Ptolemäischen Zeitalters, bedienen sich nur der thetischen Klangbezeichnungen:
Phrygische Mese, Lydische Mese ist bei ihnen die Phrygische, die
Lydische Tonica; Phrygische, Lydische Hypate und Nete ist bei
ihnen die Phrygische, die Lydische Dominante. Glaubt denn
Herr Riemann alles Ernstes, dass die Melodie im Hymnus auf
Helios und auf die Muse die nämliche Tonica und Dominante
habe wie die Melodie im Hymnus auf Nemesis? Das eine ist
eine Dorische, das andere eine Ionische Melopöie. Gerade so
aber wie im Zeitalter des Ptolemäus, war es auch in der Periode
der klassischen Kunst. Riemann weiss doch im Plato zu gut
Bescheid, als dass ihm unbekannt sein könnte, was in dessen
Republik über den Unterschied der griechischen Tonarten gesagt
ist. Die Dorische Octavengattung ist es allein, welcher Plato in
seinem Idealstaate unbeschränkte Anwendung gestatten möchte;
neben ihr soll höchstens nur die Phrygische Octavengattung zugelassen werden. Aber ausser Doristi und Phrygisti gibt es auch
eine Mixolydisti, eine Lydisti, eine Iasti, die in der Theatermusik mit gutem Erfolge angewandt werden, aber der Jugenderziehung, wie Plato sich dieselbe denkt, ferngehalten werden soll.
⟨Πλάτων⟩ καὶ περὶ τοῦ Λυδίου δ᾽ οὐκ ἠγνόει καὶ περὶ τῆς Ἰάδος,
ἠπιστήσατο γὰρ ὅτι ἡ τραγῳδία ταύτῃ τῇ μελοποιίᾳ κέχρηται.
Plutarch de mus. 17.

Herr Riemann möge nur die erhaltenen Melodie-Reste des

Griechenthums zur Hand nehmen: er wird keine Freude daran
haben, wenn er die von Friedrich Bellermann herausgegebene
Melodie des Liedes auf Nemesis als einen „Ausschnitt aus der
Dorischen Scala betrachtet" und für dasselbe die Dorische Tonica
annimmt. Für alle Zeiten ist von Friedrich Bellermann festgestellt, dass diese Melodie dem Hypophrygischen εἶδος διὰ πασῶν
angehört und als solches — dies weiss Fr. Bellermann ebenfalls —
die Phrygische Tonica g hat. Herr Riemann ist ein grosser Musiktheoretiker, aber doch wird es ihm nicht gelingen — oder vielmehr eben deshalb wird es ihm nicht gelingen —, dem in die
Phrygische Octavenklasse gehörenden Hypophrygischen Liede auf
Nemesis die nämliche Tonica wie den Dorischen Liedern auf
Helios und auf die Muse zuzuweisen. Für das Lied auf Nemesis
wird man nie und nimmermehr eine andere Tonica als die nach
der thetischen Onomasie des Ptolemäus sogenannte Phrygische
Mese, d. i. den Klang g, annehmen können, wie dies bereits von
Friedrich Bellermann geschehen ist. Friedrich Bellermann that
dies in seiner Eigenschaft als moderner Musiker, dem die thetische Onomasie in dem Sinne wie sie von Riemann in Uebereinstimmung mit mir und Oscar Paul interpretirt wird, gänzlich
unbekannt war. „R. Westphal hat eine sehr verderbliche Verwirrung in die Musik gebracht" — sagt Riemann. Ich prote-
stire. Denn schon Friedrich Bellermann lehrt in seiner Harmo-
nisirung des Liedes an die Muse thatsächlich das Nämliche, wie
ich in meiner griechischen Harmonik. Der Vorwurf „eine sehr
verderbliche Verwirrung in die Theorie der griechischen Musik
gebracht" zu haben, fällt auf Riemann selber zurück, wenn anders
ihm Jemand glauben wird, dass die Tonica des Liedes an die
Muse nicht der Ton g, die Phrygische Mese, sondern die Dorische
Mese a sei.

Aber wer wird angesichts der von mir herbeigezogenen
Thatsachen den Riemannschen Satz fest halten wollen: die ge-
sammte Musik des griechischen Alterthums habe sich in der
Dorischen Tonart bewegt; was den Namen Phrygisch, Lydisch,
Syntonolydisch, Mixolydisch führe, das sei alles nichts anderes
als nur ein besonderer Ausschnitt aus der Dorischen Scala, unter
Beibehaltung der Dorischen Tonica und der Dorischen Dominante!

Friedrich Bellermann sagt in den Tonleitern und Musiknoten
der Griechen (1849) S. 8: „Von den Octavengattungen der Griechen sind bei uns nur noch zwei im Gebrauch: die Hypodorische

oder Aeolische (a — a), unser Moll, und die Lydische (c — c), unser
Dur. Drei andere sind auch vollkommen melodisch und im
häufigen Gebrauche der älteren Kirchenmusik und finden sich
noch in vielen unserer Choralmelodien:

> die Hypophrygische d. i. g ohne Vorzeichnung, jetzt Mixo-
> lydisch genannt, in
>> 'O Haupt voll Blut und Wunden',
> die Phrygische d. i. d ohne Vorzeichnung, jetzt Dorisch ge-
> nannt, in
>> 'Mit Fried' und Freud' fahr' ich dahin',
>> 'Erschienen ist der herrlich' Tag'."

Von der Mixolydischen Octave gibt Bellermann den Nachweis, dass sie unmelodisch sei, weil sie keine reine Quinte des
Grundtones, sondern dafür das Intervall h — f habe. Den Anfangston einer jeder der griechischen Octaven fasst Bellermann
als den Grundton der Octavengattung.

Heinrich Bellermann, Friedrichs Sohn, unterscheidet bei jeder
Octavengattung eine authentische und eine plagalische Form. Vgl.
H. Bellermann, Contrapunkt. Zweite umgearbeitete und vermehrte
Auflage 1872, S. 73 ff. Eine jede der Octaven werde von den Alten
in eine Quinte und eine Quarte zerfällt. Liegt in einer Octaven-
scala die Quinte unterhalb, die Quarte oberhalb, dann hat sie
den Grundton an tiefster Stelle und ist eine authentische. Hat
sie umgekehrt die Quarte unterhalb, die Quinte oberhalb, dann
ist der vierte Ton als Grundton der Octave anzusehen, die alsdann zu den plagalischen Octavengattungen gezählt werden muss.
H. Bellermann zieht die Stelle des Gaudentius p. 18 Meib. herbei.
Er sagt S. 78: „Auffallend ist es, dass Gaudentius die Lydische
Octave aus Quarte und Quinte zusammensetzt, derselben also F
zum Grundton gibt, und ferner dass er jene drei mit einfachem
Namen bezeichneten Octaven Lydisch, Phrygisch und Dorisch in
ihrer Zusammensetzung als Quinte und Quarte nicht mit einander
übereinstimmend bildet." H. Bellermann vermuthet hier einen
Fehler in der Textesüberlieferung des Gaudentius: alle drei Octavengattungen müssten auf gleiche Weise aus Quinte und Quarte
zusammengesetzt sein.

Durch die Herbeiziehung des Gaudentius hat sich H. Bellermann ein nicht geringes Verdienst erworben: auch nach meiner
Ansicht müsste die Behandlung des Lydischen, Phrygischen

und Dorischen eine gleichmässige sein. Aber ich kann nicht
umhin mit Helmholtz anzunehmen, dass für die Dorische Octave
nicht der erste Ton e, sondern der vierte Ton a die Bedeutung
des Grundtones oder der Tonica hat, dass mithin, um im übrigen
an H. Bellermanns „authentischen und plagalischen Octavengattungen" fest zu halten, die Dorische nicht zu den authentischen,
sondern zu den plagalischen gehören würde. Ich erlaube mir
daher, die von H. Bellermann S. 78 gegebene Uebersicht der
Octavengattungen folgendermassen zu modificiren. („Der fett ge-
druckte Buchstabe — sagt H. Bellermann — bezeichnet jedesmal
den Anfangston der Quinte, woraus sich die Eintheilung von
selbst ergibt.")

<pre>
        c   d   e   F   g   a   h   c Lydisch
        d   e   f   G   a   h   c   d Phrygisch
        e   f   g   A   h   c   d   e Dorisch
Hypolydisch F   g   a   h   c   d   e   f
Hypophrygisch G a   h   c   d   e   f   g
     Hypodorisch A   h   c   d   e   f   g   a
        a   h   c   D   e   f   g   a Lokrisch.
</pre>

Die hier zu Anfang der sieben Linien gesetzten Namen bezeichnen die „authentischen" Octavengattungen; die am Ende der
Zeilen stehenden Namen bezeichnen die „plagalischen" Octavengattungen. Die zu den „authentischen" gehörenden sind solche,
welche nach den obigen Bemerkungen S. XXVIII den vollkommenen Ganzschluss haben; die „plagalischen" sind solche, deren
Ganzschluss ein unvollkommener in der Quintenlage ist. Die Mixolydische Octavengattung, welche nach Fr. Bellermann, dem Vater,
als authentische gefasst werden müsste, ist nach H. Bellermann,
dem Sohne, eine plagalische Octavengattung. Als solche müsste
sie einen unvollkommenen Ganzschluss haben.

Auch nach den von mir gewonnenen Ergebnissen gehört
die Mixolydische Gattung zu denjenigen, welche den unvollkommenen Ganzschluss haben, doch nicht den unvollkommenen
Ganzschluss in der Quinten-, sondern in der Terzenlage. Es
scheint mir nothwendig nochmals darauf hinzuweisen, dass bei
keiner der griechischen Octavengattungen diejenige Form des
Schlusses angewandt werden konnte, welche als Plagal- oder
Kirchenschluss bezeichnet wird, sondern stets nur der sogenannte
authentische oder Ganzschluss, seltener aber der vollkommene als

der unvollkommene Ganzschluss, und der letztere entweder als
Quintenschluss oder als Terzenschluss.

Für das ganze christliche Abendland war Italien der Ver-
mittler der griechischen Kunst, auch der Musik des klassischen
Griechenthums. Die griechischen Harmonieklassen wurden dem
Abendlande als Kirchentöne unter eigenthümlicher Verschiebung
der alten Namen zugeführt, das antike Phrygisch wurde Dorischer Kirchenton genannt u. s. w. Die historischen Einzelheiten
des Uebergangs müssen zum Theil als noch unbekannt angesehen
werden. Als unbekannt muss bis jetzt auch dies gelten, woher
die christlichen Kirchentöne ihre Plagal-Schlüsse, die sogenannten
Kirchenschlüsse, erhalten haben; denn bis in die Zeit der Mitte
des römischen Kaiserthumes gab es für die griechischen Harmonieklassen keinen anderen als den authentischen Schluss. Das
geht aus dem Aristotelischen Probleme 19, 36 hervor, welches im
Abschlusse einer jeden griechischen Melopöie stets die thetische
Mese erheischt, womit auch die Notiz des Dio Chrysostomos
über die Mese sichtlich übereinstimmt. Der authentische Schluss
der Kirchentöne musste aber beim Uebergange aus der heidnischen
in die christliche Welt bereits ein zweifacher gewesen sein, ein
vollkommener und ein unvollkommener, bei Manuel Bryennios
εἶδος τέλειον und εἶδος ἀτελές genannt. Auch die Terminologie
der Kirchentöne hat diese Nomenclatur sich angeeignet: vollkommener authentischer Schluss mit dem Ausgange der Oberstimme auf der Prime — unvollkommener authentischer Schluss
mit dem Ausgange der Oberstimme auf der Quinte oder der Terz.
Es sind das die nämlichen Schlüsse, nach denen Platos Republik
die Harmonien classificirt. Für die Kirchentöne sind diese Arten
des authentischen. Schlusses zu wesentlich, als dass die moderne
Theorie dieselben nicht zu einem Hauptgesichtspunkte erheben
müsste. Derselbe gibt uns unfehlbare Fingerzeige trotz der
Verschiebung der Benennungen in den christlichen Kirchentönen,
die ihnen zu Grunde liegenden altgriechischen Tonarten wieder-
zufinden. Der Aeolische Kirchenton mit vollkommenem authentischem Schlusse ist die Aeolische Harmonie der Griechen, —
der Aeolische Kirchenton mit unvollkommenem Schlusse der Oberstimme auf der Quinte ist die Dorische Harmonie der Alten.
Antonio Lottis dreistimmiger Choral, welcher in Aeolischem
Kirchenton gesetzt die Leiden des Erlösers feiert (Fried. Krauss
und Johann Christian Weeber, christliche Chorgesänge, Stuttgart

1854, 2tes Heft, S 12), veranschaulicht uns die Dorische Harmonie der Griechen. Der unvollkommene authentische Quintenschluss der alten Doristi tritt bereits im vorletzten Verse ein;
im letzten Verse des Lottischen Chorals wird der nämliche Schluss,
der vorher in der Moll-Tonart ausgeführt, noch einmal in der
Dur-Tonart wiederholt. Nach antiker Terminologie würde dies
eine Verbindung (Syzeuxis) der Doristi mit der Phrygisti sein,
vgl. Aristoxenus ap. Plutarch de mus. § 16.

Chor.

musst' Je - sus er - tra - gen, Mar - ter - qua - len

Einzelne.

al - le un - - - sre Qua - len musst Je - - sus tra - gen

Chor.

uns zur Er - lö - sung für un - sre Sün - den

Einzelne.

al - le un - - sre Qua - - - - len

Chor.

musst Je - sus tra - - - - - - gen

uns zur Er - lö - - . sung

Die Tonart der vorstehenden Composition Lottis ist die nämliche Dorische, welche der griechische Dichter-Componist Pindar
in seinen Epinikien neben der Aeolischen am meisten bevorzugte.
Beide Tonarten, die Dorische und Aeolische, unterscheiden sich
im wesentlichen von einander durch nichts als ihre Schlüsse,
der bei der Aeolischen ein vollkommener auf der Prime, bei der
Dorischen ein unvollkommener auf der Quinte war. Von diesen
Schlüssen abgesehen ist die Dorische Tonart mit der Aeolischen
identisch, Plato begreift daher beide Tonarten unter dem Namen
der Dorischen Harmonie. Die grössere Bestimmtheit und Energie,
welche durch den vollkommenen Primen-Schluss im Gegensatz
zu dem unvollkommenen Quinten-Schlusse bewirkt wird, erklärt
es, weshalb Pindar für seine bewegteren Dichtungen die Aiolisti,
für die ruhigern die Doristi wählt, ein Unterschied, auf welchen
zuerst Gottfried Hermann aufmerksam gemacht hat. Die Aiolisti
mit ihrem vollkommenen Primen-Ganzschlusse hat einen bestimm-
teren, indivuduelleren Charakter; in der Dorischen mit ihrem unvollkommenen Quinten-Schlusse tritt die Individualität zurück, das
Individuum verschwindet gegenüber den Schranken, welche ihm
die Objectivität auferlegt. Heraclides Ponticus in einem bei Athenäus 14, 624 erhaltenen Fragm. stellt den verschiedenen Eindruck
der Aeolischen und der Dorischen Tonart einander gegenüber:
Mannhaftigkeit und Erhabenheit, nicht Lust und Fröhlichkeit,
vielmehr Herbheit, Härte und Strenge ist der Charakter der Doristi; von allen Harmonien ist sie die würdevollste; in der Aiolisti
dagegen zeigt sich — sagt Heraclides — das ritterlich-aristokra-
tische, etwas übermüthige Wesen des Aeolischen Stammes; unser
Gewährsmann erkennt darin den Geist der adligen Herren von
Thessalien und Lesbos wieder, die sich der Rosse, des geselligen
Mahles, der Erotik erfreuen, aber bieder und ohne Falsch sind.
So sei auch die Aeolische Tonart fröhlich und ausgelassen, voller
Schwung und Bewegung, es liege etwas Hochmüthiges, aber
nichts Unedles darin: freudiger Stolz und Zuversicht.

Hiermit liegt das Urtheil vor uns, welches das Griechenthum einerseits über unseren mit vollkommenem Schlusse ausgehenden Aeolischen Kirchenton, andererseits über den Aeolischen
Kirchenton, wenn er wie Lottis Composition mit unvollkommenem
Schlusse auf der Quinte auslautet, gefällt hat. Denn diese beiden
Formen unseres Aeolischen Kirchentones entsprechen vollständig
der Aiolisti und der Doristi des alten Griechenthumes, jener
beiden Harmonien, welche Pindars Epinikien vor allen übrigen
bevorzugen.

Von dem Dichter-Componisten Pindar besitzen wir nur die
Texte. Lange Zeit glaubte man zu einer Pindarischen Strophe
auch eine von dem Dichter componirte Melodie zu besitzen,
welche der Jesuiten-Pater Athanasius Kircher in einem Kloster
Messinas gefunden haben wollte. Auch Böckh hielt dieselbe für
echt. Mag jene Melodie auch ihre Vorzüge haben, mag sie
besser als die übrigen griechischen Melodiereste sein: für ihre
Echtheit lassen sich keine Beweise finden, so sehr man auch
danach gesucht hat*). Dies aber wissen wir: als Componist
steht Pindar auf dem Boden einer Musik, in welcher der
Chorgesang ein homophoner ist, in der aber schon seit der
archaischen Epoche Terpanders die Gesangstimme von einer
heterophonen Instrumentalstimme begleitet wurde. Pindar war
der Schüler des Lasos, welcher die Begleitung des Chorgesanges
vermittels einer Polyphonie zur Ausführung brachte, d. h. Be-
gleitungsaccorde von mehr als zwei nicht unisonen Klängen
einführte. Wie Pindar sagt, wird in der dritten seiner Olympischen Oden der den Sohn des Ainesidamos verherrlichende Chorgesang von einer Phorminx und von Auloi begleitet, — also von
einer Stimme des Saiteninstrumentes und mehreren (heterophonen)
Blasinstrumenten, also mindestens von drei Instrumentalstimmen begleitet. Vgl. § 5 dieses Buches. In welcher Art Pindar
seine Melodien begleiten liess, das ersehen wir aus der Angabe
des Aristoxenus bei Plutarch de mus. 31: Die älteren Meister
(Pindar, Simonides) hätten sich vortrefflich auf die Instrumen-

---

*) Die letzten Nachforschungen, freilich mit keinem günstigeren Erfolge
als F Bellermann, hat der Enkel des grossen Goethe angestellt, wie mir
derselbe im Jahre 1868 mittheilte. Im Zeitalter Athanasius Kirchers verstand man sich auf die Kirchentöne ja vortrefflich. Auch dem berühmten
Venetianischen Componisten A. Marcello lag eine gefälschte antike Melodie
vor, der zweite Homerische Hymnus auf Demeter.

talbegleitung der Melodie verstanden; es habe damals in Beziehung auf die Instrumentalunterredung, auf die Unterredung
der begleitenden Instrumentalstimmen eine grössere Mannigfaltigkeit stattgefunden, als zur Zeit des Timotheus und Philoxenus. Auf S. 40 dieses Buches habe ich eine Erklärung dieses
Aristoxenischen Berichtes zu geben versucht. Man hat sich bis
jetzt darin gefallen, den offenkundigen Zeugnissen des Aristoxenus
zum Trotz der griechischen Musik eine heterophone Instrumentalbegleitung entweder gänzlich abzusprechen oder dieselbe so unkünstlerisch wie möglich zu denken. Weshalb sollen denn aber die
Griechen, die doch in allen übrigen Künsten die bleibenden Vorbilder der Neueren sind, gerade in der Musik auf der Stufe der
Kindheit geblieben sein? Weshalb will man bezüglich der griechischen Musik nicht auf dem von Böckh und Fr. Bellermann
mit solchem Glücke eingeschlagenen Wege kritischer Quellenforschung weiter gehen, weshalb durchaus zu Forkel zurückkehren? Weshalb will man glauben, dass die heterophonen
Begleitungsstimmen der griechischen Gesangmelodien — Plato
bezeichnet sie als τὰ ἐναντία, Aristoxenus spricht von einer
κρουματικὴ διάλεκτος — blosse Füllstimmen waren, weshalb will
man die Ansicht aufrecht erhalten, dass die Dichter-Componisten
des klassischen Griechenthumes sich unmöglich auf Stimmführung
in der Instrumentalbegleitung verstanden haben können, blos aus
dem Grunde aufrecht erhalten, weil in der musikalischen Literatur
der Griechen kein Lehrbuch der Melopöie uns vorliegt? Weshalb
will man den Griechen — wie Ziegler a. a. O S. 26 — „wenn man
ihnen mit Westphal auch polyphone Compositionen zuerkennen
muss, doch jede harmonische Behandlung der Musik als fremd"
absprechen? Weshalb sollen die Griechen gerade in dieser Kunst
ihre allerdings geringfügigen Kunstmittel so unkünstlerisch wie
möglich verwandt haben? Immerhin mag Pindar, mag Simonides
sich auf die Stimmführung nicht wie Lotti verstanden haben;
aber Lottis dreistimmiger Choral in dem auf unvollkommenen
authentischen Quintenschluss ausgehenden Aeolischen Kirchentone
wird uns ein Repräsentant der antiken Dorischen Melopöie sein
müssen, von der uns Pindarische und Simonideische Beispiele nicht
mehr erhalten sind. Waren auch Pindar und Simonides keine
Meister der Melopöie in der Art wie Lotti, so weist doch nichts
darauf hin, dass sie in der Melopöie „Kinder" waren. „Eine ein
stimmige Chormelodie, begleitet von zwei Blasinstrumenten und

Einem Saiteninstrumente, auf welchem noch dazu niemals Accorde, sondern immer nur ein einzelner Ton mit dem Plektron
gerissen wurde! Wie mag das geklungen haben?" Wir können
es uns kaum vorstellig machen, aber etwas ganz Primitives —
sagt man —, etwas Kindisches muss es wohl gewesen sein. Sollte
aber das Volk der Hellenen, welches nun einmal von allen Völkern das kunstsinnigste war, auch mit so beschränkten Kunst-
mitteln etwas anderes haben schaffen können, als was ihren
Werken der bildenden Kunst und ihrer Poesie gleichberechtigt
war? Etwas Grosses konnte mit so kleinlichen Mitteln in der
Musik nicht geschaffen werden. Freilich nicht! Aber das Motto
der griechischen Kunst lautet ja: „Nicht im Grossen liegt das
Schöne, sondern im Schönen das Grosse." Der Aulet Kaphesias
war es, der — wie wir bei Athenäus lesen — diesen Satz auf
die Musik bezog, als er einen Schüler zurecht setzte, welcher,
der Ansicht „je lauter der Lärm, je grösser die Kunst" huldigend
ein ungebührliches Forte genommen hatte. Die griechische Kunst
begnügt sich mit „dem Schönen im Kleinen": — „das Schöne im
Grossen" darzustellen gelingt der Kunst erst in der christlich-
modernen Welt. Am meisten tritt dies in den Werken der griechischen Architektur zu Tage. Mit den modernen Baudenkmälern
verglichen sind die griechischen nicht viel mehr als Miniatur-
werke. Und doch hat an ihnen die moderne Kunst noch immer
nicht ausgelernt. Wir müssen lernen, in derselben Weise uns
auch das Verhältniss der griechischen und der modernen Musik-
werke zu denken. Das wird um so leichter sein, da die antike
und die moderne Welt auch bezüglich der Poesie in demselben
Verhältnisse zu einander stehen.

Ich verweise auf den in dem musikalischen Wochenblatte
erschienenen Aufsatz über das Verhältniss der modernen Musik
zur alten Kunst von R. Westphal und B. Sokolowsky. Die dort
skizzirte Melopöie der Griechen, welcher sehr viele Widersprüche
zu Theil geworden sind, muss ich auch jetzt festhalten. Dass
ich jetzt im Stande bin, für meine Auffassung auf die authentischen Kirchentöne mit vollkommenem Primenschlusse und mit
unvollkommenen Terzen- und Quintenschlüssen zu verweisen, diesen
Fortschritt verdanke ich der unablässigen Opposition meiner
Gegner, die bis zum gegenwärtigen Augenblicke in ihrem An-
griffseifer unverzagter als in ihrem Arbeitseifer sind. Noch in
der diesjährigen Nr. 2 des litterarischen Centralblattes klagt ein

Recensent der dritten Auflage meiner griechischen Rhythmik, dass das Buch viel Unhaltbares und Gekünsteltes enthalte und dass der Verfasser die Leser schwerlich von der grossen Klarheit seines so hoch verehrten Aristoxenus überzeugen werde, da ihm selber (dem Verfasser) das Verständniss erst nach einem Studium von Jahrzehnten aufgegangen sei. Der Recensent lässt dieses gerade acht Tage später drucken, nachdem im musikalischen Wochenblatte E. v. Stockhausens Aufsatz: „das Wesen der Aristoxenisch-Westphalschen Rhythmik" erschienen war. Der Recensent hat seine Anzeige nur zu sehr beeilt. Hätte er sie um acht Tage zurückgehalten, wäre sie sicherlich von ihm cassirt worden. Denn in der Neujahrsnummer jenes Blattes wird der Nachweis geführt, dass man die Freischütz-Arie Nr. 8, ohne die rhythmische Doctrin des Aristoxenus zu kennen, ihrer rhythmischen Composition nach zwar mehr oder weniger richtig empfinden, aber nicht richtig begreifen kann. Der Recensent meiner griechischen d. i. der Aristoxenischen Rhythmik hätte aus dem Aufsatze des musikalischen Wochenblattes ersehen, dass wenigstens Ein Leser von der grossen Klarheit der Aristoxenischen Rhythmik sich völlig überzeugt hatte, und dass es mir genügen kann, um dieses Einen willen auf die Zusammenstellung der Aristoxenischen Fragmente zu einem zusammenhängenden Ganzen ein Studium von mehreren Jahrzehnten verwandt zu haben.

Und dennoch habe ich der unermüdlichen Opposition der angriffseifrigen Gegner zu danken, dass die dritte Auflage der griechischen Harmonik im Inhalte und in der Darstellung einen, wie ich glaube, nicht geringen Fortschritt gemacht hat.

Mit Rücksicht auf die Gegner hat dem Buche die Form einer durchaus polemischen Monographie gegeben werden müssen, statt dass es wie die früheren Auflagen in der Form eines Compendiums hätte erscheinen können. Mir soll nichts erwünschter sein, als wenn die Gegner Frieden schlössen, und von jetzt an sich mit mir in der weiteren Arbeit an der griechischen Harmonik ruhig vereinigten. Noch genug habe ich zu thun übrig gelassen — ich gestehe es gern — namentlich handelt es sich um eine vollständige Parallele zwischen den griechischen Harmonien ἀπὸ τῆς τῇ θέσει μέσης, τρίτης, νήτης einerseits und den entsprechenden Kirchentönen mit Ganzschlusse auf der Primen-, Terzen-, Quintenlage des tonischen Dreiklanges andererseits. Mir steht nicht das Material zu Gebote, um eine solche Parallele in einiger Vollständigkeit ziehen zu können. Beistand von Anderen würde hier im höchsten Grade erwünscht sein.

Ich darf die Arbeit nicht schliessen, ohne Herrn Ernst Frei-herrn von Stockhausen und Herrn Organisten Heinrich Fischer für die liebevolle uneigennützige Freundlichkeit aus vollem Herzen zu danken, mit welcher sie das Buch gefördert haben. Der Erstere theils brieflich von Dresden aus, theils mündlich während des Besuches, den er im September d. v. J. der freundlichen Stadt Bückeburg gemacht hat, eines Besuches, der sowohl der Aristoxenischen Rhythmik wie der griechischen Melik zu Gute kam. Fortwährend stand Herr Heinrich Fischer meinen Studien über griechische Tonarten und christliche Kirchentöne fördernd zur Seite, der würdige Diadoche des „Bückeburger Bachs", des Sohnes Johann Sebastians, jenes jüngeren Bachs, welcher gleich-zeitig mit Herder eine der Zierden Bückeburgs in den Tagen des genialen Heldengrafen Wilhelm war, von dessen Saaten durch seinen treuen Schüler Scharnhorst dem ganzen Deutschland der Ertrag zu Gute kommen sollte.

Bückeburg,
im zweiten Jahre des deutschen Kolonienreiches.

Rudolf Westphal.

Inhaltsangabe

d*

Fünftes Capitel.
Die Octavengattungen (Harmonien) und die Ton-Scalen thetischer Onomasie.

GRIECHISCHE HARMONIK UND MELOPOEIE.

Erstes Capitel.

Das griechische Melos im Allgemeinen.

§ 1.

Die Theorie der Musik mit Ausschluss der Rhythmik führt den Namen Wissenschaft vom Melos. „Da dieselbe, so sagt Aristoxenus, aus einer Anzahl von Theilen besteht und in mehrere Disciplinen zerfällt, so muss eine derselben der Reihenfolge nach die erste sein und eine elementare Bedeutung haben. Diese ist die den Namen Harmonik führende. Die Harmonik behandelt die Theorie der Elemente des Melos d. h. dasjenige, was sich auf die Theorie der Systeme und Tonscalen bezieht... Was da noch weiterhin bei der Verwendung der Systeme und der Tonscalen in der Composition ein Gegenstand der theoretischen Untersuchung ist, gehört nicht der Harmonik, sondern der Melopöie an." Was Aristoxenus als zwei Disciplinen von einander abtrennt, die Harmonik und die Melopöie, hat unsere Darstellung, wie es im Leben der Kunst der Fall war, eng mit einander zu vereinen.

Es ist schwer, uns vom griechischen Melos eine deutliche Vorstellung zu machen. Wir haben zwar eine nicht unbedeutende Anzahl von Schriften, welche von der Theorie der antiken Musik handeln, aber für sich allein geben dieselben ebenso wenig Aufschluss, wie uns die antiken Schriften über Architektur und Poesie von diesen Künsten ein deutliches Bild zu geben vermöchten, wenn nicht zugleich architektonische und poetische Kunstwerke erhalten wären. Wie könnten wir aus Aristoteles' Auseinandersetzungen über tragische und epische Poesie das Wesen dieser Dichtungen bei den Alten erkennen, wenn uns nicht Homer und nicht einige der ausgezeichnetsten tragischen Dichtungen vorlägen? Die Musik aber lässt sich noch weniger als die Poesie unter Begriffe fassen und auf die Formel des Wortes zurückführen. Wie wenig helfen uns hier die Theorieen der Alten,

wenn die antiken Compositionen nicht erhalten sind? So ist es
aber in der That, oder beinahe wenigstens ist es so. Dazu kommt,
dass sich die uns überlieferten antiken Schriften über Theorie
der Musik fast ausschliesslich auf einem abstracten Boden bewegen. Sie gehen nicht ein auf das Wesen einzelner musikalischen
Kunstwerke, aber ebenso wenig stellen sie das eigentlich musikalische τεχνικόν, die Lehre von der Melodie oder der Harmonie
dar, sondern ihr Interesse liegt in der Erörterung allgemeiner musikalischer Sätze, für welche die Alten nach einer philosophischen
Begründung und Rechtfertigung streben. Wir finden dort ein
Netz logischer Kategorieen, welches über ganz vulgäre Erschei-
nungen der Musik geworfen wird, aber auf die Fragen, die wir
stellen möchten, um über das Wesen der antiken Musik Aufschluss zu erhalten, auf diese geben die antiken Techniker meist
keine Antwort. So kommt es denn, dass es mit unserer Kenntniss
der tonischen Seite der alten Musik ungleich schlechter bestellt
ist als mit der der antiken Rhythmik. Denn für die Rhythmik
und Metrik besitzen wir nicht nur eine ganz ansehnliche Zahl
positiver Thatsachen, welche uns die alten Theoretiker überliefert
haben, sondern es liegen uns die Denkmäler antiker Poesie vor,
an denen wir das Wesen der Rhythmik und Metrik und die
Unterscheidungen der Stilarten in gleicher Weise studiren können,
wie an den Resten antiker Tempel das Wesen der griechischen
Architektur.

Die Griechen reden von ihrer Musik mehr als von den übrigen
Künsten. Es war ohne Zweifel eine Kunst, von der das antike
Gemüth tief bewegt wurde, und auch in der äussern Stellung
hatte sie eine grössere Bedeutung als die Architektur und Plastik,
deren Vertreter das antike Bewusstsein nicht von den Hand-
werkern zu sondern vermochte; der Musiker war schon durch
die Agone der grossen hellenischen Feste zu einer hervorragendern
Stellung berufen, und selbst die Muse Pindars fand eine würdige
Aufgabe darin, den Sieger des musischen Agons zu besingen
(Pyth. 12). Dazu kam die Stellung, welche die Musik in der
Jugenderziehung einnahm, und die Bedeutsamkeit, welche sie
hierdurch für das gesammte alte Staatsleben hatte. Daher die
Menge musikalischer Kunstschulen, in denen sich durch zahlreiche
Schüler der Name und der Stil des Meisters weiter erhielt.

Aber trotzdem zeigt sich bald, dass die antike Musik nicht
die Bedeutung der modernen hatte. Bei uns ist sie eine freie

selbstständige Kunst geworden; sie tritt zwar noch häufig genug in Begleitung der Poesie auf, aber die Poesie ist dann, von wenigen Ausnahmen abgesehen, stets das untergeordnete Element. Der poetische Text unserer berühmtesten Opern, der weltlichen wie der geistlichen, ist fast überall ohne Kunstwerth und kann auf den Namen einer wirklichen Poesie keinen Anspruch machen; der eigentliche Schwerpunkt der modernen Musik beginnt ausserdem immer mehr in das Gebiet der Instrumentalmusik verlegt zu werden: nicht die weltliche oder geistliche Oper, sondern die Symphonie bildet die Spitze unserer Musik.

Im Alterthum war dies Alles anders. Zwar zerfällt auch hier die Musik in Vocal- und Instrumental-Musik, aber nur in der Vocalmusik entfaltet sich ein reiches vielseitiges Leben. Das Gebiet der Instrumentalmusik beschränkt sich grösstentheils auf die Virtuosität eines Solo-Spielers; und wenn die Gewalt, mit welcher dieser sein Instrument beherrschte, auch vielfach der Gegenstand der Bewunderung war, so hat doch dieser Zweig der Kunst einen entschieden fremdländischen Ursprung: die ersten Anfänge desselben sind zwar nicht so spät, als man gewöhnlich denkt, aber jedenfalls hat die weitere Ausbildung derselben die volle Entwicklung der Vocalmusik zu ihrer Voraussetzung und schliesst sich überall an diese als an ihr Vorbild an.

Die Vocalmusik ihrerseits kommt darin mit der modernen überein, dass auch in ihr die Instrumental-Begleitung eine grosse Rolle spielt, aber noch wesentlicher sind die Unterschiede. Die Worte des gesungenen Liedes, der poetische Inhalt hat in der klassischen Zeit eine über die Melodie und die Harmonie weit hinausgehende Bedeutung. Die Musik ist, um mit Aristoteles zu reden, nur ein ἥδυσμα des dichterischen Kunstwerkes, sowohl im Drama wie in der lyrischen Poesie. Sie hatte freilich die Aufgabe, in dem Gemüthe des Zuhörers und Zuschauers die Stimmung zu erregen, welche für das volle Verständniss der vorgetragenen Poesieen erforderlich war, aber die Poesie selber war der eigentliche Schwerpunkt, auf den es bei der gesammten künstlerischen Aufführung ankam. So ist es bei den Chorliedern der grossen Lyriker und ebenso ist es auch in dem klassischen Drama. Erst seit der Schlusszeit des peloponnesischen Krieges wurde dies Verhältniss wenigstens für einzelne Kunstgattungen anders: da wurden in den Tragödien die inhaltreichen Chorlieder verdrängt, um monodischen Gesängen der Agonisten Platz zu machen, und

in diesen Sologesängen der Bühne ist allerdings nicht mehr die
Poesie, sondern, wie der Bericht des Aristoxenus anzunehmen
berechtigt, die Musik das eigentlich bedeutsame Moment. Auch
die gleichzeitigen Werke der chorischen Lyrik, die Dithyramben
des Philoxenus, Timotheus, Telestes haben dieselbe Stellung wie die
damaligen tragischen Arien eingenommen. In dieser spätern Zeit,
die bereits den Uebergang von den klassischem in den nachklassi-
schen Hellenismus bildet, fängt die Musik an, eine freie, selbständige Stellung neben der Poesie einzunehmen, ähnlich der modernen
Kunst; aber die alte Musik steht hiermit auch bereits auf dem
Standpunkte, das ihr charakteristische Element einzubüssen, und
die bewährtesten Kunstkenner wollen jene neueren Richtungen,
die innerhalb der scenischen Monodieen und der späteren Dithyramben von der Musik eingeschlagen wurden, nicht mehr für
klassische Musik gelten lassen und setzen sie gegen die Musik
der pindarischen und äschyleischen Zeit sehr tief herab. So schon
Aristophanes, der, selber ein begeisterter Vertreter der alten
klassischen Kunst, jenen Umschwung der Musik zum Theil noch
mit erlebt hat; und späterhin Aristoxenus, der in wissenschaft-
lichen Werken die beiderseitigen Standpunkte als ein ins Einzelne gehender Kritiker gegen einander abgewogen und sich mit
aller Entschiedenheit auf Seite der alten Kunst gestellt hat.

Also Beschränkung des Melos gegenüber der prädominirenden
Poesie ist das wesentliche Element der klassischen Vocalmusik.
Die Melodie und Harmonie ist zwar keine Dienerin der Poesie,
wie umgekehrt in unsrer heutigen Oper die Poesie zur blossen Scla-
vin der Musik herabgesunken ist, aber sie steht doch der Poesie
gegenüber erst in zweiter Linie. Sie durfte nicht in der Weise
sich geltend machen, dass der Sinn der Zuhörer von dem poetischen Inhalte abgezogen wurde, und um dessen vielfach ver-
schlungenem Gange zu folgen, dazu bedurfte es in der That der
vollen Aufmerksamkeit. Schon hieraus ergibt sich, dass in der
alten Musik kein solcher Reichthum der Kunstmittel wie in der
modernen stattfinden konnte. Das Charakteristische der alten
Musik ist die grosse Klarheit der Form, die vor Allem durch
die äusserste Schärfe und Präcision der rhythmischen Behandlung
hervorgebracht wurde. Auch bei uns ist der Takt ein wesentliches Erforderniss, aber er ist weit öfter eine abstracte Form,
die aus äussern Rücksichten festgehalten werden muss, als das
Werk eines wahrhaften Rhythmopoios. Auch wir stellen an den

Componisten die Forderung einer richtigen Behandlung der rhythmischen Verhältnisse, aber wir begnügen uns schon, wenn der
Componist keinen Verstoss gegen das rhythmische Ebenmass
sich hat zu Schulden kommen lassen. Bei den Alten aber hat
die Rhythmopöie eine solche Bedeutung, dass der Rhythmus
geradezu als das energische lebensschaffende männliche Princip
hingestellt wird, während die Klänge, insofern sie eine uns be-
friedigende Melodie und Harmonie bilden, den Alten nur ein
lebensfähiger Stoff, ein durch die Energie des Rhythmus aus
seiner Passivität erwecktes weibliches Princip sei (Aristid. p. 43).
Uns fehlt der Sinn für dies im Rhythmus sich kundgebende
plastische Element der Musik; und wenn ein origineller moderner
Künstler hier und da zu künstlerischen Periodenbildungen geführt
ist, welche sich nicht im gewöhnlichen Einerlei vierfüssiger Kola
bewegen, so ist es recht bezeichnend für den uns mangelnden
rhythmischen Sinn, dass man bisher auf diese kunstreicheren
Bildungen grösstentheils nicht geachtet hat.

Die antike Vocalmusik zerfällt in den Sologesang (Monodie)
und den Chorgesang. Aber der Chorgesang ist von dem Solo-
gesange hauptsächlich nur dadurch verschieden, dass die Melodie
durch eine grössere Zahl von Stimmen verstärkt wird, der Chorgesang selber ist unison. Mehrstimmigkeit des Gesanges ist dem
Alterthume unbekannt. Höchstens kann eine Verschiedenheit
nach Octaven vorkommen, wenn Knaben und Männer in demselben Chore vereint wirken. Hierüber besitzen wir das ausdrück-
liche Zeugniss in den Musik-Problemen des Aristoteles. Es ist
nicht zu leugnen, dass es bei dieser grössern Einfachheit des
Gesanges viel leichter war, die Worte der Singenden zu verstehen und deren Zusammenhange zu folgen, als dies da möglich
ist, wo der Gesang durch künstliche vielstimmige Durchführung
einen grössern Reichthum von tonischen Mitteln entwickelt.
Erst die Musik der christlichen Welt gelangt zu einer Vielstimmigkeit des Gesanges, freilich so, dass zunächst die Begleitung der Instrumente zurücktritt, während das Alterthum einzig
durch die Instrumentalstimmen eine Polyphonie der Musik erreichte.
Die moderne Musik hat dann schliesslich zu der Polyphonie der
Singstimmen die Polyphonie der Instrumente hinzugefügt und
so das mittelalterliche Princip mit dem antiken verbunden. Ueber
die heterophone Instrumentalbegleitung des antiken Gesanges
sind die Vorstellungen bisher sehr unklar geblieben. Wir werden

den unwidersprechlichen Beweis liefern, dass nur der Gesang
unison war, dass dagegen die begleitenden Instrumente zum Gesange sich polyphon verhielten, dass also dasjenige, was wir
Mehrstimmigkeit nennen, allerdings vorhanden war und zwar
keineswegs so, dass die begleitenden Stimmen auf Quinten, Quarten
und Octaven beschränkt waren, sondern dass auch die Terze und
Sexte, die Septime und Secunde in der antiken Musik ihren Platz
hatte.

Den Gesang nannte man μέλος, die Instrumentalbegleitung
κροῦσις, und je nachdem die κροῦσις durch Saiten- oder durch
Blasinstrumente bewirkt wurde, zerfiel die gesammte Musik in
zwei verschiedene Klassen. Die Vocalmusik unter Begleitung von
Saiteninstrumenten heisst κιθαρῳδική, die durch Saiteninstrumente hervorgebrachte Instrumentalmusik heisst κιθαριστική oder
ψιλὴ κιθάρισις. Die Kitharistik folgt überall den Normen der weit
früher ausgebildeten Kitharodik, und beide zusammen bilden die
eine Gattung der antiken Musik. Die Vocalmusik unter Begleitung von Blasinstrumenten dagegen heisst αὐλῳδική, die durch
Blasinstrumente hervorgebrachte Instrumentalmusik αὐλητική oder
ψιλὴ. αὔλησις. Beide zusammen bilden die zweite Gattung. Eine
dritte Gattung wird sowohl für die Instrumentalmusik wie für
die Vocalmusik durch Vereinigung der Aulodik und Kitharodik
oder der Auletik und der Kitharistik hervorgebracht. In der
κροῦσις hatte bei den Alten nicht sowohl ein massenhaftes Zusammenwirken der Kunstmittel als vielmehr die Virtuosität des
Spielenden die hervorragende Bedeutung. Die antike Technik
muss trotz der beschränktern Kunstmittel, nach einzelnen von
den Alten uns zufällig mitgetheilten Zügen zu urtheilen, eine im
höchsten Grade vollendete gewesen sein, und dasselbe gilt auch
von der Technik des Gesanges. Das antike Publicum zeigte
gerade hier einen scharf-kritischen Kunstgeschmack. Der kleinste
Fehler des Spielers oder des Sängers wurde nicht ungerügt gelassen, wie dies noch Cicero von seinen Zeitgenossen bemerkt.
Man schreckte vor der Ueberwindung der technischen Schwierigkeiten so wenig zurück, dass gerade deshalb die Saiteninstrumente in grösserm Ansehen standen, als die Blasinstrumente,
weil sie schwieriger zu spielen waren, und dass sich gerade deshalb die Virtuosen mit Vorliebe den Saiteninstrumenten zuwandten
(Aristox. ap. Athen. IV, 174).

Von den Blasinstrumenten stehen die metallenen (σάλπιγγες)

ausserhalb der eigentlichen Kunst, sie dienen zur Kriegsmusik und zu andern untergeordneten Zwecken, die Sanction der Kunst ist nur den Rohr- oder Holzinstrumenten, den αὐλοί, zu Theil geworden. Abgesehen von dem geringeren Tonumfange des einzelnen Instrumentes unterscheiden sich die alten αὐλοί von unseren Rohrinstrumenten dadurch, dass jene mehr auf die Tiefe, diese mehr auf die Höhe berechnet sind. Clarinetten, Flöten, Oboen enthalten noch mehrere Octaven in der höheren Tonlage, die den alten αὐλοί fremd sind. Die tiefen Octaven der alten Rohrinstrumente werden zwar durch unser Contrafagott über-boten, aber das Fagott ist ein wesentlich anderes Instrument. Am meisten entsprachen die alten αὐλοί unseren Clarinetten, und der Eindruck, den auf uns die Clarinette macht, findet sich im ganzen und grossen nach den Berichten der Alten auch bei den αὐλοί wieder: ein voller sinnlicher Klang, weniger sanft und weich, als keck und leidenschaftlich; das Gemüth nicht besänf-tigend, sondern heftig bewegend, ja sogar zu Enthusiasmus und Fanatismus fortreissend. Wir haben aber nicht zu vergessen, dass die Alten vom Eindrucke ihrer αὐλοί stets mit Rücksicht auf ihre Saiteninstrumente reden, und diese sind am nächsten unserer pedallosen Harfe verwandt, deren Klang so farblos wie möglich ist. Ein wirklich selbständiges Leben vermag sich auf dem Spiel der Lyra und Kithara nicht zu entwickeln, sie ist streng genommen nicht einmal fähig, eine Melodie darzustellen, denn die Tondauer kann immer nur eine sehr kurze sein und ist eigentlich nur für den Augenblick vorhanden, wo die Saite an-geschlagen wird, das Nachklingen ist so schwach, dass hier kaum mehr vom Tone die Rede sein kann. In dieser Beziehung bildet sie gerade den Gegensatz der die Melodie führenden mensch-lichen Stimme. Auch die Intension des Tones leidet hier kaum eine Modification, forte und piano stehen sich ziemlich nahe, schnelle Bewegungen können ebenfalls nicht ausgeführt werden. Dies Instrument nun aber ist es, welches in der alten Musik überall obenan gestellt wird. Die kitharodische Musik kommt dem Kunst-Ideale, welches den Alten vorschwebt, am nächsten, hier findet sich Ruhe, Frieden und gleichwohl Kraft und Majestät, hier wird das Gemüth in die Region des pythischen Gottes hinaufgehoben. Daraus ergibt sich nun der allgemeine Charakter der alten Musik vielleicht eben so gut, wie aus den speciellen Notizen, die uns sonst die Alten hinterlassen haben. Ein eigentliches Seelenleben

darstellen, das soll die alte Musik nicht; jene Bewegung, in
welche die moderne Musik unser Gemüth mit fortreisst, jene Ge-
mälde vom Ringen und Streben des individuellen Geistes, jene
Bilder von den Gegensätzen, durch welche sich das eigene Leben
hindurchzuwinden hat, waren der alten Musik ganz und gar fremd.
Der Geist sollte auf eine Stufe idealerer Anschauung hinaufgehoben werden, das wollte auch die antike Musik, aber sie wollte
ihm nicht erst das Spiegelbild seiner eigenen Kämpfe vorführen,
sondern ihn sofort auf den Standpunkt bringen, wo er Ruhe und
Frieden mit sich und der Aussenwelt fand und zu grösserer Thatkraft emporgezogen wurde. Die alte Musik ist eine Kunst, die
zwar durch Bewegung wirkt, aber in dieser Bewegung nur ein
einziges Moment festhält und auf dieses alle Stimmungen con-
centrirt. Die individuelle Gestaltung dieser Stimmung behält sich
die Poesie vor, und in wie hohem Grade die Musik hierbei
gleichsam nur andeutend mitwirkte, zeigt sich besonders darin,
dass die Antistrophe jedesmal von derselben Musik wie die Strophe
gesungen und begleitet wird, auch wenn der Inhalt der Poesie
in der Strophe ein völlig anderer geworden ist*). Von Romantik
ist hier keine Spur, die Töne gleichen den festen Körpern, aus
denen die Gestalten der Plastik gearbeitet sind; die wenig bewegte Schönheit, welche sich in der Kunst des Polykleitos
ausspricht, trat dem Hellenen auch in der Musik entgegen. Es
ist nicht die Färbung des Tones, nicht die ergreifende Wirkung der Harmonie, sondern die Schönheit der Melodie und die
Reinheit des Tones, die den Kunstwerth der griechischen Musik
bestimmt. Dem Gesange genügten die einfachen, effectlosen, bald
verklingenden Töne der begleitenden Kithara, die keinen Nach-
hall in der Seele zurücklassen sollten. Die Töne der Blasinstrumente stehen der menschlichen Stimme näher, treten daher
schon früh als melodieführende Stellvertreter derselben auf, ja
es tritt die Aulodik gegen die Auletik zurück, wurde ja an den
pythischen Spielen die Aulodik nach einem Versuche, sie dort
einzuführen, augenblicklich wieder abgeschafft (Paus. 10, 7, 5
αὐλῳδίαν κατέλυσαν καταγνόντες οὐκ εἶναι τὸ ἄκουσμα εὔφημον).

---

*) In der Parados des Agamemnon wird die Antistr. δ (v. 184 Dind.)
in derselben Melodie wie Str. δ (v. 176) gesungen! So etwas wäre in dem
Chorliede einer modernen Oper unmöglich. Schon in den mimetischen
Monodieen der Tragödien aus der Zeit des peloponnesischen Krieges kommt
es nicht mehr vor.

Nur dann, wenn sie blosse Stellvertreterinnen der menschlichen Stimme wären, sollten die αὐλοί im pythischen Agon zugelassen werden, nur in solcher Anwendung gab Apollo seinen alten Hass gegen sie auf (Paus. 2, 22, 9), während sonst das Gebiet der musischen Kunst, wo Apollo in einfacher klarer Schönheit waltete, durch jene Klänge beunruhigt war. Die αὐλοί erschienen den Alten so leidenschaftlich, so enthusiastisch, dass sie auf bestimmte Fälle beschränkt waren. Wo ein verhärtetes Gemüth durch äussere Macht in die Welt der Götter geführt, wo eine Verzückung absichtlich hervorgebracht, wo ein vorhandener Enthusiasmus auf die äusserste Spitze getrieben werden sollte, um ihn zu seinem Ende zu führen, wo endlich der Tod und andere herbe Leiden die Bahn der gewöhnlichen Ordnung aufgelöst hatten und der Ruhe und dem Frieden kein Raum gegeben werden durfte, da war allein die Aulos-Musik in ihrem Rechte.

Mit diesem von der modernen Musik so ganz verschiedenen Charakter stimmt nun völlig überein, was wir von den Tonarten der Alten wissen. Unsere moderne Musik ist erst durch die Meister des vorigen Jahrhunderts auf zwei Tonarten, die Dur- und die Moll-Tonart beschränkt worden. Bis dahin bildete ein System von fünf oder sechs Tonarten die Grundlage der musikalischen Compositionen, sowohl im Mittelalter, wie noch im 16. und 17. Jahrhundert. Diese Tonarten wurden nach den drei griechischen Stämmen, Doriern, Aeoliern, Ioniern und deren asiatischen Nachbarvölkern, den Phrygern und Lydern benannt, und schon diese Namen deuten an, dass jene Tonarten aus der griechischen Musik der christlichen überkommen sind. Sie haben sich ausgebildet in der klassischen Zeit des Griechenthumes, haben sich in ununterbrochener Tradition in der späteren griechischrömischen Welt fortgepflanzt, und neu belebt durch ihren Gebrauch im christlichen Kirchengesange sind sie mit der Verbreitung des Christenthums zu den übrigen Völkern gedrungen, wo ihnen im 15. und 16. Jahrhunderte namentlich durch die Musiker der germanisch-romanischen Niederlande eine neue künstlerische Behandlung zu Theil wurde, und die damals entwickelten Normen sind wenigstens der antiken Behandlungsweise gegenüber die geltenden geblieben. Noch heute hören wir jene mit griechischen Namen benannten Kirchentöne in den aus dem 16. und 17. Jahrhundert stammenden Chorälen, auch im Volksgesange haben sie sich erhalten, und es kommt nicht selten vor, das

die Meister unserer modernen Musikepoche, in der an Stelle
jener alten Tonarten ein auf zwei Tonarten basirtes Musiksystem
eingeführt ist, in ihren kirchlichen Compositionen zu jenem
älteren Systeme zurückkehren. So ergibt sich denn für die Geschichte der Künste die höchst eigenthümliche Erscheinug, dass
gerade diejenige Kunst, welche eine vom antiken Geiste am
meisten abweichende Richtung eingeschlagen hat, sich in ihrer
geschichtlichen Entwickelung unmittelbar aus dem Alterthum in
continuirlicher Tradition auf uns verpflanzt hat, während die antiken Kunstnormen der Plastik, Poesie, Architektur, die auch für
uns noch immer eine bindende Geltung haben, erst in verhältniss-
mässig später Zeit gleichsam wieder neu entdeckt werden mussten.
Dass sich die Namen der Tonarten verschoben haben, dass die Griechen Dorisch nannten, was als Kirchenton Phrygisch heisst u. s. w.,
kann hier nicht in Anschlag gebracht werden. Dennoch dürfen
wir annehmen, dass die von unseren älteren und neueren Meistern
herrührenden Compositionen in den Kirchentonarten den griechischen Compositionen gewiss nicht näher verwandt sind, als Compositionen in unserem neueren Musiksystem, — nicht nur die
Kunstmittel, sondern auch die harmonische Behandlung der
Kirchentöne ist eine andere geworden, als die der griechischen
Tonarten.

An Transpositionsscalen hatte die griechische Musik
keinen Mangel. Die zwölf Transpositionen, die bei uns in ihrem
vollen Umfange erst in Bachs „wohltemperirtem Clavier" auftreten, waren den Griechen sämmtlich bekannt; die Tonarten
bis zu sechs oder sieben ♭ fanden sohon in der alten Chor-
poesie volle Anwendung, und seit der Alexandrinischen Periode
sind auch die Tonarten mit mehreren Kreuzen in Gebrauch gekommen. Der neueren Musik sind diese Transpositionen für ihre
reichen Modulationen ein wesentliches Erforderniss, das Griechenthum aber hatte die Anwendung bestimmter Transpositionsscalen
auf bestimmte Gattungen der Poesie oder bestimmte Instrumente
beschränkt; sie konnten moduliren, aber meist ohne mehr als
zwei benachbarte Tonarten des Quintencirkels zuzulassen und auch
dies nur in wenigen Gattungen der Musik.

Bei all dieser grossen Einfachheit der antiken Musik ist um
so auffallender, was uns von ihren Tongeschlechtern und
Klangschattirungen oder Chroai berichtet wird. Die Chormusik Pindars, die dramatische Chormusik ist eine lediglich dia-

tonische, und mit allem, was wir von der diatonischen Musik
der Griechen erfahren, können wir uns, wenn uns auch manches
zunächst fremd anmuthet, schliesslich befreunden und müssen
das Urtheil aussprechen, dass hier die Alten im ganzen denselben
musikalischen Sinn haben wie wir Modernen. Aber die Solomusik
der Alten, sowohl die vocale wie die instrumentale, wandte
vorzugsweise eine von ihnen sogenannte enharmonische und
chromatische Musik und die mit dieser auf dasselbe hinaus-
kommenden Chroái an. Die Kunstsprache der modernen Musik
hat der antiken die Termini enharmonisch und chromatisch entlehnt, aber was die Alten damit bezeichnen, ist etwas ganz anderes
als die heutige Enharmonik und Chromatik. Die in Rede stehende
Gattung der antiken Musik hat nämlich das Eigenthümliche, dass
bestimmte Klänge der diatonischen Scala für die Melodie unbenutzt
gelassen, dagegen gleichsam zum Ersatze derselben z. B. ausser
den beiden Grenzklängen des Halbton-Intervalles auch noch ein
in der Mitte zwischen beiden liegender Klang angenommen wird
oder (in den Chroai) ein solcher, welcher mit dem auf das
Halbton-Intervall folgenden höheren Halbton der Scala einen übermässigen Ganzton (das Verhältniss 7 : 8) bildet. Solche Klänge
vermögen auch wir, wenn wir es uns angelegen sein lassen, her-
vorzubringen, aber unser ganzes musikalisches Gefühl ist nun
einmal so gewöhnt, dass wir die Anwendung derselben nicht verstehen würden, wir mögen dieselbe uns denken wie wir wollen.
Hier gehen also die antike und moderne Musik in einer vielleicht
nie von uns zu begreifenden Weise auseinander. Wir können
zwar immer sagen, es ist nicht der Chorgesang, sondern nur der
concertirende Sologesang, der sich dieser künstlichen Töne bedient, aber es steht völlig fest, dass dies eben schon der Sologesang der alten klassischen und nicht etwa erst der nachklassi-
schen Zeit der Musik ist: die nachklassische Zeit vielmehr ist es,
die den Gebrauch dieser uns fremden Töne beschränkt und schliesslich ganz aufgiebt; schon die meisten Virtuosen der Aristoxenischen Musikepoche wollten wenigstens mit dem eigenthümlichen
Tone der Enharmonik nichts zu thun haben, wenn sie auch
an dem übermässigen Ganztone der Chroai noch grossen Gefallen
fanden.

H. Helmholtz „die Lehre von den Tonempfindungen als physio-
logische Grundlage für die Theorie der Musik 1863" S. 263 unterscheidet für die Stilprincipien der musikalischen Kunst:

„1. Die homophone (einstimmige) Musik des Alterthums, an
welche sich auch die jetzt bestehende ähnliche Musik der orien-
talischen und asiatischen Völker anschliesst;

2. die polyphone Musik des Mittelalters, vielstimmig, aber
noch ohne Rücksicht auf die selbständige musikalische Bedeutung der Zusammenklänge, vom 10. bis in das 17. Jahrhundert
reichend, wo sie dann übergeht in

3. die harmonische oder moderne Musik, charakterisirt durch
die selbständige Bedeutung, welche die Harmonie als solche ge-
winnt. Ihre Ursprünge fallen in das 16. Jahrhundert."

Von der homophonen Musik heisst es:

„Die einstimmige Musik ist bei allen Völkern die ursprüngliche gewesen. Wir finden sie noch bei den Chinesen, Indern,
Arabern, Türken und Neugriechen in diesem Zustande, trotzdem
diese Völker zum Theil sehr ausgebildete Musiksysteme besitzen.
Dass die Musik der hellenischen Blüthezeit, abgesehen vielleicht
von einzelnen Instrumentalverzierungen, Cadenzen und Zwischen-
spielen durchaus einstimmig gewesen ist, oder die Stimme mit
einander höchstens in der Octave gingen, kann jetzt wohl als
festgestellt gelten. In den Problemen des Aristoteles wird gefragt: „Weshalb wird die Consonanz der Octave allein gesungen?
Diese spielen sie auf der Magadis (einem harfenähnlichen Instrumente), aber keine von den anderen Consonanzen." An einer
anderen Stelle bemerkt er, dass die Stimmen von Knaben und
Männern, die in Wechselgesängen zusammenwirken, das Intervall
einer Octave zwischen sich lassen."

Diese Darstellung in Helmholtz' berühmtem Buche drückt
das Gemeinbewusstsein aus, welches man in der Mitte dieses
Jahrhunderts von der alten griechischen Musik hatte und gegen
welches meine, in demselben Jahre veröffentlichte (erste Auflage
der griechischen Harmonik und Melopöie) gerichtet war. Zu
meiner Freude war F. Ziegler einer der ersten, welcher öffentlich aussprach, dass die Mehrstimmigkeit der griechischen Musik
von mir nachgewiesen sei, so entschiedener auch gegen meine
Interpretation der thetischen und dynamischen Onomasie des Ptolemäus protestiren zu müssen glaubte.

Meine Interpretation dieser Stelle suchte in Verbindung mit
Aristoteles' Problem 19, 39 darzuthun, dass die alte griechische
Musik bereits den Begriff der — Tonica gehabt habe.

Bei Helmholtz heisst es S. 367:

„Die neuere Musik bringt einen rein musikalischen inneren Zusammenhang in alle Töne eines Tonsatzes dadurch, dass alle in ein dem Ohre möglichst deutlich wahrnehmbares Verwandtschaftsverhältniss zu einer Tonica gesetzt werden. Wir können die Herrschaft der Tonica als des bindenden Mitgliedes für sämmtliche Töne des Satzes mit Fétis als das Princip der Tonalität bezeichnen.

„In der That ist es auffallend, dass in den musikalischen Schriften der Griechen, welche Subtilitäten oft in recht weitläufiger Weise behandeln und über alle möglichen anderen Eigenthümlichkeiten der Tonleitern den genauesten Aufschluss geben, nichts deutlich gesagt ist über eine Beziehung, welche in dem modernen System allen andern vorgeht, und sich überall auf das Deutlichste fühlbar macht. Die einzigen Hindeutungen auf die Existenz einer Tonica finden wir nicht bei den musikalischen Schriftstellern, sondern wieder beim Aristoteles. Dieser fragt nämlich:

„Wenn Jemand von uns den Mittelton (μέση) verändert, nachdem er die anderen Saiten gestimmt hat, und das Instrument gebraucht, warum klingt alles übel und scheint schlecht gestimmt, nicht nur wenn er an den Mittelton kommt, sondern auch durch die ganze andere Melodie? Wenn er aber den Lichanos oder irgend einen anderen Ton verändert hat, so tritt ein Unterschied nur hervor, wenn man gerade diesen gebraucht. Geschieht dies nicht mit gutem Grunde? Denn alle guten Melodien gebrauchen oft den Mittelton, und alle guten Componisten kommen oft zum Mittelton hin, und wenn sie von ihm fortgehen, kehren sie bald wieder zurück, zu keinem andern aber in gleicher Weise." Dann vergleicht er den Mittelton noch mit den Bindewörtern der Sprache, namentlich denen, welche „und" bedeuten und ohne die die Sprache nicht bestehen könne. „So ist auch die Mese wie ein Band der Töne, weil ihr Klang am meisten vorhanden ist." An einer anderen Stelle finden wir dieselbe Frage wieder mit etwas geänderter Antwort: „Warum, wenn die Mese verändert wird, klingen auch die anderen Saiten wie verdorben? Wenn aber jene bleibt, und von den anderen eine verändert wird, so wird die veränderte allein verdorben. Ist dies so, weil sowohl das Gestimmtwerden allen zukommt, als auch allen ein gewisses Verhalten zur Mese, und durch diesen schon die Ordnung einer jeden gegeben ist? Wenn aber der Grund der Stimmung und das Zusammenhaltende

weggenommen wird, so scheint Ordnung nicht mehr in gleicher
Weise vorhanden zu sein." In diesen Sätzen ist die ästhetische
Bedeutung einer Tonica, als welche hier die Mese genannt wird, so
gut beschrieben, wie es nur irgend geschehen kann. Dazu kommt
noch, dass von den Pythagoreern die Mese mit der Sonne, die
anderen Töne der Leiter mit den Planeten verglichen werden.
(Nicomachus Harmonice Lib. p. 6. Edit. Meibomii.)

Man scheint auch der Regel nach mit der sogenannten Mese
den Gesang begonnen zu haben, denn im 33. Probleme des
Aristoteles heisst es: „Warum ist es harmonischer, von der Höhe
nach der Tiefe, als von der Tiefe zur Höhe zu gehen? Vielleicht weil jenes ist vom Anfange angefangen? Denn die Mese
ist auch der höchst gelegene Führer des Tetrachordes (nämlich des unteren). Das andere aber hiesse nicht vom Anfange,
sondern vom Ende anfangen. Oder ist vielleicht das Tiefe nach
dem Hohen edler und wohlklingender?" Daraus scheint aber
auch hervorzugehen, dass man mit der Mese, mit welcher man
anfing, nicht zu schliessen pflegte, sondern mit dem tiefsten
Tone, der Hypate, von welcher letzteren wieder Aristoteles im
vierten Probleme sagt, dass diese im Gegensatz zu der dicht
darüber liegenden Parhypate mit vollem Nachlass jeder An-
spannung gesungen wurde, welche bei der anderen noch vorhanden ist.... Wenn nun die Mese der Tonica entspricht, so ist
die Hypate deren Quinte, die Dominante."

Meine mit Helmholtz' Buche in demselben Jahre veröffentlichte Harmonik und Melopöie der Griechen hatte genau auf
die nämliche Stelle des Aristoteles wie Helmholtz den Satz basirt,
dass die griechische Musik das Bewusstsein der Tonica und der
Dominante (in der Form der Unterquarte) habe. Helmholtz bezieht dies freilich nur auf diejenige griechische Tonart, welche
unserem Moll mit fehlendem Leittone, der sogenannten Dorischen
Harmonie (unserem Aeolischen Kirchentone) identisch ist. Meine
in demselben Jahre veröffentlichte Ansicht war, dass die Mese
und die Hypate bei Aristoteles in der bei Ptolemäus vorkommenden thetischen Onomasie verstanden werden müsse, wonach für die Phrygische Harmonie die Mese in dem Klange g,
die Hypate in dem Klange d, für die Lydische Harmonie in dem
Klange f, die Hypate in dem Klange c besteht.

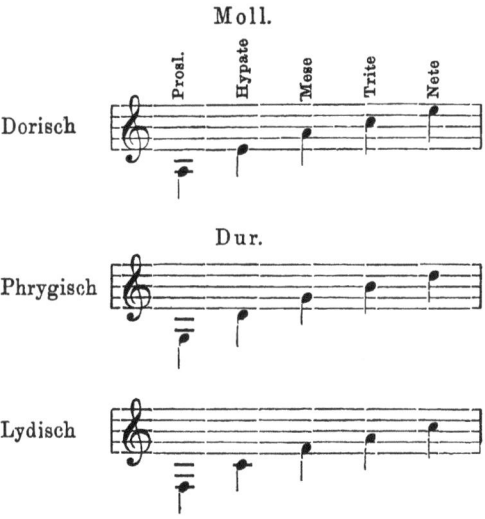

Daraus ergiebt sich, dass die Phrygische und Lydische Harmonie der Griechen nothwendig Dur-Tonarten gewesen sein müssen: in der Transpositionsscala ohne Vorzeichnung das Phrygische ein G Dur mit fehlendem Leittone (fis), das Lydische ein F Dur mit übermässiger Quarte (h statt b). In der thetischen Onomasie des Phrygischen und Lydischen sind Proslambanomenos, Hypate, Mese, Trite, Nete die fünf ersten Obertöne der Grundklänge G und F. Die altgriechische Theorie der Akustik kennt freilich die harmonische Bedeutung dieser Obertöne nicht, aber die Akustik selber bleibt unveränderlich: wenn in unserer modernen Musik durch die genannten Obertöne ein Dur bestimmt wird, so konnte es in der griechischen Musik nicht anders sein. Wie die Dorische Tonart der alten Griechen sich aber identisch mit unserem Aeolischen Kirchentone herausstellt, so decouvrirt sich nach der thetischen Onomasie des Ptolemäus die Phrygische als identisch mit unserem Mixolydischen, die Lydische mit unserem Lydischen Kirchentone. Dem Hypodorischen, Hypophrygischen und Hypolydischen gibt Ptolemäus je eine besondere Mese und Hypate, Plato aber fasst das später sogenannte Hypodorische noch als dieselbe Harmonie mit dem Dorischen auf, und so scheint auch das Hypophrygische mit dem Phrygischen, das Hypolydische mit dem Lydischen als verschiedene Species derselben Octavenart gefasst werden zu müssen: das Hypodorische, Hypophrygische, Hypolydische (in der Mese, Tonica schliessend) als authentische

Tonarten, das Dorische, Phrygische, Lydiŝche (in der Hypate
d. i. Unterquart schliessend) als die plagialen Tonarten.

Dass ihre Tonarten theils in der Tonica, theils in der Dominante abschlossen, hat die altgriechische Musik mit der Musik der
alten Kirchentöne gemeinsam (die authentische und die plagiale
Form). Ausserdem hat die griechische Musik mit dem modernen
Volksliede noch eine Form des Schlusses auf der Mediante gemeinsam. Griechische Melodien, welche uns im Anonymus de mus.
überliefert werden, machen das unabweisbar, wie denn überhaupt
aus diesen Melodien hervorgeht, dass die von den alten Theoretikern für eine Dissonanz erklärte Terzenintervall in der Praxis
der alten Melopöie in einer Weise verwandt wird, in welcher
wir dies Intervall gerade wie auch die moderne Terz für eine
Consonanz erklären würden.

Es steht fest (nach der ersten der von Helmholtz aus den
Aristotelischen Problemen angeführten Stelle), dass innerhalb des
Gesanges kein anderes Intervall als die Octave vorkam — also
der Gesang war nur ein einstimmiger. Aber schon in der
archaischen Musikperiode (Terpander und Olympus) war die Singstimme mit einer heterophonen Begleitstimme verbunden. Das
ist eine nicht wegzuleugnende Thatsache, die uns in einem bei
Plutarch de mus. erhaltenen Bruchstücke des Aristoxenus, der
gewichtigsten Autorität unter allen Musikquellen, überliefert
ist. Freilich hat sich in einer anderen Stelle des Plutarchischen
Musikdialoges die Erinnerung erhalten, dass in den sagenhaften
Anfängen der griechischen Musik die Begleitung des Gesanges
diesem eine unisone war. Tritt zu der Melodiestimme eine einzige divergirende Begleitstimme hinzu, so wird dies nach Plato
eine Heterophonie genannt. Aber schon zur Zeit Pindars kannte
die griechische Musik eine Polyphonie der begleitenden Instrumentalstimmen, wie ebenfalls Plutarchs Musikdialog aus guter
Quelle berichtet.

Zweites Capitel.

Vorhistorische und historische Zeit des Melos.
Homophonie, Heterophonie, Polyphonie*).

§ 2.

Sagenzeit.

So fest es auch steht, dass von allen Gattungen der griechischen Poesie das Epos am frühesten zu der Stufe der vollendeten Kunstentwickelung gelangt ist, so zahlreiche Zeugen uns auch auf jedem Blatte der griechischen Literatur entgegengetreten, dass die übrigen Arten der Poesie ihre concrete Gestaltung gerade dem ausgebildeten Epos verdanken, so ist doch keineswegs damit gesagt, dass das Epos überhaupt die älteste Poesie war. Vielmehr sind die Homerischen Gedichte das Product einer langen Entwickelung und haben zu ihrer Voraussetzung zahlreiche Factoren, von denen uns bei Homer selber die treueste Kunde erhalten ist. Ausser den in der Ilias und Odyssee mit dem Namen κλέα ἀνδρῶν bezeichneten epischen Einzelgesängen, welche die unmittelbare Voraussetzung der Homerischen Epen bilden, erhalten wir dort ein lebensvolles Bild von einer hohen Bedeutung des lyrischen Gesanges, ja wir finden dort fast alle Verhältnisse schon in der Weise ausgebildet, wie sie uns später in der Geschichte der zur eigentlichen Kunstform entwickelten Lyrik wieder entgegentreten. Vor allem zeigt sich dort die dem Dienste des Apollocultes entstammende chorische Lyrik, die den Namen der Päanenpoesie trägt; dieselbe Dichtungsart, welche auch in der Blüthezeit Griechenlands als die vorzüglichste Gattung der Apollinischen Chorlyrik erscheint. Wir stehen hier auf dem Punkte, wo es leicht ist, das fast unzertrennbare Band der drei musischen Geschwisterkünste, der Poesie, Musik und Orchestik, in seiner Entstehung zu begreifen. Die Quelle der Poesie im ältesten Leben der Völker ist die Religion. Im Verkehre mit der Gottheit erhob sich die Rede zu den schwungreichen Formen, die sich der Sprache des gewöhnlichen Verkehrs gegenüber zum

---

*) Vgl. meine früheren Aufsätze: „Terpander und die früheste Entwickelung der griechischen Lyrik" in den Verhandl. der 17. Philologen-Versammlung 1856 und „Mehrstimmigkeit oder Einstimmigkeit der griechischen Musik" in der Berliner philol. Wochenschrift 1884 Nr. 1. 2. 3. 4.

poetischen Ausdrucke gestalteten: das Gebet, das Lob der Gottheit schuf die Poesie; — an die Gottheit gerichtet nahm die Rede zugleich einen mannigfaltigen Wechsel der Accente an, der gehobene Vortrag wurde zum Gesange, zur Melodie; — der Ort endlich, wo der Mensch zur Gottheit sich wandte, war der Altar, auf dem die Opfer brannten und den die Singenden im feierlichen Zuge umwandelten; und diese Bewegung um den Altar ist es, mit welcher der Anfang der Orchestik gegeben ist; der Tanz der Alten ist in seinem Ursprunge nichts Anderes als ein heiliger Opferzug oder Opfertanz. Das ist die Entstehung der drei musischen Schwesterkünste, der Poesie, Musik und Orchestik, und diesem ihrem Ursprunge getreu stehen sie in der klassischen Zeit des Griechenthums noch vorwiegend im Dienste der Religion; in der Religion empfangen sie fortwährend ihre frischeste Lebenswärme und fortwährend sehen wir aus ihr neue poetische Gattungen hervorgehen. Der Cult aber, der in der frühesten Zeit am wirksamsten für die Pflege der musischen Kunst war, ist der Cult des Apollo, des eigenthümlich hellenischen Gottes, des Gottes ewiger Jugendlichkeit und Klarheit, des schönsten Typus des jungen hellenischen Geistes. So erklärt es sich leicht, dass der Blüthe des Epos eine Apollinische Chorlyrik vorausgeht, ja dass der Päan bereits in der Ilias als dieselbe poetische Gattung erscheint, wie sie der höchsten Vollendung der Lyrik typisch bleibt — der Päan einerseits als Bitt- und Flehgesang, gesungen in der Noth, die der Gott Apollo gesandt — und andererseits der Päan als preisendes Siegeslied. In erster Bedeutung erschallt der Päan im Chore der Achäer, als Apollo das Heer durch die Pest darniedergebeugt Il. 1, 472; ein Siegespäan wird von den Myrmidonen nach Hektors Falle angestimmt Il. 22, 291, das treue Bild eines päanischen Prosodions.

Neben der päanischen Poesie erscheint in der Ilias eine zweite Art von Chorlyrik, der Gesang bei der Hochzeits- und Todtenfeier, der Hymenäus und Threnos. Es ist unnöthig auf den religiösen Ursprung dieser Dichtungsarten hinzuweisen. Wie bei allen alten Völkern die Ceremonien der Hochzeits- und Todtenfeier den chthonischen Göttern gelten, die dort bei der Schliessung der Ehe ein neues Leben erwecken sollen und hier im Tode das Leben wieder zu sich nehmen, so gelten ihnen auch die Lieder, die dort im freudigen Jubel, hier in der Gewalt des Schmerzes gesungen werden. Diese religiöse Bedeutung tritt niemals ganz zurück, wenn auch das Hochzeitslied zu einem profanen Jubelliede und die Todtenklage zu einem Ergusse bloss individuellen Schmerzes und Trostes wird, wie dies in den kargen Resten antiker Hymenäen- und Threnenlyrik meist der Fall ist. Bei Homer nun erinnert die Schilderung beider Dichtungsarten fast in Allem an die spätere historische Zeit, die des Hymenäus auf dem Schilde des Achilleus Il. 18, 493 und die des Threnos bei der Todtenklage um Hektor Il. 24, 720. Jener ist ein chorischer Gesang unter bewegter Orchestik von Auloi und Phormingen begleitet, dieser ein kommatischer Wechselgesang der Andromache, Hekabe und Helena, in deren Klagen der Chor der Troerinnen einstimmt, ἐπὶ δὲ στενάχοντο γυναῖκες. Die kommatische Vertheilung des Threnos treffen wir zwar nicht mehr in dem Threnos der ausgebildeten Lyrik, dagegen ist sie von der Tragödie festgehalten, denn die kommatische Form des tragischen Threnos ist nicht eine Neuerung der tragischen Dichter, sondern ein Festhalten der alten volksmässigen Weise. Ja selbst die strophische Composition der späteren Hymenäen lässt sich bereits für jenen Threnos der Troerinnen nachweisen. Die Klagen der Hekabe und der Helena zerfallen nämlich je in vier tristichische Strophen, die durch scharfe Interpunction von einander gesondert sind. Auch der in den tragischen Threnen wie in den erhaltenen volksmässigen Hymenäen so beliebte Parallelismus der Worte zeigt sich in der Gleichheit des Anfangs beider Lieder. In der Klage der Andromache scheint die Anrede an Astyanax spätere Einschiebung. Mag dieser Threnos zu den spätesten Bestandtheilen der Ilias gehören, immerhin wird er noch vor Arktinos hinaufzurücken sein und enthält das früheste Beispiel einer strophischen Composition als eine treue Nachahmung des volksmässigen Threnos.

Zu den genannten Gattungen der Chorlyrik tritt bei Homer noch eine dritte hinzu, das eigentliche hyporchematische Tanzlied, von einem Einzelsänger zur Phorminx gesungen, während der Chor den Gesang mit dem Tanze begleitet. Ich brauche hier nicht darauf hinzuweisen, wie das Hyporchema in der späteren Lyrik zwar in den meisten Fällen, aber keineswegs immer vom ganzen Chore gesungen wird, und ebenso bedarf es kaum der Erinnerung, dass das Hyporchema wie der Päan in seiner Entstehung dem Apollinischen Cult angehört, aber diese Beziehung auf Apollo häufig verloren hat, wie in dem Pindarischen Hyporchema auf Helios und im Hyporchema der Spartaner, welches

Aristophanes am Schlusse der Lysistrata aufführen lässt. Zu den
Hyporchemen der Ilias rechne ich im weiteren Sinne das Lied
auf den vom Apollo geliebten und getödteten Linos Il. 18, 570*),
das in der Schaar froh scherzender Jünglinge und Jungfrauen ein
Knabe zur Phorminx singt, während jene um ihn her den Tanz
beginnen und ihn zusammen mit Singen und Jauchzen und
hüpfendem Sprunge begleiten. Ein genaueres Bild des Hyporchema giebt eine andere Stelle aus dem 18. Buche der Ilias: ein
göttlicher Sänger singt zur Phorminx, in der Mitte des Chores
beginnen zwei Vortänzer den Reigen und geschmückte Jünglinge
und Mädchen drehen sich bald an den Händen haltend mit kun-
digen Füssen im Kreise, bald tanzen sie in Reihen ($\dot{\epsilon}\pi\dot{\iota}$ $\sigma\tau\dot{\iota}\chi\alpha\varsigma$)
gegen einander. Noch interessanter ist die Schilderung eines
Hyporchema im 8. Buche der Odyssee, wo uns ein vollständig
ausgemaltes Bild eines vor Kampfrichtern gehaltenen musischen
Agon aufgerollt wird, ganz in der Weise, wie an den spartanischen Gymnopädien agonistische Hyporchemen zur Aufführung
kommen. Und Homer schon kennt Kreta als eine Hauptpfleg-
stätte der hyporchematischen Kunst, wie aus Il. 18, 590 hervorgeht,
jene Insel, wo später Thaletas die alteinheimischen hyporchematischen Weisen zur Kunstblüthe sich entfalten liess und in festen
Formen zu den verwandten Stämmen des Festlandes hinüberführte.

Wir haben den drei Gattungen der chorischen Lyrik noch
eine monodische Lyrik als eine der frühesten Gestaltungen der
griechischen Poesie hinzuzufügen, die dem freien volksmässigen,
oft auf ein profanes Gebiet hinübergehenden Tone des ältesten
Chorgesanges gegenüber einen recht eigentlich sacralen Charakter
bewahrt und hierdurch früher zu festen typischen Formen gelangt. Es sind dies die religiösen Hymnen, die an bestimmten
Cultusstätten zum Lobe der Götter ertönten und diesen Cultusstätten auf lange als ein lebendiges Erbtheil in der Tradition
priesterlicher Geschlechter und Schulen verblieben. Sie wurden
Nomoi, Gesetze genannt von der stätigen Compositionsform, in
der diese Hymnen gedichtet und überliefert wurden, im Gegensatze zu den auf der freien poetischen That des schaffenden

---

*) Nicht — wie Lasaulx will — den personificirten Lebensfaden, son-
dern das herrliche Kind „Lein", das ach so bald die prangende Jugendblüthe
verliert, um dann zum gedörrten und gehechelten Flachs zu werden und so
einen grausamen Tod zu sterben, werth des Jammers, in den auch die
Götter einstimmen.

Volksgeistes beruhenden chorischen Gesängen. Wir können die Nomoi am besten den Veda-Hymnen vergleichen, in denen zu der hymnodischen Lyrik ein episches Element hinzutritt: der Gott wird durch Schilderung seiner Thaten gepriesen. An die Tempel und Cultusstätten schlossen sich bestimmte Priester- und Sängerfamilien, und wir können, der Sage folgend, die grösstentheils auf solchen Tempeltraditionen beruht, bereits mehrere Sängerschulen unterscheiden. Die zwei bedeutendsten Heiligthümer dieser Art gehören dem Apolloculte an: es sind die Stätten von Delos und Delphi. Hier wurden in bestimmten dem Apollomythus angehörenden Festcyklen schon in frühester Zeit musische Agone aufgeführt, wo priesterliche Sänger, mit einander im Lobe des Gottes wetteifernd, den Nomos zur Kithara vortrugen. Die Nomoi des Delischen Apollocultus werden auf Olen zurückgeführt, der von den Hyperboräern oder von den Lykiern am Xanthus kommend den Apollocult in Delos gegründet und den Hexameter erfunden haben soll. Noch grössere Bedeutung erhielten die Agone von Delphi, dem religiösen Mittelpunkte des gesammten dorischen Stammes. Apollo selber hatte hier das Heiligthum, das mit seinen Tempelschätzen und seinem Orakel schon bei Homer hochberühmt ist (Il. 9, 405. 2, 519. Od. 8, 87), gegründet und kretische Männer zu Priestern eingesetzt; zu seiner Feier ertönte am Pythischen Feste der Nomos im Agon der Kitharoden, vor Allen der Pythische Nomos, der den Sieg des jugendlichen Gottes über den Drachen Pytho besang. Wir müssen über die Grenzen Griechenlands hinausschauen, um in diesem Nomos vom drachentödtenden Gotte eines der ältesten Lieder zu erblicken. Wer da weiss, wie tief die Zusammenhänge der indogermanischen Völker in ihrer Sprache, ihren ältesten Sitten, ihren ältesten Culten und Mythen wurzeln, wer da weiss, dass alle diese Völker in vorhistorischer Zeit ein einheitliches Volk bildeten, das im Innern von Asien wohnend bereits zu einer festen Culturstufe gekommen war, ehe noch die einzelnen Zweige sich abtrennten, — dem treten auch die altindischen Lieder vom Ahi-tödtenden Gotte nahe, die altzendischen vom Kereçâçpa und Thraetaona, den Besiegern des dreiköpfigen Drachen azhi dahâka, die altgermanischen Lieder vom drachentödtenden Sigfried. Die rege Forschung der neuesten Zeit hat gelehrt, dass diese Sieger nicht menschliche Helden, sondern Götter und speciell Götter des Lichtes sind, die der Finsterniss den Kampf bieten, — es sind

dieselben Götter, wie der im Pythischen Nomos gefeierte Drachen-
tödter Apollo. Doch zurück zu den Nomoi der Agone von Delphi,
für deren hohes, noch weit über Homer hinaufreichendes Alter
ich hiermit die Urverwandtschaft der Völker in Anspruch nehme
Der Schatz der Lieder, der hier gesungen, wird von der delphischen Tempelsage auf zwei heilige Sänger zurückgeführt: Chrysothemis den Kreter, den Sohn Karmanors, und Philammon den
Delpher, den Sohn Apollos, die beide im delphischen Agon als
musische Kämpfer auftreten. Chrysothemis ist das Prototyp des
agonistischen Kitharoden, der im Prachtgewande der späteren
Nomossänger zur Phorminx den Pythischen Nomos singt; Philammon aber ist der Erfinder der Dorischen Tonart, die vor allem
an Delphi als den Centralpunkt des Dorischen Geistes und der
Dorischen Kunst fixirt war. Auch noch Terpander, der berühmte
Nomosdichter der historischen Zeit, wird mit diesem Philammon
in unmittelbare Verbindung gebracht.

Der Dorischen Sängerschule tritt eine Aeolische entgegen,
deren Andenken von der Sage zwar mit minder scharfen Zügen
gezeichnet ist, die aber dennoch als ein historisches Factum besteht. Ihr frühester Hauptsitz war das Aeolische Böotien, wo
durch den alten Stamm der Aeolischen Thraker die ersten Anfänge der hellenischen Cultur fixirt wurden und wo am Helikon
früher als im übrigen Hellas der Dienst der Musen und mit ihm
die musische Kunst erblühte. Der Name Orpheus bezeichnet den
Sänger, der von der Sage als Repräsentant dieser alten thra-
kischen Poesie und Musik hingestellt wird; neben ihm steht der
Name Musäus, der zum Sohn oder Schüler des Orpheus gemacht
wird. Es gehört nicht hierher, wie sich später Attika dieser
beiden Namen bemächtigt und sie zu Trägern einer Orakelpoesie
macht, ja auf sie das theologische Epos aus der Zeit des Ono-
makritus zurückführt. Nur die Züge der leicht auszuscheidenden
älteren Sage wollen wir hier festhalten, um an den von der
dorisch-delphischen Kunst durchaus verschiedenen Charakter der
Aeolischen zu erinnern. Der Sang der orphischen Schule ist
nicht der ruhige Nomos zu Ehren Apollos; wir hören aus der
Sage deutlich den bewegten Ton erklingen, der hier angeschlagen
wurde, einen Ton, in den die Laute des Schmerzes und Orgiasmus
sich einmischen — mit einem Worte, es ist hier das religiöse
Gebiet der chthonischen Götter, deren Dienste die orphische
Muse vor allen geweiht war. Daher der Mythus von Orpheus,

der um die entrissene Eurydike klagt, daher der Tod des Sängers
durch rasende Bakchanten, die seinen Leib zerfleischen: nur seine
Lyra schwimmt von Böotien zu den Aeolern des Ostens, nach
der glücklichen Insel Lesbos, auf der fortan wie in keinem anderen
griechischen Lande die musische Kunst erblühen sollte und von
der zuerst Terpander den äolischen Sang nach dem griechischen
Mutterlande zurückführte. Und wenn ich hier bloss mit Sagen
zu operiren scheine, so muss ich hinzusetzen, dass die alten
Kenner, dass namentlich Glaukus von Rhegium von der Poesie
und Musik des Orpheus als einem bestimmten Kunststile der
früheren Entwickelung spricht und sie mit dem Stile Terpanders zusammenstellt. Plut. de mus. 7. 8.

Verlassen wir jetzt die früheren Gestaltungen der griechischen Lyrik, die theils als chorische Gesänge dem freien Schaffen
des poetischen Volksgeistes überlassen blieben, theils als mono-
discher Nomosgesang von priesterlichen Sängern gepflegt, eine
festere Form bewahrten. Es war eine andere Richtung der
Poesie, welcher zuerst eine höhere Blüthe der Kunst zu Theil
werden sollte: dem nach Thaten drängenden Geiste des jugendlichen Volkes ward das Gebiet der Innerlichkeit zu enge, es
drängte hinaus zu kühnem Beginnen, zu Fahrten über das Meer,
zu Kämpfen mit dem Barbarenthum des Orients, und als künstlerische Reproduction dieses Heldenthums erhebt sich das Epos
zu wunderbarem Glanze empor. Warum sollen wir es auszu-
sprechen scheuen, dass die Ausgangspunkte dieser epischen Poesie
bereits in der alten religiösen Lyrik enthalten waren? Ertönte
nicht schon in den ältesten Nomen das Lied von den Thaten der
Götter, von ihren Siegen über Dämonen und Drachen, und war
es nicht ein kleiner Schritt, diese epischen Elemente von der
Cultusstätte, an die sie ursprünglich gebunden waren, auf das
Gebiet des Menschlichen hinüberzuführen? Mit dem Göttlichen
wurde das Menschliche vereint, zu dem Kreise der Götter traten
die Heroen, die Söhne der Götter, hinzu; — wie früher zur
Freude und Ehre der Götter im heiligen Tempelbezirke der Nomos
ertönte, so erschallt jetzt zur Freude und Ehre der Fürsten und
des Volkes das epische Lied. Die Entstehung des Epos ist nichts
Anderes als eine Uebertragung vom Gebiete des Göttlichen auf
das des Menschlichen, eine Herübernahme, wie wir sie später
bei der Entstehung der Archilochischen Iamben aus den Deme-
trischen und Dionysischen Volksgesängen sich wiederholen sehen.

Die Musik, als das eigentlich lyrische Element, trat mehr und
mehr zurück; während die κλέα ἀνδρῶν noch zur Phorminx ertönten, erhob sich bald als die Zusammenfassung dieser epischen
Einzelgesänge das Homerische Gedicht, das sich völlig von der
musikalischen Form befreite und nicht mehr durch Kitharoden
gesungen, sondern durch Rhapsoden vorgetragen wurde.

§ 3.
Terpanders Zeitalter.

Doch noch ehe der epische Gesang abgeblüht war, — noch
zur Zeit als die älteren Kykliker wie Arktinos die Thaten der
Helden in homerischem Tone feierten —, da erhob sich die bis
dahin durch das Epos gehemmte Stimme der Lyrik zu Gesängen
künstlerischer Vollendung, um bis zum Untergange des klassischen Griechenthumes nicht wieder zu verstummen. Und wer
war der Erste, der in Hellas diesen Wendepunkt der Poesie
hervorrief, der für die Lyrik eine dem Epos gleiche Vollendung
der Kunst anbahnte? Es waren nicht die Iamben des Archilochus, nicht der Gesang der elegischen Dichter: es war die Lyra
Terpanders, jene gepriesene Lyra, zu der noch vor Archilochos'
und Kallinos' Zeit der Lesbische Dichter und seine Schule in
bisher ungeahnten Weisen die Hymnen der Götter ertönen liess.

Wir müssen uns hier vor Allem über Terpanders Zeitalter verständigen. Wenn man von der Ansicht ausgeht, dass
Terpander mehr eine mythische als eine historische Persönlichkeit sei, so wird man auch darauf verzichten müssen, die chronologischen Data zu bestimmen. Bedenkt man aber, dass aus dem
Zeitalter Terpanders eine Menge geschichtlicher Thatsachen überliefert ist, dass in eben dieser Zeit schon eine grosse Anzahl
von Persönlichkeiten mit sicheren historischen Zügen hervortritt,
und dass endlich die Geschichte Terpanders in sich durchaus zu-
sammenhängend und geschlossen ist und in keinem wesentlichen
Punkte das sonst gewöhnliche Schwanken verräth, so muss man
gestehen, dass Terpander eine durchaus historische Gestalt ist
und dass sein Zeitalter, falls die Tradition uns Nachrichten überliefert, bestimmt werden kann. Ja eine genaue Combination der
Stellen führt zu dem Resultate, dass wir über Terpander mehr
und Sichereres wissen als über manchen späteren Dichter, von dem
weit zahlreichere Fragmente erhalten sind. In manchen Zügen
mag die Tradition sagenhaft sein, wie in der Veranlassung seines

Todes und seiner Wanderung nach Sparta, aber es sind dies nur
unwesentliche Punkte, wie wir sie noch viel häufiger bei späteren Dichtern, Stesichorus und Pindar, ja selbst bei Aeschylus
und Sophokles finden. Wo aber die Ueberlieferung variirt, wie
in der Chronologie, da sind sichere Anhaltspunkte genug vorhanden, die uns führen und leiten können, so dass es auch hier
möglich ist, einen sicheren Boden zu gewinnen.

Die neuere Literaturgeschichte scheint darin übereingekommen
zu sein, dass Terpander jünger als Archilochus sei; eine Ansicht,
die sich allerdings auf alte Zeugnisse stützt, aber sich als unhaltbar zeigt, wenn man auf die überlieferten Data kritisch eingeht. C. Fr. Hermann (Antiquit. Lacedaem. p. 5) weicht von jener
Annahme ab und wendet sich einer andern Gruppe von Zeugnissen zu, welche Terpander vor Archilochos setzen und auch
nach unserer Ansicht die richtige Zeitbestimmung gegeben haben.
Auch Bernhardy scheint sich Gr. L. 1, S. 301 der zweiten Auflage dieser Ansicht zuzuwenden, während er an anderen Stellen
den Terpander nach Archilochus setzt. Die erste Klasse der
Zeugnisse wird durch die Chronik des Parischen Marmor und
des Eusebius sowie durch Phaneias und Hellanikus vertreten, die
zweite durch Glaukus' Schrift „über die alten Dichter und Musiker", durch Alexander „über Phrygien" und durch Hieronymus
„über die Kitharoden". Die Ansicht derer, welche Terpander in
das Zeitalter des Hipponax setzten, verrückt so sehr alle chronologischen Verhältnisse, dass sie bereits von der Quelle Plutarchs
de mus. 6 als irrig bezeichnet wird.

Die Chronik des Eusebius gibt die Blüthezeit des Terpander
als Ol. 33, 2 an, und damit stimmt der Parische Marmor, welcher den Terpander 381 Jahre vor den Archon Diognet (Ol. 129, 1),
also um Ol. 33, 4/34, 1 setzt, epoch. 34. Cf. Boeckh C. I. II,
p. 316. 335. Dieses Datum sieht sehr unverfänglich aus und
dient den meisten Neueren wie Boeckh Metra Pind. 245 als chronologischer Ausgangspunkt; dennoch verhält es sich mit ihm nicht
viel anders als mit jener Angabe der πλανώμενοι bei Plutarch.
Wie dort Terpander mit Hipponax als Zeitgenosse zusammengestellt
wird, so wird hier Terpander mit Alkman gleichzeitig gesetzt, —
mit Alkman, der in jeder Beziehung eine viel entwickeltere Periode
der griechischen Poesie, Musik und Metrik repräsentirt, als der Stifter
der ersten musischen Katastasis, — mit Alkman, der in seinen Gedichten bereits den Polymnastus, einen Vertreter der zweiten Spar-

tanischen Katastasis gefeiert hat (Plut. mus. 5. 9. 29). Was aber das
Auffallendste ist, die Chronik des Eusebius macht den Terpander
geradezu zum jüngeren Zeitgenossen Alkmans, denn der letztere
blüht nach ihrer Angabe schon um Ol. 30, 4 (Alcman clarus habetur
et Lesches), was mit Suidas, der ihn um Ol. 27 setzt, völlig übereinstimmt; Terpanders Blüthe wird dagegen erst um 33, 2 gesetzt.
Dies Missverhältniss wird dadurch nicht aufgehoben, dass Eusebius im weiteren Verlaufe seiner Chronik Ol. 44 als Blüthezeit
Alkmans angibt mit dem Zusatze ut quibusdam videtur; denn so
entsteht eine zweite Collision, dass nämlich Alkman hierdurch
in die Blüthezeit des Stesichorus hinabrückt, womit ebenfalls aller
Chronologie ins Gesicht geschlagen wird. Der Parische Marmor
weiss freilich auch hier Rath, indem er den (alten?) Stesichorus
zum Zeitgenossen des Aeschylus macht, epoch. 50. Solche Widersprüche sind in der That unausbleiblich, wenn Terpander in
Alkmans Zeit verwiesen wird.

Von gleicher Beschaffenheit ist der Bericht des Phaneias
von Lesbos, eines Zeitgenossen Alexanders, der in zwei Büchern
über die Dichter schrieb. Clem. Alex. stromat. 1, p. 133. „Terpander sei jünger als Archilochus, Archilochus jünger als Lesches
und dieser ein Zeitgenosse des Arktinus.“ Phaneias schliesst sich
im Grunde an die Chronologie der Chronisten an: lebt Terpander
33, 2, so ist er jünger als Archilochus und auch jünger als
Lesches, der in die Zeit des Alkman fällt, vgl.:

Ol. 20 Archilochus.

Ol. 30, 4 „Alcman clarus habetur et Lesches.“

Ol. 33, 2 „Terpander insignis habetur.“

Phaneias begeht aber noch die Ungereimtheit, dass er den Lesches
aus Ol. 30 an den Anfang der Olympiaden hinaufrückt, indem er
ihn mit dem alten Arktinus in einen musischen Wettkampf bringt.
Wir sehen hieraus, wie unkritisch Phaneias zu Werke gegangen ist.

Von hervorragender Bedeutung erschien den Neueren die
Angabe des Hellanikus. Terpander lebt nach ihm zur Zeit des
Midas (Clem. Alex. strom. 1, p. 333). Genauer ist dies Datum
bei Athen. 14, 635: „Terpander sei der älteste Sieger in den
Karneischen Spielen zu Sparta, die nach Sosibius in der 26. Olym-
piade eingesetzt seien.“ Allerdings ein sehr wichtiges Zeugniss.
Die musischen Agone an den Karneien sind nach dem unzweifel-
haften Zeugnisse des Lakonen Sosibius Ol. 26 eingesetzt; wenn
es nun feststeht, dass Terpander der älteste Karneionike ist, so

muss er nothwendig um Ol. 26, also nach Archilochus gelebt haben, als dessen Blüthezeit Ol. 15 − 20 feststeht. Aber hiermit tritt die zweite Gruppe der Zeugnisse in Conflict, welche den Terpander vor Archilochus setzen, und es entsteht die Frage, auf welcher Seite das Richtige ist.

Wie sind die Gewährsmänner der zweiten Gruppe? Es sind Musiker und Literarhistoriker, die sich ex professo mit diesem Gegenstande beschäftigt haben oder wenigstens vielfach die Musik berühren. Einer von ihnen, der gewichtige Glaukus, spricht es in dem uns durch unschätzbare Notizen bekannten Werke über die alten Dichter und Musiker direct aus, dass Terpander älter sei als Archilochus. Wir lesen nämlich Plut. mus. 4: πρεσβύτερον γοῦν αὐτὸν Ἀρχιλόχου ἀποφαίνει Γλαῦκος ὁ ἐξ Ἰταλίας ἐν συγγράμματι τῷ περὶ τῶν ἀρχαίων ποιητῶν καὶ μουσικῶν· φησὶ γὰρ αὐτὸν δεύτερον γενέσθαι μετὰ τοὺς πρώτους ποιήσαντας αὐλῳδίαν. Wer die πρῶτοι ποιήσαντες αὐλῳδίαν sind, ergibt sich aus den folgenden Capiteln des Plutarch, wo es von Orpheus, dem Vorgänger des Terpander, heisst: ὁ δ᾽ Ὀρφεὺς οὐδένα φαίνεται μεμιμημένος· οὐδεὶς γάρ πω γεγένητο εἰ μὴ οἱ αὐλωδικῶν ποιηταί, es sind die ältesten mythischen Vertreter der Aulodik, Hyagnis und Marsyas zu verstehen. Mit Glaukus stimmt Alexander überein, aus welchem Plutarch mus. 5 die betreffenden Worte entlehnt hat. Während Glaukus und Alexander nur eine relative Zeitbestimmung über Terpander geben, gibt Hieronymus in seiner Schrift über die Kitharoden, welche das fünfte Buch seines Werkes περὶ ποιητῶν bildete, ein positives Datum, indem er den Terpander an den Anfang der Olympiaden setzt und zum Zeitgenossen des Lykurg macht (Athen. 14, 655 c.).

Es wäre eine dialektische Spielerei, wollte man die entgegenstehenden Nachrichten dadurch auszugleichen suchen, dass man annähme, der Sieg an den Karneien sei in die letzten Lebensjahre des Sängers gefallen, und so könnte er noch immerhin, wie Glaukus und Alexander angeben, älter als Archilochus sein. Nehmen wir an, dass Terpander erst im 70. Jahre den Sieg errungen, so wäre er doch zur Blüthezeit des Archilochus (Ol. 20) 45 Jahre alt gewesen und könnte dann unmöglich älter als Archilochus heissen, ganz abgesehen davon, dass zwischen beiden noch der Aulode Klonas gesetzt ist. Eine Vereinigung des Hellanikus mit Glaukus und Alexander, um zunächst von Hieronymus abzusehen, ist durchaus nicht möglich. Auf welcher Seite liegt der

Fehler? Aufschluss gibt Plut. mus. 6: *Τελευταῖον δὲ Περίκλει-
τόν φασι κιθαρῳδὸν νικῆσαι ἐν Λακεδαίμονι Κάρνεια, τὸ γένος
ὄντα Λέσβιον· τούτου δὲ τελευτήσαντος τέλος λαβεῖν Λεσβίοις τὸ
συνεχὲς τῆς κατὰ τὴν κιθαρῳδίαν διαδοχῆς.* Die Terpandriden
hatten an den musischen Spielen der Spartanischen Karneien
von der frühesten Zeit an in unmittelbarer Diadoche gesiegt,
ohne dass eine andere Sängerschule sich an diesem Feste hätte
geltend machen können: die Namen der Terpandriden füllten demnach bis auf Perikleitos die Karneioniken-Liste aus. Wenn nun
mit Terpanders Musik, mit Terpanders Nomen und Compositionen
und von Terpanders Schülern die Siege errungen waren, so erklärt es sich leicht, wie Terpander selber, dessen geistiges Ur-
bild in diesen Siegen lebte, an die Spitze der Karneioniken gestellt
werden konnte, zumal das Streben der Hellenen, ihre Institute
auf gefeierte Namen zurückzuführen, sogar einen Chrysothemis
an die Spitze der Delphischen Agone treten liess. So enthält jene
Angabe des Hellanikus noch immer etwas Wahres, auch wenn
die musischen Spiele der Karneien erst nach Terpanders Zeit eingesetzt sind: an die Stelle von Terpanders Schule ist der Name
ihres gefeierten Begründers gestellt.

Demnach stellt es sich heraus, dass, wenn wir die Angaben
des Hellanikus und die des Glaukus und Alexander gegen einander abwägen, sich die Wagschale auf die Seite der letzteren
hinneigen muss. Streifen wir von der Terpandrischen Musik alle
die Unrichtigkeiten und Uebertreibungen ab, durch die sie von
den Literarhistorikern entstellt ist, und folgen wir bloss den
übereinstimmenden Nachrichten über die ernste Einfachheit der
Terpandrischen Kunst, so ergibt sich ohnehin aus inneren Gründen,
dass Glaukus Recht hat, wenn er den Terpander vor Archilochus
setzt. Terpander repräsentirt überall die älteste uns bekannte
Stufe archaistischer Einfachheit in der Lyrik; er kennt nur einfache Metra und auch von diesen nur den Hexameter und einige
noch einfachere Choralrhythmen, er weiss noch nichts von zusammengesetzten Massen, von einem Wechsel der Rhythmen und
Tonarten, während die Neuerungen des Archilochus einen weit
entwickelteren Standpunkt der Metrik und Musik bezeichnen,
wobei ich nur auf seinen melodramatischen Vortrag und die ausgebildete Instrumentalmusik zu verweisen brauche (Plut. mus. 28).
Archilochus selbst kennt schon die Blüthe der Lesbischen Musik,
indem er singt Athen. 4, 180 c:

αὐτὸς ἐξάρχων πρὸς αὐλὸν Λέσβιον παιήονα.
Wenn Archilochus hier bereits die Ausbildung der Aulodik voraussetzt, so weist das auf eine Zeit hin, der die Terpandrische Ausbildung der Kitharodik schon vorausgegangen ist, da die Aulodik
sich überall erst nach der Ausbildung der Kitharodik entwickelt hat.

So führen uns innere und äussere Gründe zu strengem Festhalten an dem Bericht des Glaukus, dass Terpander älter ist
als Archilochus. Damit ist aber seine Lebenszeit nur annähernd bestimmt, denn es bleibt noch die Frage offen: wie lange
lebte er vor Archilochus? Hierauf antwortet Hieronymus, dass
er zur Zeit des Lykurg, also zu Anfang der Olympiaden gelebt
habe. Wir müssen gestehen, dass dieses Datum an sich nicht
viel Ansprüche auf Glaubwürdigkeit machen kann, da Andere auch
den erst der zweiten Spartanischen Musik-Katastasis angehörenden
Thaletas in die Zeit Lykurgs versetzen. Aber wir finden noch einen
anderen Anhaltspunkt. Jene anderen Schriftsteller nämlich, die den
Terpander in die vorarchilochische Zeit hinaufrücken, machen ihn
nicht zum unmittelbaren Vorgänger des Archilochus, sondern
setzen zwischen beide noch die Periode des Klonas, der für die
ältere Peloponnesische Aulodik dieselbe Bedeutung hat, wie Terpander für die ältere Kitharodik; und so erhalten wir ein zweites
Zeugniss, durch welches Terpander in die ersten Olympiaden
hinaufgerückt wird. Die Terpandrische Lyrik gehört hiernach
der Zeit an, wo sich im kyklischen Epos die Nachblüthe des
Homerischen Epos zu entwickeln begann. Dies stimmt durchaus
mit dem Charakter seiner Poesie stimmt, die sich in Allem auf
das Epos bezieht.

Schon ein Blick auf die nachfolgende Zeit hätte die Richtigkeit der Chronologie des Glaukus erkennen lassen können.
Setzt man Terpanders erste Katastasis nach Archilochus, also
Ol. 20, wo bleibt da ein Platz für die zweite Katastasis Spartas,
die durch Thaletas, Xenodamos, Polymnastus u. A. vertreten ist?
Polymnastus muss jedenfalls älter oder mindestens ein Zeitgenosse
von Alkman sein, da ihn dieser bereits in seinen Gedichten erwähnt (Plut. mus. 8); Polymnastus aber hatte wiederum den
Thaletas besungen (Pausan. 1, 14, 4). Die Annahme des Hellanikus schliesst also die Ungereimtheit in sich, dass in der Zeit von
Ol. 20 bis 27 oder 30 oder von Archilochus bis Alkman nicht bloss
die Periode des Terpander und die erste Spartanische Musik-Katastasis, sondern auch die Periode der älteren Aulodik des Klonas und

sogar die zweite Katastasis mit ihren zwei verschiedenen Generationen angehörigen Vertretern Thaletas und Polymnastus ein-
geschoben werden muss, oder mit anderen Worten, dass das,
was nach inneren Gründen sowohl wie nach den Zeugnissen der
Alten verschiedenen Perioden und Entwickelungsstufen angehört,
wie die erste und zweite Katastasis Spartas, gleichzeitige Ereig-
nisse sind.

Wir glauben hierdurch die Richtigkeit der Zeitbestimmungen
des Glaukus dargethan zu haben und stellen in dem Folgenden
die 4 chronologischen Data der älteren Lyrik, die sich aus seinen
Angaben bei Plut. de mus. 4 ergeben, übersichtlich zusammen:

1. *Οἱ πρῶτοι ποιήσαντες τὴν αὐλητικήν*
   (Ἀλέξανδρος δ᾽ ἐν τῇ συναγωγῇ τῶν περὶ Φρυγίας κρού-
   ματα Ὄλυμπον ἔφη πρῶτον εἰς τοὺς Ἕλληνας κομίσαι.
   Ὕαγνιν δὲ πρῶτον αὐλῆσαι, εἶτα τὸν τούτου υἱὸν Μαρσύαν,
   εἶτ᾽ Ὄλυμπον).

2. *Τέρπανδρον Γλαῦκος ἐν συγγράμματι τῷ περὶ τῶν ἀρχαίων
   ποιητῶν καὶ μουσικῶν φησι δεύτερον γενέσθαι μετὰ τοὺς
   πρώτους ποιήσαντας αὐλητικήν, ἐζηλωκέναι δὲ τὸν Τέρπανδρον Ὁμήρου μὲν τὰ ἔπη, Ὀρφέως δὲ τὰ μέλη .. ὁ δ᾽ Ὀρφεὺς οὐδένα φαίνεται μεμιμημένος, οὐδεὶς γάρ πω γεγένητο
   εἰ μὴ οἱ τῶν αὐλητικῶν ποιηταί, τούτους δὲ κατ᾽ οὐθὲν
   τὸ Ὀρφικὸν ἔργον ἔοικε.*

3. *Κλονᾶς δὲ τῶν αὐλῳδικῶν νόμων ποιητὴς ὁ ὀλίγῳ ὕστερον
   Τερπάνδρου γενόμενος...*

4. *Μετὰ δὲ Τέρπανδρον Κλονᾶς Ἀρχίλοχος παραδίδοται γενέσθαι.*

Weiterhin heisst es bei Plut. de mus. 29 (vermuthlich ebenfalls
nach Heraklides' *συναγωγὴ τῶν ἐν μουσικῇ*, der diese Notiz aber
nicht aus Glaukus Rheginus entlehnt hatte):

*Ἀρχίλοχον οἴονται δὲ καὶ τὴν κροῦσιν τὴν ὑπὸ τὴν ᾠδὴν τοῦτον
   πρῶτον εὑρεῖν, τοὺς δ᾽ ἀρχαίους πάντα πρόςχορδα κρούειν.*

Diese Notiz besagt:

Die Alten begleiteten ihren Gesang mit unisoner Instrumentalmusik; Archilochus war der erste, durch welchen eine Begleitung des Gesanges mit divergirenden Instrumentaltönen aufkam.

Im Anfange also kannte die griechische Musik nur die Einstimmigkeit, der Gesang und die Begleitung war unison. Dieser
Standpunkt absoluter Homophonie gehört der allerfrühesten Zeit
an. Darauf folgt der Standpunkt der

§ 4.

Heterophonie,

darin bestehend, dass die Melodiestimme des Gesanges (μέλος-
gleichzeitig von einer divergirenden Instrumentalstimme (κροῦσῖς)
begleitet wird. Den Ausdruck ἑτεροφωνία für diese Art der
Musik überliefert uns Plato legg. 7, 812. Plato spricht hier von
dem Unterrichte, welcher den Kindern vom neunten bis zum
zwölften Jahre in der Musik zu ertheilen ist. Ein Kitharist soll
sie im Lyraspiel unterrichten. Lehrer und Schüler sollen unison
das nämliche Melos zu gleicher Zeit vortragen. Dies ist von
Plato mit folgenden Worten ausgedrückt: „Δεῖ ... τόν τε κιϑα-
ριστὴν καὶ τὸν παιδευόμενον ἀποδιδόντας πρόςχορδα τὰ φϑέγματα
τοῖς φϑέγμασι.“ Dieser von Plato anempfohlenen Weise (des unisonen Spieles) stellt er eine andere Weise entgegen, welches für
jenes Alter nicht förderlich sei:
τὴν δ’ ἑτεροφωνίαν καὶ ποικιλίαν τῆς λύρας, ἄλλα μὲν μέλη
τῶν χορδῶν ἱεισῶν, ἄλλα δὲ τοῦ τὴν μελῳδίαν ξυνϑέντος ποιητοῦ. ... προςαρμόττοντας τοῖσι φϑόγγοις τῆς λύρας, πάντα
οὖν τὰ τοιαῦτα μὴ προςφέρειν τοῖς μέλλουσιν ἐν τρισὶν ἔτεσι
τὸ τῆς μουσικῆς χρήσιμον ἐκλήψεσθαι διὰ τάχους.
Hier wird die Art des Spieles, welche dem ἀποδιδόσθαι πρόςχορδα τὰ φϑέγματα τοῖς φϑέγμασιν entgegensteht, mit dem Worte
ἑτεροφωνία bezeichnet. Es bedeutet dies Wort genau dasselbe
wie unser „Zweistimmigkeit“, „eine zweite Stimme spielen“*).
Wenn es bei Plutarch de mus. 28 heisst τοὺς δ’ ἀρχαίους
πάντα πρόςχορδα κρούειν, so bezieht sich das auf eine zum Gesange hinzukommende unisone Instrumentalstimme. Ebenso ist
die κροῦσις ὑπὸ τὴν ᾠδὴν von einer Instrumentalbegleitung des
Gesanges zu verstehen. Bei Plato dagegen ist lediglich von
Instrumentalmusik die Rede, einer homophonen und einer heterophonen. Der letzteren gedenkt auch Aristoteles Problem. 19, 18.
Vgl. unten.
In einer andern Stelle des Plutarchischen Musikdialoges
(18. 19), wo von der einfachen Melopöie des Olympos und Terpanders die Rede ist, wird bereits diesen die heterophone Instrumentalbegleitung des Aulos zugeschrieben und durch Beispiele
aus ihren Melopöien nachgewiesen. Es braucht dies gerade kein
Widerspruch mit der vorher angeführten Stelle des Plutarchischen

---

*) Wir gehen später auf diese Stelle genauer ein.

Musikdialoges, in welcher Archilochus als der erste Erfinder
der heterophonen Instrumentalbegleitung genannt wird, zu sein.
Augenscheinlich gehen die beiden Plutarchischen Stellen auf zwei
verschiedene Quellen zurück, von denen die eine in Archilochus,
die andere (mit Glaukus Rheginus) in Terpander den älteren er-
blickte. Karl Burney, Abhandlung über die Musik der Alten (in
der deutschen Uebersetzung Eschenburgs) S. 40 sagt von dieser
Stelle: „Ich halte sie für die allermerkwürdigste Stelle über die
alte Musik, die ich jemals gefunden habe, weil sie die einzige ist,
die eine Art von Beschreibung der alten griechischen Melodie an
die Hand gibt. Alle die Regeln darüber beim Aristoxenus geben
davon nicht den mindesten Begriff." Die neueren Forscher über
die griechische Musik, auch Boeckh und Bellermann, haben diese
von dem alten Burney so sehr ausgezeichnete Stelle, welche uns
durch den Plutarchischen Musikdialog überkommen ist, aber ihrem
Ursprunge nach, wie schon gesagt, auf eine der Aristoxenischen
Schriften, und zwar auf dessen vermischte Tischgespräche zu-
rückgeht, völlig unbeachtet gelassen. Ein dritter Forscher, Karl
Fortlage, sagt in der Vorrede zu seinem „Musikalischen System
der Griechen in seiner Urgestalt 1847", einer vortrefflichen Arbeit,
in welcher er auf Grundlage des Alypius das altgriechische Noten-
system und die griechischen Noten erörtert: nachdem er (Fortlage) der Plutarchischen Schrift über Musik längere Zeit eine
nutz- und erfolglose Sorgfalt zugewandt habe, müsse er dieselbe
jetzt, wo er die Notentabellen des Alypius herbeiziehe, als eitlen
Tand und unnützes Spielwerk zur Seite werfen. Es stehe nichts
darin, was nicht eitle Thorheit sei, sie enthalte lauter Träume
über einen fingirten Zustand der Vollkommenheit alter griechischer Musik.

Wir dürfen an Fortlages sorgsamem Studium der Plutarchischen Schrift über die Musik nicht zweifeln, wohl aber dürfen
wir es seltsam finden, wie es Fortlage entgangen ist, dass
Plutarch seinen Bericht aus den besten Quellen der klassischen
Zeit, zum Theil ohne Aenderung des Wortlautes zusammengestellt hat, aus den Werken des Aristoxenus und der ihrerseits
wiederum aus Glaukus Rheginus schöpfenden Musikgeschichte
des Heraklides. In meiner Ausgabe der Plutarchischen Schrift
1865 denke ich diese Entstehung derselben unwiderleglich festgestellt zu haben, auch dies, dass die in Rede stehende Stelle über
die Zweistimmigkeit der alten Terpandrischen und Olympischen

Compositionen, welche die Aufmerksamkeit Burneys in so hohem
Grade erregt hat und die er für viel wichtiger erklärt als Alles,
was wir aus Aristoxenus wissen, ein wörtlicher Auszug aus den
Aristoxenischen σύμμικτα συμποτικὰ ist*).

Der griechische Musiktheoretiker, der dieses niedergeschrieben, redet von Accordtönen nicht im Sinne einer Generalbass-
lehre; er ist weit davon entfernt angeben zu wollen, welche
Klänge mit einander zu einem Accorde verbunden werden können.
Sein Zweck ist nachzuweisen, dass die Meister der archaischen
Musikperiode sich bestimmter Klänge der diatonischen Scala nicht
etwa deshalb enthielten, weil sie dieselben noch nicht gekannt
hätten. Den Alten seien jene Klänge durchaus geläufig gewesen.
Der Nachweis wird folgendermassen geführt: nur für die Gesangmelodie enthielt man sich jener Töne, die zu jener Gesangmelodie
gehörenden Instrumentalbegleitung bringt sie zur Anwendung.
Der alte Theoretiker führt aus den Compositionen der Terpandrischen und Olympischen Musikepoche für seine Behauptung
Beispiele auf, die wir jetzt natürlich nicht mehr controlliren
können; aber wir sind durchaus nicht berechtigt, bei dem alten
griechischen Theoretiker eine geringere Genauigkeit und Gewissen-
haftigkeit vorauszusetzen als bei irgend einem modernen Musiktheoretiker.

Die besondere Art und Weise, wie man in der griechischen
Musik mit einer die Melodie bildenden Gesangstimme die begleitende Instrumentalstimme verband, wird durch das, was wir
bei Plutarch lesen, nicht im mindesten aufgeklärt. Aber jedenfalls dient es als historisches Zeugniss, dass die griechische Musik
schon in ihrer ersten Periode mit der Gesangstimme eine divergirende Instrumentalstimme verband. Die Mehrstimmigkeit war
den Griechen keineswegs, wie Ambros (Geschichte der Musik I
S. 455) behauptet, etwas Gleichgültiges oder gar Störendes: die
Einstimmigkeit befriedigte die Griechen schon zu Olympus' und
Terpanders Zeiten nicht**).

Nach Ambros (a. a. O.) war „der Mangel an Mehrstimmigkeit im tieferen Wesen griechischer Musik begründet. Uns dünkt
Harmonie freilich unentbehrlich. Aber z. B. die Völker des Orients
denken anders. Weit entfernt an europäischen harmonischen
Melodien Gefallen zu haben, erklären sie diese Vielstimmigkeit

---

*) Berliner Philologische Wochenschrift 1884 Nr. 2. 5. 34.
**) Berliner Philologische Wochenschrift a. a. O.

für einen Fehler." Ebenso wie die Orientalen — meint Ambros —
würden auch die alten Griechen die Mehrstimmigkeit für einen
Fehler erklärt haben. „Die griechische Musik beruhte gleich
von Anfang an auf dem recitirenden Gesange des Einzelnen und
auf dem naturalistischen Zusammensingen im Chore. Bei dieser
Hauptrichtung der Tonkunst ist es begreiflich, dass die Harmonie
etwas Gleichgültiges oder gar Störendes bleiben musste und der ge-
regelte Fortgang der Töne allein für vollbefriedigend gelten konnte."
    Weiter sagt Ambros: „Aristoteles wirft das Problem auf,
warum man beim Gesange nur die Consonanz der Octave anwende,
und er bemerkt ausdrücklich, man habe bis jetzt noch nie eine
andere Consonanz verwendet. Diesen klaren Zeugnissen gegenüber
zerfällt alles, was man zu Schutz und Trutz der griechischen har-
monisirten Musik an Argumenten mühsam aufgebaut hat, nämlich
Stellen wie die von Boeckh herbeigezogenen Verse des Horaz und
die schon früher für die Mehrstimmigkeit der Musik geltend gemachte Stelle aus dem siebenten Buch der Platonischen Gesetze."
    Jene Stelle der Aristotelischen Probleme (19, 18) lautet:
„Ἡ διὰ πασῶν συμφωνία ᾄδεται μόνον, d. h. von allen symphonischen Accorden, die gesungen werden, ist die Octave die
einzige" — Quarten-, Quinten- und alle übrigen Accorde kamen
also innerhalb des antiken Gesanges nicht vor. Vgl. Arist. probl
19, 17: διὰ πέντε οὐκ ᾄδουσιν ἀντίφωνα. Dass jenes Aristotelische Problem vom Gesange redet, hat Ambros unbeachtet gelassen. Selbstverständlich ist ein Gesang, in welchem Octaven
oder überhaupt Accorde zu Gehör gebracht werden, kein Solo-,
sondern ein Chorgesang. Aristoteles belehrt uns, dass man im.
griechischen Chorgesange nur Octaven, aber keine Quinten und
Quarten u. s. w. hört. Die als Chor auftretenden Sänger sangen
stets nur dieselbe Stimme, wenn nicht unter den Sängern verschiedene Altersstufen, Männer und Knaben, vertreten waren.
Dies war der Fall, wo von Männern und Knaben dieselbe Melodie
in der Octave gesungen wurde.
    Wir haben hier ein unumstössliches Quellenzeugniss, dass der
Chorgesang der griechischen Musik kein mehrstimmiger war,
dass die Sänger stets eine und dieselbe Stimme, wenn auch in der
Octave sangen. Der griechische Gesang war unison.
    Daraus aber folgt keineswegs, dass die griechische Musik
überhaupt eine unisone war. In unseren Opern kommt es vor,
dass der Chor unter instrumentaler Begleitung eine Nummer

unison singt, aber Niemand wird sagen, dass die Musik dieser
Nummer eine unisone sei. Wir müssen demnach immer noch
die Frage offen lassen, ob nicht auch der unisone Chorgesang,
ob nicht selbst der Sologesang der griechischen Musik durch die
mit dem Gesange sich verbindende Instrumentalmusik (Krusis) zu
einem mehrstimmigen wurde.

Nach Ambros beruhte die griechische Musik gleich von
Anfang an auf dem recitirenden Gesange des Einzelnen; „so musste
die Harmonie etwas Gleichgültiges oder gar Störendes bleiben"
Der Bericht, den die Quellen überliefern, lautet ganz anders als Am-
bros versichert. Die ältesten Compositionen, welche dem klassischen
Hellenenthume zu Gebote standen und auch dem Aristoteles und
Aristoxenus noch wohl bekannt waren, sind die Melopöien des
Olympus und des Terpander*). Durch die Schrift werden freilich
jene ältesten Meister ihre Mele ebenso wenig fixirt haben wie
Homer seine Epen. Aber gerade so wie die Homeriden die
Homerischen Epen von Generation zu Generation fortpflanzten,
bis Pisistratus das mündlich Ueberlieferte der Schrift übergeben
liess, gerade so bestand auch eine musikalische Kunstschule der
Terpandriden; zunächst die Nachkommen seiner Familie, welche
die Gesänge Terpanders an den griechischen Festspielen vortrugen
und dort viele Generationen. hindurch mit den kitharodischen
Nomoi Terpanders den Sieg errangen. Ebenso bestand auch eine
Auleten- oder Aulodenschule des Olympus, die von seinem Schüler
Krates aus halbmythischer Zeit bis weit in das historische Helle-
nenthum hineinreichte. Es bleibt sich ziemlich gleich, ob Aristoteles und Aristoxenus die alten Olympischen Compositionen nur
der mündlichen Ueberlieferung der Schule verdanken, oder ob
damals jenen Melopöien dieselbe Gunst schriftlicher Fixirung wie
den Homerischen Epen zu Theil geworden war.

Von welcher Beschaffenheit die schon in die archaische
Epoche der griechischen Musik gehörende Heterophonia war d. i.

---

*) Aristox Erste Harm. § 52 (S. 248): „ .. Denjenigen aber ist es hin-
länglich klar, welche mit den alten Compositionsweisen der ersten und
zweiten Musikepoche vertraut sind. Denn die bloss an die heutige Compositionsweise Gewohnten ..." Aristoxen. symm. Sympotika fr. II (S. 475):
„Denn bei ihrer Tonbeschränkung und Einfachheit zeichnen sie sich (Terpanders und Olympus' Compositionen) so sehr vor den formen- und tonreichen
Compositionen aus, dass die Manier des Olympus für Niemand erreichbar ist
und dass er die in Vieltönigkeit und Vielförmigkeit sich bewegenden Componisten weit hinter sich zurücklässt."

der Verein der Gesangstimme mit einer divergirenden Instrumentalstimme, darüber lässt sich aus Plut. de mus. 19 nicht viel entnehmen. In den dort als Beispiel angeführten Accorden — sie werden
weiter unten im einzelnen aufgeführt werden — tritt uns die Eigen-
heit entgegen, dass bei einem jeden die Instrumentalstimme den
höheren, die melodieführende Gesangstimme den tieferen Ton hat.
Wir werden das deshalb für etwas nicht bloss Zufälliges halten
dürfen, weil Aristoteles in den musikalischen Problemen 19, 12
sagt: „διὰ τί τῶν χορδῶν ἡ βαρυτέρα ἀεὶ τὸ μέλος λαμβάνει;"
Aristoteles redet von zwei Instrumentalstimmen, von denen eine
die Melodie, die andere die Begleitung ausführt, von einem
Instrumental-Duette. Die Melodie werde immer von der tieferen
der beiden Saiten übernommen. Statt Singstimme und einer
Kithara, wie es in den bei Plutarch besprochenen Musikstücken
der Fall ist, ist in der Aristotelischen Stelle von einem Musik-
stücke die Rede, in welchem sowohl die Melodie als auch die
Begleitstimme je von einem Instrumente übernommen wird, —
eine Uebertragung der Vocalmusik auf die psile Kitharisis oder
psile Aulesis, welche sich selbstverständlich erst historisch aus
der Kitharodia und Aulodia entwickelt haben. Wir werden wohl
sagen können, dass jene nach Aristoteles in der Kitharisis stets
festgehaltene Bildung des Accordes (durch einen tieferen Ton der
Melodiestimme und einen höheren Ton der Begleitstimme) auch
in der Kitharodia und Aulodia bestanden habe.

Wir Modernen möchten wohl zunächst das Umgekehrte erwarten, dass die Melodiestimme die höhere, die Begleitstimme
die tiefere gewesen sei. Aus den griechischen Quellen geht das
Gegentheil hervor. Das deutet wohl darauf hin, dass die Zweistimmigkeit der griechischen Musik nicht sowohl auf einem „naturalistischen" Accompagnement der Singstimme, als vielmehr auf
einer eigentlichen Polyphonie beruhte, wo neben der Singstimme
eine zweite selbständige Instrumentalstimme einherging. In der
Beschaffenheit der griechischen Instrumente lag es, dass es kaum
anders sein konnte. Den Griechen fehlten derartige Saiteninstrumente, auf welchen zugleich mehrere Töne zu einem Accorde
zugleich verbunden werden konnten. Ihre Saiteninstrumente waren
von der Art, dass stets nur eine Saite erklingen konnte; denn
man setzte sie nicht mit den Fingern, sondern mit einem Metallstäbchen (Plektron) in Bewegung; ein einziger Aulos kann ja
ohnehin immer nur einen Ton hervorbringen. Also zur Erzie-

lung der Volltönigkeit kann die Instrumentalbegleitung der Gesangmelodie nicht gedient haben. Obwohl ich weit entfernt bin, auf dem Standpunkt des alten Gafurius zu stehen, bin ich doch nicht im Stande, mir die Zweistimmigkeit der griechischen Musik anders als eine Melodie mit einem durch ein Instrument dargestellten Contrapunkt zu denken.

Für diese zunächst aus den quellenmässig überlieferten Thatsachen gefolgerte Auffassung scheint auch die sogenannte κρουματική διάλεκτος in der drei- und mehrstimmigen Musik zu sprechen.

Auf die Epoche der Heterophonie d. i. der Begleitung des Gesanges mit einer divergirenden Instrumentalstimme folgt nämlich in der griechischen Musik die Epoche der

§ 5.
Polyphonie *)

d. i. die Begleitung der Singstimme mit mehr als einer (mit zwei oder drei) Instrumentalstimmen. Wiederum hat allein Plutarch (de mus. 29) uns die Notiz davon zukommen lassen. Etwa zur Zeit des Pisistratus hatte innerhalb des dithyrambischen Zweiges der griechischen Musik ein grosser Umschwung der Kunst stattgefunden; Plutarch drückt dies mit folgenden Worten aus: Λᾶσος δὲ τῇ τῶν αὐλῶν πολυφωνίᾳ κατακολουθήσας πλείοσί τε φθόγγοις καὶ διεῤῥιμμένοις χρησάμενος εἰς μετάθεσιν τὴν προϋπάρχουσαν ἤγαγε μουσικήν.

Ich kann mich nicht zu der Ansicht bekennen, dass sich die Eigenartigkeit der griechischen Musik anders als aus der Ueberlieferung der alten Quellen ergibt. Alles Herleiten aus lediglich sogenannten inneren Gründen, ohne Grundlagen der Quellen, ist nach meiner Ansicht vom Uebel. Eine unmöglich zu verdächtigende Quelle überliefert also:

„Lasos hat die griechische Musik bezüglich der Begleitung auf einen neuen Standpunkt [gegenüber dem bisher festgehaltenen Standpunkte Terpanders] gebracht, indem er die Begleitung des Gesanges durch eine Polyphonie (d. i. Mehrstimmigkeit) der Auloi zur Ausführung brachte und mehrere Klänge (mehr als zwei Klänge), und zwar auseinanderliegende Klänge zur Anwendung brachte."

Wir haben hier die Beschreibung einer mehr als zweistimmigen Begleitung der Vocalmelodie durch Blasinstrumente vor uns. Dass

---

*) Nach der Erörterung, die ich in der Berliner philol. Wochenschrift 1884 gegeben, etwas erweitert.

nicht etwa die gleichzeitigen Begleitungsklänge der verschiedenen Auloi einander unison waren (so dass durch die Anwendung mehrerer begleitender Auloi nichts als eine Verstärkung der Begleitungsstimme hervorgebracht wäre), dies glaubt unser Berichterstatter durch den Zusatz „mehrere und auseinanderliegende Klänge" ausdrücklich bemerken zu müssen.

Lasos aus Hermione, unter den Früheren der bedeutendste Repräsentant der Dithyramben-Kunst in Worttext und Tönen, der unmittelbare Vorgänger und Lehrer Pindars, ist nach der Darstellung des Aristoxenus gerade so der Begründer der von dem Perserkriege an datirenden klassischen Periode der griechischen Musik, wie Olympus und Terpander die Begründer der archaischen Musikepoche waren. Olympus und Terpander haben die unisone Begleitung der vorhistorischen Musik der Griechen in eine von der Gesangstimme divergirende Begleitung, somit die anfängliche einstimmige Musik zu einer zweistimmigen entwickelt. Lasos, der unmittelbare Vorgänger Pindars, fügt der einen begleitenden Instrumentalstimme des dithyrambischen Chorgesanges eine zweite instrumentale Begleitstimme hinzu; die bisherige Zweistimmigkeit der Musik wird hierdurch zu einer Drei- und Mehrstimmigkeit. Schon Isaac Vossius de Poematum Cantu et Viribus Rhythmi Oxonii 1673 p. 82 und Marpurg, kritische Einleitung in die Geschichte und Lehrsätze der alten und neuen Musik Berlin 1759 p. 236, berufen sich für das Vorkommen drei- und mehrstimmiger Accorde auf eine Stelle des Platonikers Aelianus in Timaeum: Συμφωνία δέ ἐστι δυοῖν ἢ πλειόνων φθόγγων ὀξύτητι καὶ βαρύτητι διαφερόντων κατὰ τὸ αὐτὸ πτῶσις καὶ κρᾶσις. Hier ist πλειόνων φθόγγων dasselbe wie πολυφωνία in der Stelle Plutarchs. Lasos führt eine πολυφωνία αὐλῶν ein, weil der Aulos von Alters her das für den Dithyramb übliche Begleitinstrument war. Pindar, der Schüler des Lasos, hat nicht bloss seine Dithyramben in der neuen Art seines Meisters behandelt, sondern seine Chorcompositionen überhaupt, auch seine Epinikien. Zu der „Polyphonia der Auloi" fügte Pindar, wie er selber sagt, auch noch als begleitende Stimme die Stimme der Phorminx hinzu. Denn wir müssen Pindars Aussage durchaus nach dem Wortlaute verstehen, wenn er in der dritten der Olympischen Epinikien sagt (Ol. 3, 8):

Φόρμιγγά τε ποικιλόγαρυν καὶ βοὰν αὐλῶν ἐπέων τε θέσιν
Αἰνησιδάμου παιδὶ συμμίξαι πρέποντως.

Hier lag eine mindestens vierstimmige Composition Pindars vor:
die gesungenen Textesworte (ἐπέων θέσις) als Melodiestimme,

die Stimme der Phorminx (φόρμιγγα ποικιλόγαρυν) als
erste Begleitstimme,

die Stimme der Auloi (βοὰν αὐλῶν) — es sind mindestens
zwei αὐλοί — als zweite und dritte Begleitstimme.

Die begleitenden Auloi werden wohl ebensowenig wie bei Lasos
eine unisone, die Singstimme bloss verstärkende Melodie gegeben
haben. Vielmehr wird auch von der Compositionsweise des Schülers Pindar dasselbe wie von der des Meisters Lasos anzunehmen
sein „er begleitete mit einer Polyphonie der Auloi, indem er mehrere und auseinanderliegende Klänge zur Begleitung benutzte".

Dem Aristoxenus zufolge wurde von den Meistern der klassischen Periode auf die Stimmführung der Instrumentalbegleitung
ein sehr grosses Gewicht gelegt; bei Plut. de mus. 31 sagt er
von dem Musiker Telesias aus Theben, dass er in der edelsten
Musik unterrichtet worden sei und unter anderen Werken be-
rühmter Meister die des Pindar, des Dionysius aus Theben, des
Lampros und Pratinas und der übrigen Lyriker, welche sich zugleich
vortrefflich auf die Begleitung der Melodie verstanden,
kennen gelernt habe. Aristoxenus zählt den Pindar und Simonides und die Anhänger des „von den jetzt Lebenden als alt bezeichneten Compositionsstiles" zu den ersten Meistern der musikalischen Kunstblüthe. „Die Neueren (Timotheus und Philoxenus)
haben Vorliebe für mannigfache Töne, die Aelteren (die Anhänger
des Pindar und Simonides) für mannigfache Rhythmen und verstehen sich zugleich vortrefflich auf die Instrumentalbegleitung
der Melodie. Denn damals fand in Beziehung auf die
κρουματικὴ διάλεκτος eine grössere Mannigfaltigkeit
statt."

Κρουματικὴ διάλεκτος d. i. „instrumentale Unterredung" oder
„Unterredung der begleitenden Instrumentalstimmen" ist ein bloss
in dieser von Plutarch aus den Aristoxenischen Tischreden geschöpften Stelle uns erhaltener Terminus technicus. Die musikalischen Kunstausdrücke des Aristoxenus sind fast alle der Art,
dass ihre Bedeutung erst aus dem Zusammenhange der betreffenden Stellen ermittelt werden muss. Fast jeder Kunstaus-
druck der Aristoxenischen Rhythmik hat eine Bedeutung, die wir
zunächst nicht erwarten können. Das Wort πούς würden wir

ganz falsch interpretiren, wenn wir es durch Versfuss wieder-
geben wollten. Aristoxenus gebraucht es gerade so, wie die
moderne Musik das Wort Takt. Aristoxenus unterscheidet einen
πούς ἀσύνθετος und einen πούς σύνθετος. Als wir zuerst unser
Studium der Aristoxenischen Rhythmik begannen, hielten wir uns
nicht berechtigt, von diesen beiden Arten des Aristoxenischen
Taktes vorauszusetzen, dass er darunter genau das nämliche verstehe, was unsere Musiktheoretiker den einfachen und den zusammengesetzten Takt nennen. Seit dem Jahre 1854, wo die
Aristoxenischen Takte von H. Weil eingehend erörtert sind, kann
über diese Wesensidentität der einfachen und zusammengesetzten
Takte in der Aristoxenischen und in der modernen Theorie des
Rhythmus kein Zweifel sein. Aristoxenus vindicirt dem Takte
entweder 2 oder 3 oder 4, niemals 5 oder mehr σημεῖα, genau
so wie auch die Modernen dem Takte entweder 2 oder 3 oder
4 Haupttaktzeiten zuweisen. Und mehreres der Art.

Gar vielfach werden wir daran erinnert, dass wir in der
modernen Musik eine Erklärung für die Eigenthümlichkeiten der
griechischen zu suchen haben. Steht auch die beiderseitige Musik
nicht im mindesten historischen Zusammenhange, hat sich auch
die christlich moderne Musik völlig selbständig und unabhängig
von der griechischen entwickelt, so wird es doch schon an sich
einleuchten, dass man für eine dunkele Eigenthümlichkeit der
griechischen Musik mit viel mehr Recht die Parallele in der
christlich modernen, als in der chinesischen Musik zu suchen hat.
Die Berichte der griechischen Musiker liegen uns viel zu fragmentarisch vor, als dass wir nicht mehrfach zu Combinationen
und Conjecturen unsere Zuflucht nehmen müssten. Welche Wissenschaft operirt denn lediglich mit solchen Sätzen, für welche sich
ein stricter Beweis führen lässt? Seit Euklid hat die Mathematik noch immer ihre unbeweisbaren Axiome. Und welcher
Zeitraum der Geschichte lässt sich lediglich auf Ueberlieferung
basiren, so dass man hier der Combination entrathen könnte?
Was würde unsere ganze Philologie sein, wenn sie sich lediglich
an die Texte der handschriftlichen Ueberlieferung halten wollte?
Mit dem Verständniss Homers würde es herzlich schlecht stehen,
von einem Verständniss der Tragiker wäre wohl gar keine Rede,
wenn die Philologie mit der handschriftlichen nicht die Con-
jectural Kritik verbinden wollte. Kein Einsichtiger wird meinen,
dass nicht auch das Verständniss der griechischen Musikschrift-

steller der Conjecturen bedürftig sei. Ist es doch in wenig Gebieten der Philologie mit der handschriftlichen Ueberlieferung so
schlecht bestellt wie bei den griechischen Musikern. Fast alles
ist fragmentarisch. Die Nothwendigkeit der Conjecturalkritik für
die griechischen Musiker zugegeben, muss jedenfalls die Con-
jectur als die sicherste und haltbarste erscheinen, durch welche der
Zusammenhang des Ganzen am befriedigendsten hergestellt wird.

Es scheint fast, als hätte man in dem Studium der griechischen Musiker auf alles, was man Zusammenhang nennt, verzichtet. Der gelehrte Forscher Fr. Aug. Gevaert, den die Pariser
Schrecknisse des Jahres 1870 von der Direction der grossen
Pariser Oper in sein flaemisches Heimatsland an die Direction des
Brüsseler Conservatoriums zurückführten, spricht in dem Vorworte seiner 1875 veröffentlichten „Histoire et Théorie de la
Musique de l'antiquité" von den Hindernissen, welche bisher einem
gedeihlichen Studium der griechischen Musikwissenschaft entgegen
gestanden haben: „Toutes ces causes réunies ont donné naissance
à une opinion devenue proverbiale et qui s'exprime ordinaire-
ment ainsi:

„On ne sait rien de certain en ce qui concerne la musique
des anciens. Ce qu'on peut en apprendre ne présente
aucun intérêt pour le musicien moderne."

Ja, wenn man auf die Möglichkeit verzichtet, einen Zusammenhang
in die Mittheilungen der alten Musikschriftsteller zu bringen, ist
dasjenige, was man über die griechische Musik wissen kann, kaum
werth gewusst zu werden. Hat ohne diese Zusammenhänge des
Einzelnen mit dem Ganzen die Semantik und Organik, die Noten- und
Instrumentenkunde einen anderen als bloss antiquarischen Werth?
Wer sich bei seinem Studium der griechischen Musiker damit zu-
frieden stellen lassen könnte, der würde wahrlich auf anderen Gebieten der Philologie einen lohnendern Arbeitsgegenstand finden. Nur
wenn eine Wiederherstellung der griechischen Musik zum Ganzen
das letzte Endziel dieser mühevollen Arbeit ist, nur dann werden
sich dieselben verlohnen. Dann wird auch das Studium der griechischen Musiker für den Forscher eine wirklich interessante Arbeit,
eine der allerinteressantesten, welche die grossen Meister aus der
Blüthezeit der Philologie uns Epigonen zu erledigen übrig gelassen
haben. Eine bloss durch die Akribie des Sammelns und durch kritische Methode auszuführende Mosaikarbeit ist es nicht. Es bedarf
auch der Phantasie des kritischen Sammlers, jener divinatorischen

Phantasie des Künstlers, welcher, schon ehe er sein Werk im
Einzelnen vollständig ausgearbeitet hat, diese Einzelheiten gewissermassen voraus fühlt. Wenn aber der Forscher solchen
Mittheilungen der Quellen im Voraus mit Misstrauen entgegen-
kommt, welche geeignet sind, ihm von der musischen Kunst der
Alten ein möglichst günstiges Bild zu liefern, weil er des Glaubens
ist, in ihrer Musik nur die Vorahnungen einer Kunst, aber nicht
die Kunst suchen zu müssen, so wird er für unklare Stellen der
alten Musiker mit C. v. Jan lieber in der Musik barbarischer Völker als in der christlich-modernen Musik nach Parallelen suchen.

Dass die griechische Musik nicht eine einstimmige war, das
ist in den alten Quellen für jedermann, welcher des Lesens nicht
unkundig ist, deutlich genug gesagt. Dass die heterophone Instrumentalstimme, von welcher die Gesangmelodie begleitet wurde,
nicht die Bedeutung hatte, den Gesang in „naturalistischer" Weise
volltöniger zu machen, das geht aus den Angaben der Alten über
ihre Instrumente hervor. Denn mit den Instrumenten der Griechen war es den unsrigen gegenüber wahrhaft ärmlich bestellt
Selbst jenes Instrument, welches bei Pindar eine so hervorragende
Rolle spielt, die

Goldne Phorminx, Apollos und der veilchengelockten Musen gemeinsam
Kleinod,
auf die der Tanzschritt lauscht, der Festfreude Anfang,
und deren Zeichen die Sänger gewärtig sind!
Wenn sie in Schwingungen versetzt den Beginn der Choranführenden
Prooimien erschallen lässt,
erlischt sogar des ewigen Feuers beschwingter Blitz.
Denn dann schläft auf Zeus' Scepter der Aar, das schnelle Flügelpaar
herabgesenkt,

diese berühmte Phorminx, welche der grösste griechische Lyriker
durch die vorstehenden Verse verherrlicht, decouvrirt sich als
ein nur harter Klänge fähiges Saiteninstrument, welchem von
den modernen Instrumenten eine kleine pedallose Harfe am nächsten kommen würde. Sie hatte auch in Pindars Musik nicht mehr
als nur sieben Saiten; nicht mit den Fingern, sondern mit einem
kleinen Metallstäbchen, Plektron genannt, setzte man sie in Bewegung. Nicht minder konnte man auch auf dem Blasinstrumente immer nur Einen Ton angeben. Die Tonfülle des Gesanges
zu verstärken, das konnte die begleitende Aulos-Stimme eben so
wenig wie die Phorminx-Stimme bezwecken. Es ist nicht direct
überliefert, aber bei Weitem das Wahrscheinlichste, dass die

Griechen der Gesangstimme eine selbständig gehaltene Instrumentalstimme nach Art eines Contrapunktes hinzufügten. Wenn
Plato legg. 7, p. 812· junge Knaben von 9—12 Jahren nur in
homophoner, aber nicht in heterophoner Musik unterrichten lassen
will, so gibt er den Grund dafür mit den Worten an: „τὰ γὰρ
ἐναντία ἄλληλα παραλλάττοντα δυςμάϑειαν παρέχει, δεῖ δὲ ὅ τι
μάλιστα εὐμαϑεῖς εἶναι τοὺς νέους". In dem von Plato gebrauchten
„ἐναντία" haben wir das griechische Wort für Contrapunkt.

Als aber die Zweistimmigkeit der griechischen Musik in der
Blüthezeit der Kunst durch Verwendung zweier oder mehrerer
Instrumentalstimmen zur Drei- und Mehrstimmigkeit, als die
Heterophonie zur Polyphonie geworden war, für diese Blüthezeit der
Musik sagt Aristoxenus, dass in ihr eine grosse Mannigfaltigkeit
der κρουματικὴ διάλεκτος bestanden habe. Wenn wir diesen Kunst-
ausdruck durch „instrumentale Unterhaltung" übersetzen, so ist
der Wortlaut jedenfalls richtig verdeutscht. Aristoxenus spricht
von den eine Begleitung des Gesanges ausführenden Instrumenten
von den in πλείοσί τε φϑόγγοις καὶ διεῤῥιμμένοις, von den zwei
oder drei divergirenden Instrumentalstimmen. Wir haben also
κρουματικὴ von der Unterredung begleitender Instrumentalstimmen zu verstehen. Wenn diese sich unter einander unter-
halten, so verkehren sie mit einander durch Frage und Antwort.
Wie die Kunstausdrücke der Aristoxenischen Rhythmik mit denen
der modernen Rhythmik zusammentreffen, so trifft die κρουματικὴ διάλεκτος der Aristoxenischen Melopöie mit der modernen
Compositionslehre, wenn diese von der Beantwortung des Themas
spricht, überein. So wenn das vorletzte Capitel in H. Bellermanns Contrapunkt die Ueberschrift führt: „Ueber die Beantwortung des Themas in der modernen Fuge" Hier lesen wir
S. 430 als Beispiel:

Nicht alle Componisten — überliefert Aristoxenus — waren befähigt,
solche Feinheiten in der Führung der den Gesang begleitenden

Instrumentalstimmen auszuführen, aber die Meister Pindar, Simonides und die Anhänger des jetzt als „als alt bezeichneten Stiles" legten grosses Gewicht darauf, in der *κρουματικὴ διάλεκτος* mannigfach d. h. immer wieder neu zu sein. Das eben sei der Unterschied zwischen der klassischen und der Epigonen-Zeit, die durch die Kitharoden Timotheus und Philoxenus vertreten werde, und endlich noch tiefer als Timotheus — zu der Sohlenleder-Manier und den ... Compositionen des Polyeidos herabgesunken — also ganz ins Grobe verfallen sei!

Wohlverstanden, es handelt sich in der *κρουματικὴ διάλεκτος* nicht um thematische Beantwortung innerhalb des antiken Chorgesanges, sondern innerhalb der den Chorgesang begleitenden Instrumentalstimmen!

Die Krumatike dialectos ist wohl ausserordentlich verschieden von jener Art der Begleitung des griechischen Gesanges, welche Hugo Riemanns Musiklexikon S. 336 seinen Lesern vorführt: „Die griechische Musik kannte keine Mehrstimmigkeit; die Instrumente begleiteten den Gesang im Einklang oder der Octave, höchstens konnte es vorkommen, dass, während die Singstimme einen Ton aushielt, das begleitende Instrument einen andern fremden nach Art unserer Wechselnoten oder Durchgangstöne angab oder eine Verzierungsfigur ausführte, oder dass die Instrumentalbegleitung nicht alle Töne, sondern nur die accentuirten angab." Für die Begleitung, wie Hugo Riemann sie sich denkt, würde derselbe nicht eine einzige Quellenangabe als Zeugniss vorbringen können, nicht eine einzige der von ihm angeführten Thatsachen kann belegt werden. Alles aber, was sich aus den alten Quellen für Mehrstimmigkeit der griechischen Musik, was sich für die Art der Begleitung mit Sicherheit oder mit Wahrscheinlichkeit eruiren lässt, ist von Riemann mit tiefstem Stillschweigen ignorirt.

Die heterophone Begleitung des griechischen Gesanges hat selbst Ziegler zugeben müssen S. 26 seines gegen mich gerichteten Aufsatzes über die Onomasia kata thesin des Ptolemäus.

Dass aber die polyphone Begleitung sich bis zur thematischen Beantwortung des Themas erhebt, muss selbst den Anhängern der heterophonen Begleitung im höchsten Grade überraschend erscheinen. Es bezeichnet einen Höhepunkt der griechischen Melopöie, wie ihn Niemand erwarten konnte. In diesem Sinne sagt Henri Weil im Journal des savants Février 1884 p. 114: „En parlant de Lasos d'Hermione, M. Westphal expose, ce que

l'on ne soit pas assez, que le rhythme et la mélodie ne consti-
tuaient pas toute la musique grecque, et que les compositeurs
n'ignoraient pas tout à fait ce que nous appelons harmonie.
L'accompagnement musical n'était pas toujours à l'unison ni à
l'octave du chant, et il y avait souvent plusieurs instruments
faisant chacun sa partie. Voilà un fait bien constaté; un autre
me paraît plus que problématique. Un mot d'Aristoxène con-
servé par Plutarque fait croire à notre auteur que chez les anciens, de même que chez nous, il pouvait s'établir comme un
dialogue, une conversation musicale, entre les divers instruments.
Le fait serait de plus curieux; je doute cependant qu'il sait assez
établi par le texte de Plutarque. On lit dans le De Musica
ch. XXI: *Καὶ τὰ περὶ τὰς κρουματικὰς δὲ διαλέκτους τότε ποι-
κιλώτερα ἦν.* Est-il permis de prendre *διαλέκτους* dans le sens
de *διαλέξεις?* Je vois bien que le mot *διάλεκτος* signifie quelque-
fois conversation, mais il n'est employé ainsi qu'au singulier,
jamais que je sache au pluriel, et cela s'explique: car *διάλεκτος*
désigne conversation en général (*τὸ διαλέγεσθαι*), et l on ne peut
dire *αὕτη ἡ διάλεκτος* d'une conversation déterminée. Mais com-
ment faut-il entendre le passage de Plutarque? J'avoue que je
l'ignore; nous avons affaire ici à un terme technique dont
la signification précise nous échappe."

Ich werde mir nicht erlauben mit dem verehrten Manne,
welcher dem vorliegenden Werke schon bei dem Erscheinen der
ersten Auflage so viele freundliche Belehrung hat zukommen
lassen und stets mit derselben Freundlichkeit die ferneren Auflagen und Bände begleitete, darüber zu rechten, ob nicht Aristoxenus von einem Worte, welchem er die Bedeutung eines
musikalischen Terminus technicus gab, in dieser Bedeutung den
Plural bilden durfte, welchem es, im gewöhnlichen Sinne gebraucht, widerstrebt. Wohl aber darf ich mir angesichts der
vielen Anfeindungen, welche die folgenden Bände dieses Werkes
erfahren haben, die Erlaubniss nehmen, dem Leser das Urtheil
nicht vorzuenthalten, welches H. Weil in demselben Aufsatze
ausspricht: „Depuis bientôt trente ans, M. Westphal se
voue avec une rare persévérance à l'étude de la musique
et de la versification antiques. C'est en 1854 qu'il pu-
blia, en collaboration avec M. Rossbach, son premier
essai sur le Rhythmique grecque, et depuis il n'a cessé,
soit dans les deux éditions de son grand ouvrage sur la

Métrique des lyriques et dramatiques grecs, soit par
d'autres publications, d examiner et d'éclairer une ma-
tière aussi intéressante qu obscure. Doué d'une saga-
cité pénétrante, versé dans la musique moderne; dévoué
à une science qu il s agissait en quelque sorte créer,
M. Westphal a plus qu aucun autre, depuis Hermann et
Boeckh, contribué à nous faire comprendre les formes
de la poésie grecque.“

Drittes Capitel.

Die Intervalle des griechischen Melos nach der Lehre
des Aristoxenus.

§ 6.

Unzusammengesetzte und zusammengesetzte,
symphonische und diaphonische Intervalle.

Was in unserer Musik als Tonscala oder Tonleiter bezeichnet
wird, heisst in der griechischen Musik „Systema“; was wir Intervall nennen, heisst dort „Diastema“

In der ersten Harmonik sagt Aristoxenus § 37 ff.: „Intervall (διάστημα) ist das von zwei nicht auf gleicher Tonstufe
stehenden Klängen Begrenzte. Im Allgemeinen zeigt sich nämlich das Intervall als der Zwischenraum zweier Tonstufen, welches
fähig ist, in seiner Mitte Klänge aufzunehmen, die mithin höher
als die tiefere und tiefer als die höhere der beiden begren-
zenden Tonstufen sind. Das System aber haben wir als das
aus mehr als Einem Intervalle Zusammengesetzte zu denken.“

In § 39 gibt Aristoxenus folgende Unterschiede der Intervalle an: 1. nach dem kleineren oder grösseren Umfange (μέγεθος), 2. den Unterschied der symphonischen und diaphonischen
Intervalle, 3. der zusammengesetzten und der unzusammengesetzten
Intervalle, 4. den Unterschied nach der Art (dem γένος) des Melos,
welches entweder ein diatonisches oder chromatisches oder enhar-
monisches oder ein diesen drei Arten gemeinsames (κοινόν) oder
ein aus ihnen gemischtes (μικτόν) ist; 5. den Unterschied der
rationalen und irrationalen Intervalle (διαστήματα ῥητά und ἄλογα).
Es kommt noch hinzu 6. der Unterschied der geraden und der
ungeraden Intervalle (διαστήματα ἄρτια und περιττά). Die unter

Nr. 2 und Nr. 3 genannten Unterschiede sollen hier zuerst behandelt werden.

Das unzusammengesetzte Intervall (διάστημα ἀσύνϑετον) definirt Aristoxenus in der zweiten Harmonik § 75 als ein solches, dessen tieferer und höherer Grenzklang in der betreffenden Tonleiter, welches das Intervall angehört, als Nachbarklänge erscheinen. Im anderen Falle ist das Intervall ein zusammengesetztes (διάστημα σύνϑετον).

Das symphonische Intervall (διάστημα σύμφωνον, auch συμφωνία genannt) bestimmt Aristoxenus in der ersten Harmonik § 47 dem Megethos nach mit folgenden Worten:

„Das kleinste symphonische Intervall scheint durch die Natur des Melos selber bestimmt zu sein. Denn es gibt viele Intervalle, welche kleiner als die Quarte sind, aber diese sind sämmtlich diaphonische, so dass mithin die Quarte das kleinste symphonische Intervall ist.

„Das grösste Intervall ... lässt sich mit Rücksicht auf die Natur des Melos ebenso wie das diaphonische Intervall bis ins Unbegrenzte ausdehnen. Wenn man nämlich zur Octave irgend ein symphonisches Intervall hinzusetzt, sei es grösser oder kleiner oder gleich gross wie diese, so bildet die Zusammensetzung stets ein symphonisches Intervall.

„So scheint es nun nach der Natur des Melos keine äusserste Grenze für den grössten Umfang der symphonischen Intervalle zu geben. Jedoch mit Rücksicht auf unsere Praxis — ich nenne „unsere" die durch die menschliche Stimme und durch die Instrumente ausgeführte — gibt es augenscheinlich ein grösstes unter den symphonischen Intervallen. Und zwar ist dies aus der Doppeloctave und Quinte zusammengesetzte Intervall,

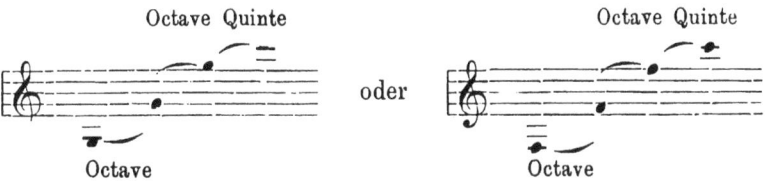

oder

Denn bis zu drei Octaven können wir nicht hinauf steigen. Hierbei muss man jedoch den Umfang nach der Stimmlage und den Grenztönen ⟨einer einzelnen menschlichen Stimme oder⟩ eines einzelnen Instrumentes bestimmen. Denn leicht dürfte der höchste Ton der Parthenos-Auloi mit dem tiefsten Tone der Hyperteleioi-

Auloi ein noch grösseres Intervall als das von drei Octaven bilden und auch der höchste Ton des Syrinx-Bläsers wird, wenn man die Syrinx verkürzt, mit dem tiefsten Tone des Auleten ein ein grösseres als das genannte Intervall ergeben. Ebenso auch die Knaben-Stimme mit der Mannes-Stimme vereint.

„Hieraus kennt man auch die grossen symphonischen Intervalle, denn aus den verschiedenen Altersstufen und den verschiedenen Massen der Instrumente haben wir ersehen, dass auch das Intervall von drei und von vier Octaven und noch grösser ein symphonisches Intervall ist.

„§ 48. Es ist nun aus dem Gesagten klar, dass bezüglich des kleinsten Umfanges die Natur des Melos selber die Quarte als das kleinste symphonische Intervall erscheinen lässt, bezüglich des grössten Umfanges aber unsere Fähigkeit das grösste symphonische Intervall bestimmt. Dass aber die symphonischen Intervalle, ⟨welche von einer Stimme hervorgebracht werden können, der Zahl nach nicht mehr als acht sind⟩, ist leicht einzusehen,

1. die Quarte,   4. die Octav und Quarte,   7. die Doppeloctav und Quarte,
2. die Quinte,   5. die Octav und Quinte,   8. die Doppeloctav und Quinte,
3. die Octave,   6. die Doppeloctave,

denn wir haben gefunden, dass ein grösseres symphonisches Intervall als die Doppeloctave und Quinte von einer einzelnen menschlichen Stimme oder einem einzelnen Instrumente nicht hervorgebracht werden kann."

Den Begriff der συμφωνία und διαφωνία setzt Aristoxenus voraus Die Lateiner wie Boetius in seiner Harmonik übersetzen die beiden griechischen Termini durch consonantia und dissonantia. So pflegen denn auch die Neueren unter συμφωνία die Consonanz, unter διαφωνία die Dissonanz zu verstehen. In wie weit dies zu limitiren ist, wird sich weiter unten zeigen.

§ 7.
Gerade, ungerade, irrationale Intervalle
des ungemischten diatonischen, chromatischen, enharmonischen Melos.

Im Anschlusse an seine oben skizzirte Darstellung der symphonischen Intervalle sagt Aristoxenus § 49:

„Die Differenz der beiden kleinsten Symphonien, der Quarte und der Quinte, ist der Ganzton (τόνος)."

Dieser Satz des Aristoxenus widerspricht der von den Pythagoreern ausgebildeten Wissenschaft der Akustik und wird von
diesen vielfach bekämpft. In der That ist der Satz unter Voraussetzung der natürlichen Stimmung unrichtig. In der auch in der
modernen Theorie der Akustik zu Grunde gelegten natürlichen
Stimmung sind die in der Musik vorkommenden Ganztöne keineswegs von gleichem Megethos, sondern neben dem grossen Ganzton (8 : 9) gibt es auch einen kleinen Ganzton (9 : 10), und dem
analog sind auch die Halbton-Intervalle theils grosse, theils kleine
Halbtöne Dem Pythagoras und ebenso auch dem Plato waren
diese Unterschiede des grossen und kleinen Ganztones und des
grossen und kleinen Halbtones noch unbekannt; den späteren
Vertretern der musikalischen Akustik gelang es, diese Unterschiede
zu erkennen und, schlechthin Pythagoreer sich nennend, pole-
misirten sie sehr eifrig gegen die Lehre des Aristoxenus und seiner
Anhänger, der Aristoxeneer.

Bei Aristoxenus ist es aber nicht die sogenannte natürliche
Stimmung, von welcher er in der Theorie des Melos ausgeht,
sondern die sogenannte gleichschwebend-temperirte Stimmung,
dieselbe Stimmung, welche unserer Clavier- und Orgel-Musik zu
Grunde liegt, und welche für die moderne Musik durch Johann
Sebastian Bachs wohltemperirtes Clavier ihre künstlerisch-praktische
Sanction gefunden hat. Bei dieser gleichschwebend-temperirten
Stimmung ist es von allen Intervallen bloss die Octave, welche das
in den Naturgesetzen begründete Intervallverhältniss 1 : 2 unver-
rückbar festhält, alle übrigen Intervalle aber müssen temperirt d. h.
so gestimmt werden, dass die natürlichen Intervallverhältnisse
(gegen die strengen akustischen Gesetze) etwas modificirt werden.
Die Pythagoreer waren von ihrem Standpunkte aus gegen Aristoxenus völlig in ihrem Rechte; nachdem aber der grosse Bach durch
sein wohltemperirtes Clavier sich thatsächlich auf die Seite des
Aristoxenus gestellt hat, müssen wir schon zugeben, dass die
von Aristoxenus vorausgesetzte Stimmung von Seiten der Kunst
aus vollständig gerechtfertigt ist.

Obwohl das Griechenthum von den modernen Claviatur-
Instrumenten keine Ahnung hatte*), müssen wir dennoch der
Aristoxenischen Harmonik zufolge annehmen, dass die dort vor-
kommende gleichschwebend-temperirte Stimmung in der Praxis der

---

*) Abgesehen von der Hydraulis vgl. unten.

griechischen Musik wohl bekannt war. In § 66—69 seiner zweiten Harmonik führt Aristoxenus den Nachweis; dass die Quarte zwei Ganzton und ein Halbton-Intervall enthalte. Er führt diesen Nachweis aus der Praxis unter Berufung auf das Gehör seiner Leser, zunächst seiner Zuhörer. „Nimmt man von einem Klange (z. B. *d*) die Oberquarte *g*, von *g* die grosse Unterterz *es*, von *es* die Oberquarte *as*, und nimmt man von jenem nämlichen Tone *d* die grosse Oberterz *fis* und von *fis* die Unterquart *cis*:

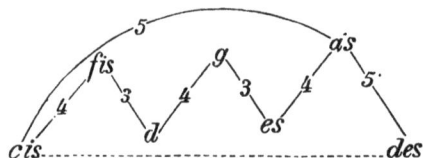

dann werden der höchste und tiefste dieser Töne, nämlich *as* und *cis* in der Quinte stimmen. Es muss also auf der von Aristoxenus zu Grunde gelegten Scala der Ton *cis* (in der Transpositions-scala mit drei oder mehreren Kreuzen) und der Ton *des* (in der Transpositionsscala mit vier oder mehreren *b*) dieselbe Tonhöhe gehabt haben, und die genannten grossen Terzen, Quarten und Quinten können nicht die Intervalle 4:5, 3:4, 2:3 gewesen sein, sondern vielmehr temperirte grosse Terzen, Quarten und Quinten." So wird diese Stelle in F. Bellermanns Tonleitern und Musiknoten der Griechen erläutert.

Vom Standpunkte der musikalischen Akustik erscheint die vorliegende Beweisführung des Aristoxenus als Thorheit. Setzen wir unser Clavier voraus, auf welchem für die verschiedenen Klänge *cis* und *des* die nämliche Taste angeschlagen wird, so kommt die Angabe des Aristoxenus mit dem wirklichen That-bestande der Musik überein. Die neuere Musik muss, wenn sie reine Octaven (1:2) haben will, fast überall die temperirten Quinten, Quarten und Terzen anwenden. Eine solche Musik mit temperirter Scala ist es, welche Aristoxenus für die Leser seiner Harmonik, für die Zuhörer seiner Vorlesungen voraussetzt.

In der gleichmässig temperirten Scala verhalten sich die Grenzklänge der Octave wie 1:2, der Unterschied zwischen grossen Ganztönen und kleinen Ganztönen wird ausgeglichen, fis klingt genau wie ges, gis klingt genau wie as, ais genau wie b, cis wie des, dis wie es, die ganze Octave enthält zwölf Halbton-Intervalle, von denen das eine im Megethos dem anderen gleich steht. Für die temperirte Stimmung lassen sich die als Grenzen der Halbton-Intervalle innerhalb der Octav sich ergebenden Klänge folgendermassen akustisch genau bestimmen:

$$1 = \left(\sqrt[12]{2}\right)^0 \ \left(\sqrt[12]{2}\right)^1 \ \left(\sqrt[12]{2}\right)^2 \ \left(\sqrt[12]{2}\right)^3 \ \left(\sqrt[12]{2}\right)^4 \ \left(\sqrt[12]{2}\right)^5 \ \left(\sqrt[12]{2}\right)^6$$

$$\left(\sqrt[12]{2}\right)^7 \ \left(\sqrt[12]{2}\right)^8 \ \left(\sqrt[12]{2}\right)^9 \ \left(\sqrt[12]{2}\right)^{10} \ \left(\sqrt[12]{2}\right)^{11} \ \left(\sqrt[12]{2}\right)^{12} = 2.$$

So nach F. Bellermanns Tonleitern und Musiknoten der Griechen meine Uebersetz. und Erläut. des Aristox. S. 252 ff. Die Intervalle e f, f fis u. s. w. heissen bei den Pythagoreern διέσεις, Aristoxenus bezeichnet sie, weil zwei solcher Intervalle zusammen bei gleich-schwebender Temperatur genau das Megethos eines Ganztones haben, als ἡμιτονία.

Nach Aristoxenus liegt aber genau in der Mitte des Halbton-Intervalles ein Kláng m, bestimmbar durch die Gleichung

$$e : m = m : f.$$

Aristoxenus bezeichnet dies kleine Intervall als δίεσις ἐναρμό-νιος. Die enharmonische Diesis ist nach seiner Darstellung überhaupt das kleinste Intervall, welches in der griechischen Musik vorkommt: sie bildet das Eigenthümliche des enharmonischen Melos, für welches Aristoxenus auch die Bezeichnung ἁρμονία gebraucht. Wir Neueren sind gewohnt dieselbe als Viertelton zu bezeichnen. Der Viertelton ist der modernen Musik fremd, wenigstens im modernen Melos nicht zu verwenden; ich drücke den zwischen e f liegenden enharmonischen Klang durch einen über die Note e gesetzten Asteriscus aus:

$$\overset{*}{e}$$

Für den Umfang eines Quarten-Intervalles sind zunächst die Grenzklänge der innerhalb desselben theoretisch möglichen διέσεις ἐναρμόνιοι anzugeben, akustisch genau bestimmt. Vgl. meine Uebersetzung u. Erläuterung des Aristoxenus S. 255:

$$1 = \left(\sqrt[2\sqrt{4}]{2}\right)^0 \quad \left(\sqrt[2\sqrt{4}]{2}\right)^1 \quad \left(\sqrt[2\sqrt{4}]{2}\right)^2 \quad \left(\sqrt[2\sqrt{4}]{2}\right)^3 \quad \left(\sqrt[2\sqrt{4}]{2}\right)^4 \quad \left(\sqrt[2\sqrt{4}]{2}\right)^5 \quad \left(\sqrt[2\sqrt{4}]{2}\right)^6$$

$$\left(\sqrt[2\sqrt{4}]{2}\right)^7 \quad \left(\sqrt[2\sqrt{4}]{2}\right)^8 \quad \left(\sqrt[2\sqrt{4}]{2}\right)^9 \quad \left(\sqrt[2\sqrt{4}]{2}\right)^{10}$$

Doch ist es keineswegs die Ansicht des Aristoxenus, dass sich im Melos die enharmonischen Diesen so continuirlich wie im Vorstehenden an einander reihen liessen. Der Theorie wegen habe man zwar, wie Aristoxenus überliefert, Scalen aus continuirlich an einander gereihten Vierteltönen aufgestellt, aber nach Aristoxenus' eigener Doctrin ist es unmöglich, im Melos mehr als nur zwei enharmonische Diesen auf einander folgen zu lassen. Nichts desto weniger legt die melische Theorie des Aristoxenus den enharmonischen Viertelton der gesammten Musik als kleinstes Intervall zur Megethosbestimmung aller übrigen Intervalle — ganz analog wie in der rhythmischen Theorie den Chronos protos, die kleinste untheilbare Zeitgrösse, allen übrigen rhythmischen Massbestimmungen — zu Grunde. Bezüglich der melischen Intervalle stellt Aristoxenus bei Plutarch de mus. 38 folgende Kategorien auf:

I. Gerade Intervalle (ἄρτια διαστήματα)

sind solche Intervallengrössen, deren jede eine gerade Anzahl von enharmonischen Diesen enthält. Unter den im Melos vorkommenden einfachen Intervallen (vgl. oben S. 47) gehören in die Kategorie der geraden Intervalle:

> der Ganzton (τόνος), dessen Megethos 4 enharmonische Diesen enthält,
> der Halbton (ἡμιτόνιον), dessen Megethos 2 enharmonische Diesen umfasst.

Dasjenige Melos, welches als einfache Intervalle nur ἄρτια διαστήματα enthält, ist das Diatonon syntonon und das Chroma syntonon oder toniaion.

Wir führen nach Aristoxenus' Angaben das Quintensystem des Diatonon syntonon und des Chroma syntonon oder toniaion auf die Klänge der gleichschwebenden Temperatur zurück.

(1) Ungemischtes Diatonon syntonon.

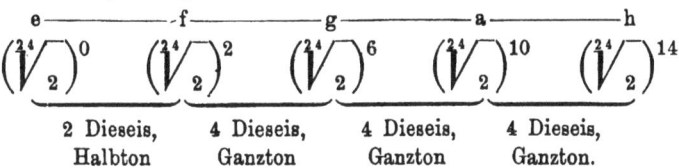

	2 Dieseis,	4 Dieseis,	4 Dieseis,	4 Dieseis,
	Halbton	Ganzton	Ganzton	Ganzton.

Nach der zweiten Harmonik des Aristoxenus § 77 gibt es „höchstens so viel unzusammengesetzte Intervallgrössen wie in dem Quintensysteme". Demzufolge wird § 107 das vorstehende Diatonon als „Diatonon mit zwei verschiedenen Intervallgrössen" (διάτονον ἐκ δυοῖν) bezeichnet.

(2) Ungemischtes Chroma syntonon oder toniaion.

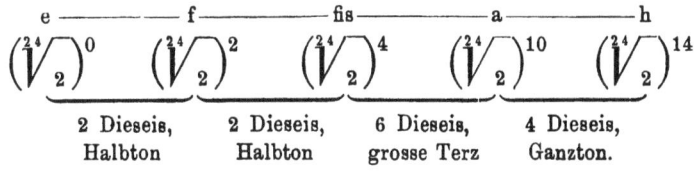

	2 Dieseis,	2 Dieseis,	6 Dieseis,	4 Dieseis,
	Halbton	Halbton	grosse Terz	Ganzton.

In der zweiten Aristoxenischen Harmonik § 108 wird dies Chroma als ein „Chroma mit drei verschiedenen Intervallgrössen (χρωματικὸν ἐκ τριῶν) bezeichnet.

Die gesammte moderne Musik würde nach Aristoxenischer Terminologie nur gerade Intervalle enthalten. Die moderne Diatonik stimmt völlig mit dem antiken Diatonon syntonon überein. Dagegen unterscheidet sich das antike Chroma syntonon oder toniaion wesentlich von demjenigen, was wir Modernen Chromatik nennen, denn das Chroma syntonon hat die Eigenartigkeit, dass stets nur die beiden untersten Intervalle der Quinte je das Megethos eines Halbtones haben; mehr als zwei Halbtöne aber können in der Scala nicht unmittelbar auf einander folgen: auf den zweiten Halbton folgt nach oben stets eine (unzusammengesetzte) grosse Terz, und auf diese als höheres Intervall der Ganzton.

II. Ungerade Intervalle (περιττὰ διαστήματα)

sind solche Intervallgrössen, deren Megethos je einer ungeraden Anzahl von enharmonischen Diesen gleichkommt. Der modernen Musik fehlen solche Intervalle gänzlich, sie würden im modernen Melos nicht zu verwenden sein. Die Arten des griechischen Melos, in welchen περιττὰ διαστήματα als unzusammengesetzte Intervalle vorkommen, sind folgende:

1. Das Melos *ἐναρμόνιον* (die *ἁρμονία*) bedient sich des aus 1 enharmonischen Diesis bestehenden ungeraden Intervalles. Das ungemischte enharmonische Quintenintervall ist nämlich nach Aristoxenus:

(3) Ungemischtes Enharmonion.

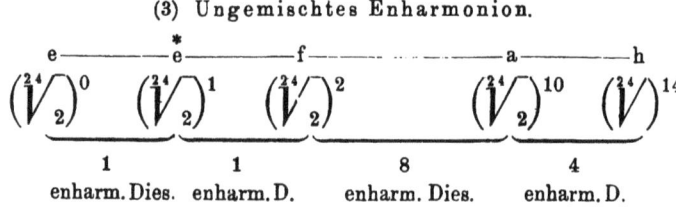

2. Das *μέλος διάτονον μαλακὸν* bedient sich zweier einfacher ungerader Intervalle: eines Intervalles, welches 3 enharmonische Diesen beträgt, genannt beim Aufsteigen „Spondeiasmos", beim Absteigen „Eklysis", und eines Intervalles, dessen Megethos 5 enharmonische Diesen beträgt, genannt „Ekbole". Das ungemischte Quinten-System des Diatonon malakon ist nämlich nach Aristoxenus:

(4) Ungemischtes Diatonon malakon.

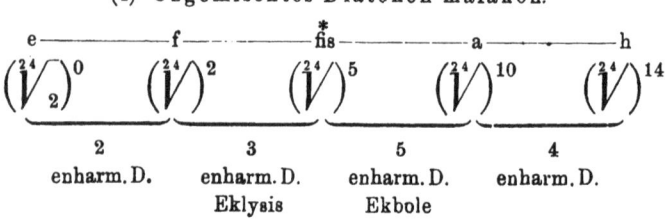

Aristoxenus zweite Harmonik § 107 nennt diese Stimmung des Quinten-Systemes „Diatonon mit vier verschiedenen Intervallgrössen".

III. **Irrationale Intervalle** (*ἄλογα διαστήματα*).

Sowohl die geraden wie die ungeraden Intervallgrössen gehören nach Aristoxenus in die Klasse der *ῥητὰ διαστήματα* (der rationalen Intervalle), so genannt weil sich ihr Bestand an enharmonischen Diesen in ganzen Zahlen ausdrücken lässt. Ihnen gegenüber sind *ἄλογα διαστήματα* (irrationale Intervalle) diejenigen, deren Megethos sich vermittelst einer Bruchzahl auf enharmonische Diesen zurückführen lässt. Die Aristoxenische Definition befindet sich bei Pseudo-Euklid p. 9 Meib., sie lautet nach handschriftlicher Ueberlieferung:

παραλλάττοντα ταῦτα τὰ μεγέθη ἐπὶ τὸ μεῖζον ἢ ἐπὶ τὸ
ἔλαττον ἀλόγῳ τινὶ μεγέθει.
Dies ist corrumpirte Textes-Ueberlieferung. Marquard im Commentar seiner Aristoxenus-Ausgabe findet es bedenklich „dass zur
Bestimmung des Begriffes der zu bestimmende Begriff selber angewandt wird". Der die griechische Rhythmik enthaltende erste
Band S. 142 gibt die Emendation:
παραλλάττοντα ταῦτα τὰ μεγέθη ἐπὶ τὸ μεῖζον ἢ ἐπὶ τὸ
ἔλαττον ἀμελῳδήτῳ τινὶ μεγέθει.
Was unter ἀμελῳδήτον μέγεθος zu verstehen ist, sagt Aristoxenus
im § 49 der ersten Harmonik: „Von allen Intervallen, welche kleiner als der vierte Theil des Ganztones sind, nehmen wir an, dass
sie ameloda seien (nicht im Melos verwandt werden können)."
Ihnen gegenüber stehen die Melodumena d. i. die im Melos ver-
wendbaren Intervallgrössen. Auch bei der Erklärung des χρόνος
ἄλογος (der irrationalen Zeitgrösse) und des χρόνος ῥητός (der
rationalen Zeitgrösse), für welche Aristoxenus eine uns nicht
mehr vorliegende Stelle seiner Schrift über die Harmonik citirt,
wird die Parallele des ἀμελῳδήτον und μελῳδούμενον herbeigezogen. Leider ist auch die Aristoxenische Stelle über die rhythmische Irrationalität nicht ganz unversehrt überliefert. Der χρόνος
ῥητός wird mit dem μελῳδούμενον verglichen. Der χρόνος ἄλογος
ist eine in der Rhythmik vorkommende Zeitgrösse, welche in der
Mitte zwischen zwei χρόνοι ῥητοί steht, z. B. die zwischen dem
χρόνος μονόσημος und dem χρόνος δίσημος in der Mitte stehende
1½ zeitige Grösse, deren Megethos einen und einen halben Chronos
protos beträgt. Der halbe Chronos protos ist ein rhythmisches
Megethos, welches für sich allein als rhythmische Zeitgrösse nicht
vorkommt, und steht insofern dem ἀμελῳδήτον der Harmonik
parallel: es ist das kleine Megethos, um welches der Chronos
alogos von 1½ Chronoi grösser ist als die einzeitige und kleiner
ist als die zweizeitige rationale Grösse. Genau so verhält es sich
der restituirten Definition des Aristoxenus gemäss mit dem Verhältnisse der rationalen und irrationalen Intervalle. Dem in der
Rhythmopöie als selbständige Zeitgrösse nicht vorkommenden
halben Chronos protos, einem lediglich imaginären Begriffe der
rhythmischen Theorie, wird im Melos ein imaginäres amelodeton
Diastema vom Umfange einer halben enharmonischen Diesis entsprechen: nach der theoretischen Auffassung des Aristoxenus
entsteht durch Addition desselben zur enharmonischen Diesis oder

durch Subtraction desselben vom Hemitonion ein irrationales Intervall, welches das Megethos von einer und einer halben enharmonischen Diesis hat. Diese halbe Diesis ist das Amelodeton, welches zur theoretischen Massbestimmung des irrationalen Intervalles dient, das betreffende irrationale Intervall aber ist ein Melodumenon, wird in der Melopöie praktisch verwendet.

1. Nach Aristoxenus erscheint das **irrationale Megethos von 1½ enharmonischen Diesen** als kleinstes Intervall des **Chroma hemiolion**. Das betreffende Intervall ist das anderthalbfache der enharmonischen Diesis; deshalb wird auch das chromatische Tongeschlecht, welchem jenes Megethos eigenthümlich ist, das „anderthalbfache" ($\acute{\eta}\mu\iota\acute{o}\lambda\iota\upsilon\upsilon$) genannt.

Das ungemischte Quintensystem des Melos chromatikon hemiolion, genannt $\chi\varrho\omega\mu\alpha\tau\iota\varkappa\grave{o}\nu$ $\delta\iota\grave{\alpha}$ $\tau\epsilon\sigma\sigma\acute{\alpha}\varrho\omega\nu$, ist der Angabe des Aristoxenus zufolge:

(5) Ungemischtes Chromatikon hemiolion.

1½ Dies.	1½ Dies.	7 Dies.	4 Dies.
irrationales	irrationales	ungerades	gerades
Intervall	Intervall	Intervall	Intervall.

Ueber die akustische Werthbestimmung der irrationalen Intervalle durch gebrochene Exponenten vgl. meine Uebersetzung und Erläuterung des Aristoxenus S. 256. In unserer Notenschrift lässt sich der irrationale Notenwerth dadurch ausdrücken, dass wir zu dem die Erhöhung um eine enharmonische Diesis bezeichnenden Asteriscus als diakritisches Zeichen einen Punkt hinzufügen, ein melisches Punctum additionis, analog dem rhythmischen; vgl. H. Bellermann Mensuralnoten des 15. und 16. Jahrhunderts S. 5: „Die Hinzusetzung eines Punktes auf die rechte Seite einer Note verlängert dieselbe, wie bei uns, um die Hälfte ihres Werthes. Dieser Punkt heisst Punctum additionis."

In dem vorstehenden Quintensysteme sind sämmtliche Klassen der Intervalle repräsentirt: durch die beiden tiefsten die Klasse der irrationalen, durch die beiden oberen die Klasse der rationalen, und zwar ist das dritte Intervall ein rationales ungerades (7 Diesen), das höchste ist ein rationales gerades Intervall (4 Diesen).

2. Ein zweites irrationales Intervall umfasst 1⅓ enharmo-

nische Diesen, im Unterschiede von dem 1⅓ enharmonische
Diesen betragenden kleinen Intervalle des Chroma hemiolion von
Aristoxenus als kleinste chromatische Diesis bezeichnet. Die besondere Art des Chroma, in welcher es vorkommt, heisst Chroma
malakon. Es ist nach Aristoxenus der dritte Theil des Ganztones (erste Harmonik § 49), doch muss er den Grundsätzen
seiner Theorie zufolge dieses den dritten Theil des Ganztones
betragende Intervall auf die Masseinheit der enharmonischen Diesis
zurückführen.

Das ungemischte Quintensystem des Melos chromatikon malakon ist der Angabe des Aristoxenus zufolge:

(6) Ungemischtes Chromatikon malakon.

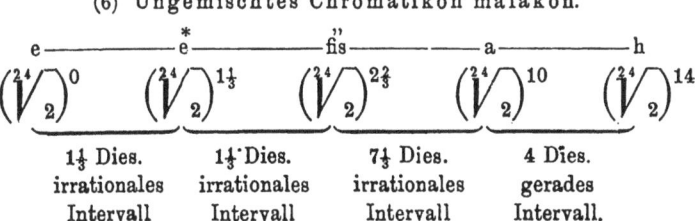

1⅓ Dies.	1⅓˙Dies.	7⅓ Dies.	4 Dies.
irrationales	irrationales	irrationales	gerades
Intervall	Intervall	Intervall	Intervall.

Dies Chroma ist ebenso wie das Chroma syntonon nach § 107
der zweiten Harmonik „ein Chroma mit drei verschiedenen Intervallgrössen" (χρωματικὸν ἐκ τριῶν). Ueber die akustische Werthbestimmung der hier vorkommenden irrationalen Intervallgrössen
durch gebrochene Exponenten vgl. meine Uebersetzung und Erläuterung des Aristoxenus S. 256. Die Erhöhung des betreffenden
Klanges um den dritten Theil der enharmonischen Diesis bezeichne ich durch ein über den betreffenden Notenbuchstaben
gesetztes Comma additionis, analog dem Punctum additionis, vgl.
oben S. 56. Wenn zwei Commata über die betreffende Note gesetzt
sind, so bedeutet dies selbstverständlich die Erhöhung des Klanges
um ⅔ der enharmonischen Diesis; ist das Comma zu einem Asteriscus hinzugefügt, so bedeutet dies, dass der Klang nicht bloss
um eine enharmonische Diesis, sondern ausserdem auch um den
dritten Theil der enharmonischen Diesis erhöht werden soll (im
Ganzen also um ⅓ Diesis).

Im vorliegenden Quintensysteme des Chromatikon malakon
erscheinen vier verschiedene Intervallgrössen: die beiden tiefsten
Intervalle sind irrationale, je im Umfange von 1⅓ der enharmonischen Diesis; das dritte ist ein irrationales Intervall von
7⅓ Diesen; das oberste Intervall ist ein rationales gerades Inter-

vall vom Umfange des Ganztones. Aristoxenus in der zweiten Harmonik § 107 stellt daher das Chromatikon malakon nicht minder, als das Chroma syntonon und Chroma hemiolion unter die Kategorie der „Chromata mit drei verschiedenen Intervallgrössen" (χρωματικὸν ἐκ τριῶν).

Constante und variabele Klänge, Pyknon.

Diatonon, Chroma, Enharmonion oder Harmonia heissen die drei Arten (γένη) des griechischen Melos. Jedes der beiden ersten hat mehrere Unterarten oder Chroai: es gibt ein Diatonon syntonon und ein Diatonon malakon; ein Chroma syntonon oder toniaion, ein Chroma hemiolion und ein Chroma malakon. Im Genos enharmonion gibt es keine Chroai.

Das Wesen der Tongeschlechter erklärt Aristoxenus in der ersten Harmonik § 50: „In dem durch Mese, Lichanos, Parhypate und Hypate bestehenden Quartensysteme sind die beiden Grenztöne constant, die beiden inneren · Klänge sind variabel." Jene, die φθόγγοι ἑστῶτες, nämlich Hypate und Mese haben für alle Klanggeschlechter stets die nämliche Tonstufe; von den beiden eingeschlossenen Klängen, den φθόγγοι κινητοί, nämlich der Lichanos und der Parhypate, nimmt jeder nach dem Wechsel der Klanggeschlechter eine verschiedene Tonstufe ein.

Die Mese hat in dem einen Tongeschlechte dieselbe Klanghöhe wie in dem anderen. Das nämliche gilt auch von der Hypate.

Die Lichanos dagegen, und ebenso auch die Parhypate, klingt am höchsten im Diatonon syntonon und gleichklingend im Chroma syntonon toniaion, in allen übrigen Tongeschlechtern und Chroai steht die Lichanos und die Parhypate auf einer tieferen Tonstufe als im Diatonon syntonon und im Chroma syntonon (toniaion) Im Enharmonion und den drei Chromata liegen drei Klänge „dichter"· neben einander a ă b, a b h als im Diatonon. Man bezeichnet das durch diese drei Klänge gebildete (zusammen-

gesetzte) Intervall mit dem Namen „Pyknon": der tiefste Ton
des Pyknon heisst „barypyknos", der mittlere „mesopyknos" oder
„amphipyknos", der höchste „oxypyknos". Im ungemischten Diatonon gibt es kein Pyknon.

Die beiden mittleren Klänge des Tetrachordes führen, trotzdem sie variabel sind, immer denselben Namen wie im Diatonon
syntonon: Parhypate und Lichanos, Trite und Paranete. Diesem
Namen aber fügt Aristoxenus eine das Tongeschlecht und die
Chroa angebende Bezeichnung hinzu, z. B. Lichanos diatonos syntonotate (g), Lichanos diatonos barytera (fĭs), Lichanos chromatike syntonotate (fis), Lichanos chromatike hemiolios (f̆), Lichanos
enharmonios (f).

Das den Tongeschlechtern gemeinsame Melos.

Im § 45 seiner zweiten Harmonik lehrt Aristoxenus: „Es
gibt drei Arten von Melodumena: das Diatonon, das Chroma
und das Enharmonion.... Jedes Melos ist nämlich entweder
1. ein diatonisches oder 2. ein chromatisches, oder 3. enharmo-
nisches oder 4. ein aus diesen Arten gemischtes oder endlich
5. ein ihnen gemeinsames."

Die vierte und die fünfte Art des Melos ist in der handschriftlich erhaltenen Partie der Aristoxenischen Harmonik nicht
näher definirt.

Der Inhalt des § 45 der zweiten Aristoxenischen Harmonik
findet sich bei Pseudo-Euklid p. 9 Meib. wieder, in einer etwas
vollständigeren Fassung. Hier wird die letzte der fünf Aristoxenischen Kategorien folgendermassen bestimmt: χοινὸν δὲ τὸ
ἐχ τῶν ἑστώτων συγχείμενον. Offenbar ist dies aus Aristoxenus
excerpirt, doch nicht aus der zweiten oder ersten, sondern aus
der uns für die betreffenden Abschnitte nicht mehr vorliegenden
dritten Harmonik. Wir erfahren also aus dem Pseudo-Euklid-
schen Excerpt des Aristoxenus, dass es ausser der diatonischen,
chromatischen und harmonischen Melopöie auch eine solche gab,
in welcher sich der Componist absichtlich aller variabelen Klänge
enthielt und nur die allen drei Tongeschlechtern gemeinsamen
Klänge d. i. die constanten (ἑστῶτες) zur Anwendung brachte.
Das scheint eine raffinirte Vereinfachung von der Art, wie wenn
Jean Jaques Rousseau ein air à trois notes zu componiren versucht. Vgl. unten.

(7) Pentachord der constanten Klänge.

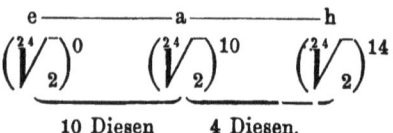

10 Diesen   4 Diesen.

§ 8.

Gerade, ungerade, irrationale Intervalle
der gemischten Arten des Melos.

Pseudo-Euklid fährt an der nämlichen Stelle folgendermassen fort:

μικτὸν δὲ ἐν ᾧ δύο ἢ τρεῖς χαρακτῆρες γενικοὶ ἐμφαίνονται οἷον διατόνου καὶ χρώματος, ἢ διατόνου καὶ ἁρμονίας, ἢ δὲ διατόνου καὶ χρώματος καὶ ἁρμονίας.

Es kam also in der griechischen Melopöie vor, dass variabele Klänge, welche verschiedenen Melosgattungen eigen waren, in einem und demselben Melos vereinigt wurden. Die zweite Harmonik des Aristoxenus § 107 ff. macht uns mit einer Reihe von Quintensystemen bekannt, in welchen die Parhypate oder auch die Lichanos anderen Tongeschlechtern als die übrigen variabelen Klänge angehören. Da lesen wir zunächst im § 107 von einem gemischten Diatonon mit drei verschiedenen Intervallgrössen, d. i. einem Diatonon, in welchem die Parhypate dem Chroma hemiolion oder Chroma malakon, die Lichanos dem Diatonon syntonon angehört.

(8—10) Mischung des Diatonon syntonon
mit harmonischer oder chromatischer Parhypate.

Pentachord des gemischten Diatonon

a. mit der enharmoischen Parhypate:

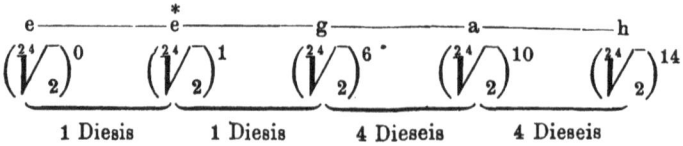

1 Diesis   1 Diesis   4 Dieseis   4 Dieseis

b. mit der Parhypate des Chroma hemiolion:

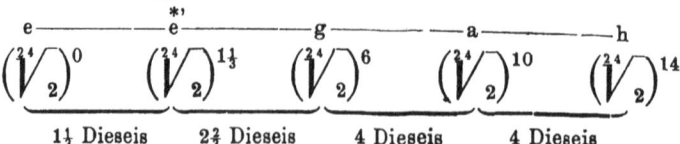

1⅓ Dieseis   2⅔ Dieseis   4 Dieseis   4 Dieseis

c. mit der Parhypate des Chroma malakon:

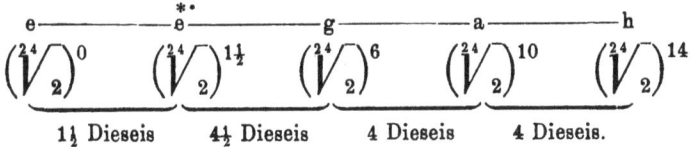

Aristoxenus nennt dies a. a. O. § 107 „Diatonon mit drei verschiedenen unzusammengetzten Intervallgrössen" (διάτονον ἐκ τριῶν). Das nämliche gemischte Diatonon erwähnt Aristoxenus zweite Harmonik § 58: „Das Intervall zwischen Parhypate und Lichanos ist dem Intervalle zwischen Lichanos und Mese entweder gleich oder ungleich.... Gleich ist es demselben im Diatonon syntonon.... Kleiner ist es, wenn man als Lichanos die höchste diatonische d. i. des Diatonon syntonon, als Parhypate eine von denjenigen anwendet, welche tiefer als die hemitonische ist" (d. i. tiefer als die Parhypate des Diatonon syntonon)

Dass nicht bloss die tiefsten Parhypatai des Chroma, sondern auch die des Enharmonion in das Diatonon eingemischt wird, geht aus den oben angemerkten Worten des Pseudo-Euklid hervor: „χαρακτῆρες γενικοὶ ἐμφαίνονται οἷον διατόνου καὶ χρώματος ἢ διατόνου καὶ ἁρμονίας."

(11—13) Mischung des Chroma syntonon
mit der Parhypate eines tieferen Chroma oder des Enharmonion.

Aristoxenus zweite Harmonik § 108: „Das Chroma und das Enharmonion hat entweder drei oder vier verschiedene unzusammengesetzte Intervalle zu seinem Bestandtheile."

„Die Bestandtheile eines jeden der genannten Tongeschlechter werden der Zahl nach drei sein, wenn die beiden Theile des Pyknon einander gleich sind." Dies ist der Fall in den S. 53—57 aufgeführten Pentachorden.

„Wenn aber die Theile des Pyknon einander ungleich sind, so werden es vier verschiedene Intervallgrössen sein, welche die Bestandtheile des Enharmonion und des Chroma hemiolion und Chroma malakon bilden."

a. Chroma syntonon mit enharmonischer Parhypate:

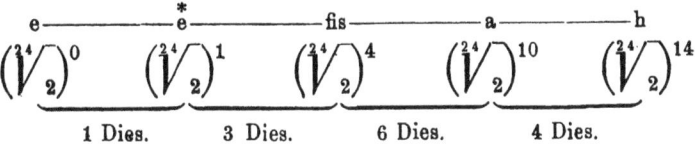

b. Chroma syntonon mit Parhypate des Chroma malakon:

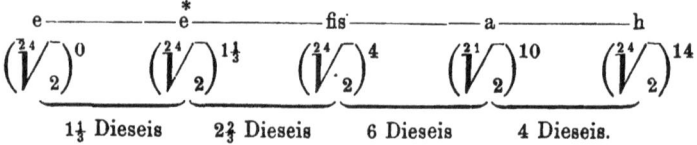

c. Chroma syntonon mit Parhypate des Chroma hemiolion:

„Das kleinste der vier Intervalle ist ein solches wie das zwischen Hypate und Parhypate, das zweite der Grösse nach ein Intervall wie das zwischen Parhypate und Lichanos, das dritte der Grösse nach ein Intervall vom Umfange des Ganztones, das vierte ist das Intervall zwischen Lichanos und Mese."

Schon im § 57 der zweiten Harmonik hat Aristoxenus auf diese Quintensysteme mit vier verschiedenen Intervallgrössen hingewiesen, „das Intervall zwischen Hypate und Parhypate ist entweder gleich gross wie das zwischen Parhypate und Lichanos, oder es ist kleiner; ... dass es kleiner ist, kann aus den chromatischen Theilungen erkannt werden, wenn man nämlich die Parhypate des Chroma malakon und die Lichanos des Chroma toniaion nimmt, denn auch derartige Theilungen des Pyknon zeigen sich emmelisch." Die Parallelstelle der ersten Harmonik ist defect.

Als die Aristoxenus-Ausgabe Marquards erschien (1868), hatten die Forscher über griechische Harmonik nur von den 6 ungemischten Klanggeschlechtern Notiz genommen, welche Aristoxenus in den Eingangsabschnitten (ἀρχαί) der zweiten Harmonik § 55 mit folgenden Worten bezeichnet: τετραχόρδου δέ εἰσι διαιρέσεις ἐξαίρετοί τε καὶ γνώριμοι αὗται αἵ εἰσιν εἰς γνώριμα διαιρούμεναι μεγέθη διαστημάτων. Dies sind die 6 ungemischten Tetrachord-Eintheilungen.

Boeckh, Bellermann und mit ihnen auch Marquard kannten nur diese 6 Tetrachordtheilungen des Aristoxenus. Der letztere erklärte die Angaben des § 107 und 108, dass das Diatonon entweder zwei oder drei oder vier unzusammengesetzte Intervallgrössen, und dass das Chroma und das Enharmonion entweder deren drei oder vier habe, für eine dem Aristoxenus durchaus fremde Lehre, von der sonst weder bei Aristoxenus noch bei irgend einem seiner Compilatoren irgend eine Spur zu finden sei. Es könne diese ganze Partie nicht von Aristoxenus herrühren, nicht in der genuinen Harmonik des Aristoxenus gestanden haben. Was die Handschriften als Harmonik des Aristoxenus überliefern, sei ein Excerpt aus byzantinischer Zeit; der Unverstand des Excerptors habe nicht bloss Aristoxenische Schriften, sondern auch dem Aristoxenus widersprechende Quellen benutzt.

Marquard hatte übersehen, dass er die Paragraphen der ersten und zweiten Harmonik, welche er p. 38, 7 und p. 76, 3 seiner Ausgabe hatte abdrucken lassen, welche er emendirt und übersetzt und richtig interpretirt hatte, als Aristoxenisch nicht anzweifelt, und dass in diesen Stellen genau dasselbe gesagt ist wie in den § 107, 108. Vgl. meine Uebersetzung und Erläuterung des Aristoxenus S. 304.

So lange unsere Forschungen auf dem Gebiete der griechischen Harmonik nur jene sechs Tetrachord-Eintheilungen des Aristoxenus herbeiziehen und lediglich auf diese die Kenntniss der griechischen Tongeschlechter beschränken, ist die wichtigste Quelle, ist die Ueberlieferung des Aristoxenus nicht ausreichend benutzt und bleibt unsere Kenntniss dieses Gegenstandes hinter dem zurück, was sich durch gewissenhafte Ausnutzung des Aristoxenus erreichen lässt.

In der ersten Auflage meiner griechischen Harmonik 1863 war, was Aristoxenus ausser den 6 ungemischten Tetrachord-Eintheilungen über die Scalen der verschiedenen Klanggeschlechter überliefert, unbeachtet geblieben. Den ersten Versuch es zu verwerthen, machte meine „Geschichte der alten und mittelalterlichen Musik" 1865 S. 227—233. Marquard hatte dies Buch zwar recensirt, aber was darin über die Aristoxenischen Tongeschlechter gesagt war, für seine Aristoxenus-Ausgabe 1868 unbenutzt gelassen. Die zweite Auflage meiner griechischen Harmonik 1867 behandelte diese Stellen noch eingehender. Aber erst meine Uebersetzung und Erläuterung des Aristoxenus 1873 durfte darauf Anspruch machen, diese ganze Lehre vollständig ans Licht gestellt zu haben. Aristoxenus statuirt für die verschiedenen Klanggeschlechter 6 gemischte und 6 ungemischte, dazu noch eine den Klanggeschlechtern gemeinsame Scala.

Viertes Capitel.

Die unvollständigen und vollständigen Systeme des griechischen Melos.

§ 9.

Die Tonsysteme nach Platos Timäus.

Die früheste Quelle über griechische Musik sind, abgesehen von einigen Dichterstellen aus den Lyrikern und Dramatikern, die Platonischen Dialoge. Ehe Plato daran dachte als philosophischer Schriftsteller aufzutreten, war es sein Lebensplan als Tragiker zu wirken; als solcher hatte er sich die Bildung eines eigentlichen Fachmusikers in allen Disciplinen der musischen Kunst erwerben müssen. Wenn er Cratylus 424 berichtet, dass in den Musikschulen die Disciplin der Rhythmik mit der Buchstabenlehre beginnt, so ist dies sicherlich eine Erinnerung an die Unterweisung, welche ihm selber vordem von dem Meister einer Musikschule (Drakon und Damon) zu Theil geworden war. Wir dürfen voraussetzen, dass Plato auch mit dem Melos und der Melopöie vollständig vertraut geworden ist. Das alte Interesse für Musik dauert bei ihm fort bis in die Schriften seiner spätesten Jahre. Es ist so gross, dass, was Plato über das Melos sagt, von uns als Musikquelle gleicher Autorität wie die fachmässigen Schriften des Aristoxenus angesehen werden muss. Es verdient bemerkt zu werden, dass Aristoxenus ungeachtet der Erklärung Ciceros „quantum Aristoxeni ingenium consumtum videmus in musicis" und ungeachtet des gar nicht so geringen Umfanges seiner uns erhaltenen Schriften über das Melos für unsere Kunde der griechischen Musik viel weniger ergiebig sein würde, wenn wir nicht in der glücklichen Lage wären, neben den Aristoxenischen auch Platos Mittheilungen über denselben Gegenstand herbeiziehen zu können. Auch Plato war bisher eben so wenig wie Aristoxenus für die griechische Melik genugsam verwerthet. Insonderheit sind es drei Dialoge in denen Plato das griechische Melos eingehend berücksichtigt: der Timaios, die Politeia, die Nomoi.

Im Timäus ist es nicht wie sonst Platos Lehrer Sokrates, welchen Plato zum eigentlichen Leiter des Dialoges macht, sondern der Pythagoreer Timaios aus Lokroi Epizephyrioi, den, wie Cicero fin. 5, 29 und rep. 1, 10 berichtet, Plato selber in Italien aufgesucht hatte, um sich durch ihn in die Lehre des Pythagoras

einführen zu lassen. Plato war also ein persönlicher Schüler des
Timaios; in dem gleichnamigen Dialoge führt er diesen seinen
Pythagoreischen Lehrer wie in den früheren Dialogen den Sokrates
als Redenden ein. Nicht um Anschauungen auf dem Gebiete der
Ethik handelt es sich, sondern um die zuerst von Pythagoras
gefundenen Grundlagen der musikalischen Akustik.

Was Plato in dem gleichnamigen Dialoge den Pythagoreer
Timaios vortragen lässt, wird von den alten Commentatoren des
Dialoges auf Pythagoras selber zurückgeführt. Der Philosoph
und Mathematiker Pythagoras ist es, auf welchen die Anfänge
der musikalischen Akustik zurückgehen, jenes die physikalische
Natur der Klänge behandelnden Theiles der Musikwissenschaft, auf
den auch die Musiktheoretiker unserer Tage gebührende Rücksicht nehmen, dem auch die Musiktheoretiker des Alterthumes in
dem Masse ihre Aufmerksamkeit zuwandten, dass die darauf be-
zügliche Disciplin der ἐπιστήμη μουσική, das sogenannte φυσι-
κὸν μέρος, vielfach als die vornehmste und wichtigste von allen
musikalischen Disciplinen angesehen wurde.

Pythagoras nahm zwei Saiten von gleicher Länge und Dicke
und beschwerte sie beide nach einander mit verschiedenen Ge-
wichten. Welche Ergebnisse Pythagoras aus diesem Experimente
gewann, ist bei den Späteren in Vergessenheit gerathen. Nur
so viel war davon dem Andenken der Späteren verblieben: das
grössere spannende Gewicht bedingt höhere Tonstufe, das kleinere Gewicht bedingt tiefere Tonstufe. Was uns hierüber Näheres
angegeben wird, ist eitel Thorheit, wie nach Oscar Paul's Boetius zuerst von dem Vater Galileis aufgedeckt worden ist.

Ein zweites akustisches Experiment des Pythagoras, welches
diesen zu dem nämlichen Ergebnisse führte, hat sich im Andenken der Alten getreuer erhalten. Pythagoras brachte unter
einer einzigen aufgespannten Saite einen beweglichen Steg (μαγά-
διον) an und schob denselben an verschiedene Stellen.

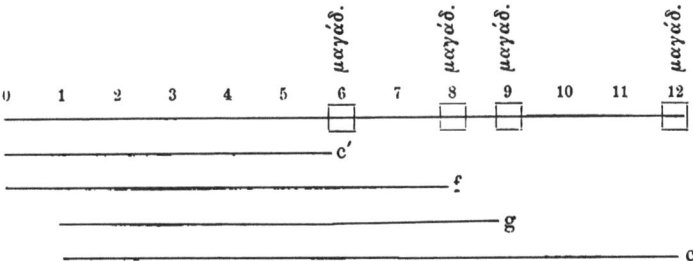

Theilte Pythagoras die Saite in zwei Hälften, so ergab jede der letzteren die höhere Octave der ungetheilten Saite an, z. B.

$$c' : c = 6 : 12 = 1 : 2$$

Ein Klang verhält sich also zu seiner tieferen Octave wie $1 : 2$. Verhalten sich die beiden durch den Steg geschiedenen Theile wie $6 : 8 = 2 : 3$ ($\lambda\acute{o}\gamma o\varsigma$ $\dot{\eta}\mu\iota\acute{o}\lambda\iota o\varsigma$), so hörte man die Quinte ($\delta\iota\grave{\alpha}$ $\pi\acute{\epsilon}\nu\tau\epsilon$).

Verhalten sie sich wie $3 : 4$ ($\lambda\acute{o}\gamma o\varsigma$ $\dot{\epsilon}\pi\acute{\iota}\tau\varrho\iota\tau o\varsigma$), so hört man die Quarte ($\delta\iota\grave{\alpha}$ $\tau\epsilon\sigma\sigma\acute{\alpha}\varrho\omega\nu$).

Dieses Instrument hiess bei den Griechen $\varkappa\alpha\nu\acute{\omega}\nu$, auch $\mu o\nu\acute{o}$-$\chi o\varrho\delta o\nu$; es blieb in der Folge der wichtigste Apparat für akustische Untersuchungen. Pythagoras hatte die unter der Saite befindliche Fläche in zwölf gleiche Theile getheilt und erhielt hierdurch für die Octave, Quarte, Quinte und Prime als Mass der Saitenlänge die Zahlen

$$6, \quad 8, \quad 9, \cdot 12,$$

welche also z. B. die Saitenlängen der Klänge

$$c' \quad g \quad f \quad c$$

ausdrückten.

Für den durch die Klänge g f gebildeten Ganzton ($\tau\acute{o}\nu o\varsigma$) ergab sich dem Pythagoras das Verhältniss $8 : 9$ ($\dot{\epsilon}\pi\acute{o}\gamma\delta o o\varsigma$ $\lambda\acute{o}\gamma o\varsigma$).

Zu einer genaueren Bestimmung der ganzen Octaven-Scala konnten erst Pythagoras' Nachfolger bei weiterer Ausbildung des Kanons gelangen. Pythagoras selber glaubte die der vollständigen Octaven-Scala entsprechenden Zahlenverhältnisse durch Rechnen finden zu können.

Jedes Tetrachord (Quartensystem) enthielt zwei Ganztöne und einen Halbton. Er nahm für jeden der beiden Ganztöne dieselben Intervallzahlen an, welche sich ihm für das Intervall f g ergeben hatten, $8 : 9$,

$$\overbrace{4 : 3}$$
$$e \quad f \quad g \quad a$$
$$\underbrace{9 : 8}\ \underbrace{9 : 8}$$

Hieraus ergab sich dem Pythagoras das Verhältniss

$$f : a = 9 \cdot 9 : 8 \cdot 8 = 81 : 64,$$

und indem er dann ferner dies Resultat mit der Gleichung

$$e : a = 4 : 3$$

combinirte, ergab sich ihm als Zahlenverhältniss des Halbton-Intervalles ($\dot{\eta}\mu\iota\tau\acute{o}\nu\iota o\nu$, oder wie man damals noch sagte, $\delta\acute{\iota}\epsilon\sigma\iota\varsigma$) *):

---

*) Ebenso gebrauchte man damals für $\delta\iota\grave{\alpha}$ $\tau\epsilon\sigma\sigma\acute{\alpha}\varrho\omega\nu$ noch den alten

e : f = 9. 9. 3 : 8. 8. 4 = 243 : 256.

Pythagoras glaubte nun die ganze diatonische Octave, z. B. die Dorische, durch Zahlen bestimmen zu können:

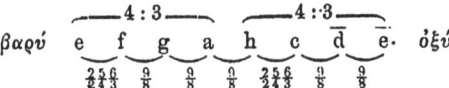

Dass der Ganzton nicht dem Ganztone gleich ist; dass es vielmehr neben den grossen Ganztönen (8 : 9) auch kleine Ganztöne (9 : 10) gibt, diese Thatsache der musikalischen Akustik war dem Pythagoras noch verborgen; erst die Folgenden sollten diese Entdeckung machen, insbesondere der zu Kaiser Neros Zeit lebende Musiker Klaudios Didymos, einer der Vorläufer des berühmten Klaudios Ptolemaios aus der Zeit Trajans.

―――――

Der forschende Geist des Alterthums hat wohl über keine wissenschaftliche Entdeckung eine solche Freude gehabt, wie über diesen Fund auf dem Felde der Akustik. In der That macht er dem Alterthum alle Ehre. Die Töne hatten sich als verkörperte Zahlen herausgestellt, die qualitativen Unterschiede waren auf quantitative zurückgeführt. Dies führte zu dem Gedanken, dass auch auf den übrigen Gebieten des Kosmos in gleicher Weise die Zahl das bestimmende Princip sei. Die moderne Wissenschaft hat durch ihre grossen Entdeckungen in der Chemie und Physik (z. B. in dem chemischen Atomengesetze) die Wahrheit dieses Gedankens gerechtfertigt; aber dem Alterthume war nicht vergönnt, auf diesem Wege weiter zu dringen: man begnügte sich, jenen akustischen Zahlen eine absolute Bedeutung zuzuschreiben und sie der ganzen übrigen Welt in einer rein phantastischen Weise zu Grunde zu legen. Die hohe ethische Bedeutung, welche die Musik für das Griechenthum hatte, kann diesen Irrthum entschuldigen, der sogar soweit ging, dass selbst das Seelen- und Geistesleben in jene Zahlenverhältnisse gebannt wurde. Die ganze Pythagoreische und Platonische Zahlenphilosophie ist auf sie gebaut. Die Zahlen 1, 2, 3, 4 enthielten die drei consonirenden Intervalle (σύμφωνα, nämlich 1 : 2 die Octave, 2 : 3 die Quinte, 3 : 4 die Quarte); sie zusammen bildeten den Pythagoreern die

―――――

Namen συλλαβά, für διὰ πέντε den Namen δι' ὀξειᾶν (vgl. das Fragment des Pythagoreers Philolaos bei Nikomach. Harm. p. 14 ff., Aristid. Quint. p. 17, Hesych. s. v. δι' ὀξειᾶν).

Tetraktys. Addirte man die in ihnen enthaltenen Einheiten
$(1 + 2 + 3 + 4)$, so ergab sich die Zahl 10, und so entstand der
Begriff der für die Pythagoreer so bedeutsamen δεκάς. Rechnete
man zu jenen Zahlen der consonirenden Intervalle noch die beiden
Zahlen 8 und 9, welche das Ganzton-Intervall enthielten, hinzu,
so ergab sich $1 + 2 + 3 + 4 + 8 + 9 = 27$; die einzelnen
Summanden mitsammt der Summe bildeten hier mit einander 7,
und so ergab sich die ἑπτάς. Das sind die sogenannten heiligen
Zahlen der Pythagoreer.

Von der zuletzt genannten Heptas. geht Plato bei seiner
Construction der Weltseele im Timäus aus: Indem nach ihm der
Weltbildner die Weltseele naeh diesen Zahlen ordnet (p. 35, 36)

1   2   3   4   9   8   27,

bringt er hiervon zunächst die Zahlen mit einander in Zusammenhang, welche διπλάσια διαστήματα (Octaven) und τριπλάσια δια
στήματα (Duodecimen) bilden:

διπλάσια διαστ.   1   2   4   8
τριπλάσια διαστ.   1   3   9   27.

Dann nimmt er in jedem Diastema als μεσότητες zwei Zahlen an,
von denen die eine mit den beiden Grenzzahlen (ἄκρα) des Dia-
stems in einer stetigen harmonischen Proportion, die andere in
einer stetigen arithmetischen Proportion steht:

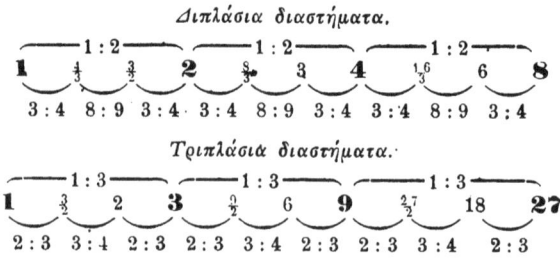

Der Platonische Demiurgos ist der absolute Geist, dessen
Denken vorzugsweise ein mathematisches ist. Plutarch, derselbe,
welcher den wichtigen Commentar zur Platonischen Psychogonie
des Timäus geschrieben hat, gibt in seinem Musikdialoge cap. 22
eine kurze Uebersicht des in jener grösseren Schrift von ihm
eingehender Dargestellten:

„In der Psychogonie seines Timäus legt Plato in Folgendem sein
mathematisches und sein musikalisches Studium dar, indem er sagt:

„Und nach diesem füllte der Demiurg die Zwischenräume aus, welche durch diejenigen Theile gebildet wurden, welche je das Zweifache oder das Dreifache von einander waren.

1........2......4......8
1.............3........9......27

„Zu diesem Zwecke nahm er noch weitere Theile von dem was er gemischt hatte und verlegte dieselben in die Mitte der Zwischenräume, dergestalt, dass in jeden Zwischenraum zwei mittlere Glieder kommen."

„Dieser Eingang beweist, wie wir sogleich zeigen werden, Platos Kenntniss der Harmonie."

„Es gibt drei Kategorien mittlerer Grössen, unter welche jegliche mittlere Grösse fallen muss, nämlich das arithmetische, das harmonische und das geometrische Mittel. Das arithmetische Mittel zwischen a und b [wir wollen es x nennen]

$$a \quad x \quad b$$

ist um die Zahl m grösser als das eine äussere Glied a, und um dieselbe Zahl m kleiner als das andere äussere Glied b

$$a + m = x = b - m = \frac{a + b}{2}.$$

„Das harmonische Mittel zwischen a und b [wir wollen es y nennen]

$$a \quad y \quad b$$

ist um den m^{ten} Theil des Gliedes a grösser als a und ebenfalls um den m^{ten} Theil des Gliedes b kleiner als b

$$a + \frac{a}{m} = y \quad = b - \frac{b}{m} \quad = \frac{2ab}{a + b}.$$

Plato will nun die in der Scala bestehende Harmonie der vier Elemente und die Ursache dieser Harmonie, welche trotz der Ungleichheit der Elemente vorhanden ist, auf die Musik zurückführen, und nimmt deshalb in jedem der oben angegebenen Zwischenräume zwei Mittelglieder an."

So weit Plutarch im Musikdialoge.

Die grössten Diastemata lässt Plato den Demiurg aus der geometrischen Proportion ableiten: die διπλάσιαι διαστάσεις und die τριπλάσιαι διαστάσεις;

aus der arithmetischen und aus der harmonischen Proportion die beiden Mittelglieder, welche in jeder διπλασία διάστασις und in jeder τριπλασία διάστασις enthalten sind.

Plato selber deutet es nicht mit einem Worte an, dass die Diastemata, welche sein Demiurg aus geometrischer, arithmetischer und harmonischer Proportion entwickelt, zunächst nichts anderes als die in der praktischen Musik vorkommenden Tonreihen sind. Seine unmittelbaren Schüler aber überliefern es. In seiner Schrift „über die Psychogonie im Platonischen Timäus" führt Plutarch namentlich Stellen aus einem Werke Krantors an, welcher den Nachweis gab, dass Plato in seinem Timäus von den Tonscalen ausgehe.

Die diplasiai Diastaseis

sind Octavenscalen (Oktachorde) von folgender Beschaffenheit:

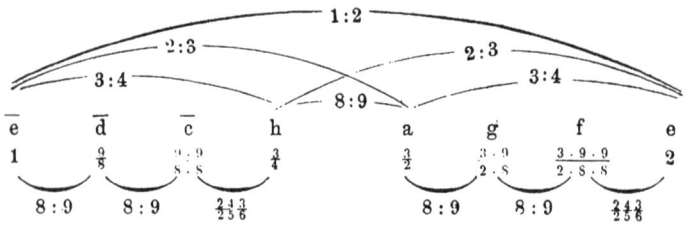

Dies sind die Pythagoreischen Zahlen für die acht Klänge eines dorischen Octachordes, in welchem 1 den höchsten Grundton und 2 die tiefere Octave bezeichnet.

Bei den Griechen führten diese acht Klänge des Octachordes von der Höhe nach der Tiefe zu gezählt folgende Namen:

1) e̅ νήτη oder νεάτη d. i. letzter Klang,

2) d̅ παρανήτη oder παρανεάτη d. i. Nachbarklang des etzten,

3) c̅ τρίτη, dritter Klang von der Höhe an gerechnet,

4) h παράμεσος oder παραμέση d. i. Nachbarklang der Mese,

5) a μέση d. i. mittler Klang,

6) g λιχανός,

7) f παρυπάτη d. i. Nachbarklang der Hypate,

8) e ὑπάτη d. i. erster Klang, im Sinne von vornehmster Klang.

Boetius inst. mus. 1, 20 überliefert bezüglich der griechischen Klangnamen: „Quae gravissime quidem erat, vocata est hypate, quasi maior atque honorabilior, unde Iovem etiam hypaton vocant. Consulem quoque eodem nuncupant nomine propter excellentiam dignitatis. Eaque Saturno est attributa propter tarditatem motus et gravitatem soni.

Parhypate vero secunda quasi iuxta hypaten posita et collocata.

Lichanos tertia idcirco quoniam lichanos digitus dicitur quem nos indicem vocamus. Graecus a lingendo lichanon appellat. Et quoniam in canendo ad eam chordam, quae erat tertia ab hypate index digitus, qui est lichanos, inveniebatur, idcirco ipsa quoque lichanos appellata est...."

Die Etymologie, welche Boetius von dem Klangnamen Hypate gibt, scheint ganz richtig zu sein. Der tiefste Klang ist der vornehmste, der angesehenste. In der That war nach der Anschauung der Griechen über den ethischen Charakter der Musik die tiefe Klangregion diejenige, mit welcher sich ein würdevollerer Charakter vereinigte. Eine falsche Etymologie dagegen ist es, wenn der drittletzte Klang von der Tiefe an gezählt als derjenige bezeichnet wird, welchen auf dem Saiteninstrumente der Alten beim Anschlagen der dritte Finger vom Daumen an gerechnet in Bewegung setzte, denn schon in der ältesten Zeit werden die Saiten der Phorminx nicht mit den Fingern, sondern mit einem Stäbchen, Plektron genannt, berührt. Der nicht abzuleugnende Zusammenhang zwischen dem Namen des Zeigefingers und der dritttiefsten Saite muss auf einer anderen, wahrscheinlich symbolischen Anschauung beruhen, welcher wir hier nicht nachzuspüren brauchen.

Der Klangname Mese weist mit Entschiedenheit auf ein siebensaitiges Instrument, auf welchem die Mese gerade in der Mitte lag, vgl. hierüber § 10. Dass Plato im Timäus an das alte griechische Oktachord denkt, wenn er den Demiurg die διπλάσια διαστήματα construiren lässt, war dem griechischen Alterthume wohl bekannt, vgl. Plutarchs Musikdialog cap. 22: „Da die Octave aus einem Quarten- und einem Quinten-Intervall besteht, so muss auf die Mese die Zahl 8, auf die Paramese die Zahl 9 kommen. Dann wird sich die Hypate zur Mese verhalten, wie die Paramese zur Nete."

Aber es ist kein Instrument, welches Plato im Auge hat, sondern es ist ganz abgesehen von irgend einem musikalischen Instrumente die Combination dreier continuirlich sich an einander schliessenden Octaven. Wir kennen kein griechisches Instrument, auf welchem eine solche Scala dargestellt war. Plato will allerdings die gebräuchlichen Tonsysteme auf die Weltseele als deren harmonische Weltordnung übertragen, aber er erhebt sich auf einen übermenschlichen idealen Standpunkt, der von der irdischen Musik nicht erreicht wird. Vgl. Adrast ap. Theo. Smyrn. p. 98.

Plato hat dem höchsten Klange der drei διπλάσια und τριπλάσια διαστήματα den Zahlwerth 1, dem tiefsten Klange derselben
den Zahlwerth 16 resp. 27 gegeben. Will man unter Festhaltung.
dieser Zahlenwerthe die übrigen Klänge bestimmen, so muss dies
in den meisten Fällen durch Bruchzahlen geschehen. Platos Nachfolger, die älteren Akademiker, gaben die Zahlenwerthe der Klänge
in ganzen Zahlen an, indem sie die Brüche auf gleiche Benennung
brachten. Sie rechneten für die Klänge des obersten Oktachordes
folgende ganze Zahlen aus:

$$
3:4 \left\{
\begin{array}{l}
\overset{\equiv}{e} = 8 . 8 . 3 . 2 = 384 \\
\overset{\equiv}{d} = 9 . 8 . 3 . 2 = 432 \\
\overset{\equiv}{c} = 9 . 9 . 3 . 2 = 468 \\
\overline{h} = 8 . 8 . 4 . 2 = 512
\end{array}
\right\}
\begin{array}{l}
8:9 \\
8:9 \\
8:9
\end{array}
$$

$$
3:4 \left\{
\begin{array}{l}
\overset{\equiv}{a} = 9 . 8 . 4 . 2 = 576 \\
\overset{\equiv}{g} = 9 . 9 . 4 . 2 = 648 \\
\overset{\equiv}{f} = 9 . 9 . . 3 . 3 = 729 \\
\overset{\equiv}{e} = 2 . 8 . 8 . 3 . 2 = 768
\end{array}
\right\}
\begin{array}{l}
8:9 \\
8:9 \\
8:9
\end{array}
$$

Es folge in gleicherweise nach Platos Angaben eine Ausführung der

3 τριπλάσιοι διαστάσεις.

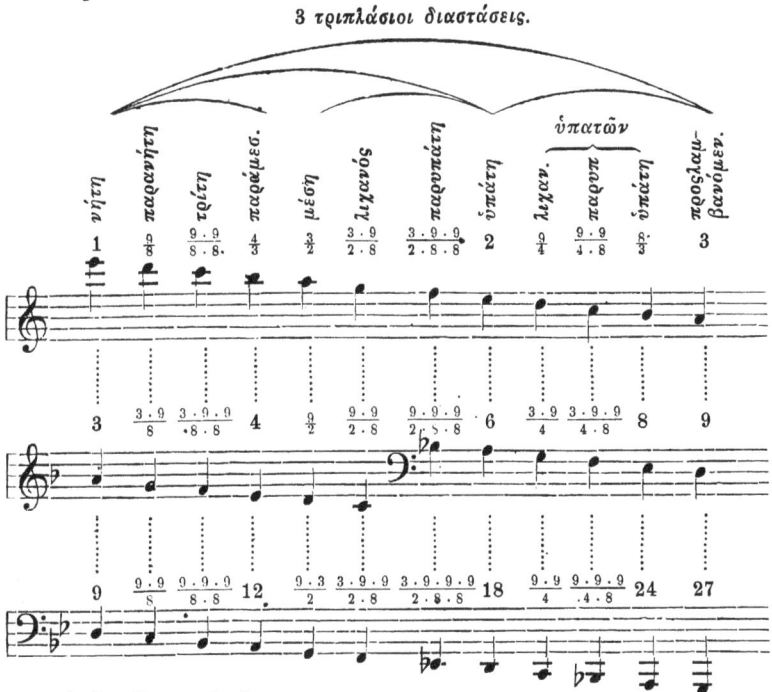

Jede dieser drei

triplasiai Diastaseis

enthält zwölf Klänge: in der obersten sind die acht höchsten Klänge völlig identisch mit den acht Klängen des höchsten Oktachordes, haben auch genau dieselbe Benennung. Wollen wir die fünf tiefsten Klänge des triplasischen Diastemas bezeichnen, so können dies keine anderen sein, als die Namen, mit welchen die fünf tiefsten Klänge des späterhin so genannten σύστημα τέλειον ἀμετάβολον benannt wurden. Sei es mir verstattet für jedes dieser triplasischen Diastemata von zwölf Klängen den Namen „Dodekachord" in Anspruch zu nehmen: drei Dodekachorde schliessen sich in derselben Weise continuirlich an einander, wie dies bei den drei Oktachorden der Fall war, d. h. der tiefste Klang des höchsten Dodekachordes ist zugleich der höchste Klang des mittleren, der tiefste Klang des mittleren Dodekachordes ist zugleich der höchste Klang des tiefsten.

Die 22 ersten Töne der Dodekachorde fallen mit den 22 Tönen der Oktachorde zusammen bis auf den achtzehnten, welcher hier h, dort b ist. Die Platoniker addirten die von ihnen angenommenen Werthe dieser 23 verschiedenen Klänge nebst den Werthen der übrigen 12 Klänge der Dodekachorde, fügten noch eine Zahl hinzu, welche die tiefere Octave des die Octachorde schliessenden Tones bezeichnete (E), und erhielten so die Gesammtsumme 114695. Dies ist ihnen die grosse Platonische Weltzahl, welche sämmtliche verschiedene Töne der diplasischen und triplasischen Systeme in sich zusammenschliesst.

Daher haben die alten Erklärer die diplasischen und die triplasischen Diastemata verbunden, indem sie vier Octachorde und dazu ein Pentachord statuirten. Von den Neueren gibt Stallbaum in seiner Timäus-Ausgabe 1838 p. 145 und 146 ein hier im Folgenden wiedergegebenes „Diagramma Platonicum", welches er mit den Worten einleitet: „Nunc obscurum non erit, quale Diagramma philosophus informaverit: quod quidem paulo aliter descriptum in editionibus Basileensibus, unde Boeckhius in studiis p. 79 sq. emendatius exhibuit, nos hunc in modum concinnavimus, appositis simul nostris tonorum notis."

Die Klangscalen des Timäus nach G. Stallbaum.

		Tonos	384	νήτη	e
		Tonos	432	παρανήτη	d
		Leimma	486	τρίτη	c
Octachordum I.		Tonos	512	παραμέση	h
		Tonos	576	μέση	a
		Tonos	684	λιχανός	g
		Leimma	729	παρυπάτη	f
			768	ὑπάτη	e

		Tonos	768	νήτη	e
		Tonos	864	παρανήτη	d
		Leimma	972	τρίτη	c
Octachordum II.		Tonos	1024	παραμέση	h
		Tonos	1152	μέση	a
		Tonos	1296	λιχανός	g
		Leimma	1485	παρυπάτη	f
			1536	ὑπάτη	e

Octachordum III.	Tonos	1536	νήκη	e
	Tonos	1728	παρανήτή	d
	Leimma	1944	τρίτη	c
	Apotome	2048	παραμέση	h
		2187		b
	Leimma	2304		a
	Tonos	2592	λιχανός	g
	Tomos	2916	παρυπάτη	f
	Leimma	3072	ὑπάτη	e
Octachordum IV.	Tonos	3072	νήτη	e
	Tonos	3456	παρανήτη	d
	Tonos	3888	τρίτη	c
	Leimma	4374	παραμέση	h
	Tonos	4608	μέση	a
	Tonos	5184	λιχανός	g
	Leimma	5832	παρυπάτη	f
		6144	ὑπάτη	e
Pentachordum.	Apotome	6561		es
	Leimma	6912	νήτη	d
	Tonos	7776	παρανήτη	c
	Tonos	8748	τρίτη	h
	Leimma	9216	παραμέση	a
	Tonos	10368		

Aus der im Vorstehenden mitgetheilten Tabelle Stallbaums lässt sich kaum erkennen, welche musikalischen Scalen Plato im Sinne hat. Die Klänge der triplasischen Systeme sind mit denen der diplasischen zu einer einzigen Scala vereint. Platos Darstellung will entschieden die beiderseitigen Scalen von einander gesondert haben. Die Vermischung der Klänge konnte man erst zu einer Zeit statuiren, wo man auf die Darstellung der Intervall-Quotienten durch ganze (ungebrochene) Zahlen das grösste Gewicht legte und in phantastischer Anschauung diese einzelnen Intervallzahlen zur grossen Weltzahl zusammenaddirte. In den Scholien zu Timäus finden sich allerdings Tabellen, welche zum Stallbaumschen Diagramma Platonicum das Vorbild liefern:

4 continuirliche Octaven und ein Quinten-Intervall, dargestellt durch die mit 483 beginnende Zahlenreihe, wie sie von Stallbaum uns vorgeführt wird. Wunderlicher Weise kommen in der von Stallbaum gegebenen Uebersetzung der Zahlen durch unsere Notenbuchstaben, welche Stallbaum hinzufügt, mehrfache Versehen vor. So ist die Note h nicht von der Note b unterschieden, ebensowenig die Note e von der Note es.

Aelter als die von Stallbaum zu Grunde gelegten Zahlenreihen der Timäus-Scholien erscheint eine andere Form, durch welche die alten Commentatoren des Timäus die dort aufgestellten Scalen Platos zu erläutern suchten:

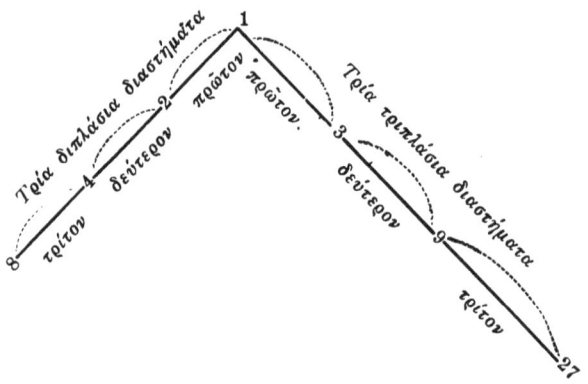

Dies scheint die ursprüngliche Form der von Stallbaum p. 140 aus Macrobius in Somn. Scip. 2, 2 angeführten Figur gewesen zu sein:

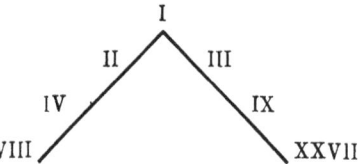

Mit dem vorher angegebenen Diagramme ist in der That die Darstellung Platos in der richtigen Weise erläutert, namentlich darin, dass die Zahl 1 als gemeinsamer Ausgangspunkt sowohl der drei diplasischen wie der drei triplasischen Diastasen gesetzt wird.

Die neue Umarbeitung der Ambros'schen Musikgeschichte: „Erster Band nach R. Westphals und C. F. Gevaerts Forschungen berichtigt von B. Sokolowsky 1885" gibt S. 165 folgendes Diagramm, dem ich die Klangnamen hinzufüge:

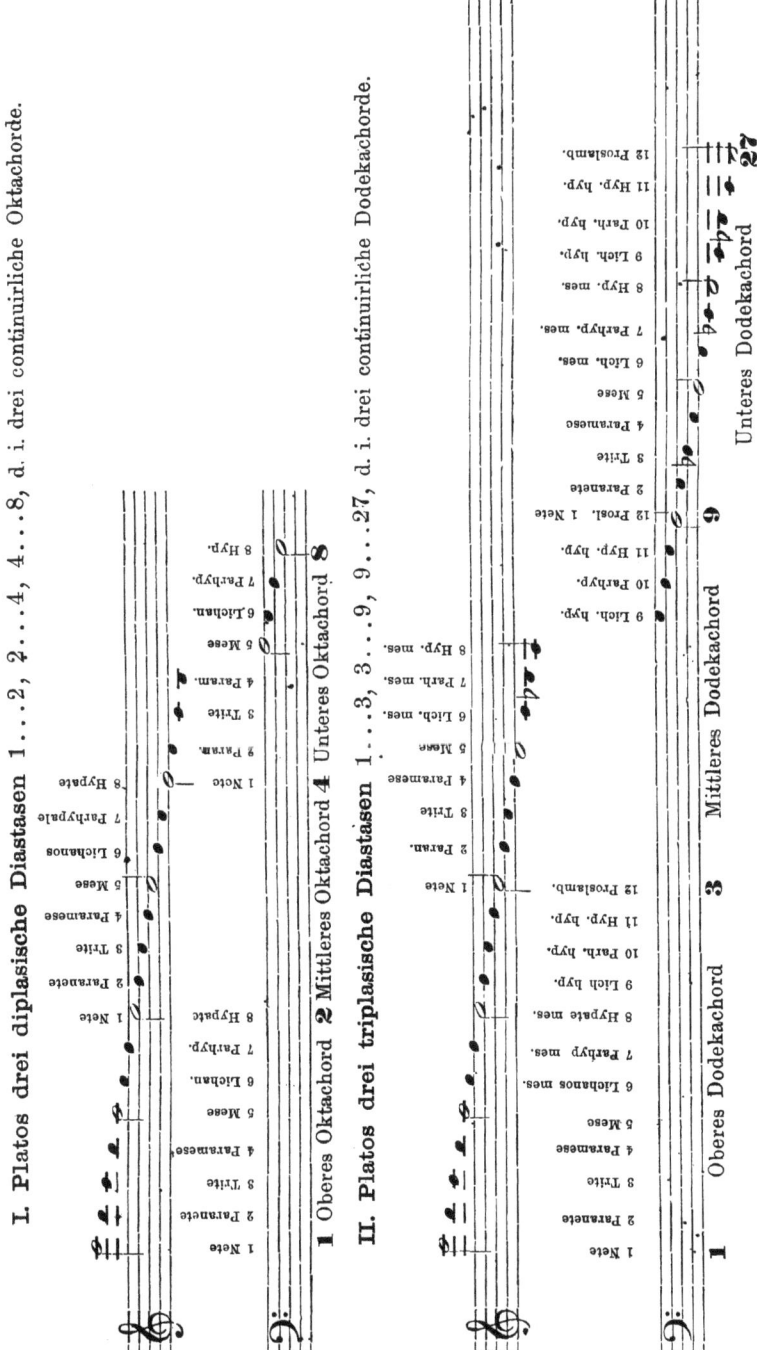

I. Platos drei diplasische Diastasen 1...2, 2...4, 4...8, d. i. drei continuirliche Oktachorde.

II. Platos drei triplasische Diastasen 1...3, 3...9, 9...27, d. i. drei continuirliche Dodekachorde.

Wenn Plato den Demiurgos Tonscalen construiren lässt, so versteht sich, dass hier die zu Platos Zeit in der praktischen Musik der Griechen gebräuchlichen Tonscalen zu Grunde gelegt werden. Ist doch der menschliche Geist das Abbild nach dem Vorbilde des göttlichen, „das Vorbild aber ist vollkommner als das Abbild" Auch in der Musik muss der Demiurgos auf einem erhabeneren Standpunkte als der menschliche Geist stehen. Und so wird von Plato der reale Boden der griechischen Kunst seiner Zeit überschritten. „Das grösste consonirende Intervall, welches durch die menschliche Stimme und durch die Instrumente ausgeführt werden kann, ist das aus der Doppeloctav und der Quinte zusammengesetzte," so sagt Aristoxenus in der ersten Harmonik § 47 S. 244. Plato lässt die erste seiner Scalen aus drei, die andere (auf die Duodecime basirte) sogar aus fünf Octaven bestehen. Die Verdreifachung der Octaven- und die Verdreifachung der Duodecimenscala soll symbolisch die grosse Bedeutsamkeit ausdrücken, welche Plato der Scalen-Construction beilegt Was in der menschlichen Musik nur einmal vorhanden ist, ist in der Sphärenmusik des Weltbildners ein dreifaches. Natürlich muss dem Demiurgos eine grössere Tonhöhe und Tontiefe als uns Menschen zu Gebote stehen!

§ 10.
Die alten Heptachorde.

1. Scala des Philolaos, Terpanders Diezeugmenon-System
mit ausgelassener Trite.

Philolaos aus Kroton, der Diadoche des Pythagoras, wie ihn Nikomachus nennt, Platos älterer Zeitgenosse, war der erste, welcher über die Doctrin seines Meisters geschrieben hat. Seine Schrift fürte den Titel περὶ φύσιος, die Fragmente derselben sind von A. Boeckh gesammelt und erläutert. Aus dem ersten Buche derselben citirt Nikomachus p. 17 folgende Stelle: „Die ἁρμονία (Octave) besteht aus einer συλλαβά (Quarte) und einem δι' ὀξειᾶν (Quinte). Das δι' ὀξειᾶν ist um ein ἐπόγδοον (8:9) grösser als die συλλαβά. Denn von der ὑπάτα bis zur μέσα ist eine συλλαβά, von der μέσα bis zur νεάτα ein δι' ὀξειᾶν. Zwischen der τρίτα und der μέσα liegt ein ἐπόγδοον in der Mitte. Die συλλαβά ist ein ἐπίτριτον (3:4), das δι' ὀξειᾶν ein ἡμιόλιον (2:3), das διὰ πασᾶν ist das Verhältniss des Doppelten (1:2). So

enthält die ἁρμονία -fünf ἐπόγδοα und zwei διέσεις (Halbtöne);
das δι' ὀξειᾶν enthält drei ἐπόγδοα und eine δίεσις." Das System
des Philoláos, des Diadochen des Pythagoras, ist (vgl. Nikomachos a. a. O.) eine Octave von e — e̅, welche des Klanges c̄ entbehrt.

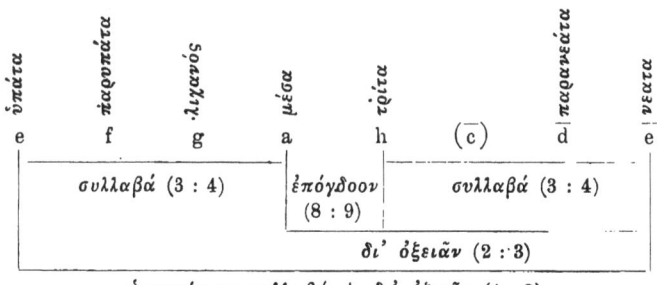

$$\dot{α}ρμονία = συλλαβά + δι' ὀξειᾶν \ (1 : 2).$$

Dies ist der älteste directe Bericht über Tonscalen des griechischen Melos, denn Philolaos ist (Diog. Laert. 9, 38) der Zeitgenosse des Demokrit, fast um eine Generation älter als Plato.
Aber das durch die diplasische Diastasis bezeichnete System des
Platonischen Timäus, in welchem jede Quarte und Quinte durch
Ganztöne und Halbtöne ausgefüllt sein soll und welches mithin
acht Klänge enthält, ist entschieden die Voraussetzung dieses
durch den älteren Bericht des Philolaos überlieferten Systemes,
in welchem innerhalb der höheren Quarte der dritthöchste Klang
ausgelassen ist, jener Klang, welchem der sonstigen Ueberlieferung zufolge derselbe Name τρίτη zukommt, welchen ın dem
Systeme des Philolaos der Klang h, die bei den übrigen Musikern
sogenannte παράμεσος, führt. Weshalb Philolaos seine musikalisch-
akustischen Erörterungen nicht an dem vollständigen Octavensystem, sondern an diesem unvollständigen des sechsten Klanges c̄,
der gewöhnlich sogenannten τρίτη, ermangelnden Oktachord klar
macht, kann nur darin seinen Grund haben, dass es zu seiner
Zeit bei den· Musiktheoretikern in besonders grossem Ansehen
stand. In den Aristotelischen Musik-Problemata 19, 32 heisst
es: ὅτι ἑπτά ἦσαν αἱ χορδαὶ τὸ ἀρχαῖον· εἶτ' ἐξελὼν τὴν τρίτην
Τέρπανδρος τὴν νήτην πρόςεθηκεν „vor Alters gebrauchte man
sieben Saiten; dann entfernte Terpander die Trite und fügte die
Nete hinzu." In einer anderen Stelle derselben Probleme heisst
es: Διὰ τί οἱ ἀρχαῖοι ἑπταχόρδους ποιοῦντες ἁρμονίας τὴν ὑπάτην, ἀλλ' οὐ τὴν. νήτην κατέλιπον, τὴν δὲ τρίτην ἐξήρουν κτέ.

Aristoteles sieht die Sache so an, als ob jene ἀρχαῖοι bereits das vollständige Oktachord vor sich gehabt hätten, und fragt, wie es komme, dass sie, wenn sie Melodien von sieben Klängen machten den untersten, aber nicht den obersten Klang (die Octave des tiefsten) dagelassen hätten (denn das bedeutet κατέλιπον): dies ist die vorterpandrische Form. Dann fragt er, ob sie nicht vielmehr beide Töne, den untersten und die obere Octave desselben dagelassen und die τρίτη entfernt hätten. Dies ist die von Philolaos beschriebene Form des Systemes.

Die ἀρχαῖοι der Aristotelischen Stelle erscheinen als dieselben, welche Plutarchs Musik-Dialog als παλαιοί bezeichnet: Ὅτι δὲ οἱ παλαιοὶ οὐ δι᾽ ἄγνοιαν ἀπείχοντο τῆς τρίτης ἐν τῷ σπονδειάζοντι τρόπῳ, φανερὸν ποιεῖ ἡ ἐν τῇ κρούσει γενομένη χρῆσις. Von dieser Stelle, auf die wir hier näher eingehen müssen, sagte Burney, sie sei die merkwürdigste in der gesammten Ueberlieferung der griechischen Musikquellen. Trotzdem ist sie von den feigenden Forschern, sowohl von Boeckh wie von Fr. Bellermann, unbeachtet geblieben. A. Fortlage, der mit Bellermann das grosse Verdienst hat, aus den Notentabellen des Alypius durch sorgfältige Forschung den griechischen Notenzeichen den ihnen gebührenden wahren Werth zu vindiciren, fällt über den Musikdialog Plutarchs besonders mit Rücksicht auf die in Rede stehende Stelle das Urtheil, dass die Schrift eitle Thorheit, dass sie reine Träume über einen fingirten Zustand der Vollkommenheit alter griechischer Musik enthalte, und dass er (Fortlage) selber, nachdem er jenem Büchlein eine nutz- und erfolglose Sorgfalt zugewandt habe, dasselbe jetzt (1845), wo er sich den Notentabellen des Alypius als der einzigen Quelle griechischer Musik zugewandt habe, als eitlen Tand und als unnützes Spielwerk bei Seite habe werfen müssen*). Fr. Ritschls kritischer Scharfblick wusste wohl den Werth der Plutarchischen Schrift zu würdigen.

In meiner Ausgabe des Plutarchischen Musikdialoges 1865 habe ich den Nachweis geführt, dass gerade das in Rede stehende Cap. 18, um dessentwillen Fortlage die Schrift Plutarchs als „eitlen Tand und als unnützes Spielwerk, welches man bei Seite werfen müsse," bezeichnet, eine wortgetreue Entlehnung aus den symmikta Sympolitika des Aristoxenus ist, des besten und getreuesten Bericht-

---

*) R. Westphal, Geschichte der alten und mittelalterlichen Musik 1865 S. VII.

erstatters über die alte Musik der Griechen. Will ein Forscher
quellenmässig verfahren, so darf er nicht die geringste Notiz, die
ihm in der von Fortlage so verächtlich behandelten Stelle überliefert wird, unbenutzt lassen. Dem ganzen Zusammenhange nach
besagt jene Stelle folgendes:

„Nicht Unkenntniss war bei ihnen der Grund eines so beschränkten Umfanges und so geringen Tongebietes, und nicht
aus Unwissenheit haben Olympus und Terpander und ihre Nachfolger für die eben genannten Eigenthümlichkeiten eine Vorliebe
gehabt, die Vieltönigkeit und Mannigfaltigkeit verschmähend. Dies
geht aus den Compositionen des Olympus und Terpander und der
demselben Stile Folgenden hervor. Denn bei ihrer Tonbeschränkung und Einfachheit zeichnen sie sich so sehr vor den form-
und tonreichen Compositionen aus, dass die Manier des Olympus
für Niemand erreichbar ist und dass jener alte Meister die in
Vieltönigkeit und Vielförmigkeit sich bewegenden Componisten
weit hinter sich zurücklässt."

„Dass aber die Alten nicht aus Unkenntniss sich beim Tropos
spondeiazon für die Gesangstimme der Trite c̄ enthielten, das
geht aus ihrer Anwendung dieses Klanges in der begleitenden
Stimme hervor, denn sie würden jenen Klang nicht als symphonischen Accordton zur Parhypate (Quinte) gebrauchen

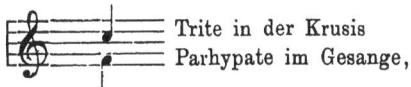

        Trite in der Krusis
        Parhypate im Gesange,

wenn sie ihn nicht anzuwenden wüssten. Offenbar hat die Schönheit des Eindrucks, welcher im Tropos spondaikos durch Nicht-
anwendung der Trite (c̄) entsteht, ihr Gefühl darauf geführt, die
Melodie mit Uebergehung der Trite (c) auf die Paranete (d) hin-
überschreiten zu lassen."

2. Terpanders Diezeugmenon-System mit ausgelassener Nete.

„Ebenso verhält es sich mit der Nete (ē). Denn auch diese
gebrauchten sie in der Begleitung als diaphonischen Accordton
zur Paranete (d) (Secunde)

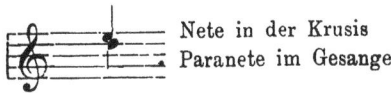

        Nete in der Krusis
        Paranete im Gesange

und als symphonischen Accordton zur Mese (a)

Nete in der Krusis
Mese im Gesange,

für die Melodie aber erschien die Nete (e) im Tropos spondaikos unpassend."

Durch das erste dieser beiden Beispiele werden die vorher angeführten Aristotelischen Worte „τὴν δὲ τρίτην ἐξῄρουν" erklärt. Es gibt zugleich eine Erläuterung des von Philolaos zu Grunde gelegten Klangsystemes, in welchem die von Aristoxenus so genannte diaton. τρίτη nicht vorhanden ist. Aus diesem ersten Beispiele lernen wir, dass die Scala des Philolaos nur eine Scala für die Gesangstimme ist, nicht aber eine Scala für die Klänge des begleitenden Saiteninstrumentes. Vielmehr war auf dem Saiteninstrumente, auf welchem zu der Terpandrischen Melodie die Krusis ausgeführt wurde, die Saite vorhanden, welche den vom Gesange vermiedenen Klang angab. Philolaos hat also nicht ein Saiteninstrument vor Augen, an dessen Klängen er seine Sätze von der ἁρμονία, συλλαβά, vom δι' ὀξειᾶν und ἐπόγδοον erläutert, sondern er legt seinen Deductionen das System zu Grunde, welches die Terpandriden für den Gesang zu Grunde legten.

Aus den beiden letzten Beispielen der Plutarchischen oder vielmehr Aristoxenischen Stelle, in denen es die Nete ist, welche die Gesangstimme unberührt lässt, während sie die Krusis als diaphonischen oder symphonischen Accordton verwendet, lernen wir eine dem Philolaischen Systeme analoge Scala der Gesangstimme kennen, auf welcher nicht die Trite, sondern die Nete ausgelassen ist:

Hypate	Parhypate	Lichanos	Mese	Paramese	Trite	Paranete
e	f	g	a	h	c͞	d͞

Während sich die auf sieben Klänge sich beschränkende Scala des Philolaos (mit fehlender Trite c͞) als erstes Terpandrisches Heptachord bezeichnen lässt, haben wir das vorstehende System (mit fehlender Nete e͞) als zweites Terpandrisches Heptachord anzusehen. Offenbar ist es diese Form des alten Heptachordes, welches Aristoteles zu Anfang des Probl. 19, 47 im Sinne hat: Διὰ τί οἱ ἀρχαῖοι ἑπταχόρδους ποιοῦντες τὰς ἁρμονίας τὴν ὑπάτην ἀλλ' οὐ τὴν νήτην κατέλιπον; ἢ οὐ τὴν ὑπάτην ἀλλὰ τὴν

νῦν παραμέσην καλουμένην ἀφῄρουν καὶ τὸ τονιαῖον διάστημα,
in der Uebersetzung des Theodorus Gaza: Cur veteres cum nervis
septem concentus disponerent, hypaten, non neten reliquerunt?
an non hypaten, sed eam quae paramese nostra tempestate voca-
tur, tonique intervallum reliquerunt?

3. Terpanders Synemmenon-System.

Noch eine dritte Form des alten Heptachordes wird uns überliefert. Nikomachos p. 14 beschreibt es: *ὥστε ἐν· τῇ ἀρχαιοτέρᾳ
τῇ ἑπταχόρδῳ πάντας ἐκ τοῦ βαρυτάτου ἀπ' ἀλλήλων τετάρτους
τῷ διὰ τεσσάρων ἀλλήλοις διόλου συμφωνεῖν, τοῦ ἡμιτονίου κατὰ
μετάβασιν τήν τε πρώτην καὶ τὴν μέσην καὶ (τὴν) τρίτην χώραν
μεταλαβόντας κατὰ τὸ τετράχορδον.* Die sieben Klänge dieses
Heptachordes sind

ὑπάτη	παρυπάτη	λιχανός	μέση	παραμέση τρίτη συνημμένων	παρανήτη συνημμένων	νήτη συνημμένων
e	f	g	a	b	c	d
τετράχορδον		συναφή		τετράχορδον		

Die Hypate hat denselben Klang wie die Hypate des Philolaischen Heptachordes und des alten Oktachordes. Die entsprechenden
Klänge der modernen Musik gehören somit der Transpositionsscala mit Einem b an. Wollen wir dieselben Töne in die Scala
ohne Vorzeichnung transponiren, so ergibt sich die Tonreihe

h   c   d   e   f   g   a.

Wie Nikomachus sagt, bildet hier der erste Klang (von der Tiefe
an) mit dem vierten, der zweite mit dem fünften, der dritte mit
dem sechsten, der vierte mit dem siebenten jedesmal eine Quarte*);
in der ersten Quarte liegt der Halbton an erster Stelle, in der
zweiten Quarte in dritter Quarte in der Mitte, in der vierten
Quarte wieder an erster Stelle.

Das erste und das vierte Tetrachord schliessen sich in continuirlicher Verbindung, von den alten Theoretikern *συναφή* (Verbindung) genannt, an einander. Daher erhält jeder der auf die
Mese nach oben zu folgenden Klänge in seiner Bezeichnung den

---

*) Dies ist die erste der beiden Alternativen, welche in der zweiten
Aristoxenischen Harmonik § 70 als erstes Axiom für die emmelischen Zu-
sammensetzungen der Intervalle ausgesprochen werden. Vgl. meine Uebersetzung und Erläuterung des Aristoxenus S. 305.

Zusatz *τρίτη συνημμένων, παρανήτη συνημμένων, νήτη συνημμέ-νων*. *Συναφή* und *συνημμένοι φϑόγγοι* ist dasselbe, was Aristoxenus in der Rhythmik *συνέχεια* und *συνεχής* nennt. Den Zusatz *συνημμένων* haben jene Klänge: Trite, Paranete, Nete der „verbundenen Klänge" im Gegensatze zu der *τρίτη, παρανήτη, νήτη διεζευγμένων*, womit die betreffenden Klänge des diazeuktischen Oktachordes und auch des daraus verkürzten Philolaischen Heptachordes bezeichnet werden:

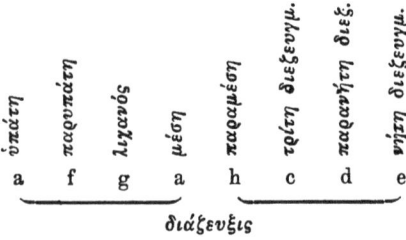

Ptolemäus bezeichnet das diazeuktische Oktachord und das Heptachord durch die Termini *σύστημα διεξευγμένον* und *σύστημα συνημμένον*. Im ersten folgt auf die *μέση* nach einem Ganzton-Intervalle die *παραμέση*, im letzteren folgt auf die *μέση* nach einem Halbton-Intervalle die *τρίτη συνημμένων*. Wo der Zusatz *συνημμένων* hinter *τρίτη, παρανήτη, νήτη* fehlt, ist stets die *τρίτη, παρανήτη, νήτη διεζευγμένων* gemeint.

Dass das Synemmenon-Heptachord bereits von Terpander angewandt wurde, geht aus der Notiz bei Plutarch de mus. 28 hervor, wo es von Terpander heisst: *καὶ τὸν Μιξολύδιον τόνον ὅλον προξεξευρῆσϑαι λέγεται*. Nun ist aber die Mixolydische Harmonie erst lange nach Terpander aufgekommen: Sappho ist die Erfinderin derselben Plut. de mus. 16. Jene Notiz besagt also dies, dass von Terpander bereits die Scala der Mixolydischen Harmonie h c d e f g a (h) aufgestellt sei. Versteht man die den Terpander als Erfinder der Mixolydischen Scala Nennenden von dem Synemmenon-Heptachorde, so ist alles klar. Freilich kann Terpander dasselbe nicht für die erst viel später aufgekommene Mixolydische Harmonie verwandt haben; denn Terpander componirte bloss in der Aeolischen, Boeotischen und Dorischen Harmonie. Die Scala des Diazeugmenon-Heptachordes von der Hypate an gerechnet ist die Dorische; nimmt man aber die Mese als Grundton, so ist dies der Grundton der Aeolischen Octave:

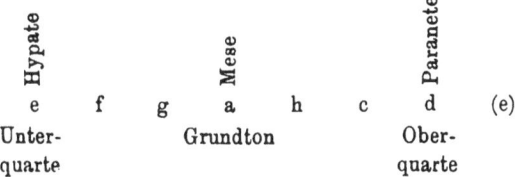

e   f   g   a   h   c   d   (e)

Unter-   Grundton   Oberquarte   quarte

Das Diezeugmenon-System stellt von der Hypate bis zur Paranete eine Aeolische Scala von der Unterquarte bis zur Oberquarte des in der Mitte (μέση) liegenden Aeolischen Grundtones dar.

Dass in der That ein Dorisches Heptachord für Aeolische
Melodien benutzt wurde, ergibt sich aus Pind. Ol. 1. Zu Pindars
Zeit gab es zwar schon umfangreichere Instrumente, aber Pindar
selber bedient sich (auch für die Aeolische Octavengattung) noch
des alten Heptachordes *).

In der ersten Olympischen Ode heisst es nun v. 17: ἀλλὰ
Δωρίαν ἀπὸ φόρμιγγα πασσάλου λάμβαν', εἴ τί τοι Πίσας τε καὶ
Φερενίκου χάρις νόον ὑπὸ γλυκυτάταις ἔϑηκε φροντίσιν. Das Instrument, mit welchem dies Epinikion begleitet wird, ist hiernach eine
Dorische Phorminx. Dann aber heisst es v. 100: ἐμὲ δὲ στεφα-
νῶσαι κεῖνον ἱππίῳ νόμῳ Αἰοληΐδι μολπᾷ χρή, die Melodie des
Gesanges ist also eine Aeolische. Wir wissen hieraus, dass die
Scala des begleitenden Instruments die plagalisch-äolische Tonart, welche auf der mit der Dorischen ὑπάτη beginnenden Phorminx enthalten war, umfasste. Vgl. Pind. fr. ap. schol. Pyth.
2, 127: Αἰολεὺς ἔβαινε Δωρίαν κέλευϑον ὕμνων. — Ob Pindar
zur Begleitung seiner Chorlieder das Diezeugmenon-Oktachord
oder das Synemmenon-Heptachord anwenden liess, lässt sich
natürlich nicht ermitteln; mit demjenigen des Philolaos war Pindars Heptachord schwerlich identisch, weil diesem die Trite fehlte,
welche schon in der archaischen Musik des Terpander als Beglei-
tungston zur Anwendung kam.

Dieselbe Stelle des Aristoxenus bei Plutarch de mus. 19,
welche uns diesen Gebrauch der Trite überliefert, belehrt uns
auch darüber, dass das Synemmenon-Heptachord nicht bloss als
Begleitungs-Instrument seine Stelle hatte, sondern dass es auch
für den Gesang zu Grunde gelegt wurde. Dort heisst es nämlich

---

*) Py. 2, 71: τὸ Καστόρειον δ' ἐν Αἰολίδεσσι χορδαῖς ἑκὼν ἄϑρησον χάριν
ἑπτακτύπου φόρμιγγος ἀντόμενος. Vgl. Nem. 5, 24: φόρμιγγ' Ἀπόλλων
ἑπτάγλωσσον χρυσέῳ πλάκτρῳ διώκων.

im Anschluss an die Anwendung der Trite und der Nete (diezeugmenon) als instrumentaler Accordtöne:

„Und nicht bloss die beiden genannten Klänge ($\overline{c}$ und $\overline{d}$)
haben die Alten in dieser Weise verwandt, sondern auch die
Nete des Synemmenon-Systemes; denn in der Krusis gebrauchen
sie Nete synemmenon als diaphonischen Accordton zur Paranete
(Secunde)

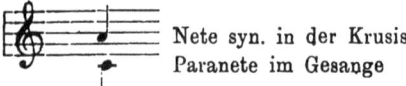

Nete syn. in der Krusis
Paranete im Gesange

und zur Parhypate (Sexte)

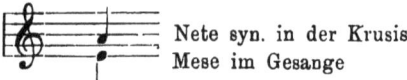

Nete syn. in der Krusis
Paranete im Gesange

und als symphonischen Accordton zur Mese (Quarte)

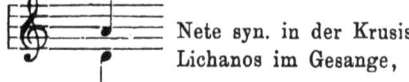

Nete syn. in der Krusis
Mese im Gesange

und zur Lichanos (Quinte)

Nete syn. in der Krusis
Lichanos im Gesange,

doch wenn ihn einer als Melodieton angewandt hätte, über den
würde man sich wegen des durch diesen Klang bewirkte Ethos
geschämt haben. Auch die Phrygischen Compositionen beweisen,
dass jener Ton (die Nete synemmenon a) dem Olympos und seinen
Nachfolgern nicht unbekannt war, denn sie wandten ihn [nicht
bloss in der Begleitung an, sondern gebrauchten ihn in den
Metroa und einigen anderen Phrygischen Compositionen auch für
die Melodie.“

4. Scala des Olympos mit ausgelassener Lichanos.

Auch hierüber ist der Bericht (bei Plut. de mus. 11) aus
Aristoxenus entlehnt:

„Vom Olympos nehmen die Musiker an, wie Aristoxenus
sagt, dass er der Erfinder des enharmonischen Tongeschlechtes
sei, denn vor ihm habe es nur diatonische und chromatische
Compositionen gegeben. Man denkt sich, dass diese Erfindung
folgendermassen vor sich gegangen sei.

„Als Olympos sich in der Diatonik bewegte und die Melodie
öfters mit Uebergehung der diatonischen Lichanos g nach der
diatonischen Parhypate hinführte, bald von der Paramese h aus

bald von der Mese a aus

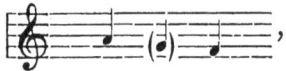

da empfand er die Schönheit des Ethos, und indem er die nach
dieser Analogie eingerichtete Scala bewunderte und sich zu eigen
machte, componirte er in ihr Dorische Melodien. Er habe weder
die der Diatonik, noch die der Chromatik eigenthümlichen Klänge
berührt, noch auch die der späteren Harmonik. Das seien nun
die Anfänge des enharmonischen Melos. Denn jene Musiker
stellen als den Anfang des enharmonischen Melos die Opfer-
spende-Melodie hin, in welcher keine der Tetrachordeintheilungen
die den drei Melosarten eigenartigen Klänge darbietet. Das
enharmonische Pyknon neben der Mese, dessen man sich jetzt
bedient

$$a \quad \overset{*}{a} \quad b$$

scheint eine Neuerung zu sein, welche nicht von dem alten
Olympos herrührt.“

„Es lässt sich das leichter einsehen, wenn man einen Auleten
nach archaischer Weise vortragen hört; denn dieser will, dass
auch das auf die Mese folgende Halbtonintervall a b ein unzusammengesetztes sei (kein zusammengesetztes a $\overset{*}{a}$ b). Solcher
Art seien nun die Anfänge des enharmonischen Melos. Später
aber sei das Halbintervall in zwei enharmonische Diesen getheilt, sowohl in den Lydischen wie in den Phrygischen Mele.
Olympos aber stellt sich als Förderer der Kunst dar, indem er
eine bei den Früheren noch nicht vorhandene und noch unbekannte
Kunstform eingeführt hat und Begründer des schönen Stiles
Hellenischer Musik geworden ist.“

Im ersten Theile dieser Stelle nennt Aristoxenus die Paramesos; er hat also das Systema diezeugmenon im Auge, von dem
er behauptet, dass Olympos die Lichanos ausgelassen habe:

Hypate	Parhypate	[Lichanos]	Mese	Paramesos	Trite diez.	Paranetediez.	Nete diez.
e	f	[g]	a	h	c	d	e

Im zweiten Theile hat Aristoxenus das Systema synemmenon im Auge; denn er spricht von einem auf die Mese folgenden Halbtonintervalle:

Hypate	Parhypate	[Lichanos]	Mese	Trite syn.	Paranete syn.	Nete syn.
e	f	[g]	a	b	c	d
e	f	g	a	a* b	[c]	d

Mese, Trite enharm., Paran. enharm.   Nete syn. enh.

Unterhalb der sieben Klänge des unverkürzten diatonischen Synemmenon-Systemes sind hier von der Mese an die Klänge des enharmonischen Synemmenon-Systemes angegeben: a* Trite enharmonios, b Paranete enharmonios, d Nete enharmonios. Der Klang c fehlt dem enharmonischen Synemmenon-Systeme, weil nach dem enharmonischen Pyknon a a* b nothwendig ein unzusammengesetzter Ditonos b d folgen muss, kein zusammengesetzter b c d (vgl. oben S. 47. 87).

In der archaischen Musik des Olympos — sagt Aristoxenus — war das auf die Mese folgende Halbintervall ein unzusammengesetztes a b, nicht wie in der enharmonischen Scala ein zusammengesetztes a a* b.

In der erst nach Olympos aufgekommenen enharmonischen Scala sind zwei diatonische Klänge ausgelassen, der Klang g und der Klang c, d. i. die diatonische Lichanos und die diatonische Paranete diezeugmenon. Wir haben keine Ueberlieferung, aus welcher hervorginge, dass in der Melopöie des Olympos ausser der Lichanos g auch der Klang d ausgelassen worden sei.

Hier ist § 52 der ersten Aristoxenischen Harmonik herbei-

zuziehen: „Der ganze Bewegungsraum der Lichanos beträgt einen
Ganzton; denn sie kann sich von der Mese nicht weniger als
einen Ganzton und nicht weniger als einen Ditonos (ein Intervall von zwei Ganztönen) entfernen.

```
a . . . . Mese . . . . . . . . . . . . . . . . . a
g . . . . höchste (diatonische) Lichanos  g
f . . . . tiefste (harmonische) Lichanos  f
e . . . . Hypate . . . . . . . . . . . . .  e
```

Aristoxenus fährt fort:

„Von diesem Satze wird das 'nicht weniger' von denen,
welche bereits mit dem diatonischen Geschlechte vertraut sind,
zugestanden; diejenigen, welche es nicht sind, dürften zustimmen,
wenn man sie darauf hinführt. Mit dem 'nicht mehr' sind die
einen einverstanden, die anderen nicht, — weshalb nicht, soll
gleich gesagt werden. Dass es nämlich eine Compositionsweise
(Melopöie) gibt, welcher eine mit der Mese einen Ditonos bildende Lichanos unerlässlich ist, ist den meisten von denen, welche
sich heutzutage mit Musik beschäftigen, nicht bekannt*); doch
dürfte es ihnen bekannt werden, wenn man sie darauf hinführte;
denjenigen aber ist es hinlänglich klar, welche mit den alten Compositionsweisen der ersten und zweiten Musikepoche vertraut sind."

Die alten Compositionsweisen der ersten Epoche sind die
des Olympos, welche den Halbton noch nicht in zwei Diesen
theilten. Die alten Compositionsweisen der zweiten Musikepoche
sind diejenigen, in welchen die enharmonischen Vierteltöne bereits zur Anwendung gelangen.

In der Recension meiner 1883 erschienenen Musik des griechischen Alterthumes sagt C. v. Jan Philol. Wochenschr. Nr. 43:
„Wir müssen uns hüten von einer 'Vereinfachung' der diatonischen Scala durch Olympos zu reden, wie der Verf. der Musik
des griechischen Alterthumes S. 117. 130 und sonst thut. Von
einem absichtlichen Ausstossen gewisser Klänge aus der Scala
kennt die Musikgeschichte kein Beispiel; wohl aber wissen wir,
dass die Kelten, Chinesen und andere Völker nur fünf Klänge
in ihrer Tonleiter hatten oder noch haben, und auf eine ähnliche
Scala werden wir die Nachrichten über Olympos und seine Enharmonik e f a beziehen müssen. Mit Terpander verhält es sich
wesentlich anders; er wollte mit sieben Saiten hoch e spielen und

---

*) Vgl. darüber die aus Aristoxenus entlehnte Stelle des Plutarchischen
Musikdialoges § 38.

musste darum einen Ton (wahrscheinlich aber h, nicht e, Nikom.
p. 9) von seinem Instrument fortlassen." Hierauf antwortete ich
ebendaselbst 1884 Nr. 3: Von einem Ausstossen der Klänge aus der
Scala darf man überhaupt nicht reden, sondern nur davon, dass die
alten Melopoioi um des Ethos willen — d. i. um gewisse Wirkungen
zu erreichen — für den Gesang in manchen Melopöien bestimmte
Töne der Scala nicht haben hören lassen. Friedrich Bellermann ist
nicht der Meinung, dass es unserer Musik hierfür an Beispielen
fehle; er macht darauf aufmerksam, dass auch in modernen Compositionen durch ein gewisses keusches Fernhalten mancher Töne,
ein gar·wohl zu fühlender tiefer Eindruck entsteht. C. v. Jan
lässt diese Auseinandersetzungen Bellermanns unbeachtet. Von
einer beabsichtigten Vereinfachung will Jan nichts wissen, „wohl
aber wissen wir, — sagt er — dass die Kelten, Chinesen und
andere Völker nur fünf Klänge in ihrer Tonleiter hatten oder
noch haben, und auf eine ähnliche Scala werden wir die Nachrichten über Olympos und seine Enharmonik e f a beziehen
müssen." C. v. Jan nimmt lieber zu den fernen Chinesen seine
Zuflucht, um Eigenthümlichkeiten der griechischen Musik zu erklären, als dass er sich bei dem ihm viel näher liegenden Plutarch Raths erholen möchte. Er liebt es, für die alte griechische
Musik sich von den alten griechischen Musikern fern zu halten. So
wird es schwer zu erkennen, woher er seine Behauptungen nimmt.
Am auffallendsten ist es, aus welcher Quelle er wissen mag, dass
Terpander mit „sieben Saiten hoch e spielen und deshalb von seinem
Instrumente den Ton h fortlassen musste." Wo bleibt bei diesem
wunderlichen Einfalle die ins Einzelne gehende Erörterung des
Aristoxenus, nach welcher es nicht Saiten des Instrumentes waren,
welche Terpander fortliess, sondern vielmehr bestimmte Klänge
des Gesanges, deren sich Terpanders Musik enthielt, während die
im Gesange absichtlich vermiedenen Klänge in der Krusis des
Instrumentes nicht fehlten, sondern als symphonische oder als
diaphonische Accordtöne gleichzeitig mit dem Gesange angegeben
wurden?

§ 11.

Das historische Aufkommen der nicht-diatonischen Scalen.

1. Entstehung des Enharmonion und Diatonon malakon.

Aristoxenus führt in der so eben besprochenen Stelle aus, dass
aus der vereinfachten diatonischen Scala des Olympos (der Scala

ohne Lichanos) bei den Späteren durch Einschaltung eines leiter-
fremden Klanges â die Enharmonik des Melos entstanden ist.
In analoger Weise ist aus der Scala des Olympos auch das Diatonon malakon und aus der vereinfachten diatonischen Scala des
Terpander (der Scala ohne Trite) das gemischte Diatonon hervorgegangen.

Wie aus der vereinfachten Olympischen Diatonik einerseits
die Enharmonik, andererseits die Chromatik hervorgegangen ist,
versucht F. Bellermann im Anonymus p. 30 darzustellen. Uebrigens
ist nach Bellermanns Auffassung die Einschaltung des eigenthümlich enharmonischen Klanges erst das Ergebniss einer späteren Musikperiode von· verdorbenem Geschmacke. Hierin wird
man dem verehrten Forscher unmöglich beistimmen können, so
wie man dem Plutarchischen Musikdialog 37ᵃ nicht unberücksichtigt lässt. Denn hier heisst es:

„Obwohl es drei Tongeschlechter gibt, die von einander durch
die Grösse der Intervalle und durch die Stufen der Töne, und
ebenso auch durch die Eintheilung der Tetrachorde verschieden
sind, so haben dennoch die Alten in ihren Schriften bloss ein
einziges Tongeschlecht behandelt. Meine Vorgänger (οἱ πρὸ ἡμῶν)
nämlich haben weder das chromatische, noch das diatonische,
sondern bloss das enharmonische und auch von diesem kein
grösseres Tonsystem als bloss die Octave berücksichtigt. Denn
dass es nur eine einzige Art der Harmonik gibt, darin waren
fast Alle einverstanden, während man sich über die verschiedenen
Arten der beiden anderen Tongeschlechter nicht einigen konnte.
Die jetzt Lebenden aber haben das schönste der Tongeschlechter,
dem die Alten seiner Ehrwürdigkeit wegen den meisten Eifer
widmeten, ganz und gar hintangesetzt, so dass bei der grossen
Mehrzahl nicht einmal das Vermögen, die enharmonischen Intervalle wahrzunehmen, vorhanden ist; sie sind in ihrer trägen
Leichtfertigkeit so weit herabgekommen, dass sie die Ansicht
aufstellen, die enharmonische Diesis mache überhaupt nicht den
Eindruck eines den Sinnen wahrnehmbaren Intervalles, und dass sie
dieselbe aus der Klasse der μελοδούμενα ausschliessen: diejenigen,
so sagen sie, hätten thöricht gehandelt, welche darüber eine Theorie
aufgestellt und dies Tongeschlecht in der Praxis verwandt hätten.
Als sichersten Beweis für die Wahrheit ihrer Aussage glauben
sie vor Allem ihre eigene Unfähigkeit vorzubringen zu dürfen,
ein solches Intervall wahrzunehmen. Als ob Alles, was ihrem

Gehör entginge, durchaus nicht vorhanden und nicht praktisch verwendbar sei! Sodann machen sie auch die Thatsache geltend, dass jene Intervallgrösse nicht durch eine Symphonie zu bestimmen sind*), wie dies doch bei dem Halbtone, dem Ganztone und den übrigen derartigen Intervallen der Fall ist. Sie wissen aber nicht, dass auf diese Weise auch die dritte, fünfte und siebente Intervallgrösse (von 3, 5, 7 enharmonischen Diesen) ausgeschlossen und dass dann überhaupt jedes ungerade Intervall als unbrauchbar verworfen werden müsste, da keines von ihnen durch ein symphonisches Intervall bestimmbar ist*).

„Demgemäss wäre keine andere Tetrachord - Eintheilung brauchbar als eine solche, in welcher nur gerade Intervalle vorkommen, also nur das Syntonon diatonon und das Chroma toniaion.

„Mit dergleichen Aussprüchen und Behauptungen widersprechen jene Musiker nicht nur der augenscheinlichen Thatsache, sondern stehen sogar mit sich selber in Widerstreit, denn es zeigt sich, dass sie selber gerade solche Tetrachordstimmungen verwenden, in welchen die meisten Intervalle entweder ungerade oder irrationale sind. Denn stets sind bei ihnen die Lichanoi und Paraneten zu tief gestimmt und auch von den unbeweglichen Tönen (Hypate, Mese, Paramese, Nete) stimmen sie einige tiefer, indem sie zugleich mit ihnen die Triten (c) und Parhypaten (f) zu einem irrationalen Intervalle herabstimmen. Und mit einer solchen Behandlung der Scala glauben sie den meisten Beifall zu finden, bei welcher — wie dies jeder mit richtigem Gehöre begabte einsieht — die meisten Intervalle irrational und nicht bloss die beweglichen, sondern auch die unbeweglichen zu tief gestimmt sind.“

Die zu Anfange dieser Stelle gebrauchten Worte: „meine Vorgänger haben weder·das chromatische noch das diatonische, sondern bloss das enharmonische Tongeschlecht, und auch von diesem kein grösseres Tonsystem als bloss die Octave berücksichtigt,“ diese Worte können nicht den Plutarch zum Urheber haben, vor welchem ja schon manche Musiker vom diatonischen und chromatischen Tongeschlechte gesprochen hatten. Plutarchs Musikdialog hat auch hier eine Schrift des Aristoxenus excerpirt. Im Anfange seiner ersten Harmonik schreibt nämlich Aristoxenus:

---

*) Im Sinne der zweiten Aristoxenischen Harmonik § 62 ff., vgl. meine Uebersetzung und Erläuterung S. 293.

„Was die früheren Bearbeiter der Harmonik betrifft, so ist es eine Thatsache, dass sie Harmoniker im eigentlichen und engeren Sinne des Wortes sein wollen ⟨nämlich Enharmoniker⟩. Denn bloss mit der Enharmonik haben sie sich befasst, die übrigen Tongeschlechter niemals in Erwägung gezogen. Zum Beweise dessen dient, dass ja bei ihnen bloss für die Systeme des enharmonischen Tongeschlechtes Diagramme vorliegen; für diatonische und chromatische hat man sie nie bei ihnen gefunden. Und doch sollte eben durch ihre Diagramme die ganze Ordnung des Melos klar gestellt werden. ⟨Ebenso ist es auch mit ihren sonstigen Darstellungen⟩, in denen sie bloss von den oktachordischen Systemen der Enharmonik sprechen, während über die übrigen Tongeschlechter und die übrigen Systeme in diesen und anderen Tongeschlechtern niemals einer von ihnen eine Forschung angestellt hat; vielmehr nehmen sie von dem dritten Tongeschlechte der ganzen Musik einen einzigen Abschnitt vom Umfange einer Octave und beschränkten hierauf ihre ganze Wissenschaft.“

Es ist also Aristoxenus, welcher in jener bei Plutarch erhaltenen Stelle (wahrscheinlich der symmikta Sympotika) über den zu seiner Zeit beginnenden Untergang der Enharmonik spricht. Dieselbe verdankt also nicht, wie Bellermann meint, erst einer späteren Musikperiode von bereits verdorbenem Geschmacke ihren Ursprung. Vielmehr sagt Aristoxenus von den Musikern seiner Zeit, deren Geschmacksrichtung gegenüber der Aeschyleischen und Pindarischen Musikperiode von ihm als eine herabgekommene bezeichnet wird, dass sie die alte Enharmonik mit ihren Vierteltönen nicht mehr gelten lassen wollten, — nicht etwa deshalb, weil ihnen bloss diatonische Musik gefallen hätte, sondern aus besonderer Antipathie gegen die enharmonischen Diesen; denn für die übrigen ungeraden und irrationalen Intervalle hatten diese Musiker, wie Aristoxenus sagt, eine grosse Vorliebe. Aristoxenus selber aber ist keineswegs ein Gegner der enharmonischen Diesen.

Die Blüthezeit der Enharmonik liegt also in der voraristoxenischen Musikperiode. Die archaischen Musikepochen — so erfahren wir aus der S. 86 angezogenen Stelle des Aristoxenus, kannte das durch enharmonische Diesen charakterisirte Melos noch nicht. Erst in der auf Olympos folgenden Zeit sei das Halbtonintervall in enharmonische Diesen getheilt worden, sowohl in den Lydischen wie in den Phrygischen Compositionen. Derjenige Meister, welcher diese Neuerung aufgebracht hat, war

der in die zweite Spartanische Katastasis der Musik gehörende
Kolophonier Polymnastus.   Ueber ihn wird im Plutarchischen
Musikdialog c. 10 berichtet:

Καὶ Πολύμνηστος δ᾽ αὐλῳδικοὺς νόμους ἐποίησεν. ἐν δὲ
τῷ ὀρϑίῳ νόμῳ τῇ ⟨ἐναρμονίῳ⟩ μελοποιίᾳ κέχρηται,
καϑάπερ οἱ ἁρμονικοί φασιν· οὐκ ἔχομεν δ᾽ ἀκριβῶς εἰπεῖν, οὐ γὰρ εἰρήκασιν οἱ ἀρχαῖοί τι περὶ τούτου.

Das hier in einer Klammer eingeschlossene Wort fehlt in der
handschriftlichen Ueberlieferung.   Meine Ausgabe des Plutarchischen Musikdialoges hat die Lücke durch ἐναρμονίῳ ausgefüllt
und wird, denke ich, damit das Richtige getroffen haben; denn
diese Notiz über die Melopöie des Polymnastus beruft sich auf die
ἁρμονικοί als ihre Quelle. Aus Aristoxenus wissen wir (vgl. oben),
dass die ἁρμονικοί über kein anderes Melos als das enharmonische
gesprochen haben; die Melopöie des Polymnastus, auf welche
sie sich unserer Stelle zufolge berufen haben, muss also eine
enharmonische Melopöie gewesen sein.   In meiner Musik des
griechischen Alterthums S. 131 ist dies des Näheren ausgeführt.
Dort ist auf folgendes hingewiesen: Aristoxenus sagt bei Plutarch c. 11: In der Zeit des Olympos sei der Halbton getheilt
worden, sowohl in den Lydischen wie in den Phrygischen Compositionen.   Wir wissen nun aus dem Plutarchischen Dialoge
c. 8: „zur Zeit des Polymnastus und des Sakadas gab es drei
Tonarten, die Dorische, die Phrygische und die Lydische.“ Der
nach Olympos lebende Meister Polymnastus, welcher in seinem
Nomos Orthios angewandt hat, war, wie uns ausdrücklich überliefert wird, auch mit dem Phrygischen und Lydischen bereits
bekannt.“

Es ist also eine sichere Ueberlieferung der alten Quellen,
dass das Pentachord des Diatonon syntonon

Hypate	Parhypate	Lichanos	Mese	Paramese
e	f	g	a	h

durch Olympos vermittelst Fortlassung des Lichanos zu folgender
Scala vereinfacht wurde

e	f	a	h
Hemi- tonion	Ditonos	Tonos	

und dass in der Zeit nach Olympos durch den Meister Polymnastus aus Kolophon in dieser vereinfachten Scala des Olympos in
der Mitte des Halbton-Intervalles der sogenannte enharmonische
Schaltton eingefügt wurde, welcher den Halbton in zwei enharmonische Diesen theilte

Durch welchen Meister aus der durch Olympos vereinfachten
diatonischen Scala die chromatischen Scalen herausgebildet worden
sind, darüber fehlen uns die Nachrichten.

Aber ausser den Enharmonion und den drei Chromata ist
aus der vereinfachten Scala des Olympos auch noch das Diatonon malakon entwickelt worden

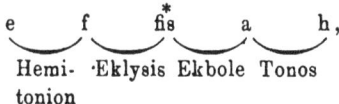

wo das Hemitonion e f ein unzusammengesetztes Intervall bleibt,
aber innerhalb des Ditonos ein leiterfremder Klang fis eingeschaltet wird, um drei enharmonische Diesen höher als der obere
Grenzklang des Halbton-Intervalles, um fünf enharmonische Diesen
tiefer als der untere Grenzklang des Ganzton-Intervalles. Nach
dem Berichte aus alter Quelle, welchen der Musikdialog Plutarchs c. 29 aufbewahrt hat, ist es wiederum der Kolophonische
Meister Polymnastus, welcher das Diatonon malakon zuerst eingeführt hat, denn dort heisst es:

*Πολυμνάστῳ δὲ τόν θ᾽ ὑπολύδιον νῦν ὀνομαζόμενον τόνον
ἀνατιθέασι καὶ τὴν ἔκλυσιν καὶ τὴν ἐκβολήν, ⟨καὶ τὰ
συστήματα⟩ πολὺ· μείζω πεποιηκέναι φασὶν αὐτόν.*

2. Die Entstehung des gemischten Diatonon
aus der vereinfachten Scala Terpanders.

Der erste Pythagoreer, von welchem uns directe Mittheilungen
über die griechischen Tonscalen gemacht sind, ist der um eine
Generation als Plato ältere Philolaos aus Kroton. Der zweite
ist Archytas aus Tarent, der Zeitgenosse und persönliche Freund
Platos. Seine Blüthezeit fällt in die Jahre 400—365 v. Chr.
Er ist also um eine Generation jünger als sein Heimathsgenosse,
der Tarentiner Aristoxenus, kennt aber das von Aristoxenus in

der zweiten Harmonik § 107 aufgestellte gemischte Diatonon. Von den über Musik handelnden Schriften des Archytas besitzen wir das durch Ptolemäus' Harmonik 1, 14 überlieferte Verzeichniss der von Archytas aufgestellten Tonscalen. Archytas gibt hier für die vier Klänge des enharmonischen, chromatischen und diatonischen Tetrachordes (Nete, Paranete, Lichanos, Mese) in der Weise des Pythagoras die akustischen Zahlen an, so dass von den Quotienten der Nenner den tieferen, der Zähler den höheren Klang darstellt. Es lässt sich das von Archytas angegebene Tetrachord nach dem Vorgange der zweiten Aristoxenischen Harmonik § 107 leicht bis zum Pentachorde vervollständigen, da die Mese zur Paramese sich nach der Pythagoreischen Akustik wie 8 : 9 verhält. Nach der von F. Bellermann (Anonymus p. 68) angegebenen Methode führen wir die von Archytas statuirten Zahlenverhältnisse auf gleiche Benennung mit den Aristoxenischen Klangbestimmungen zurück.

	Hyp.	Parh.	Lich.	Mese	Para.

Enharmonion.

	27 : 28	+ 35 : 36	4 : 5	8 : 9	
	e	e	f	a	h
	1	$\frac{28}{27}$	$\frac{16}{15}$	$\frac{4}{3}$	$\frac{3}{2}$
	$\left(\sqrt[24]{2}\right)^0$	$\left(\sqrt[24]{2}\right)^{1,259}$	$\left(\sqrt[24]{2}\right)^{2,234}$	$\left(\sqrt[24]{2}\right)^{9,961}$	$\left(\sqrt[24]{2}\right)^{14,039}$

(gemischtes) Chromatikon.

	27 : 28	+ 224 : 243	27 : 32	8 : 9	
	e	e	f	a	h
	1	$\frac{28}{27}$	$\frac{9}{8}$	$\frac{4}{3}$	$\frac{3}{2}$
	$\left(\sqrt[24]{2}\right)^0$	$\left(\sqrt[24]{2}\right)^{1,259}$	$\left(\sqrt[24]{2}\right)^{4,078}$	$\left(\sqrt[24]{2}\right)^{9,961}$	$\left(\sqrt[24]{2}\right)^{14,039}$

(gemischtes) Diatonon.

	27 : 28	+ 7 : 8	8 : 9	8 : 9	
	e	e	f	a	h
	1	$\frac{28}{27}$	$\frac{32}{27}$	$\frac{4}{3}$	$\frac{3}{2}$
	$\left(\sqrt[24]{2}\right)^0$	$\left(\sqrt[24]{3}\right)^{1,259}$	$\left(\sqrt[23]{2}\right)^{5,882}$	$\left(\sqrt[24]{2}\right)^{9,961}$	$\left(\sqrt[24]{2}\right)^{14,039}$

Archytas gebraucht die Namen Chromatikon und Diatonon schlechthin ohne weiteren Zusatz; aber nachdem die Auseinandersetzungen des Aristoxenus, die er in der zweiten Harmonik § 107. 108 gibt, gebührend klar gestellt sind, kann es nicht zweifelhaft sein, dass Archytas unter seinem Chromatikon und seinem Diatonon dasselbe versteht, was nach der Doctrin des Aristoxenus als gemischtes Chromatikon und als gemischtes Diatonon zu bezeichnen ist. Archytas gibt dem gemischten Chromatikon und dem gemischten Diatonon dieselbe Parhypate wie seinem Enharmonion. Es kommt diese Hypate des Archytas

$$\overset{+}{e} = \left(\sqrt[24]{2}\right)^{1,259}$$

der Parhypate des Aristoxenischen Chroma malakon

$$\overset{*}{e} = \left(\sqrt[24]{2}\right)^{1,333}$$

so nahe als möglich:

Auch mit Hülfe unserer schärfsten akustischen Instrumente wird sich schwerlich ein Unterschied zwischen beiden Klängen bemerken lassen. Der bloss nach dem Gehöre die Tonhöhe beurtheilende Aristoxenus, wenn auch das Gehör des alten Griechen viel feiner als das unsrige sein mochte, würde unbedenklich der Ansicht sein, dass die von seinem älteren Landsmanne Archytas überlieferte Klanghöhe der chromatischen und zugleich diatonischen Parhypate die nämliche sei, welche er selber (Aristoxenus) der Parhypate des Chroma malakon vindicirt, und dass überhaupt die von Archytas dem Diatonon zugewiesenen Klangwerthe mit demjenigen Diatonon übereinkommen, welches er selber in der zweiten Harmonik als διάτονον ἐκ τριῶν bezeichnet.

Erweitern wir das von Archytas als einziges Diatonon aufgeführte Tetrachord zur vollständigen Octave, so ergibt sich

Hypate	Parhypate	Lichanos	Mese	Paramesos	Trite	Paranete	Nete
c	$\overset{+}{e}$	[f]	g	a	h	$\overset{+}{h}$	[c]	d	e

Im unteren Tetrachorde dieser Octave fehlt die diatonische Parhypate f, statt deren eine chromatische Parhypate $\overset{+}{e}$ von merklich tieferem Klange eingefügt ist; im oberen Tetrachorde fehlt die diatonische Trite c, wogegen eine chromatische Trite $\overset{+}{h}$ eingeschaltet ist. Nach Archytas ist der eingeschaltete Klang $\overset{+}{e}$ um eine enharmonische Diesis höher als der zunächst tiefere dia-

tonische Klang; wenigstens ist nach Archytas die Parhypate im
Diatonon und Chromatikon genau von derselben Tonstufe wie die
enharmonische Parhypate

Sehen wir von den nichtdiatonischen Klängen ab, welche in
die diatonische Scala des Archytas eingeschaltet sind, so berührt
sich die vorliegende Octavenscala des Archytas am meisten mit
dem (diatonischen) Systeme des Philolaos, welches der diatonischen Trite entbehrt. Schon oben wurde darauf hingewiesen,
dass diese Scala des Philolaos mit dem vereinfachten Systema
diezeugmenon des Terpander übereinkommt, in welchem für den
Gesang, nicht aber für die Begleitung, die Trite ausgelassen war.
In der nach der Angabe des Archytas construirten Octave erblicken wir Terpanders vereinfachte Scala in ähnlicher Weise
durch nichtdiatonische Schalttöne erweitert, wie in die vereinfachte
Diatonik des Olympos durch den Meister Polymnastus nichtdiatonische Schalttöne eingefügt worden sind. Die vereinfachte Scala
Terpanders ist durch Einfügung nichtdiatonischer Klänge zu dem
geworden, was Aristoxenus ein (gemischtes) διάτονον ἐκ τριῶν
nennt, derselben Scala, welche Archytas als einziges Diatonon
aufführt. Nothwendig also muss das gemischte Diatonon zur
Zeit des Archytas das vornehmste, das in der musikalischen Praxis
mit Auszeichnung gebräuchliche gewesen sein. Die Einreden,
welche C. v. Jan gegen diese von mir in der Musik des griechischen Alterthumes aus der Vergessenheit hervorgezogene Scala
in der Berliner philologischen Wochenschrift machen zu müssen
glaubte, habe ich in derselben Zeitschrift 1884 Seite 546 gebührend berücksichtigt. Die dort von mir gegebene Entgegnung
mag hier in der Anmerkung wiederholt werden*).

---

*) Ich glaubte ein gutes Werk zu thun, dass ich diese Scala des Ar-
chytas aus der Vergessenheit hervorzog und auch bei Aristoxenus als „gemischtes Diatonon mit drei ungleichen Intervallgrössen" nachwies. Aber wie,
vieles andere, von dem spätere Forscher sagen werden, ich hätte mich
dadurch um die Theorie des griechischen Melos verdient gemacht, wird
mir von C. v. Jan auch dieses verargt. Wie lange wird das noch· an-
dauern? C. v. Jan sagt: „Die Stelle des Aristoxenus ergibt freilich eine
Stimmung, welche mit dem Diatonon des Archytas verwandt ist. Aristoxenus führt sie aber als eine untergeordnete, seltene Stimmung an
und war offenbar nicht der Ansicht, dass in ihr allein die eigentliche und wahre Musik verborgen sei." [Das sagt C. v. Jan, nicht
ich!] „Aber von den Schülern und Excerptoren wurde diese gemischte Gattung gänzlich übergangen" [Wiederum ist es C. v. Jan,

Plato lässt den Pythagoreer Timaios die vollständige diatonische Scala seinen Erörterungen zu Grunde legen. Der vorplatonische Pythagoreer Philolaos legt die durch Terpander vereinfachte diatonische Scala zu Grunde. Archytas geht von dem gemischten Diatonon aus. So muss wohl in der Zeit des Philolaos das vereinfachte diatonische Systema diezeugmenon, zu Archytas' Zeit

welcher dies behauptet; ich meinerseits habe bei Pseudo-Euklides, dem getreuesten aller Aristoxenus-Excerptoren, „diese gemischte Gattung" unwiderleglich· nachgewiesen, was C. v. Jan wiederum unberücksichtigt lässt.] „Auch der deutsche Herausgeber des Aristoxenus, P Marquardt, hat diese unwesentliche Gattung so gut wie gar nicht beachtet." [Er hat vielmehr der Stelle von den gemischten Gattungen, welche der Aristoxenus-Text überliefert, eine hyperkritische Beachtung gewidmet, denn er hält sie der sonstigen Aristoxenischen Lehre für so widersprechend, dass er hauptsächlich um ihretwillen die gesammte uns handschriftlich überkommene Harmonik des Aristoxenus für ein Byzantinisches Machwerk erklärt.] „Allgemeiner Anerkennung erfreute sie sich also nicht." Nach Ptolemäus ist sie das einzige Diatonon, welches von der Theorie des Archytas aufgeführt wird; Ptolemäus selber theilt uns mit, dass die Kitharoden und Lyroden seiner Zeit überhaupt von keinem anderen als nur von dem Diatonon toniaion (d. i. dem Diatonon des Archytas) vollständige Octaven bilden, während von dem Diatonon syntonon und dem Diatonon des Pythagoras niemals eine vollständige Octave, sondern stets nur ein einzelnes Tetrachord in einer Combination mit dem Diatonon toniaion des Archytas verwendet werde. Also von Archytas (vor Aristoxenus) bis auf Ptolemäus war das Diatonon toniaion, so viel wir sehen, in continuirlichem Gebrauche, und noch dazu in der Epoche des Ptolemäus in nahezu ausschliesslichem Gebrauche. Zudem liegt dieses Diatonon toniaion, aber nicht das Diatonon syntonon der Instrumentalnotirung durch Buchstaben des alten Dorischen Alphabetes zu Grunde. Ich verstehe Herrn C. v. Jan nicht, dass er das Diatonon des Archytas eine „untergeordnete" Stimmung nennt, eine unwesentliche Gattung, die so gut wie gar nicht beachtet sei. „Allgemeiner Anerkennung also erfreute sie sich nicht!" Nach den Musikquellen zu urtheilen gibt es keine andere Stimmung, welche sich so grosser Anerkennung wie das Diatonon toniaion erfreute, auch wenn der Grund der Vorliebe für diese Scala, welche in der modernen Musik durchaus nichts Analoges hat, uns völlig unbekannt bleiben muss. Was C. v. Jan von Aristoxenus sagt, dass dieser sie als eine untergeordnete seltene Stimmung an allerletzter Stelle anführe, verstehe ich nicht, würde aber sehr froh sein, wenn wir den Abschnitt von der Mischung der Tongeschlechter, welchen die Aristoxenische Harmonik enthielt, wieder auffänden. Dann wüssten wir, was von Arist. über die Verwendung des gemischten Diatonon gesagt war. In den uns handschriftlich erhaltenen Partien der Aristoxenischen Harmonik ist nur dies gesagt, dass sie als eine Scala ἐμμελής im Gebrauch war. Aber wie? ob selten? ob an allerletzter Stelle? Davon sagen die mir zugänglichen Handschriften des Aristoxenus (ich bezweifle, dass C. v. Jan noch andere kennt) nicht ein einziges Wort.

7*

das gemischte Diatonon das geläufigere gewesen sein. Nach Archytas wird das letztere zuerst von seinem jüngeren Landsmanne Aristoxenus (als διάτονον ἐκ τριῶν) erwähnt. In der Zeit Marc Aurels wird die Anwendung dieser Scala ausführlich von Claudius Ptolemäus beschrieben. Bei ihm führt die Scala den Namen „Diatonon toniaion". Damals ist (bei den Zeitgenossen des Ptolemäus) das Diatonon des Archytas geradezu die häufigste Scala, sowohl bei den Kitharoden wie bei den Lyroden, während das ungemischte Diatonon syntonon als selbständige Scala so gut wie gar nicht vorkommt.

Ob Polymnastus, den die ἁρμονικοί als Erfinder des Enharmonion und des Diatonon malakon nennen, auch das gemischte Diatonon, von Ptolemäus Diatonon toniaion genannt, aufgebracht hat? Darüber fehlen directe Nachrichten. Später wird sich zeigen, dass der Erfinder der griechischen Instrumentalnoten bei der Notirung der diatonischen Scala nicht das Diatonon syntonon, sondern das Diatonon mikton oder toniaion im Auge hatte.

Den Tetrachorden des Archytas zufolge würden wir annehmen müssen, dass auch im Chroma die gemischte chromatische Scala, welche die Lichanos des Chroma toniaion mit der Parhypate des Chroma malakon verbindet, schon vor der Zeit des Aristoxenus in der praktischen Musik sehr gebräuchlich war.

§ 12.

Platos Nomoi über die Heterophonie des diatonischen und nicht-diatonischen Melos.

In der zweiten unveränderten Auflage des ersten Bandes der Ambros'schen Geschichte der Musik S.. 453 heisst es:

„Von einer Harmonie in unserem Sinne ist nirgends die leiseste Erwähnung. Dennoch hat die Frage, ob die Griechen eine Harmonie, wie wir sie besitzen, gekannt haben, von jeher einen Tummelplatz gelehrter Kämpfe abgegeben, bei denen es an aufwirbelndem Staube, Schlachtgeschrei und Hieben in die Luft nicht gefehlt hat. Am weitesten ging Franchinus Gafurius von Lodi, welcher in dem Werke des Bacchios Kenntniss nicht allein der Harmonie, sondern auch des Contrapunktes zu finden wähnte. Minder resolut waren Zarlino, Doni und Zacharias Tevo; sie schrieben den Griechen den Gebrauch der Harmonie, wenn auch nicht des Contrapunktes, zu; Isaak Vossius focht für dieselbe Meinung mit Faust und Kolben. Noch in neuerer Zeit hat sich ihnen Marpurg, in neuester August Boeckh und Casimir Richter angeschlossen. Dagegen sprechen Glareanus, Salinas, Cerone, Artusi, Keppler, Wallis, P. Martini, Burney, Forkel und Bürette und neuestens Friedr. Bellermann und Fétis ihnen Kenntniss und Gebrauch der Harmonie ab. Ueber Gafors griechischen Contrapunkt hat sich schon Bontempi sehr nachdrücklich ausgelassen. Die Philhellenen blieben in der Minderzahl und haben einstweilen die Schlacht verloren; es ist auch keine Aussicht da, die Gegner durch irgend ein aufzufindendes antikes Lehrbuch des Generalbasses und Contrapunktes in neuem Angriffe aus dem Felde zu schlagen, oder etwa in der Gegend des Perikleischen Odeions eine hellenische Partitur auszugraben. Das Hauptargument für den Gebrauch der Harmonie bei den Griechen war von jeher eine Stelle des Platon, durch welche sich schon Zarlino zu einer solchen Ansicht bewegen liess. Sie lautet:

„Es soll also der Meister der Lyra und sein Schüler in gleicher Weise spielen wegen der Reinheit des Tones der Saiten, und sie sollen sich begnügen, getreulich die vom Tonsetzer vorgeschriebenen Töne wiederzugeben. Was die Veränderungen auf der Lyra betrifft, wenn nämlich die Lyra gewisse Züge, die in der Composition nicht vorkommen, ausführt, dass man die Symphonie und Antiphonie zwischen dem dichten und weiten (Klanggeschlecht), der schnellen und langsamen Bewegung, der Höhe und Tiefe anbringt, und so auf der Lyra alle Arten rhythmischer Veränderungen hören lässt: so ist es nicht nöthig, alle diese Feinheiten den Kindern einzuüben, welche nur drei Jahre (Zeit) haben, um so schnell als möglich zu erlernen, was die Musik Nützliches hat. Die Entgegensetzungen verwirren die Gedanken, und machen unfähig sie zu fassen: es sollen aber unsere jungen Leute im Gegentheil so leicht als möglich lernen u. s. w."

Die Stelle ist nicht gerade sehr deutlich; aber so viel (sagte man) geht doch evident daraus hervor, dass Lehrer und Schüler allenfalls auch in nicht gleicher Weise spielen können, das heisst: dass der Lehrer eine zweite Stimme secundirend ausführt, was ohne Anwendung der Harmonie nicht möglich ist, folglich besassen die Griechen deren Gebrauch, was zu beweisen war."

Soweit die erste und zweite Auflage der Ambros'schen Geschichte der Musik. Der verdiente Verfasser setzt voraus, dass eine ähnliche Stelle über die Zweistimmigkeit der griechischen Musik nirgends vorhanden sei, und glaubt deshalb, dass sich aus diesen Worten Platos nicht viel beweisen lasse. Das hat sich nun aber seit der Zeit, wo Ambros dies niederschrieb, ganz anders herausgestellt. Ambros macht namentlich dies geltend, dass von einer Zweistimmigkeit bei keinem der griechischen Fachmusiker die Rede sei. Nun ist es aber kein geringerer Fachmusiker als Aristoxenus von Tarent, also die höchste Autorität unter den Musikschriftstellern der Griechen, welcher für die archaische Musikperiode ausführt, dass zu den Klängen des Gesanges von dem begleitenden Instrumente divergirende Klänge angegeben seien. Dass also schon in der frühesten Kunstepoche die Musik der Griechen eine zweistimmige war, steht durch sichere Ueberlieferung fest. Wir werden es für etwas nicht bloss Zufälliges halten dürfen, wenn Aristoteles in den musikalischen Problemen 19, 12 sagt:

„διὰ τί τῶν χορδῶν ἡ βαρυτέρα ἀεὶ τὸ μέλος λαμβάνει;"
Aristoteles redet von zwei Instrumentalstimmen, von denen eine die Melodie, die andere die Begleitung ausführt, von einem Instrumental-Duette. Die Melodie werde immer von der tieferen der beiden Saiten übernommen, wie es auch nach der Aristoxenischen Stelle bei Plutarch der Fall ist.

Wie jene Stelle der Aristotelischen Probleme redet auch Plato in den Nomoi von einem zweistimmigen Instrumentalduette, von Schüler und Musiklehrer ausgeführt. Diese Zweistimmigkeit divergirender Principal- und Begleitungsstimme bezeichnet Plato mit dem Ausdrucke Heterophonia, den wir als Terminus technicus in ähnlichem Sinne wie die erst von Lasos eingeführte Polyphonia anzusehen haben. Neuerdings hat Dr. Demetrios Sakellarios aus Athen der Stelle der Platonischen Nomoi eine sehr eingehende Untersuchung gewidmet. Er hatte die grosse Freundlichkeit, von seiner bis zum heutigen Tage (1. Sept. 1884) ungedruckten Arbeit mir auf meine Bitte folgenden Auszug zur Aufnahme in die dritte Auflage der griech. Harmonik zu überlassen. Die Stelle in Platons Nomoi 7, 812 lautet:

Τούτων τοίνυν δεῖ χάριν τοῖς φθόγγοις τῆς λύρας προςχρῆσθαι σαφηνείας ἕνεκα τῶν χορδῶν τόν τε κιθαριστὴν
καὶ τὸν παιδευόμενον, ἀποδιδόντας πρόσχορδα τὰ φθέγματα
τοῖς φθέγμασι· τὴν δὲ ἑτεροφωνίαν καὶ ποικιλίαν τῆς
λύρας, ἄλλα μὲν τὰ μέλη τῶν χορδῶν ἱεισῶν, ἄλλα δὲ

τοῦ τὴν μελῳδίαν ξυνθέντος ποιητοῦ, καὶ δὴ καὶ πυκνότητα μανότητι καὶ τάχος βραδυτῆτι καὶ ὀξύτητα βαρύτητι
ξύμφωνον καὶ ἀντίφωνον παρεχομένους, καὶ τῶν ῥυθμῶν
ὡσαύτως παντοδαπὰ ποικίλματα προςαρμόττοντας τοῖσι
φθόγγοις τῆς λύρας, πάντα οὖν τὰ τοιαῦτα μὴ προςφέρειν
τοῖς μέλλουσιν ἐν τρισὶν ἔτεσι τὸ τῆς μουσικῆς χρήσιμον
ἐκλήψεσθαι διὰ τάχους· τὰ γὰρ ἐναντία ἄλληλα ταράττοντα
δυςμαθίαν παρέχει.

Sie wurde ausführlich erklärt von G. Stallbaum in der Schrift:
Musica ex Platone secundum locum legg. VII p. 812. Lipsiae 1846.

Platon spricht von dem Unterrichte, welcher den Kindern vom
9. bis zum 12. Jahre in der Musik ertheilt werden soll. Ein Kitharist soll sie im Lyraspiel unterrichten. Unter der Anleitung desselben soll der Knabe auf der Lyra die Melodien eines Componisten
ausführen. Der unterweisende Kitharist soll dieselbe Stimme mit-
spielen. Dies ist von Platon mit folgenden Worten ausgedrückt:
τούτων δεῖ χάριν τοῖς φθόγγοις τῆς λύρας προςχρῆσθαι σαφηνείας ἕνεκα
τῶν χορδῶν τόν τε κιθαριστὴν καὶ τὸν παιδευόμενον, ἀποδιδόντας πρόςχορδα τὰ φθέγματα τοῖς φθέγμασι d. i. „deshalb sollen der Reinheit
der Töne wegen sowohl Kitharist wie Zögling die Lyraklänge dergestalt angeben, dass sie die Melodie in Unisono-Klängen wieder-
geben." Der von Platon gebrauchte Ausdruck πρόςχορδα ist der
musikalische Terminus technicus für unison d. i. einstimmig*).

Dieser von Platon anempfohlenen Weise des Spieles stellt er in
den darauf folgenden Sätzen eine andere Weise entgegen, welche für
jenes Alter nicht förderlich sein soll:

„Τὴν δ' ἑτεροφωνίαν καὶ ποικιλίαν τῆς λύρας, ἄλλα μὲν τὰ μέλη
τῶν χορδῶν ἱεισῶν, ἄλλα δὲ τοῦ τὴν μελῳδίαν ξυνθέντος ποιητοῦ."
Ἑτεροφωνία bezeichnet unstreitig eine Art des Spieles, welche
dem „πρόςχορδα τὰ φθέγματα τοῖς φθέγμασι" entgegensteht, den Gegensatz zur Unisonität oder Homophonie, — ein Spiel, wo die beiden
Stimmen des Lehrers und des Schülers nicht unison sind.

Das Wort ἑτεροφωνία wird weiterhin bestimmt durch „ποικιλία
τῆς λύρας", wofür die Erklärung gegeben wird „ἄλλα μὲν τῶν χορδῶν ἱεισῶν, ἄλλα δὲ τοῦ τὴν μελῳδίαν ξυνθέντος ποιητοῦ": Das Melos,
das die Saiten von sich geben, ist ein anderes als die Melodie, welche
der Componist gesetzt hat. Der Componist scheint hiernach bloss
die Melodie gemacht zu haben; das Saitenspiel des Kitharisten gibt
etwas von der Melodie des Componisten Verschiedenes.

---

*) Cfr. Plut. de mus. 28, wo es von Archilochus heisst: οἴονται δὲ καὶ
τὴν κροῦσιν τὴν ὑπὸ τὴν ᾠδὴν τούτον πρῶτον εὑρεῖν, τοὺς δ' ἀρχαίους
πάντα πρόςχορδα κρούειν.

Mit der Partikel καὶ·δή wird im Einzelnen ausgeführt, worin die ἑτεροφωνία „das Abweichen des Kitharisten von der Melodie des Componisten" besteht. Es besteht in folgenden vier Punkten:

1) καὶ πυκνότητα μανότητι,
2) καὶ τάχος βραδυτῆτι,.
3) καὶ ὀξύτητα βαρύτητι ξύμφωνον καὶ ἀντίφωνον παρεχομένους,
4) καὶ τῶν ῥυθμῶν ὡσαύτως παντοδαπὰ ποικίλματα προσαρμόττοντας τοῖσι φθόγγοις τῆς λύρας.

Das Verbum, welches zum Substantivum in Nr. 1 und 2 zu ergänzen ist, ist dasselbe wie Nr. 3 παρεχομένους; die Verba παρεχομένους καὶ συναρμόττοντας sind synonym. Der Sinn ist bei παρεχομένους „durch sich selber darbieten", bei προσαρμόττοντας „hinzufügen". Der Kitharist bietet in der von ihm ausgeführten Stimme gleichsam aus eigenen Mitteln zu der Melodie des Componisten etwas Neues dar, — er fügt zur Melodie des Componisten etwas hinzu.

Dasjenige nun, was der Kitharist zu der Melodie des Componisten hinzubringt, ist ein Vierfaches:

1) Zur μανότητι des Componisten bringt der Kitharist πυκνότητα hinzu.

2) Zur βραδυτῆτι des Componisten bringt der Kitharist τάχος hinzu.

3) Zur βαρύτητι bringt der Kitharist ὀξύτητα ξύμφωνον καὶ ἀντίφωνον hinzu.

4) Zu den φθόγγοις τῆς λύρας des Componisten bringt der Kitharist τῶν ῥυθμῶν παντοδαπὰ ποικίλματα hinzu.

Für die drei ersten Punkte muss zur Vervollständigung des ersten und zweiten etwas aus dem dritten ergänzt werden und zwar entweder bloss das Wort παρεχομένους: Dann haben wir zu verstehen

1) καὶ πυκνότητα μανότητι $\left.\vphantom{\begin{matrix}a\\a\\a\end{matrix}}\right\}$
2) καὶ τάχος βραδυτῆτι $\left.\vphantom{\begin{matrix}a\\a\\a\end{matrix}}\right\}$ παρεχομένους
3) καὶ ὀξύτητα βαρύτητι

     ξύμφωνον καὶ ἀντίφωνον,

oder ausser dem Worte παρεχομένους die beiden Adjectiva ξύμφωνον καὶ ἀντίφωνον. Dann ist der Sinn

1) καὶ πυκνότητα μανότητι $\left.\vphantom{\begin{matrix}a\\a\\a\end{matrix}}\right\}$
2) καὶ τάχος βραδυτῆτι $\left.\vphantom{\begin{matrix}a\\a\\a\end{matrix}}\right\}$ ξύμφωνον καὶ ἀντίφωνον παρεχομένους.
3) καὶ ὀξύτητα βαρύτητι

Hierüber spricht Burette in den Mémoires de littérature tirés des registres de l'académie royale des inscriptions et belles lettres tome VIII MDCCXXXIII p. 12 in dem Aufsatze Discours dans lequel on rend compte de divers ouvrages modernes touchant l'ancienne musique.

Vor Burette hatte Pater Bougeant folgende Uebersetzung gegeben: pour ce qui encore de savoir comparer la densité du genre
enharmonique ou chromatique à la rareté du genre diatonique, con-
naître les·rapports de la vitesse avec la lenteur, de l'aigu avec la
grave, dans les concerts symphoniques et antiphoniques.

Burette sagt: „Mais cette traduction est absolument insoutenable,
puisqu'elle est démentie par la construction de la phrase grecque,
dans laquelle il faut indispensablement joindre les deux adjectifs
σύμφωνον καὶ ἀντίφωνον aux trois substantifs πυκνότητα, τάχος et
ὀξύτητα, et donner pour régime à ces mêmes adjectifs les trois datifs
μανότητι, βραδυτῆτι et βαρύτητι, comme je le fais voir plus au long
dans les pages 126 et 128 de la partie historique, imprimée à la
teste du troisième volume des nos Mémoires."

Die Nachfolgenden scheinen die Stelle ebenso wie Burette aufgefasst zu haben. Professor C. D. von Münchhof „Ueber die Musik
der Griechen"*) übersetzt: „so dass man sogar enge Intervalle den
weiten, das Schnelle dem Langsamen, das Hohe dem Tiefen symphonisch und antiphonisch gegenüber stellt, und dass man eben so
allerhand Verzierungen den Rhythmen und Tönen der Leier hinzufügt."

Halten auch wir an Burettes Construction fest, dann stellt sich
der Sinn der Stelle folgendermassen heraus:

1) der μανότης wird die πυκνότης,
2) der Langsamkeit wird die Geschwindigkeit,
3) dem Tiefen wird das Hohe symphonisch und antiphonisch
gegenübergestellt.

In diesen drei Fällen tritt zu der von dem Componisten gegebenen Melodiestimme eine (höhere) Begleitungsstimme des Kitharisten
symphonisch und antiphonisch hinzu. Dazu kommt als vierter Punkt
ein Satz, welcher sein eigenes mit παρεχομένους synonymes Verbum
προςαρμόττοντας hat: „καὶ τῶν ῥυθμῶν ὡσαύτως παντοδαπὰ ποικίλματα
προςαρμόττοντας τοῖσι φθόγγοις τῆς λύρας.

1.

„Καὶ δὴ καὶ πυκνότητα μανότητι [sc. ξύμφωνον καὶ ἀντίφωνον
παρεχομένους]."

Was heisst πυκνότης? was heisst μανότης?

Aristoxenus**).sagt: „πυκνὸν δὲ λεγέσθω τὸ ἐκ δύο διαστημάτων
συνεστηκὸς ἃ συντιθέντα ἔλαττον διάστημα περιέξει τοῦ λειπομένου δια-
στήματος ἐν τῷ διὰ τεσσάρων." „Pyknon heisse die Zusammensetzung
zweier Intervalle, die zusammen ein kleineres Intervall bilden als das-

---

*) In den Jahrbüchern der preussischen Rhein-Universität Band I
(1821) S: 360.
**) Erste Harmonik § 55.

jenige ist, welches nach dessen Wegnahme von der Quarte übrig
bleibt" Die alte griechische Musik hatte den wesentlichen Unterschied von der neueren, dass sie zu ihren Compositionen Intervalle ver-
wandte, welche kleiner als der Halbton waren. Der kleinste derselben war der Viertelton, die Hälfte des Halbtones, der vierte Theil
des Ganztones. Wie ein Musikstück, in welchem solche kleine Intervalle vorkommen, geklungen haben mag, und wie die Zuhörer davon
afficirt werden mochten, ist uns modernen Menschen, die wir kein
kleineres Intervall als den Halbton musikalisch verwenden können, ab-
solut unbegreiflich. Und doch hat diese nicht diatonische Musik der
Griechen, welche bald als enharmonische, bald als chromatische, bald
als diatonon mikton bezeichnet wurde, unleugbar in der Theorie
der Griechen eine hervorragende Rolle gespielt. In der archaischen
Periode der griechischen Musik, in der Periode des Terpander und
Olympos, war nur eine diatonische Musik, gleich unserer diatonischen Musik bekannt; aber schon in der Periode des Solon waren
jene kleinen Intervalle, welche dem πυκνόν · zu Grunde lagen, aufgekommen. Zu Aristoxenus' Zeit ist die enharmonische Musik in
ihrem Verschwinden begriffen. Aristoxenus sagt darüber bei Plutarch
(de mus. 38) nach Westphals Uebersetzung: „Die jetzt Lebenden
haben die enharmonische Musik, welcher das Alterthum ihrer Ehrwürdigkeit wegen den meisten Eifer widmete, ganz und gar hintangesetzt, so dass bei der grossen Mehrzahl nicht einmal das Vermögen,
die enharmonischen Intervalle wahrzunehmen vorhanden ist: sie sind
in ihrer leichtfertigen Trägheit so weit herabgekommen, dass sie die
Ansicht aufstellen, die enharmonische Diesis mache überhaupt nicht
den Eindruck eines den Sinnen wahrnehmbaren Intervalles, und dass
sie dieselbe aus den Melodien*) ausschliessen: diejenigen, so sagen
sie, hätten thöricht gehandelt, welche darüber eine Theorie aufgestellt
und dies in der Praxis verwandt hätten. Als sicheren Beweis für
die Wahrheit ihrer Behauptung glauben sie vor Allem ihre eigene
Unfähigkeit, ein solches Intervall wahrzunehmen, vorbringen zu müssen.
Als ob Alles, was ihrem Gehör entginge, nicht vorhanden und praktisch nicht verwendbar sei! Die Zerlegung grösserer diatonischer
Intervalle d. i. diatonischer Intervalle in kleinere (enharmonische oder
chromatische) heisst πύκνωσις, die Scalen dieser Art hiessen πυκνώματα. Bei Platon**) heisst es: „πυκνώματα ἄττα ὀνομάζοντες καὶ
παραβάλλοντες τὰ ὦτα οἷον ἐκ γειτόνων φωνὴν θηρευόμενοι οἱ μέν φα-
σιν ἔτι κατακούειν ἐν μέσῳ ἠχήν τινα καὶ σμικρότατον εἶναι τοῦτο τὸ
διάστημα": „sie nennen es πυκνώματα (Intervallverdichtungen) und

---

*) Der Uebersetzer würde jetzt ἐξορίζειν ἐκ τῶν μελῳδημάτων in
dem Sinne des Aristoxenischen μελῳδουμένων verstehen.
**) Plat. resp. 531 A.

halten dabei das Ohr hin, als ob sie die Intervallgrösse dem Nachbar-
ton ablauschen wollten, da denn einige behaupten, sie hätten noch
einen Unterschied des Tones, und dies sei das kleinste Intervall, nach
welchem man messen müsse; andere aber leugnen es und sagen, sie
klängen nun schon ganz gleich, beide aber halten das Ohr höher als
die Vernunft." Dieser Stelle der Republik zufolge hat Platon für
die πυκνότης d. i für die Musik mit den kleinen nicht diatonischen
Intervallen keine grosse Vorliebe; er scheint derselben fast ebenso
abgeneigt zu sein, wie dies Aristoxenus bei Plutarch von seinen Zeitgenossen bezüglich des enharmonischen Vierteltones sagt.

Das im Gegensatze zu πυκνότης von Platon gebrauchte Wort
ἀραιότης „das weite Auseinanderstehen", als musikalischer Terminus
technicus Aristid. p. 14 M., hat die Bedeutung, dass die benachbarten
Klänge Ganzton oder Halbtonintervalle bilden. Wir können Platons
Stelle nicht anders als so verstehen, dass, während sich die eine Stimme
in diatonischen Intervallen bewegte, die zweite (die Stimme des Kitharisten) zu der diatonischen Musik eine enharmonische oder chromatische Musik ausführte, welche mit den diatonischen Klängen symphonische und antiphonische Intervalle bildeten.

2.

„Καὶ τάχος βραδυτῆτι [sc. ξύμφωνον καὶ ἀντίφωνον παρεχομένους]."
Stallbaum sagt in seiner Dissertation S. 20: Veniamus ad illud,
quod dicitur τάχος βραδυτῆτι παρέχεσθαι. Quod magnopere cavendum
est ne ad rhythmi vel numeri mutationem et vicissitudinem refera-
mus. Nam de hac quidem in proximis demum monetur, sicuti post-
modo videbimus. Imo pertinet illud, si quid iudicare possumus, ad
illam ipsam densitatem et raritatem sonorum de qua modo explica-
tum est. Etenim spissiores sicubi lyrae soni ad pueri cantum acce-
debant, iisdem servatis numeris prorsus erat necessarium, ut illi essent
celeriores hi tardioribus pro illorum ratione incederent gressibus. Nec
vero mirum est, quod vel in puerili institutione eiusmodi artificia
ostentata sunt. Coeperat enim ars musica illis temporibus vel maxime
ad dexteritatis cuiusdam laudem revocari, qua ita fiebat, ut qui intra
brevissimum tempus sonos quam maxime varios e fidibus et organis
elicerent, ii in illa praeter ceteros maxime excellere putarentur.
Quorsum spectant quae narrantur apud Plutarch. de mus. T. II p. 441
et Aristox. Harmon. elem. II p. 53. Et pertinet huc etiam locus Pla-
tonis legg. II p. 669 B→E ubi de ea re non sine acerba quadam
artificium reprehensione exponitur, addita denique hac admonitione:
ἀλλ' ὑπολαβεῖν ἀναγκαῖον ὅτι τὸ τοιοῦτόν γε πολλῆς ἀγροικίας μεστὸν πᾶν,
ὁπόσον τάχους τε καὶ ἀπταισίας καὶ φωνῆς θηριώδους σφόδρα φίλον.
Man wird das Bedenken Stallbaums, dass im Punkte 4 die Frage
nach dem Rhythmus noch einmal behandelt werde, dass also, wenn

auch der Punkt 2 vom Rhythmus handle, dass dann vom Platon keine gute Disposition gemacht sei, nicht abweisen können. Wenn aber Stallbaum aus diesem Grunde die Behauptung aufstellt, die Worte καὶ τάχος βραδυτῆτι seien nicht vom Rhythmus zu verstehen, sondern seien mit πυκνότητα μανότητι synonym, so wage ich nicht dieser Interpretation beizustimmen. Von den Stellen, welche Stallbaum zur Stützung· seiner Ansicht· beigezogen hat, passt, so viel ich sehe, keine einzige. Am augenfälligsten ist dies von der Stelle der Aristoxenischen Harmonik, in welcher nach Westphals*) unzweifelhaft richtiger Interpretation Aristoxenus von denjenigen seiner Vorgänger spricht, welche, ohne auf die Praxis Rücksicht zu nehmen, lediglich ihrer Theorie zu Liebe eine falsche Reihenfolge der Töne in der Scala angegeben hätten.

Vielleicht müssen wir darauf verzichten den Unterschied zu erkennen, welcher zwischen dem, was im Punkte 4 und 2 vom Rhythmus gesagt ist. Das Wichtigste ist die specielle Andeutung über zwei gleichzeitige, aber rhythmisch verschiedene Stimmen, von welchen im Punkte 4 die Rede ist. Der Punkt 2 sagt nur im Allgemeinen, dass solche Uebungen, in welchen eine langsamere Principalstimme gleichzeitig mit einer schnelleren Begleitstimme vereinigt werde, von der frühesten musikalischen Unterweisung der athenischen Jugend ausgeschlossen werden müssten.

3.

„Καὶ ὀξύτητα βαρύτητι ξύμφωνον καὶ ἀντίφωνον παρεχομένους.“

Aus dem Parallelismus der Sätze geht hervor, dass das „Tiefe" der von dem Componisten gemachten Melodie, das „Hohe" dagegen dem zur Melodie hinzukommenden Spiele des Kitharisten angehört In den Problemen**) des Aristoteles finden wir die Parallelstelle: „διὰ τί τῶν χορδῶν ἡ βαρυτέρα ἀεὶ τὸ μέλος λαμβάνει"; die tiefere Saite gibt daher den Melodieton, die höhere Saite den Ton der κροῦσις d. i. den Ton der Instrumentalbegleitung an. Wenn wir behaupten, dass diese Stelle des Aristoteles zur Erklärung unseres dritten Punktes in der Platonischen Stelle dient, so haben wir dazu die Berechtigung durch eine in Plutarchs Musikdialoge***) gegebene Ausführung über die κροῦσις, welche in der archaischen Musikperiode (bei Terpander und Olympos) gebräuchlich war. R. Westphal hat· bei seiner Besprechung dieser Stelle zugleich den Nachweis geliefert, dass hier Plutarch aus den σύμμικτα συμποτικά des Aristoxenus excerpirt hat†).

---

*) Aristoxenus S. 284.
**) Aristot. problem. 19, 12.
***) Plut. de mus. 18 ff.
†) Westphal, Mehrstimmigkeit oder Einstimmigkeit der griech. Musik, Berliner philologische Wochenschrift 1884 S. 4 ff.

Demnach wird eine gewissenhafte Interpretation der Platonischen Nomoi den dritten der in Rede stehenden Punkte nicht anders erklären als: dem tieferen Tone der Melodie wird ein höherer Ton der κροῦσις (von dem Kitharisten) symphonisch und antiphonisch gegenübergestellt. Wie die Worte **symphonisch** und **antiphonisch** zu erklären sind, darüber kann im Allgemeinen kein Zweifel sein. **Symphonisch** ist einer der sogenannten symphonischen Accorde: Quarte, Quinte, Octav oder auch Undecime (Verbindung von Quart und Octav); **antiphonisch** ist ein Octavenaccord. So erklärt dies auch Stallbaum S. 22.

In einem Punkte könnte man den Worten Platons eine Ungenauigkeit vorwerfen, dass er nämlich sagt ὀξύτητα ξύμφωνον καὶ ἀντίφωνον παρεχομένους. Die in der Musik des Terpander (Olympos) angewandten Accorde sind theils ξύμφωνα, theils· διάφωνα. — Als σύμφωνα wird von ihm τὸ διὰ τεσσάρων d. i. die Quarte genannt, ausser dem auch als διάφωνα die Secunde (Nete synemmenon und Paranete) und ferner die Septime (Nete synemmenon und Parhypate) aufgezählt. Hätte Platon also den musikalischen Thatsachen genauere Rechnung tragen wollen, dann hätte er schreiben müssen:

$$\text{καὶ ὀξύτητα βαρύτητι ξύμφωνον καὶ διάφωνον παρεχομένους.}$$

Statt dessen lesen wir bei Platon:

$$\text{καὶ ὀξύτητα βαρύτητι ξύμφωνον καὶ ἀντίφωνον παρεχομένους.}$$

Das Wort ἀντίφωνον bedeutet ein Octavenintervall. Das Octavenintervall ist bereits in dem Worte σύμφωνον enthalten; denn σύμφωνον ist sowohl Quarte wie Quinte, wie ̓auch endlich die Octave. Hat Platon den Ausdruck ἀντίφωνον gebraucht, dann hat er eine und dieselbe Sache zweimal ausgedrückt. Dann hat er ferner eine ebenso wesentliche Sache übergangen, dass nämlich die Intervalle nicht bloss symphonisch waren, sondern dass die alten Musiker für die Begleitung auch diaphonische Accorde kannten. Platon würde sich völlig correct· ausgedrückt haben, wenn er geschrieben hätte nicht „ξύμφωνον καὶ ἀντίφωνον", sondern „ξύμφωνον καὶ διάφωνον" Ich überlasse es dem Leser, ob er annehmen will, dass Platon sich genau oder dass er sich ungenau ausgedrückt hat.

Dieser Interpretation, welche Dr. Demetrios Sakellarios von der über Musik handelnden Stelle der Platonischen Nomoi gegeben hat, wird ein jeder Einsichtige beipflichten müssen. Ambros lässt seine Gewährsmänner von ihr sagen: „Die Stelle ist nicht gerade sehr deutlich"; ich weiss nicht, ob nach Sakellarios umsichtiger Interpretation irgend eine andere Platonische Stelle deutlicher sein könnte. Für die musikalische Unterweisung der Jugend soll die Anwendung des heterophonen Lyra - Spieles vor dem 12ten Jahre nicht zugelassen werden Es besteht darin, dass vom Musikschüler (παιδευόμενος) und Musiklehrer (κιθαρι- στής) gleichzeitig zwei divergirende Stimmen gespielt werden: der Musikschüler soll die Melodiestimme vortragen, die Stimme τοῦ τὴν μελωδίαν ξυνθέντος ποιητοῦ, ein heterophones Melos gleich- zeitig der unterweisende κιθαριστής. Plato lässt unbestimmt, ob der Kithara-Lehrer die heterophone Begleitungsstimme im betreffenden Falle selbständig zu componiren oder ob er eine bereits existi- rende Stimme vorzutragen hat; dem Wortlaute nach kann so- wohl das eine wie das andere verstanden werden. Es ist wohl möglich, dass die Begleitungsstimme jedesmal dem Kunstsinne des κιθαριστής überlassen blieb: die Gesetze der griechischen Krusis mögen einfach genug gewesen sein. Und doch deutet die Notiz der griechischen Semantiker, dass die jedesmalige Gesang- note oberhalb der Instrumentalnote stehe, darauf hin, dass nicht bloss die Melodiestimme, sondern auch die Instrumentalstimme vom Componisten durch Noten fixirt war. Nach der vorstehenden Stelle Platos scheint es nicht, als ob dieser an den Fall denke, wo der begleitende κιθαριστής seine Stimme nach Noten spielt.

Ist somit unsere Stelle der Platonischen Nomoi nicht miss- zuverstehen, so haben wir im Ganzen vier Stellen, welche von dem Vorhandensein einer nicht unisonen Instrumentalbegleitung reden. Die eine Stelle ist die aus Aristoxenus symikta Sympo- tika in Plutarchs Musikdialog erhaltene. Die zweite Stelle ist die in Rede stehende der Platonischen Nomoi. Die dritte ist die über die zweistimmigen Accorde handelnde Stelle der Aristotelischen Musik-Probleme, welche mit jener Aristoxenischen wesentlich auf dasselbe hinauskommt, dass nämlich die Instrumentalbegleitung stets den höheren, die Melodiestimme den tieferen Accordklang übernimmt. Auch noch andere Stellen über die Zweistimmigkeit der alten griechischen Musik sind in den Aristotelischen Musik- Problemen enthalten: wir werden im weiteren Verlaufe auch diese Stellen zu interpretiren haben. Es ist also mit den Nach- richten der griechen Musikschriftsteller über die Mehrstimmig- keit durchaus nicht so schlecht bestellt, wie Ambros u. a. an- nehmen: nicht bloss den Aristoxenus, sondern auch den Plato und Aristoteles haben wir zu den Musikquellen im eigentlichen Sinne zu zählen, ja Plato ist, wie schon oben bemerkt, eine Musikquelle, die neben Aristoxenus durchaus unentbehrlich ist.

Darin aber hat der neugriechische Musikforscher sich um

die Musikkunde des alten Hellas ein hohes Verdienst erworben,
dass er diejenige Stelle Platos hervorgezogen hat, welche allein
über die Krusis (Begleitung) des nicht-diatonischen Melos Aufschluss gibt. Vom Plato wird das heterophone Spiel des παι:
δενόμενος und des κιθαριστής an erster Stelle mit folgenden
Worten charakterisirt:

„καὶ δὴ καὶ πυκνότητα μανότητι ... ξύμφωνον καὶ ἀντίφωνον παρεχομένους [Sakellarios vermuthet mit Wahrscheinlichkeit ξύμφωνον καὶ διάφωνον παρεχομένους]“

d. h. einem Melos mit enharmonischen, chromatischen Intervallen
oder mit Intervallen des gemischten Diatonon wird in der heterophonen Stimme ein Melos mit den Intervallen des Diatonon
syntonon verbunden, mit anderen Worten:

in der heterophonen Krusis wird ein diatonisches
mit einem nicht-diatonischen Melos gleichzeitig
verbunden.

Bewegt sich z. B. die eine Stimme in den Klängen des Enharmonion, welchem die diatonische Lichanos g und die diatonische
Paranete d fehlen, statt deren aber die enharmonischen Schalttöne e͎ und g͎ vorkommen, so hört man jene diatonischen Klänge
in der gleichzeitigen heterophonen Stimme, während diese zu
den enharmonischen Schaltklängen e͎ und g͎ keine anderen Accordtöne als sogenannte durchgehende Noten
kommen lassen kann. Auf analoge Weise wird man sich auch
den heterophonen Vortrag der verschiedenen Chromata zu denken
haben, ebenso auch die im κοινὸν γένος gesetzten Compositionen:
die eine Stimme war hier auf die constanten Klänge
beschränkt, der gleichzeitigen heterophonen Stimme
standen auch die variabelen Klänge zu Gebote. Die oben
erläuterten Angaben des Aristoxenus, dass der Melodiestimme die
Trite oder die Nete fehlt, dass dagegen der begleitenden Stimme
der im Gesange nicht berührte Klang zu Gebote stehe, besagen
in weiterer Consequenz dasselbe wie die hier in Rede· stehenden
Worte der Platonischen Nomoi.

Uebrigens muss ich dem neugriechischen Forscher noch darin
Recht geben, dass Plato, welcher im Timäus nur Scalen des
Diatonon syntonon vorführt, bezüglich der den übrigen Ton-
geschlechtern eigenen Klänge nicht viel anders denkt, als die
Zeitgenossen des Aristoxenus, welche nach dessen Versicherung
den enharmonischen Viertelton nicht gebraucht wissen wollen,

ja, denselben nicht einmal wahrnehmen zu können behaupten.
Jedenfalls war Aristoxenus diesen uns modernen Menschen fremden Klängen nicht so abgeneigt als Plato, welcher in den Nomoi,
wenigstens über die theoretische Bestimmung dieser Klänge, sich
lustig zu machen scheint.

§ 13.

Die Systeme des griechischen Melos nach der Lehre des Aristoxenus.

Im Prooimion seiner ersten 18theiligen Harmonik § 17 sagt
Aristoxenus: „Wenn gezeigt worden ist, auf welche Art die unzusammengesetzten Intervalle mit einander zusammengesetzt werden, dann sind die aus ihnen bestehenden Systeme zu behandeln,
die übrigen nicht minder wie das vollständige System (σύστημα
τέλειον), und zwar in der Weise, dass wir zeigen, wie viele und
welche es sind, und dass wir die aus dem verschiedenen Megethos folgenden Unterschiede und wiederum bei jedem Megethos
die Verschiedenheiten des σχῆμα, der σύνθεσις und θέσις angeben, dergestalt, dass bei den Melodumena Nichts, sei es Megethos, sei es Schema, sei es Synthesis, ⟨sei es Thesis⟩, ohne
Nachweis bleibt.“

Im dreizehnten Abschnitte hatte Aristoxenus die specielle
Darstellung der Systeme gegeben. Aber nur der Anfang dieses
Abschnittes ist handschriftlich überliefert. Die Späteren haben
uns die Aristoxenische Darstellung der Systeme excerpirt, am
treuesten Pseudo-Euklid p. 12 Meib Zwar scheint Pseudo-Euklid
nicht aus einer der 18theiligen, sondern aus der 7theiligen Harmonik des Aristoxenus geschöpft zu haben; doch muss hier von
Aristoxenus zum Theil dieselbe Ausdrucksweise wie in der ersten
Harmonik gebraucht sein; denn bei Pseudo-Euklid findet mit dem
§ 39—42 der ersten Harmonik bisweilen nahezu wörtliche Uebereinstimmung statt.

In seiner kurzen Uebersicht der Systeme heisst es zunächst,
dass es Systemata ametabola und emmetabola gibt. Nach dem
Megethos werden folgende Systeme unterschieden:

1. das Quartensystem (το διὰ τεσσάρων) z. B. von der Hypate hypaton bis zur Hypate meson.
2. Das Quintensystem (τὸ διὰ πέντε) z. B. vom Proslambanomenos bis zur Hypate meson.
3. Das Octavensystem (τὸ διὰ πασῶν) z. B. vom Proslam-

banomenos bis zur Mese. Dies ist das alte oktachordische
Systema diezeugmenon.

4. Das Undecimensystem (τὸ διὰ πασῶν καὶ διὰ τεσσάρων)
vom Proslambanomenos bis zur Nete synemmenon. Bei
Ptolemäus führt es die Bezeichnung Hendekachordon.

5. Das Duodecimensystem (τὸ διὰ πασῶν καὶ διὰ πέντε)
vom Proslambanomenos bis zur Nete diezeugmenon. Wir
haben dasselbe als Dodekachordon zu bezeichnen.

6. Das Doppeloctavensystem (τὸ δὶς διὰ πασῶν) vom Proslambanomenos bis zur Nete hyperbolaion.

Unter diesen Systemen gibt es zwei τέλεια συστήματα, das
kleinere vollkommene System (ἔλαττον τέλειον σύστημα) und das
grössere vollkommene System (μεῖζον τέλειον σύστημα); jenes ist
das Undecimensystem, elf Klänge enthaltend, daher Hendekachordon genannt; dieses ist das Doppeloctavensystem, funfzehn
Klänge enthaltend, daher Pentekaidekachordon genannt.

Das Hendekachordon bezeichnet Pseudo-Euklid als τὸ μὲν
ἔλαττον κατὰ συναφὴν συμφώνῳ ὁρίζεται τῷ διὰ πασῶν καὶ
τεσσάρων; das Pentekaidekachordon als τὸ δὲ μεῖζον κατὰ διάζευξιν, συμφώνῳ ὁρίζεται τῷ δὶς διὰ πασῶν.

Durch Pseudo-Euklid p. 3, durch Alypius und andere der
auf Aristoxenus zurückgehenden Musiker erhalten wir Kunde von
einem Oktokaidekachordon. Dieses System, achtzehn Klänge
enthaltend, ist eine Combination des Hendekachordes mit dem
oktachordischen Systema diezeugmenon, welches oberhalb des
ersteren hinzugefügt war.

In dem Verzeichnisse des Pseudo-Euklid fehlt das heptachordische Systema diezeugmenon. Bei der Aristoxenischen Classification der Systeme in συστήματα τέλεια und συστήματα ἀτελῆ
müssen wir das Oktachordon und das Heptachordon der Klasse
der συστήματα ἀτελῆ zuweisen. Erst vom μέγεθος des Hendekachordes an gehören diese Systeme zu den τέλεια; das Dodekachordon, welches früh durch das Pentekaidekachord verdrängt zu
sein scheint, wird nicht zu den τέλεια συστήματα gerechnet.

§ 14.
Das Dodekachord und Hendekachord.

Sowohl das alte heptachordische Systema synemmenon, wie
das alte oktachordische Systema diezeugmenon ist in der Tiefe

durch ein Tetrachord κατὰ διάζευξιν erweitert worden: durch die erstere Erweiterung ergab sich das Dodekachord, durch die zweite das Hendekachord, jenes eine Duodecimen-Scala, dieses eine Un-decimen-Scala.

Dodekachord.

	hypaton			meson					diezeugmenon		
A Proslamb.	Hypate	Parhypate	Lichanos	Hypate	Parhypate	Lichanos	Mese	Paramese	Trite	Paranete	Nete
A	H	c	d	e	f	g	a	h	c	d	e

Altes oktachordisches System.

Hendekachord.

	hypaton			meson				synemmenon			
A Proslamb.	Hypate	Parhypate	Lichanos	Hypate	Parhypate	Lichanos	Mese	Trite	Paranete	Nete	
A	H	c	d	e	f	g	a	b	c	d	

Altes heptachordisches System.

Bei Plutarch de mus. 19 heisst es in einer aus Aristoxenus entlehnten Stelle von den Melopoioi der archaischen Periode:

Δῆλον δὲ καὶ τὸ περὶ τῶν ὑπατῶν, ὅτι οὐ δι' ἄγνοιαν ἀπείχοντο ἐν τοῖς Δωρίοις τοῦ τετραχόρδου τούτου· αὐτίκα ἐπὶ τῶν λοιπῶν τόνων ἐχρῶντο δηλονότι εἰδότες· διὰ δὲ τὴν τοῦ ἤθους φυλακὴν ἀφῄρουν ἐπὶ τοῦ Δωρίου τόνου τιμῶντες τὸ καλὸν αὐτοῦ.

„Bei Dorischer Melopöie enthielten sich die Alten der Hypaton-Klänge (mit Einschluss des Proslambanomenos!) aus Scheu um das Ethos; in den übrigen Melopöien wurden diese tiefsten Klänge gebraucht." Sind mit den „übrigen" die Phrygischen und Lydi-schen Melopöien des Olympos gemeint?

Eine Stelle bei Plutarch de mus. 29, wenn sie von mir richtig restituirt ist, lautet:

Πολυμνάστῳ δὲ τὸν θ' Ὑπολύδιον νῦν ὀνομαζόμενον τόνον ἀνατιθέασι καὶ τὴν ἔκλυσιν καὶ τὴν ἐκβολὴν ⟨καὶ τὰ συστή-ματα⟩ πολὺ μείζω πεποιηκέναι φασὶν αὐτόν.

Hiernach würde es der der zweiten Spartanischen Musikkatastasis angehörende Meister Polymnastos sein, welcher die alten Sy-steme viel grösser gemacht hat — durch Hinzufügung von fünf tieferen Klängen das oktachordische Diezeugmenon-System zum Dodekachorde, das heptachordische Synemmenon-System zum Hendekachorde —. In der That ist es von Polymnastos bei Plutarch de mus. 8ᵇ bezeugt, dass dieser ausser in Dorischer auch in Phrygischer und Lydischer Melopöie componirt hat.

Auf dem Hendekachorde lassen sich zwei vollständige Octaven in verschiedenen Transpositionsscalen nehmen: vom Proslambanomenos bis zur Mese die Octave ohne Vorzeichen (A moll)

A H c d e f g a,

von der Lichanos hypaton bis zur Nete synemmenon die Octave mit Einem b (d moll)

d e f g a b c̄ d̄.

Ptolemäus Harm. 2, 6 sagt von dem Hendekachorde, es sei ein σύστημα μεταβολικόν und habe weiter keinen Nutzen als den, dass es eine Metabole des Melos zulasse (als dass man auf demselben von einer Transpositionsscala in eine andere — die nächstverwandte des Quintencirkels — moduliren könne). Dieselbe Bedeutung wie das Hendekachordon muss auch das Oktokaidekachordon des Alypius (S. 113) gehabt haben.

Die dodekachordische Duodecimenscala wird von Plato im Timäus als „triplasische Scala" deutlich beschrieben, wenn auch nicht unter der bei Pseudo-Euklid dafür vorkommenden Benennung. Ein alter Erklärer des Timäus*) sagt zwar, dass dem Plato der Proslambanomenos noch unbekannt gewesen sei; aber wir dürfen schlechterdings den Worten Platos mehr Glauben als seinem Commentator schenken; denn mit den Platonischen Zahlenangaben

1, 9, 27

können nur die Proslambanomenoi dreier continuirlich aufeinanderfolgender Dodekachorde gemeint seien. Ohnehin sagen ja die beiden vorher aus Plutarchs Musikdialoge angeführten Stellen, dass das Tetrachord hypaton, welches auch den Proslambanomenos in sich einschliesst, schon in der archaischen Musikepoche zwar nicht in der Dorischen, wohl aber in der Phrygischen und Lydischen Melopöie zur Anwendung gekommen sei, mag nun Polymnastos oder ein anderer dies Tetrachord aufgebracht haben.

Es ist oben S. 77 nachgewiesen, dass das oberste der drei Platonischen Dodekachorde unserem A moll, das mittlere unserem

---

*) Plutarch psychogon. in Tim. p. 1029 B Francof. Boeckh Metra Pind. p. 206.

d moll, das untere unserem G moll entspricht. Sicherlich würde Plato diese drei verschiedenen Transpositionsscalen dem Demiurgos nicht vindicirt haben, wenn sie nicht auch in der Musik seiner Zeitgenossen bekannt gewesen wären. Freilich kannte die Musik der Platonischen Zeit Dodekachorde verschiedener Transpositionsscalen nicht anders als in der Weise, dass die Dodekachorde nicht continuirlich an einander schlossen, sondern dass die Dodekachorde neben einander standen; das eine begann mit dem Proslambanomenos A, das andere mit dem Proslambanomenos d, das dritte mit dem Proslambanomenos G.

Was wir Transpositionsscala nennen (z. B. A moll, d moll, G moll), wird in der Sprache der griechischen Theoretiker als „Tonos" bezeichnet. Dass schon lange vor Plato verschiedene Tonoi in der griechischen Musik angenommen wurden, erhellt aus der S. 114 citirten Stelle des Plutarchischen Musikdialoges, nach welcher Polymnastos „τὸν ὑπολύδιον νῦν ὀνομαζόμενον τόνον" aufgebracht haben soll.

Aus dem Berichte des Aristoxenus über die Tonoi seiner Vorgänger ergibt sich, dass der von Polymnastus hinzugefügte Tonos, welcher jetzt Hypolydios heisst, damals den Namen Tonos Hypodorios führte.

Aristoxenus beginnt in der dritten Harm. § 18 diese seine Auseinandersetzung mit den Worten: „Bezüglich der Tonoi hat keiner der Früheren gesagt, auf welche Weise sie zu nehmen sind und nach welchen Gesichtspunkten ihre Anzahl zu bestimmen ist. Vielmehr gleichen die Angaben der Harmoniker über die Tonoi genau den verschiedenen Arten die Monatstage zu zählen, z. B. wenn die Korinther den zehnten haben, so haben die Athener den fünften und wieder andere den achten." Genau wie diese verschiedenen Zählungen der Monatstage sind die verschiedenen Zählungen der Tonoi. Die Verderbnisse der handschriftlichen Ueberlieferung sind von Gevaert und mir aufgedeckt und entfernt worden. Vgl. meine Uebersetzung und Erläuterung des Aristoxenus S. 448—454.

Dem Aristoxenus waren sieben Tonoi überkommen, dieselben, welche Ptolemäus als die allein für die Praxis brauchbaren anerkennt, während die von Aristoxenus zu jenen sieben Tonoi noch ausserdem hinzugefügten schon von seinem älteren Zeitgenossen Heraklides Ponticus*), dem Schüler des Plato und des

---

*) Heraclid. ap. Athenaeum 14, 625 D.

Aristoteles, bekämpft wurden. In der Zeit vor Aristoxenus gab es nach dessen Berichte a. a. O. § 19 Theoretiker, welche eine Hexas, und wieder andere, welche eine Pentas der Tonoi statuirten.

Proslamb.	Heptas der Tonoi: dem Aristoxenus überkommen	Hexas der Tonoi: zu Platos Zeit	Pentas der Tonoi: bei Polymnastus
F	1. Hypodorios		
G	2. Hypophrygios	1. Hypophrygios	
A	3. Hypolydios	2. Hypodorios	1. Hypodorios
B	4. Dorios	3. Dorios	2. Dorios
c	5. Phrygios	4. Phrygios	3. Phrygios
d	6. Lydios	5. Lydios	4. Lydios
es	7. Mixolydios	6. Mixolydios	5. Mixolydios

Wir müssen darauf aufmerksam machen, dass der tiefste Klang der Platonischen Scalen, d. i. der Klang G, die Bedeutung des Proslambanomenos Hypophrygios hat, dass mithin dem Plato die Hexas der Tonoi vorlag, von welcher bei Aristoxenus die Rede ist, aber noch nicht die Heptas, dass mithin dem Plato der tiefe Klang F, welcher bei Aristoxenus als Proslambanomenos Hypodorios gilt, noch nicht bekannt sein konnte. Dergleichen mag jener Notiz des Timäus-Scholiasten (S. 115) zu Grunde liegen, dass Plato den Proslambanomenos noch nicht gekannt habe.

Unter der Voraussetzung, dass wir diese ältere Nomenclatur, nach welcher der mit dem Proslambanomenos A beginnende Tonos nicht wie bei Aristoxenus den Namen Tonos Hypolydios führte, sondern noch mit dem Namen Tonos Hypodorios bezeichnet wurde, auch für Platos Dodekachorde voraussetzen müssen, haben wir Platos 3 Dodekachorde das eine als Hypodorisches (in A), das andere als Lydisches (in d), das dritte als Hypophrygisches (in G) zu benennen. Auf den hier folgenden dodekachordischen und hendekachordischen Scalen ist zu jedem Klange an erster Stelle die griechische Instrumentalnote hinzugefügt. Die Instrumentalnoten sind jedenfalls älter als Plato. Die Entstehung der Vocalnoten gehört in die Zeit Platos. Beiderlei Noten sind S. 124. 125 angegeben. Sämmtliche Noten der uns erhaltenen griechischen Musikreste gehören den Platonischen Scalen an.

Das kann nicht ganz Zufall sein. Vielmehr ist diese Thatsache so aufzufassen, dass die von Plato in seinem Timäus zu Grunde gelegten Tonoi die einfachsten sind, und dass auch die griechischen Melopoioi sich am liebsten in diesen einfachsten Transpositionsscalen gehalten haben.

	Platos Dodekachorde		
	des Tonos Hypodorios	des Tonos Lydios	des Tonos Hypophrygios
Nete	$\bar{e}$ Ⅽ	$\bar{a}$ Ⅵ	$\bar{d}$ <
Paranete . . .	$\bar{d}$ <	$\bar{g}$ Ζ	$\bar{c}$ ꓵ
Trite	$\bar{c}$ ⋊	$\bar{f}$ ⨆	b ꙮ
Paramesos . . .	h Κ	$\bar{e}$ Ⅽ	a Ϲ
Mese	a Ϲ	$\bar{d}$ <	g Ϝ
Lichanos meson .	g Ϝ	$\bar{c}$ ꓵ	f ⌁
Parhypate meson	f L	b ꙮ	es ⊥
Hypate meson .	e ꓶ	a Ϲ	d Ⱶ
Lychanos hypat..	d Ⱶ	g Ϝ	c Ε
Parhypate hypat.	c ⌐	f L	B ꓷ
Hypate hypat. .	H ꓧ	e Γ	A Η
Proslamb. . . .	A Η	d Ⱶ	G Ɛ

Da Plato mit diesen Dodekachorden bekannt war, so dürfen wir bei ihm auch die Kenntniss des Hendekachordes derselben Tonoi voraussetzen.

	Hendekachorde		
	des Tonos Hypodorios	des Tonos Lydios	des Tonos Hypophrygios
Nete synemm. .	d <	g Ζ	c ꓵ
Paranete synemm.	c ꓵ	f Ν	b Ɔ
Trite synemm. .	b ꙮ	es Ⅴ	as ⊔
Mese	a Ϲ	$\bar{d}$ <	g Ϝ
Lichanos meson .	g Ϝ	$\bar{c}$ ꓵ	f ⌁
Parhypate meson	f L	b ꙮ	es ⊥
Hypate meson. .	e Γ	a Ϲ	d Ⱶ
Lichanos hypat. .	d Ⱶ	g Ϝ	c Ε
Parhypate hypat.	c ⌐	f L	B ꓷ
Hypate hypat.. .	H ꓧ	e Γ	A Η
Proslamb. . . .	A Η	d Ⱶ	G Ɛ

Es ist eine jetzt wohl allgemein angenommene Entdeckung Friedrich Bellermanns und zugleich A. Fortlages, dass die grie-

chische Note, welche den Proslambanomenos des Tonos Lydios
bezeichnet, der Schreibung nach unserem kleinen d, die Note für
den Proslambanomenos des Tonos Hypophrygios unserem grossen
G entspricht. So viel ich weiss, ist es unter allen Forschern
nur der einzige Oscar Paul, welcher dieser weittragenden Entdeckung der beiden Forscher F. Bellermann und A. Fortlage nicht
beistimmen zu dürfen glaubte und noch fortwährend dagegen
polemisirt.

Als das Wesentliche der Bellermann-Fortlageschen Entdeckung
lässt sich Folgendes angeben: Zur Notirung ihrer Melopöien bedienten sich die Griechen eines doppelten Alphabetes. Für die
Vocalmusik dienten die Buchstaben des seit dem Ende des Peloponnesischen Krieges in Athen gebrauchten sogenannten ionischen
Alphabetes. Für die Instrumentalmusik dienten die Buchstaben
eines alten in der Solonischen Epoche bei den Dorern des Pelo-
ponnes angewandten Alphabets. Für das letztere zeigt sich die
Eigenthümlichkeit, dass ein und derselbe Buchstabe des Alphabetes je in einer dreifachen Form vorkommt, um als Zeichen
der Tonhöhe zu dienen. Erstens von links nach rechts geschrieben, genannt „Gramma orthon" d. i. rechter, richtiger,
echter, nicht modificirter Notenbuchstabe. Zweitens von unten
nach oben geschrieben, genannt „Gramma anestrammenon", um-
gelegter Notenbuchstabe. Drittens von rechts nach links geschrieben, genannt „Gramma apestrammenon" d. i. umgekehrter
Notenbuchstabe.

Folgende Reihe von Instrumentalnoten umfasst eine ganze
Octave; Alypius und die übrigen Musiker, welche die alte Notirung überliefern, geben genau an, um welches Intervall — um
einen Halbton oder um einen Ganzton — die durch die Noten
bezeichneten Klänge der Scala von einander abstehen. Durch
die Zahlen ½ und 1 haben wir Halbton und Ganzton angedeutet,
genau nach den Berichten der Musikschriftsteller; ausserdem haben
wir das jedesmalige Halbtonintervall durch einen schwächeren,
das Ganztonintervall durch einen stärkeren Bogen unterhalb der
antiken Notenreihe ausgedrückt.

Versuchen wir in der heutigen Musik innerhalb der Scala
unmodificirter Noten (Scala ohne Vorzeichnung) eine Tonreihe

zu finden, in welcher genau derselbe Gegensatz bezüglich der
Ganztöne und der Halbtöne besteht, wie in der vorstehenden
antiken Scala, so kann eine solche keine andere sein, als:

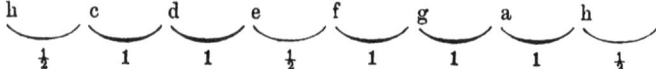

$$\underbrace{\text{h}}\quad\underbrace{\text{c}}\quad\underbrace{\text{d}}\quad\underbrace{\text{e}}\quad\underbrace{\text{f}}\quad\underbrace{\text{g}}\quad\underbrace{\text{a}}\quad\underbrace{\text{h}}$$
$$\tfrac{1}{2}\quad 1\quad 1\quad \tfrac{1}{2}\quad 1\quad 1\quad 1\quad \tfrac{1}{2}$$

Hiermit ist der Schlüssel gegeben, welcher die Interpretation der
gesammten Grammata ortha durch unmodificirte (nicht durch ♯
erhöhte, nicht durch ♭ erniedrigte) Notenbuchstaben unserer
modernen Musik ermöglicht. Durch eine zweite ebenfalls höchst
geistvolle Untersuchung gelangt Fr. Bellermann dahin, dass ein jeder
griechische Notenbuchstabe um eine kleine oder grosse Terz tiefer
ist, als die entsprechende moderne Note. Diese Verschiedenheit
zwischen antiker und moderner Klangstimmung vorausgesetzt,
sind wir durchaus berechtigt, mit Bellermann und Fortlage den
griechischen Notenbuchstaben E durch unser c, Ⱶ durch unser d,
Ⅼ durch unser e u. s. w. zu übersetzen.

Alypius und die übrigen Musikschriftsteller, durch welche
uns die griechischen Noten überkommen sind, haben die einzelnen
Tonoi durch alle Tonstufen hindurch, vom Proslambanomenos
an d. i. dem jedesmaligen tiefsten Klange (der Transpositionsscala)
mit Vocalnoten und Instrumentalnoten notirt. Beim Tonos Lydios
entspricht die Note des Proslambanomenos unserem d, beim Tonos
Hypophrygios unserem G, beim Tonos Hypolydios unserem A.
Da die Scala eines jeden Tonos mit unserer Moll-Scala (ohne
Leitton) übereinkommt, so können wir nicht umhin die drei
Tonoi als A moll, d moll, G moll zu bezeichnen.

§ 15.

Die Doppeloctav-Scalen des Aristoxenus.

Aristoxenus setzt, wie schon früher bemerkt, diejenige Tonstimmung voraus, welcher unserer gleichschwebenden Temperatur
entspricht, d. h. die Octave besteht aus 12 Halbton-Intervallen,
von denen das eine stets genau so gross ist wie das andere
(also wie auf unserem Klavier). Beginnen wir also mit dem tiefsten Tone F eine durch 12 Halbtöne getheilte Octave, so erhalten
wir folgende chromatische Scala:

	$\tfrac{1}{2}$		$\tfrac{1}{2}$		$\tfrac{1}{2}$		$\tfrac{1}{2}$		$\tfrac{1}{2}$		$\tfrac{1}{2}$		$\tfrac{1}{2}$		$\tfrac{1}{2}$		$\tfrac{1}{2}$		$\tfrac{1}{2}$		$\tfrac{1}{2}$		$\tfrac{1}{2}$
F	Fis	G	Gis	A	Ais	H	c	cis	d	dis	e	f
	Ges		As		B			des		es		

Aristoxenus macht einen jeden dieser 13 Klänge zum προςλαμβανόμενος eines 15 tonigen diazeuktischen Systems und ebenso eines 11 tonigen Synemmenon-Systems. So entstehen 13 immer ein Halbton-Intervall auseinander liegende pentekaidekachordische Systeme und ebenso viele Synemmenon-Hendekachorde, welche Aristoxenus als die 13 verschiedenen τόνοι oder Transpositionsscalen bezeichnet und im Einzelnen durch folgende Namen von einander unterscheidet:

1	2	3	4	5	6	7	8	9	10	11	12	13
F	Fis	G	Gis	A	Ais	H	c	cis	d	dis	e	f
	Ges		As	B				des		es		

Greek τόνοι-Namen (von links nach rechts, senkrecht gedruckt):

Ὑποδώριος · Ὑποφρύγιος βαρύτερος · Ὑποφρύγιος ὀξύτερος · Ὑπολύδιος βαρύτερος · Ὑπολύδιος ὀξύτερος · Δώριος · Φρύγιος βαρύτερος · Φρύγιος ὀξύτερος · Λύδιος βαρύτερος · Λύδιος ὀξύτερος · Μιξολύδιος βαρύτερος · Μιξολύδιος ὀξύτερος · Ὑπερμιξολύδιος

In einer Aristoxenischen Schrift ist das nicht überliefert. Wir finden es in dem Auszuge, welchen Pseudo-Euklid aus Aristoxenus gemacht hat. Da heisst es:

„Von Aristoxenus werden 13 Tonoi statuirt:

1. Der Hypermixolydische Tonos, auch Hyperphrygisch genannt.

2. 3. Zwei Mixolydische, ein hoher und ein tiefer.
   Der Hoch-Mixolydische, wird auch Hyperiastisch genannt.
   Der Tief-Mixolydische, auch Hyperdorisch genannt.

4. 5. Zwei Lydische, ein Hoch-Lydischer
   und ein Tief-Lydischer, welcher auch Aeolisch genannt wird.

6. 7. Zwei Phrygische, ein Hoch-Phrygischer, welcher auch Iastisch heisst.
   Ein Tief-Phrygischer.

8. Ein Dorischer.

9. 10. Zwei Hypolydische:
   Ein Hoch-Hypolydischer.
   Ein Tief-Hypolydischer, welcher auch Hypoäolisch genannt wird.

11. 12. Zwei Hypophrygische, von denen der Tief-Hypophry-
gische auch Hypoiastisch genannt wird.

13. Hypodorisch.

Von diesen ist der höchste der Hypermixolydische.

Die folgenden stehen von dem höchsten bis zum tiefsten je
um einen Halbton von einander ab.

Die Parallel-Tonoi je um ein Trihemitonion.

Analog wird es sich auch mit dem Abstande der übrigen
Tonoi verhalten.

Der Hypomixolydische ist eine ganze Octave höher als der
Hypodorische."

Mit anderen Worten überliefert das Nämliche Aristides Quintilian:

„Nach Aristoxenus gibt es dreizehn Tonoi, deren Proslambanomenoi in einer Octave enthalten sind, nach den Neueren fünf-
zehn.

Nach Aristoxenus' Benennung sind es folgende:

1. Ein Hypodorischer.

2. 3. Zwei Hypophrygische, der eine Tief-Hypophrygisch,
auch Hypoiastisch genannt, der andere Hoch-Hypo-
phrygisch.

4. 5. Zwei Hypolydische, der eine Tief-Hypolydisch, auch
Hypoäolisch genannt, der andere Hoch-Hypolydisch.

6. Ein Dorischer.

7. 8. Zwei Phrygische, der eine Tief-Phrygisch, auch Iastisch
genannt, der andere Hoch-Phrygisch.

9. 10. Zwei Lydische, der eine Tief-Lydisch, jetzt Aeolisch,
der andere Hoch-Lydisch.

11. 12. Zwei Mixolydische, der eine Tief-Mixolydisch, jetzt
Hyperdorisch, der andere Hoch-Mixolydisch, jetzt
Hyperiastisch.

13. Hypermixolydisch, auch Hyperphrygisch.

Diesen werden von den Neueren noch hinzugefügt:

14. Hyperäolisch.

15. Hyperlydisch.

Ein jeder von diesen Tonoi ist um einen Halbton höher als
der vorausgehende; will man aber von dem höchsten Tonos an
beginnen, so ist der folgende um einen Halbton tiefer als der
vorausgehende."

Bei Pseudo-Euklides beginnt das Aristoxenische Verzeichniss des Tonoi mit dem höchsten (von oben nach unten), bei Aristides umgekehrt mit dem tiefsten Tonos (von unten nach oben).

Pseudo-Euklides führt bloss die 13 Aristoxenischen Tonoi auf.

Aristides nennt auch noch die zwei von den νεώτεροι hinzugefügten Tonoi.

Die Tabelle auf S. 124 und 125 enthält die 13 Aristoxenischen Tonoi nebst den beiden von den νεώτεροι hinzugefügten.

Es folgt die Uebersicht der 15 Tonoi mit den Vocal- und Instrumentalnoten des Diatonon syntonon für die von Alypius ausgeführten oktokaidekachordischen Systeme (vgl. S. 113), nur dass bei Alypius das Tetrachord synemmenon unmittelbar auf die Mese folgt, und sich die Paramesos und Tetrachord diezeugmenon an das Tetrachord synemmenon anschliesst.

		Prosl.	hypaton			meson		
1. Hypodorisch.		F	G	As	B	c	des	es
2. Tief-Hypophrygisch od. Hypoiastisch		Fis	Gis	A	H	cis	d	e
3. (Hoch-) Hypophrygisch.		G	A	B	c	d	es	f
4. Tief-Hypolydisch od. Hypoäolisch.		Gis	Ais	H	cis	dis	e	fis
5. (Hoch-) Hypolydisch.		A	H	c	d	e	[f	g
6. Dorisch.		B	c	des	es	f	ges	as
7. Tief-Phrygisch od. Iastisch.		H	cis	d	e	fis	g	a
8. (Hoch-) Phrygisch.		c	d	es	f	g	as	b
9. Tief-Lydisch oder Aeolisch.		cis	dis	e	fis	gis	a	h
10. (Hoch-) Lydisch.		d	e	f	g	a	b	c̄
11. Mixolydisch oder Hyperdorisch.		es	f	ges	as	b	ces̄	des̄
12. Hoch-Mixolydisch od. Hyperiastisch.		e	fis	g	a	h	c̄	d̄
13. Hypermixolydisch od. Hyperphrygisch.		f	g	as	b	c̄	des̄	es̄
14. Hyperäolisch.		fis	gis	a	h	cis̄	d̄	ē
15. Hyperlydisch.		g	a	b	c̄	d̄	es̄	f̄

The following table reproduces the note-names (the bottom line of each cell); each cell in the original also carries two ancient Greek notation symbols above the note-name.

Mese	Param.	diezeugm.			hyperbol.				Mese	synemmen.		
f	g	as	b	c̄	des	es	f̄		f	ges	as	b
fis	gis	a	h	cis	d̄	e	fis		fis	g	a	h
g	a	b	c̄	d̄	es	f̄	g		g	as	b	c̄
gis	ais	h	cis	dis	e	fis	gis		gis	a	h	cis
a	h	c̄	d̄	e	f̄]	g	a		a	b	c̄	d̄
b	c̄	des	es	f̄	ges	as	b		b	ces	des	es
h	cis	d̄	e	fis	g	a	h		h	c̄	d̄	e
c	d̄	es	f̄	g	as	b	c̄		c	des	es	f̄
cis	dis	e	fis	fis	a	h	cis		cis	d̄	e	fis
c	d̄	es	f̄	g	as	b	c		c	des	es	f̄
cis	dis	e	fis	gis	a	h	cis		cis	d̄	e	fis
d̄	e	f̄	g	a	b	c̄	d̄		d̄	es	f̄	g
es	f̄	ges	as	b	ces	des	es		es	fis	ges	as
e	fis	g	a	h	c̄	d̄	e		e	f̄	g	a
f̄	g	as	b	c̄	des	es	f̄		f̄	ges	as	b
fis	gis	a	h	cis	d̄	e	fis		fis	g	a	h
g	n	b	c̄	d̄	es	f̄	g		g	as	b	c̄

§ 16.

Die Tonoi in ihrer κοινωνία κατὰ τετράχορδα und in ihrer praktischen Verwendung.

Wir haben oben, den Quellen folgend, die Transpositions-scalen nach den chromatischen Halbtönen, in welche die Octave F bis f zerfällt, geordnet. Manche der alten Musiker liessen, unter ihnen Ptolemaios, die Kreuz-Tonarten unberücksichtigt: in dem System der von ihnen anerkannten (♭-)Tonarten kam es daher mehrmals vor, dass 2 benachbarte Scalen nicht um ein Halbton-, sondern um ein Ganzton-Intervall auseinander lagen (z. B. die Dorische, Phrygische, Lydische; die Hypodorische, Hypophry-gische, Hypolydische).

Die Ordnung in welcher die Transpositionsscalen auf ein-ander folgten, war also entweder durch Halbton- oder Ganzton-Intervalle bestimmt. Man kannte aber noch eine andere Art der Anordnung, welche man die κατὰ τετράχορδα κοινωνία nannte und welche genau dasselbe war wie unsere Anordnung der Scalen nach dem Qintencirkel. Aristid. p. 25: γίνονται δὲ αὐτῶν (sc. τῶν τόνων) καὶ κατὰ τετράχορδα κοινωνίαι. οἱ μὲν γὰρ ἡμιτονίῳ ἀλλήλων ὑπερέχουσιν, οἱ δὲ τόνῳ, οἱ δὲ τοῖς τούτων μείζοσι διαστήμασιν, ὥστε συμβαίνειν τὰς τοῦ κοιλοτέρου (des tieferen τόνος) μέσας ὑπάτας γίνεσθαι τοῦ ὀξυτέρου ἢ ἀνάπαλιν, καὶ κατὰ τὰς ἑξῆς ὁμοίως. Vgl. Bryenn. p. 481 ff.

Die Proslambanomenoi zweier in einer „Tetrachord-Gemein-schaft" (κατὰ τετράχορδα κοινωνία) stehenden Scalen liegen ein Quarten-Intervall auseinander. „Die Mese der einen dieser beiden Scalen bildet zugleich die Hypate meson der um eine Quarte höher stehenden Scala." Beispiel: der Ton c a ist die Mese der Hypolydischen Scala und zugleich die Hypate meson der um eine Quarte höher stehenden Lydischen Scala.

Warum ist hier die Mese und nicht der Proslambanomenos genannt? Auch sonst finden wir immer die Mese vor dem Pros-lambanomenos bevorzugt. Erinnern wir uns daran, dass man, wenn eine Melodie nach alter Weise in der Dorischen Octaven-gattung ausgeführt wurde, den Proslambanomenos mit den Tönen hypaton unbenutzt liess S. 114. Die Bevorzugung zeigt sich auch darin, dass der Erfinder der Vocal-Noten den Mesai der Trans-positionsscalen die unveränderten Buchstaben des neueren Alphabets angewiesen hat. (Es wird angemessen sein, dass auch wir für die im Folgenden anzuführenden Mesai der verschiedenen Transpositionsscalen diese ihre Vocal-Noten herbeiziehen.) Dies und Anderes, was erst später angeführt werden kann, weist darauf hin, dass die Mese des Systema pentekaidekachordon derjenige Ton war, welcher die Function der Tonica hatte; der Proslambanomenos ist die untere, die Nete hyperbolaion die obere Octav der Tonica: die Mese als mittlere Tonica ist ein Ton, welcher nothwendig vorhanden sein muss, ihre beiden Octaven werden häufig weggelassen. Wir können demnach die Mese des grösseren diazeuktischen Systems schlechthin als die Tonica der jedesmaligen unserem Moll ensprechenden Scala bezeichnen.

Ist die Mese die Tonica, so ist die bei der κοινωνία κατὰ τετράχορδα neben ihr in Betracht kommende Hypate meson als derjenige Ton zu fassen, welcher die Function der Unterquart hat. Wir können nun jenen von Aristides überlieferten Satz folgendermassen in Worte fassen:

Von zwei in der κοινωνία κατὰ τετράχορδα stehenden Scalen ist die Tonica der einen zugleich die Unterquart der anderen. Mithin ist die antike κοινωνία κατὰ τετράχορδα dasselbe, wie der moderne Quinten-Cirkel. Wir sagen Quinten-Cirkel, weil wir dabei an Tonica und Ober-Quinte denken, thatsächlich aber ist es ganz dasselbe, ob wir Ober-Quinte oder Unter-Quarte sagen, denn das eine wie das andere ist die Ober-Dominante der Tonica.

		Mese d. i. Tonica	Hypate hypat. d. i. Unter-Quarte	
♭♭♭♭ ♭♭	Hyperdorisch	es H	♭ Π	
♭♭♭ ♭♭	Dorisch	♭ Π	f Ω	
♭♭ ♭♭	Hypodorisch	f Ω	c — tiefere	Doppel- octave
	Hyperphrygisch	f Γ	c M höhere	
♭♭ ♭	Phrygisch	c M	g φ	
♭♭	Hypophrygisch	g φ	d 7 tiefere	Doppel- octave
	Hyperlydisch	g U	d I höhere	
♭	Lydisch	d I	a C	
	Hypolydisch	a C	c 7	

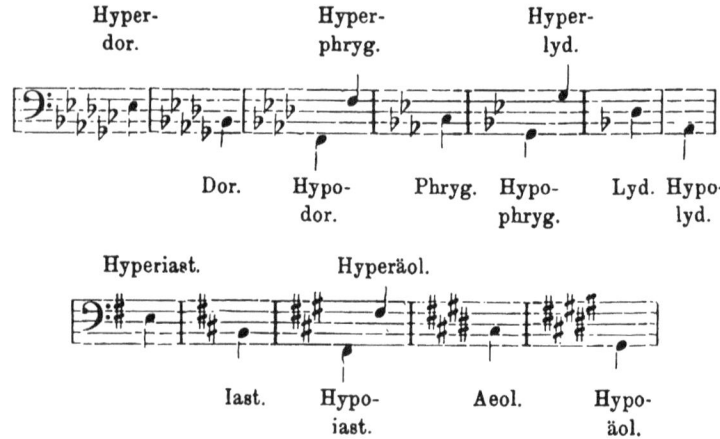

		Mese	Hypate hypat.
		d. i. Tonica	d. i. Unter-Quarte
‖	Hypolydisch	a C	.... e ⌐
♯‖	Hyperiastisch	e Z	.... h O
♯♯‖	Iastisch	h O	.... fis X
♯♮♯‖ {	Hypoiastisch	fis X	.... cis ⊢ tiefere } Doppel-
	Hyperäolisch	fis A	.... cis K höhere } octave
♯♮♯♮‖	Aeolisch	cis K	.... gis T
♯♮♯♮♮‖	Hypoäolisch	gis T	.... dis ∇

Bezeichnen wir die jedesmaligen Proslambanomenoi, so lässt sich die dem Quinten-Cirkel folgende Ordnung der Transpositions-scalen folgendermassen darstellen:

Die Griechen haben also 12 Transpositionsscalen von 6 ♭ bis zu 5 Kreuzen, eine jede aus einer Doppeloctave bestehend: für die Tonarten mit 4 ♭, 2 ♭, 3 Kreuzen kommen je zwei Scalen mit verschiedenen Namen vor, die eine in einer tieferen, die andere in einer höheren Octavenlage. Die ♭-Scalen, zu denen wir auch die Scalen ohne Vorzeichen rechnen müssen (vgl. das hier für die Diatonik zweimal angewandte γράμμα ἀνεστραμμένον), werden durch die Namen Dorisch, Phrygisch, Lydisch und deren Zusammensetzung mit Hyper und Hypo bezeichnet; die Kreuz-Scalen in gleicher Weise durch die Namen Iastisch und Aeolisch. Und zwar bezeichnet in der späteren Terminologie, von der wir jetzt reden, die Silbe Hyper und Hypo dem Namen Tonos vorangesetzt stets diejenige Transpositionsscala, welche ihm dem Quinten-(Quarten-)Cirkel nach zunächst liegt: zu einer ♭-Tonart vorangesetzt bezeichnet das „Hypo" die Tonart, welche in ihrem Vorzeichen 1 ♭ weniger hat, das „Hyper" die Tonart, welche 1 ♭ mehr hat, — in den Kreuz-Tonarten natürlich umgekehrt. Die zwischen Dorisch und Phrygisch (♭♭♭♭ und ♭♭) liegende Tonart (♭♭♭) heisst Hypodorisch in der tiefern, Hyperphrygisch in der höhern Doppeloctave; analog die zwischen Phrygisch und Lydisch, zwischen Iastisch und Aeolisch liegende Tonart.

I. B-Tonarten.

es-moll **Hyperdorisch**	b-moll **Dorisch**	Tieferes f-moll **Hypodorisch**
Höheres f-moll **Hyperphrygisch**	c-moll **Phrygisch**	Tieferes g-moll **Hypophrygisch·**
Höheres g-moll **Hyperlydisch**	d-moll **Lydisch**	a-moll **Hypolydisch**

II. Kreuz-Tonarten.

e-moll **Hyperiastisch**	h-moll **Iastisch**	Tieferes fis-moll **Hypoiastisch**
Höheres fis-moll **Hyperäolisch**	cis-moll **Aeolisch**	gis moll **Hypoäolisch**

Im Sinne der Alten, die von der κοινωνία κατὰ τετράχορδα reden, würden wir kurzweg sagen: Mit „Hypo" kennzeichnen wir die um eine Quarte tiefere, mit „Hyper" die um eine Quarte höhere Tonart — tiefer oder höher als diejenige, welcher jenes Wort praefigirt wird. Die Tonoi-Verzeichnisse bei Alypius und

Gaudentius sind so geordnet, dass auf jede Tonart die zu ihr gehörende Hypo- und Hyper-Tonart folgt:

Lydisch, Hypolydisch, Hyperlydisch,
Aeolisch, Hypoäolisch, Hyperäolisch,
Phrygisch, Hypophrygisch, Hyperphrygisch,
Iastisch, Hypoiastisch, Hyperiastisch,
Dorisch, Hypodorisch, Hyperdorisch.

Die die Grundlage bildenden Tonarten (ohne Hypo und Hyper) sind dabei chromatisch nach der Reihenfolge der Halbtöne, die ihre Proslambanomenoi bilden, geordnet: von der Höhe nach der Tiefe

Mit der vorhin ausgeführten Ordnung der Transpositionsscalen nach dem Quintencirkel (der κατὰ τετράχορδα κοινωνία) steht die praktische Anwendung derselben in Zusammenhang. Der in der Kaiserzeit lebende Aristoxeneer, aus dessen uns nicht mehr erhaltenem Werke die meisten der uns vorliegenden Musiker mehr oder minder genau compilirt und excerpirt haben, hatte in seinem Abschnitt von der Melopöie den Gebrauch der Transpositionsscalen nach den verschiedenen Gattungen der Musik angegeben. Nur einer der Compilatoren, der Anonymus I fin., hat uns diese Stelle überliefert und sein dürftiges Excerpt erhält gerade hierdurch für uns eine hohe Wichtigkeit*). Ausserdem ist ein Theil dieser Darstellung in den Commentar des Porphyrius zu Ptolemäus p. 332 übergegangen. Die an der ersten Stelle unterschiedenen Gattungen der Musik sind folgende:

---

*) Anonym. § 28: Ἡ Φρύγιος ἁρμονία πρωτεύει ἐν τοῖς ἐμπνευστοῖς ὀργάνοις· μάρτυρες οἱ πρῶτοι εὑρεταὶ Μαρσύας. καὶ ῎Ταγνις καὶ ῎Ολυμπος οἱ Φρύγες. Οἱ ὑδραῦλοι μόνοις τούτοις τοῖς τρόποις κέχρηνται οἵπερ εἰσὶν ἕξ· Ὑπερλύδιον, Ὑπεριάστιον, Λύδιον, Φρύγιον, Ὑπολύδιον, Ὑποφρύγιον. Οἱ δὲ κιθαρῳδοὶ τέτρασι τούτοις ἁρμοζόντωι· Ὑπεριαστίῳ, Λυδίῳ, Ὑπολυδίῳ, Ἰαστίῳ· Οἱ δὲ αὐληταὶ ἑπτὰ Ὑπεραιολίῳ, Ὑπεριαστίῳ, Ὑπολυδίῳ, Λυδίῳ, Φρυγίῳ, Ἰαστίῳ, Ὑποφρυγίῳ. Οἱ τοῖς ὀρχηστικοῖς προσήκοντες μουσικοὶ ἑπτὰ τούτοις χρῶνται· Ὑπερδωρίῳ, Λυδίῳ, Φρυγίῳ, Δωρίῳ, Ὑπολυδίῳ, Ὑποφρυγίῳ, Ὑποδωρίῳ. Im Anfange der Stelle ist von den εἴδη διὰ πασῶν die Rede; im zweiten Satze lässt sich zu dem Neutrum Ὑπερλύδιον kaum etwas anderes als εἴδος ergänzen. Daher erklärt sich Bellermanns Anmerkung zu dieser Stelle p. 39—45, in welcher die Octavengattungen besprochen werden.

I. Die Componisten orchestischer Musik (zu der auch die lyrischen und dramatischen Chorgesänge gehören) wandten die Scala ohne Vorzeichen und sämmtliche ♭-Scalen an, so jedoch, dass, wenn eine dieser Scalen zugleich in einer tieferen und höheren Octavenlage vorkam (Hypodorisch ·F-moll und Hyperphrygisch f-moll; Hypophrygisch G-moll und Hyperlydisch g-moll), sie von beiden nur die tiefere gebrauchten. Für jeden τόνος gebrauchten sie beide Systeme: das pentekaidekachordische und das hendekaidekachordische System, welches letztere in der unteren Hälfte dieselbe Transpositionsstufe wie das erstere enthielt, in der oberen aber die darauf folgende Transpositionsstufe des Quintencirkels, welche in ihrem Vorzeichen Ein ♭ mehr hat. Ob auch bei der Mixolydischen Scala dieses hendekachordische Synemmenon-System angewandt wurde, kann fraglich erscheinen.

1. Mixolydisch (Hyperdorisch):

7 ♭ | es ♯f ges as b ces des es fes ges as
6 ♭ | es f ges as b ces des es f ges as b ces des es

2. Dorisch.

6 ♭ | B ♮c des es f ges as b ces des es
5 ♭ | B c des es f ges as b c des es f ges as b

3. Hypodorisch.

5 ♭ | F ♮g as b c des es f ges as b
4 ♭ | F g as b c des es f g as b c des es f

4. Phrygisch.

4 ♭ | c ♯d es f g as b c des es f
3 ♭ | c d es f g as b c d es f g as b c

5. Hypophrygisch.

3 ♭ | G ♮a b c d es f g as b c
2 ♭ | G a b c d es f g a b c d es f g

6. Lydisch.

2 ♭ | D ♮e f g a b c d es f g
1 ♭ | D e f g a b c d e f g a b c d

7. Hypolydisch.

1 ♭ | A ♯h c d e f g a b c d
      A h c d e f g a h c d e f g a

Auf diese Scalen und Töne war die Orchestik beschränkt, die Kreuzscalen waren von ihr sämmtlich ausgeschlossen. Auch Ptolemäus, welcher im Gegensatz zu Aristoxenus nur die τόνοι „der Alten" geben will, schliesst die Kreuz-Tonarten von seinem System der τόνοι aus. Und da müssen wir denn den Satz aufstellen, dass die orchestische Musik, d. h. der Chorgesang, von allen Zweigen der Musik das eigentliche Erbstück der altgriechischen Zeit, der von der Zeit des Aeschylus und Pindar an das Schicksal hatte, immer mehr und mehr in seiner Bedeutung beschränkt zu werden, und dem namentlich in der nacharistoxenischen Zeit keine Gelegenheit zu weiterer Entwickelung gegeben war, dass gerade dieser sich auch späterhin in seinen Scalen auf die der alten Zeit beschränkt und die Kreuz-Tonarten von sich fern gehalten hat, die vielmehr in den Zweigen Eingang fanden, welche auch noch in der späteren Zeit eine weitere Entwickelung erfuhren.

II. Die Auleten gebrauchten sieben τόνοι, nämlich ausser der Scala ohne Vorzeichen die Scalen von 1 bis 3 ♭ und 1 bis 3 Kreuzen.

1. Phrygisch.

4 ♭ | c ♯d es f g as b c des es f
3 ♭ | c d es f g as b c d es f g as b c

2. Hypophrygisch.

3 ♭ | G ♮a h c d es f g as b c
2 ♭ | G a h c d es f g a b c d es t g

3. Lydisch.

2 ♭ | d ♮e f g a b c d es f g
1 ♭ | d e f g a b c d e f g a b c d

4. Hypolydisch.

1 ♭ | A ♮H c d e f g a b c d
A H c d e f g a h c d e f g a

5. Hyperiastisch oder Hoch-Mixolydisch.

e ♯f g a h c d e f g a
1 ♯ | e fis g a h c d e fis g a h c ʹd e

6. Iastisch.

1 ♯ | H ♯c d e fis g a h c d e
2 ♯ | H cis d e fis g a h cis d e fis g a ♮h

7. Hyperäolisch.

2 ♯ | fis ♯g a h cis d e fis g a h
3 ♯ | fis gis a h cis d e fis gis a h c d e fis.

Im obern Theile des Hendekachord-Systems des Phrygischen Tonos stand den Auleten, wie wir sehen, auch noch eine Scala mit 4 ♭ zu Gebote. — Ausser den Tonoi der Auleten führt unsere Quelle auch die Tonoi der Hydrauleten auf, Componisten für ein erst in der alexandrinischen Zeit aufgekommenes Instrument, welches in der Kaiserzeit sehr beliebt wurde. Es sind hier die Transpositionsscalen dieselben, wie die fünf ersten der Auleten (vom Phrygischen bis incl. dem Hyperiastischen); ausserdem wandten die Hydrauleten auch noch die höhere Octave des Hypophrygischen, das sogenannte Hyperlydische, an*).

III. Die Kitharoden bedienten sich der 3., 4., 5., 6: der bei den Auleten gebräuchlichen Scalen mit Ausschluss der übrigen, also von Lydisch bis Iastisch, d. h: der Scalen von Einem ♭ (oder wie wir richtiger mit Berücksichtigung des Hendekachord-Systemes des Lydischen Tonos sagen müssen, von zwei ♭ bis zu zwei Kreuzen). Porphyrius gibt in einer falschen Erklärung zu einer Stelle des Ptolemäus, in welcher dieser von den Octavengattungen, aber nicht von den Transpositionsscalen der Kitharoden gesprochen hatte, die Notiz (p. 332): *Εἰδέναι δὲ καὶ τοῦτο ὅτι οἱ κιθαρῳδοὶ τέτρασι τόνοις ὡς ἐπὶ τὸ πλεῖστον ἐχρῶντο, τῷ Ὑπολυδίῳ, τῷ Ἰαστίῳ, τῷ Αἰολίῳ καὶ (Ὑ)περιαστίῳ*, während unser Anonymus sagt: *οἱ δὲ κιθαρῳδοὶ τέτρασι τούτοις ἁρμόζονται· Ὑπεριαστίῳ, Λυδίῳ, Ὑπολυδίῳ, Ἰαστιω*; sie hat also *Λυδίῳ*, wo wir im Porphyrius *Αἰολίῳ* lesen. Es kann keine Frage sein, dass ΑΙΟΛΙΩΙ nur ein Schreibfehler für ΛΥΔΙΩΙ ist.

Wir bemerken, dass sich aus dem hier besprochenen Gebrauch der Tonarten in den einzelnen Zweigen der Musik eine Ordnung der Scalen ergibt, welche völlig dieselbe ist, wie die

---

*) Die ὑδραυλίς, ein mit einer Claviatur versehenes, unserer Orgel verwandtes Instrument (Athen. 4, 174; Vitruv. 10, 13; Hero Spirit. p. 227) wird bald auf Archimed (Tertull. de an. 14, de spect. 10; Claud. de conf. Mall. Theod. 315), bald auf den Alexandriner Ktesibius zurückgeführt, einen Zeitgenossen des Ptolemäus Euergetes I, 241—221 (Aristox. ap. Athen l. l., Buttmann in den Abhdl. der Berl. Akad. 1811, S. 169), der mit seiner Frau die ersten Concerte auf diesem Instrumente gab. Es kam bald sehr in Aufnahme und stand besonders unter den römischen Kaisern in grossem Ansehen (Vitruv. l. l.; Sueton. Nero 4, 54; Ael. Lamprid. 27). Die bei dem Anonymus de mus. erhaltenen Angaben über den Gebrauch der Tonoi in den einzelnen Kunstzweigen, unter denen dem Spiele auf der Hydraulis die erste Stelle eingeräumt ist, gehören sicherlich erst der nachristoxenischen Zeit an. Nichts desto weniger sind sie von der grössten Wichtigkeit.

Ordnung unseres Quintencirkels: die Hydrauleten gehen von 3 ♭
bis zu 1 Kreuz, die Kitharoden von 1 ♭ bis zu 2 Kreuzen, die
Auleten von 3 ♭ bis zu 3 Kreuzen, die Orchestiker von 6 ♭ bis
zur Scala ohne Vorzeichen. Wir können also sagen: wenn auch
nicht die Theorie des Aristoxenus, so geht doch die Praxis vom
Quintencirkel aus — in der That ist er so sehr im Wesen der
Musik begründet, dass es unerklärlich sein würde, wenn die griechische nicht der Ordnung des Quintencirkels folgte. Es ist dies
zugleich der Beweis· für die Richtigkeit der Mittheilungen, welche
unsere Quelle über den Gebrauch der Transpositionsscalen enthält.
Darin liegt auch die Garantie, dass die griechischen Noten durch
F. Bellermann und Fortlage richtig gedeutet sind.

Die Tabelle auf S. 135 gibt eine Uebersicht über die Anwendung der Tonoi.

Nur zwei Tonoi kommen, wie diese Tabelle zeigt, in allen
Zweigen der Musik vor, im Chorgesang, in den Monodien der
Kitharoden und in der Musik der Auleten und Hydrauleten: dies
sind der Lydische und Hypolydische. Diese beiden stellen sich
also als die häufigsten und vulgärsten heraus. Damit stimmt
überein, dass die Musiktabellen der Alten die Lydische und
Hypolydische voranstellen, oder dass, wenn sie nur eine einzige
Scala vorführen, diese eine die Lydische ist. Wir haben oben
schon darauf aufmerksam gemacht, dass sämmtliche erhaltene
Musikreste der Alten Lydisch gesetzt sind. Von den sechs Scalen, durch welche Aristides eine Erklärung der Harmonien des
Platonischen Staates gibt, ist eine in dem Hypolydischen, die
fünf anderen sind in dem Lydischen Tonos gehalten. Vgl. unten.

Uebersicht der griechischen Transpositionsscalen oder Tonoi.

A.

Die zwölf Transpositionsscalen der gleichschwebenden Temperatur

nach dem Quintencirkel geordnet.

I. Aeltere Scalen	es	Mixolydisch, Hyperdorisch
	B	Dorisch . . . .
	F	Hypodorisch . . . . .
	c	Phrygisch . . . .
	G	Hypophrygisch . . . . .
	d	Lydisch . . . .
	A	Hypolydisch . . . . .
II. Dazu aufgenommen von Aristoxenus	e	Hoch-Mixolyd., Hyperiastisch .
	H	Tief-Phrygisch, Iastisch . . .
	Fis	Tief-Hypophrygisch, Hypophrygisch . . . . . .
	cis	Tief-Lydisch, Aeolisch . .
	Gis	Tief-Hypolydisch, Hypoäolisch . . . .

Chorgesang, Orchestik / Kitharodik / Auletik / Hydrauletik

ungebräuchlich

B.

Dazu drei Transpositionsscalen in höherer Octave.

	f	Hypermixolydisch, Hyperphrygisch . . . . .
III. Nacharistoxenisch	fis	Hyperäolisch . . . . Auletik
	g	Hyperlydisch . . . . Hydrauletik

Fünftes Capitel.

Die Octavengattungen (Harmonien) und die Ton-Scalen thetischer Onomasie.

§ 17.

Die σχήματα oder εἴδη τοῦ διὰ πασῶν.

Auf dem Doppeloctaven-Systeme sind der Lehre des Aristoxenus zufolge 7 verschiedene Schemata oder Eide der Octave enthalten, eine jede mit einem besonderen von einem der griechischen Völkerstämme oder ihrer kleinasiatischen Nachbarvölker entlehnten Namen: Mixolydisch, Lydisch, Phrygisch, Dorisch u. s. w.; die verschiedenen Schemata der Octave unterscheiden sich von einander durch die verschiedene Reihenfolge, in welcher die zu einer Octave gehörenden 2 Halbtöne und 5 Ganztöne sich an einander schliessen. Die Theoretiker der Aristoxenischen Schule geben diese 7 Octaven-Schemata von der Hypate hypaton bis zur Nete hyperbolaion in folgender Weise an:

	hypaton			meson		Mese	Param.	diezeug.			hyperbol.		
	Hyp.	Parh.	Lich.	Hyp.	Parh.	Lich.	Mese	Param.	Trite	Paran.	Nete	Trite	Paran.	Nete
1. Mixolyd.	H	c	d	e	f	g	a	h						
2. Lydisch·		c	d	e	f	g	a	h	c					
3. Phrygisch			d	e	f	g	a	h	c	d				
4. Dorisch				e	f	g	a	h	c	d	e			
5. Hypolydisch					f	g	a	h	c	d	e			
6. Hypophrygisch						g	a	h	c	d	e	f	g	
7. Hypodorisch							a	h	c	d	e	f	g	a

Dies sind, wie Aristoxenus sagt (zweite Harm. § 104), die verschiedenen σχήματα oder εἴδη τῶν τοῦ διὰ πασῶν, d. i. die verschiedenen Formen oder Arten der Octaven-Scale. In unserer modernen Musik besteht zwischen der Moll- und der Dur-Scala eine solche Verschiedenheit der Octaven-Gattung. In unserer Dur-Scala folgen beim Absteigen folgende Intervalle aufeinander: Halbton, Ganzton, Ganzton, Ganzton, Halbton, Ganzton, Ganzton; in unserer Moll-Scala steigen die Intervalle in folgender Ordnung abwärts: Ganzton, Ganzton, Halbton, Ganzton, Ganzton, Halbton, Ganzton. In den sogenannten Modi ecclesiastici oder Kirchentönen, die den früheren Jahrhunderten unserer christlich-modernen Musik so geläufig waren und auch noch heut zu Tage hin und wieder zur Anwendung kommen, bieten sich dieselben Arten der Anordnung von Ganz- und Halbtönen, wie in den altgriechischen Octavengattungen.

Uebersicht der griechen Octavengattungen und der mittelalterlichen Kirchentöne für die Transpositionsscala ohne Vorzeichen.

	Schlusston						
Antike Nomenclatur:	Aeolischer (Hypodorischer)	Mixolydischer	Lydischer	Phrygischer	Dorischer	Hypolydischer	Iastischer (Hypophrygischer)
	a	h	c	d	e	f	g
Mittelalterliche Nomenclatur:	Aeolischer (Hypodorischer)	Ionischer (Hypophrygischer)	Hypolydischer	Dorischer	Phrygischer	Lydischer	Mixolydischer

Mit unseren Kirchentönen sind die verschiedenen σχήματα τῶν διὰ πασῶν, oder wie Plato und die Aelteren sagen, die verschiedenen ἁρμονίαι des griechischen Melos, im Allgemeinen identisch.

Ausser diesen sieben Benennungen von Octavengattungen gab es noch andere, z. B. Ionisch oder Iastisch als gleichbedeutend mit Hypophrygisch — Aeolisch· als gleichbedeutend mit Hypodorisch. Pseudo-Euklides p. 16 sagt von der siebenten Octavengattung ἐκαλεῖτο δὲ κοινὸν καὶ Λοκριστὶ καὶ Ὑποδώριον. Der ursprüngliche Sinn muss hier wohl gewesen sein: κοινὸν τῆς Λοκριστὶ καὶ Ὑποδωρίου, d. i. der Lokrischen und Hypodorischen Harmonie gemeinsam. Plato gebraucht noch andere Benennungen, vgl. unten.

Bei Aristides p. 18 heisst es von den εἴδη τῶν τοῦ διὰ πασῶν

„ἃ καὶ ἀρχὰς οἱ παλαιοὶ τῶν ἠθῶν ἐκάλουν", wonach die Octavengattungen bei den Alten als die Fundamente der ethischen
Wirkung, welche die Musik auszuüben im Stande ist, angesehen
wurden. Aristides hatte hier, wie aus p. 22 hervorgeht, besonders den Plato im Auge, der in der Republik die verschiedenen
Harmonien nach dieser ihrer ethischen Wirkung erörtert.

Im Allgemeinen sagt Plato Laches p. 188:
ἁρμονίαν καλλίστην ἡρμοσμένος οὐ λύραν οὐδὲ παιδιᾶς
ὄργανα, ἀλλὰ τῷ ὄντι ζῆν, ἡρμοσμένος [οὗ] αὐτὸς αὑτοῦ
τὸν· βίον σύμφωνον τοῖς λόγοις πρὸς τὰ ἔργα, ἀτεχνῶς
Δωριστί, ἀλλ᾽ οὐκ Ἰαστί, οἴομαι δὲ οὐδὲ Φρυγιστὶ οὐδὲ
Λυδιστί, ἀλλ᾽ ἥπερ μόνη Ἑλληνική ἐστιν ἁρμονία.
Mit Ausnahme der Dorischen Harmonie erscheinen ihm alle
übrigen als ungriechisch, als barbarisch.

Sind die griechischen Octavengattungen (Harmonien) etwas
Analoges wie unsere Kirchentöne oder wie unser modernes dur
und moll, so muss auch für jede griechische Octavengattung eine
Tonica vorausgesetzt werden. Die Function der Tonica wird
deutlich in einem Problem des Aristoteles beschrieben. Dies ist
von Helmholtz unwiderleglich nachgewiesen: Was dort von der
Mese gesagt wird, kann nur von einem Klange gelten, welcher
die Function der Tonica hat. Helmholtz bezieht dies auf die
Mese des pentekaidekachordischen Systèmes, des grösseren σύστημα
τέλειον. Stellt dieses System den Tonos Hypolydios dar, so wird
die Mese durch den Klang a gebildet; stellt es den Tonos Lydios
dar, so ist es der Klang d, welcher als Mese gilt. Das sind die
jedesmaligen Mesai der Dorischen Octaven. Daher lehrt Riemanns musikalisches Lexikon, die alte griechische Musik habe
sich stets in der Dorischen Octavengattung bewegt. Dann würde
also die griechische Musik keine andere als nur die Dorische
Harmonie gekannt haben. Plato bezeichnet zwar die δωριστί als
ἁρμονίαν καλλίστην, stellt sie über die ἰαστί, λυδιστί, φρυγιστί,
nennt die δωριστί die einzige hellenische Harmonie; jedenfalls
war also die δωριστί die vornehmste unter allen griechischen
Harmonien. Aber in seinem Werke vom Staate widmet Plato
den übrigen Harmonien eine ausführliche Erörterung ihres Ethos,
um darzuthun, aus welchem Grunde sie in dem Idealstaate des
Sokrates ·für die Jugenderziehung ausgeschlossen sein sollten;
ausser der δωριστί gesteht er hier namentlich auch der φρυγιστί
eine bedingte Zulässigkeit zu; dem Plato, sagt Plutarchs Musik-

dialog bei der Erläuterung jener Stelle der Platonischen Republik, war es wohlbekannt, dass ʼz. B. in der Tragödie ausser der δωριστί auch die λυδιστί und ἰαστί angewandt wird, Plut. de Mus. 17 καὶ περὶ τῆς ἰάδος, ἠπίστατο γὰρ ὅτι ἡ ˙τραγῳδία ταύτῃ τῇ μελοποίᾳ κέχρηται. Damit ist für die griechische Musik die Thatsache gesichert, dass nicht bloss die Dorische, sondern auch die übrigen Octavengattungen zur Anwendung kamen, etwa wie in der christlichen modernen Musik ausser der Dur- auch die Molltonart, in der Musik der Kirchentöne ausser dem Dorischen auch der Phrygische, Aeolische und Ionische. Wie es bei uns eine Tonica der Moll- und eine Tonica der Durtonart gibt, wie von den Kirchentönen ein jeder seine besondere Tonica hat, so konnte von den alten griechischen Harmonien unmöglich die Dorische die einzige sein, welche ihre Tonica hatte, vielmehr musste auch eine Phrygische, eine Lydische Tonica vorhanden sein — auch die φρυγιστί, die λυδιστί musste ebensogut wie die δωριστί eine eigene als Tonica fungirende Mese haben. Riemanns Lehre, dass bei den alten Griechen die Melopöie stets die Dorische war, lässt sich mit den überlieferten .Thatsachen nicht vereinigen.

Die Bedeutung, welche Plato der Dorischen Harmonie vor allen übrigen Harmonien beilegte, dergestalt, dass er die Doristi allein als Hellenische gelten lassen wollte, diese hohe Bedeutung wurde ihr auch von den Anderen zuerkannt. Bei den alten Musiktheoretikern Griechenlands ward daher die Dorische Harmonie gewissermassen als Mustertonart den übrigen Harmonien zu Grunde gelegt. Wollte man die Klänge der übrigen Harmonien bezeichnen, so übersetzte man sie gleichsam ins Dorische, man gab an, welche Stelle der betreffende Klang haben würde für den Fall, dass er einer Dorischen Melopöie angehöre, dass er Dorische Mese (Tonica), dass er Dorische Hypate meson (Tonica), oder irgend ein anderer Klang. der Doristi sei.

Transpositionsscala (Tonos) ohne Vorzeichnung.

Δωρία νήτη διεξ.	e	Dor. Oberquinte, Oberdominante
Δωρία παρανήτη διεξ.	d	Dor. Oberquarte
Δωρία τρίτη διεξ.	c	Dor..Oberterz, Mediante
Δωρία παράμεσος	h	Dor. Obersecunde
Δωρία μέση	a	Dor. Prime, Tonica
Δωρία λιχανὸς μέσ.	g	Dor. Untersecunde
Δωρία παρυπάτη μέσ.	f	Dor. Unterterz
Δωρία ὑπάτη μέσ.	e	Dor. Unterquarte, Oberdominante

Bezeichnete man die Klänge so, dass man die harmonische
Function angab, welche sie als Klänge der Dorischen Octavengattung hatten, durch die Klangnamen μέση, ὑπάτη u. s. w.,
wobei der Zusatz δωρία gewöhnlich ausgelassen wurde, so nannte
man dies die dynamische Klangbezeichnung „τῶν φϑόγγων ὀνομασία κατὰ δύναμιν", wie wir aus Ptolemäus wissen. S. unten.
Die griechischen Musiktheoretiker wenden in ihrer Einleitungen
zur Harmonik, wo sie über Intervalle und Systeme im Allgemeinen
sprechen, stets die dynamische Onomasie an. Der Klang a in
der Scala ohne Vorzeichen wurde schlechtweg μέση genannt,
wenn es nicht darauf ankam eine bestimmte Art der Melopöie
zu bezeichnen.

Redeten aber die alten Theoretiker von bestimmten Melopöien,
von Phrygischen, Lydischen Melopöien u. s. w., so benannten sie
den Klang nach der harmonischen Function, die er in der Phrygischen, Lydischen Octavengattung als Tonica, Dominante u. s. w.
hatte, indem sie zu den Tonnamen μέση, ὑπάτη die Ausdrücke
φρυγία, λυδία u. s. w. hinzusetzten. War die in der Transpositionsscala ohne Vorzeichen geschriebene Composition eine Phrygische Melopöie, so bildete der Klang g die Tonica, genannt
φρυγία μέση; bei einer Lydischen Melopöie bildete der Klang f
die Tonica, genannt λυδία μέση. Wir erfahren dies aus Ptolemäus, welcher uns überliefert, dass diese Art der Klangbezeichnung, welche den Klang nach seiner Function in der Octavengattung, welcher er angehört, bezeichnet, im Gegensatze
zur ὀνομασία κατὰ δύναμιν den Namen ὀνομασία κατὰ ϑέσιν führte.
Schon die erste Auflage meiner griechischen Harmonik und Melopöie gab nach Ptolemäus eine Darstellung der δυνάμεις und der
ϑέσεις für die Transpositionsscala ohne Vorzeichen; mit den Ausdrücken δυνάμεις und ϑέσεις bezeichnet Ptolemäus die Klangnamen der dynamischen und thesischen Onomasie.

Δυνάμεις

	d	e	f	g	a	h	c	d	e	f	g	a	h	c	᾽ΤΔω.
	c	d	e	f	g	a	h	c	d	e	f	g	a	h	᾽ΤΦρ.
	h	c	d	e	f	g	a	h	c	d	e	f	g	a	᾽ΤΛυ.
Δωρ.	a	h	c	d	e	f	g	a	h	c	d	e	f	g	a
Φρυ.	g	a	h	c	d	e	f	g	a	h	c	d	e	f	g
Λυδ.	f	g	a	h	c	d	e	f	g	a	h	c	d	e	f
Μιξ.	e	f	g	a	h	c	d	e	f	g	a	h	c	d	e

Θέσεις

So glaubte ich in der ersten Auflage das Ergebniss der in
der Ptolemäischen Harmonik 2, 5 ff. über die gegebene Darstellung der dynamischen und thetischen Onomasie in kürzester
Form skizzirt zu haben, und muss dies auch für die gegenwär-
tige Auflage aufrecht erhalten.

§ 18.
Die sieben σύστηματα τοῦ δὶς διὰ πασῶν
bei Ptolemäus Harm. 2, 5 ff.

Ptolemäus will keine anderen Tonoi als nur jene gelten lassen,
welche Aristoxenus bereits vorgefunden hatte; das waren diejenigen, welche nach der gleichzeitig von Fr. Bellermann und
A. Fortlage gemachten Entdeckung mit Rücksicht auf die griechische Notenschrift unseren modernen ♭-Scalen einschliesslich
der Transpositionsscala ohne Vorzeichnung entsprechen. Alle
erst von Aristoxenus hinzugefügten Tonoi, also· namentlich die
unseren ♯-Scalen entsprechenden, verwarf Ptolemäus als unnütz;
auch die beiden von den νεώτεροι in der nacharistoxenischen
Epoche hinzugefügten. Jeden der sieben Tonoi führt Ptolemäus
nach den dynamischen und nach den thetischen Klangnamen des

Doppeloctavensystemes aus. J. Wallis, der erste und bisher einzige Herausgeber der Ptolemäischen Harmonik, hat dem die dynamischen und thetischen Scalen behandelnden Abschnitte überaus grosse Sorgfalt zugewandt, nach 11 Handschriften hat er den Text der Tabellen völlig sichergestellt, so dass hier kaum unbedeutende Einzelheiten nachzutragen sein möchten.

Von den neueren Forschern war vor mir zuerst Fr. Bellermann auf diesen Gegenstand eingegangen. Im Anonymus sagt er p. 10: Θέσις et δύναμις quid apud musices scriptores significent, si quis forte lectorum non statim meminerit, breviter expoŋam. Nominibus hypate hypaton, lichano meson, paramese, ceteris gradus tantummodo, quos in scalis singuli soni obtinent, sive rationes ad primarium systematis sonum sive proslambanomenos notantur, non ipsa per se spectata tensio, quam veteres scribendo quidem, ut nos nostris, ita suis notis musicis indicare poterant, loquendo tamen non aliter, nisi ut illis intervallorum nominibus nomina modorum, Phrygii, Lydii, ceterorum adiicerent. Itaque ut simplices, certi alicuius systematis ratione non habita, sonorum tensiones significarent, unius Dorii modi nominibus utebantur; additis vocibus κατὰ θέσιν, sive παρὰ θέσιν, sivè θέσει, quibus oppositae sunt voces κατὰ δύναμιν, παρὰ δύναμιν, δυνάμει, quae solum systematis gradum, omissa tensionis ratione, indicant. Euclid. p. 22: Δύναμις δέ ἐστι τάξις φθόγγου ἐν συστήματι (haec enim postrema duo verba e codd. Barociano et Lipsiensi addenda sunt), δι᾽ ἧς γνωρίζομεν τῶν φθόγγων ἕκαστον. Est igitur παρυπάτη μέσων κατὰ θέσιν sonus des, tensione sola considerata; contra παρυπάτη μέσων Δωρίου est idem illud des, sed quatenus est sextus sonus Dorii modi; ita παρυπάτη μέσων Ὑπολυδίου, sive sextus sonus Hypolydii κατὰ δύναμιν, est ὑπάτη μέσων κατὰ θέσιν, sive sonus c. Rem Ptolem. libro II. c. 5 sic explicat: τοὺς δὲ τοῦ τῷ ὄντι τελείου καὶ δὶς διὰ πασῶν συστήματος φθόγγους, πεντεκαίδεκα συνισταμένους (non enim duodeviginti sonos statuit esse Ptolemaeus, quippe qui tetrachordum συνημμένων expunxerit) — ποτὲ μὲν παρὰ. αὐτὴν τὴν θέσιν, τὸ ὀξύτερον ἁπλῶς ἢ βαρύτερον ὀνομάζομεν, ποτὲ δὲ παρὰ τὴν δύναμιν αὐτήν, τὸ πρός τι πῶς· ἔχον. — Manuel Bryenn. lib. I c. 4: δυνάμει, ταὐτὸ δ᾽ εἰπεῖν, τῇ ἐν ὀργάνῳ ἐκφωνήσει καὶ τάξει. Apparet θέσιν idem fere esse, quod τάσιν, und Euclid. p. 3: φθόγγοι δέ εἰσι τῇ μὲν τάσει ἄπειροι· τῇ δὲ δυνάμει καθ᾽ ἕκαστον γένος δεκαοκτώ. Aristid. Quint. p. 12: ὁμόφωνοι δὲ (φθόγγοι εἰσίν),

οἵτινες δύναμιν μὲν ἀλλοίαν φωνῆς, τάσιν δὲ ἴσην ἐπέχουσιν —
et qui eum latine vertit Martianus Capella lib. IX sect. 947
(pag. 185 Meib.): ὁμόφωνοι, qui vocis quidem aliam significationem gerunt, eundem tamen impetum servant. Ceterum comparari huic veterum usui potest contrarius ille hodiernus, quo notis
nostri C duri modi, quae sonos κατὰ θέσιν proprie significant,
ad sonos κατὰ δύναμιν significantes utimur. Melodias enim buccinis et nonnullis aliis instrumentis canendas notis modi C duri
scribere κατὰ δύναμιν solemus; illa vero aliis eas κατὰ θέσιν
canunt tensionibus, quae praescriptis verbis: Trombe in D, Clarinetti in B, aliis indicantur.

Damit glaubt F. Bellermann die Stelle der Ptolemäischen
Harm. 2, 5. erläutert zu haben:

Ἐκλαμβανομένου γὰρ τοῦ διὰ πασῶν κατὰ τοὺς μεταξύ πως
τοῦ τελείου συστήματος τόπους, τοῦτ' ἔστι, τοὺς ἀπὸ τῆς τῇ
θέσει τῶν μέσων ὑπάτης ἐπὶ τὴν νήτην διεζευγμένων· (ἕνεκα
τοῦ τὴν φωνὴν ἐμφιλοχώρως ἀναστρέφεσθαι καὶ καταγίγνεσθαι
περὶ τὰς μέσας μάλιστα μελῳδίας, ὀλιγάκις ἐπὶ τὰς ἄκρας ἐκ
βαίνουσαν, διὰ τὸ τῆς παρὰ τὸ μέτρον χαλάσεως ἢ κατατάσεως
ἐπίπονον καὶ βεβιασμένον)· ἡ μὲν τοῦ Μιξολυδίου μέση (b), κατὰ
τὴν δύναμιν, ἐφαρμόζεται τῷ τόπῳ τῆς παρανήτης τῶν διεζευγ
μένων (b), ἵν' ὁ τόνος τὸ πρῶτον εἶδος ἐν τῷ προκειμένῳ ποιήσῃ
τοῦ διὰ πασῶν· ἡ δὲ τοῦ Λυδίου (a) τῷ τόπῳ τῆς τρίτης τῶν
διεζευγμένων (as), κατὰ τὸ δεύτερον εἶδος· ἡ δὲ τοῦ Φρυγίου (g)
τῷ τόπῳ τῆς παραμέσης (g), κατὰ τὸ τρίτον εἶδος ἡ δὲ τοῦ
Δωρίου (f), τῷ τόπῳ τῆς μέσης (f), ποιοῦσα τὸ τέταρτον καὶ
μέσον εἶδος τοῦ διὰ πασῶν· ἡ δὲ τοῦ Ὑπολυδίου (e) τῷ τόπῳ
τῆς λιχανοῦ τῶν μέσων (es), κατὰ τὸ πέμπτον εἶδος· ἡ δὲ τοῦ
Ὑποφρυγίου (d) τῷ τόπῳ τῇ παρυπάτης τῶν μέσων (des), κατὰ
τὸ ἕκτον εἶδος· ἡ δὲ τοῦ Ὑποδωρίου (c) τῷ τόπῳ τῆς τῶν μέσων
ὑπάτης (c) κατὰ τὸ ἕβδομον εἶδος*).

---

* Hierauf lässt F. Bellermann in seinem Anonymus die für die Ptolemäischen δυνάμεις und θέσεις von ihm entworfene Tabelle folgen. Es ist
die umstehende Tabelle. Nur mussten hier die Ptolemäischen Klänge auf
dieselbe Benennung wie bei Wallis gebracht werden. Denn Bellermann
selber drückt im Anonymus den dynamischen Proslambanomenos des Tonos
Hypodorios durch E, in einem späteren Werke durch F aus.

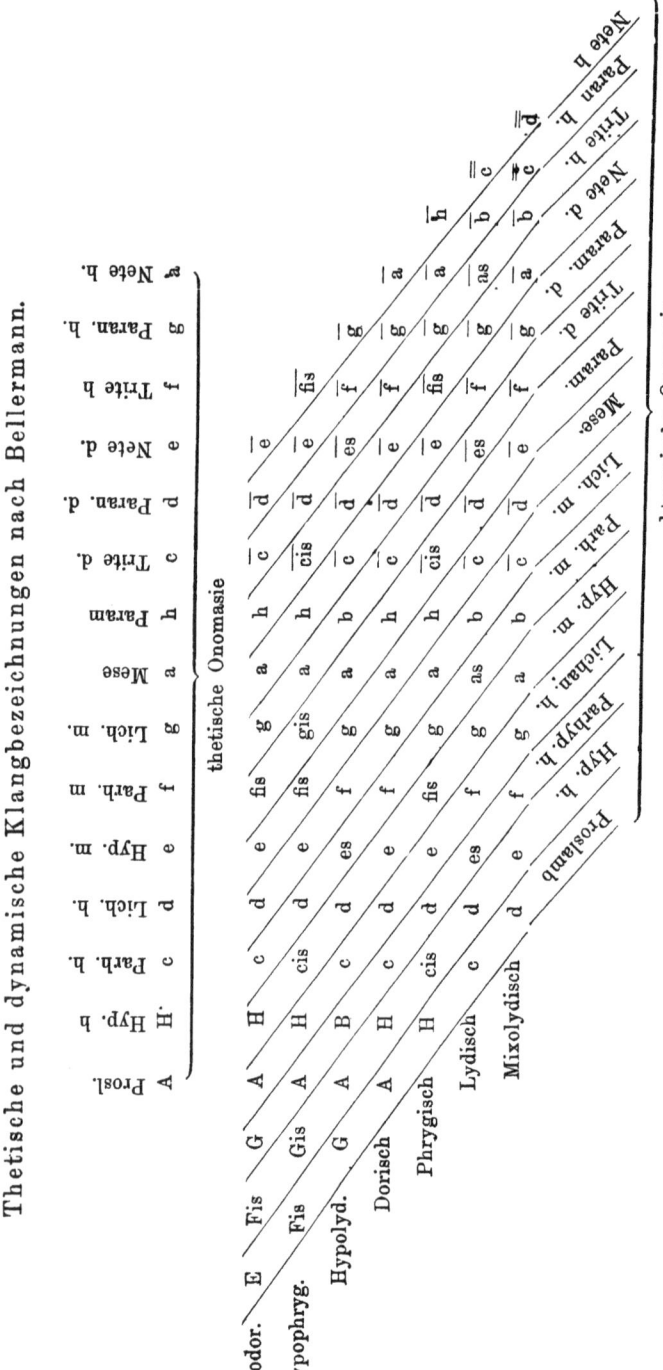

Thetische und dynamische Klangbezeichnungen nach Bellermann.

Zu dieser Bellermann'schen Tabelle fügt Dr. Sakellarios hinzu: „Wer die Anmerkung in Bellermanns Anonymus p. 10 liest, der wird glauben müssen, die thetische und dynamische Onomasie sei eine längst allgemein bekannte Nomenclatur der alten Musiker, welche Bellermann an dieser Stelle kürzlich dem Leser in Erinnerung bringen wolle. Weshalb der verdiente Forscher sich in dieser Weise ausdrücken mag, lässt sich schwer begreifen. Schon die von ihm gebrauchte Mehrzahl 'apud musicos scriptores' wird auffallen müssen. Ist es doch von allen alten Musikschriftstellern nur der einzige Ptolemäus, von welchem der Unterschied der Thesis und Dynamis behandelt wird. In den der Anmerkung vorausgehenden Worten Bellermanns wird zwar Ptolemaeus lib. II, cap. 11 citirt, aber kein Wort sagt Bellermann von den sieben Tabellen der Theseis und Dynameis, welchen Ptolemäus jene Worte als Einleitung vorausschickt —; kein Wort auch von den 14 kanonia der sieben τόνοι ἀπὸ νήτης und ἀπὸ μέσης, welche Ptolemäus im 15. Cap. des II. Buches gegeben hat, und welche bei einer Interpretation jener sieben Tabellen unmöglich ausser Acht gelassen werden können —; kein Wort auch von der Erklärung, welche J. Wallis, der erste und bis jetzt einzige Herausgeber der ptolemäischen Harmonik, von der thetischen und dynamischen Onomasie und den hierauf bezüglichen sieben Tabellen im 11. Cap. des II. und den 14 Tabellen im 15. Cap. desselben Buches gegeben hat. Es erweckt Alles den Anschein, als ob der verdiente Forscher F. Bellermann, welcher den von ihm herausgegebenen Anonymus de musica mit so vielen gelehrten und nützlichen Anmerkungen begleitet hat, gerade auf die Ptolemäischen Theseis und Dynameis als minder wichtig nicht dieselbe Gründlichkeit verwandt habe. Denn wie wäre es möglich, dass ein so scharfsinniger Mann wie F. Bellermann die Tabellen des Ptolemäus gründlich studirt, dabei aber nicht gesehen haben sollte, dass aus ihnen etwas ganz Anderes sich ergibt, als was Bellermann den Ptolemäus über die thetische und dynamische Onomasie sagen lässt? Wie wäre es ferner möglich, dass Bellermann die von Wallis in der Ptolemäusausgabe hinzugefügten Anmerkungen gründlich durchgenommen, aber dabei nicht gesehen haben sollte, dass der Herausgeber des Ptolemäus von der Thesis und Dynamis eine ganz andere Erklärung gegeben hat als diejenige, welche Bellermann den Lesern des Anonymus vorführt? Hätte es sich nicht wenigstens verlohnt, dem Leser nicht vorzuenthalten,

dass J. Wallis über die thetische Onomasie eine durchaus ab-
abweichende Auffassung aufgestellt hat? F. Bellermann begnügt
sich damit, aus der Harmonik des Ptolemäus das 11. Capitel des
II. Buches mitzutheilen. Dort sagt Ptolemäus, dass die dynamische Mese des Mixolydischen Tonos dem 'topos' nach mit der
Paranete diezeugmenon des Mixolydischen Diapason stimme, —
die dynamische Mese des Lydischen Tonos mit der Trite diezeugmenon..., — die dynamische Mese des Hypophrygischen Tonos mit
der Parhypate mesoṅ des Hypophrygischen Diapason. Bei der von
Wallis gegebenen Erklärung der Thesis findet die von Ptolemäus
verlangte Uebereinstimmung des dynamischen mit dem betreffenden
thetischen Klange auf's allergenaueste statt. Nach der Bellermannschen Tabelle der Theseis, wenn in derselben die griechischen
Noten auf gleiche Weise mit Wallis in moderne Noten umschrieben
werden, besteht die dynamische Mese des Hypophrygischen Tonos
in dem Klange fis, die thetische Hypate aber, die nach Ptolemäus Forderung mit jenem dynamischen Klange bezüglich des
'τόπος' stimmen soll ('ἁρμόζεται'), besteht nach Bellermanns
Auffassung in dem Klange f. Nach Bellermann würde Ptolemäus den Ausdruck ἁρμόζεσθαι von zwei Klängen gebrauchen,
deren einer ein Halbtonintervall höher als der andere ist. Wer
den grossen Mathematiker und Akustiker Ptolemäus für fähig
hält, dass er von den beiden um einen Halbton differirenden
Klängen f und fis den Ausdruck 'ἁρμόζεσθαι' gebrauchen mag,
der wird aus den 14 kanonia im 15. Cap. des II. Buches der
Ptolemäischen Harmonik sich überzeugen können*), dass jener
Ausdruck 'ἁρμόζεται' nicht anders als von der genauen Identität
der beiderseitigen Klänge zu verstehen ist."

„Noch ein anderes äusseres Indicium ist gegen die Bellermann'sche Deutung der Ptolemäischen Onomasie geltend zu machen.
Auf welche Weise — so fragen wir — lässt sich bei der Bellermann'schen Deutung erklären, dass Ptolemäus im Tonos Hypolydios, Hypophrygios, Hypodorios die dynamische Nete hyperbolaion zugleich als dynamische Proslambanomenos bezeichnet?
Und dass er im Tonos Phrygios, Lydios und Mixolydios dem
dynamischen Proslambanomenos zugleich den Namen Nete hyperbolaion gibt? Dem alten Erklärer Wallis ist diese doppelte Bezeichnung der drei höchsten und der drei tiefsten Dynameis in den

---

*) Ein Auszug aus Ptol. harm. 2, 15 ist in dem Vorworte dieses Buches
S. XVIII ff. enthalten.

genannten Tonoi durchaus erklärlich. Wie aber würde verständlich
Bellermann diese höchst eigenthümliche Thatsache erklären? Am
wahrscheinlichsten ist es, dass dem Herausgeber des Anonymus
die Thatsache von der zweifachen Benennung der drei höchsten
und tiefsten Dynameis des Tonos Hypodorios, Hypophrygios,
Hypolydios, Phrygios, Lydios, Mixolydios gar nicht zur Kenntniss
gekommen ist, da er den sieben Tabellen im 11. Cap. des II. Buches
der Ptolemäischen Harmonik schwerlich ein gründliches Studium
gewidmet haben kann."

So weit Herr Dr. Demetrios Sakellarios in seiner dem Herrn
Prof. O. Paul gewidmeten Promotionsschrift: „Die musikalische
Jugendbildung im griechischen Alterthume nebst einer Revision
der Ptolemäischen Onomasia kata Thesin und. kata Dynamin."
Athen, Verl. P. D. Sakellarios 1885. Aus Bellermanns Tabelle
im Anonymus p. 10 ist ersichtlich, dass nach Bellermanns Auffassung die Klänge z. B. einer Dorischen Melopöie

kata Thesin benannt seien, wenn die Dorische Melopöie
im Tonos Dorios geschrieben ist;

ist sie dagegen in irgend einer anderen Transpositionsscala, z. B. in der Lydischen, Phrygischen, Mixolydischen,
gesetzt, so ist dies die Onomasie kata Dynamin Phrgyiu,
Lydiu, Mixolydiu.

Den soeben mitgetheilten Auseinandersetzungen des Herrn
Dr. Sakellarios, welche auch in die neue von B. Sokolowsky be-
sorgte Ausgabe der Ambros'schen Musikgeschichte aufgenommen
sind, bin ich im Stande in allen Stücken beizupflichten. Schon
in der 1863 erschienenen ersten Auflage meiner griechischen Harmonik und Melopöie hatte ich eine Darstellung der Ptolemäischen
Onomasie der Klänge gegeben, welche zu denselben Resultaten
wie Johannes Wallis gelangt war. Ich habe die dort von mir
gegebene Tabelle, welche meine Auffassung der Ptolemäischen
Onomasie im Gegensatze zu F. Bellermann erläuterte, oben auf
S. 141 wiederholt.

Gegen diese meine Auffassung wandten sich A. Zieglers
„Untersuchungen auf dem Gebiete der Musik der Griechen: über
die ὀνομασία κατὰ θέσιν des Ptolemaeus", Programm des Gymna-
siums zu Lissa 1866. Unbedingt müsse an Bellermanns Auffassung der Ptolemäischen Onomasie festgehalten werden; die
von mir gegebene Interpretation der Stelle sei völlig verfehlt,
verfehlt auch die neue Lehre, die auf Grund meiner Interpre-

tation von mir aufgestellt sei, dass nämlich die griechischen
Tonarten (Harmoniegattungen) entweder in der Tonica oder in
der Terz oder in der Quinte schliessen konnten. Nach Ziegler
ist dies „eine vollständig neue Lehre, die zunächst den Schein
erweckt, als sei die mittelaltrige Lehre von den authentischen
und plagalischen Tonarten in einer noch grösseren Ausdehnung
durch Hinzufügung ganz neuer, weder in der alten noch in
der neuen Musik bisher bekannter Terztonarten auf das
Alterthum übertragen worden." In diesen Worten meines Gegners
zeigt sich dessen gänzliche Unbekanntschaft mit den Cadenzen
unserer christlichen Kirchentöne, von denen in den Musiktheorien
gelehrt wird, dass sie theils vollkommene, theils unvollkommene
Schlüsse haben und dass im letzteren Falle die Oberstimme auf die
Terzlage oder auf die Quintlage des tonischen Dreiklanges ausgeht.
In der älteren christlichen Musik sind sogar die Terzenschlüsse
noch häufiger als die Quintenschlüsse, und auch heute noch
spielen sie im deutschen Volksliede eine nicht unbedeutende
Rolle. Im Vorworte dieses Buches sind die unvollkommenen
Schlüsse der Kirchentöne im Vergleich mit den Terzen- und
Quintenschlüssen der griechischen Tonarten eingehend besprochen.
Wäre es mir vergönnt gewesen, diesen Vergleich zwischen antiker
und christlicher Musik schon früher ziehen zu können, so würde
dies, denke ich, die beste Entgegnung auf die Angriffe Zieglers
und seiner Anhänger gewesen sein.

Uebrigens darf ich meinem Gegner Ziegler zugestehen, dass
wenn man lediglich die zur Erläuterung der Thesis dienenden
Textesworte des Ptolemäus ins Auge fasst, dass dann bei der
von mir gegebenen Interpretation nicht Alles gehörig erledigt
zu sein scheinen könnte. Ptolemäus ist zwar ein durchaus klarer
Schriftsteller, aber das Verständniss gerade unserer Stelle wird
dadurch erschwert, dass Ptolemäus die thetische Onomasie als
die seinen Lesern bekannte voraussetzt und dass er mit Hülfe
der thetischen Onomasie seinen Lesern die dynamische Onomasie
erläutern will. Hätte Ptolemäus das umgekehrte Verfahren eingeschlagen, hätte er die dynamische Onomasie als die allgemein
bekannte vorausgesetzt und von dieser aus die thetische Onomasie
erläutern wollen, dann würde vermuthlich seine Darstellung ver-
ständlicher gewesen sein, es würde alsdann von seiner Seite nicht
der Hinzufügung der mit Akribie ausgeführten Tabellen bedurft
haben. Ohne diese Tabellen, von denen der Herausgeber Johannes

Wallis ein volles Verständniss besass, wäre der Ptolemäische Worttext, welcher ohnehin nur als Einleitung zu den Tabellen dienen soll, von den Missdeutungen der Bellermannschen Interpretation niemals zu befreien gewesen. Gerade die Tabellen des Ptolemäus, in denen dieser die dynamische und thetische Onomasie für jeden der 7 Tonoi ausführt, sind die Hauptsache, ohne deren sorgfältige Beachtung ein richtiges Verständniss dieser an sich schon gar nicht leichten Theorie unmöglich ist. Mein Gegner F. Ziegler, welcher nun einmal an der Bellermannschen Interpretation festgehalten wissen wollte, konnte nicht anders, als dass er gleich Bellermann die von Ptolemäus aufgestellten Tabellen unbeachtet liess; er desavouirt diese Tabellen, als angeblich durch den Herausgeber oder gar den Drucker in wunderlicher Weise verunstaltet. In meiner Uebersetzung und Erläuterung des Aristoxenus S. 369 habe ich die Ausgabe des Wallisius gegen diese Vorwürfe Zieglers zu rechtfertigen gesucht.

§ 19.
Die Ptolemäischen Verzeichnisse der dynamisch-thetischen Scalen nach Dr. Sakellarios.

Die im Folgenden durch gesperrte Schrift ausgezeichnete Namen sind diejenigen, welche Ptolemäus als constante Klänge (ἑστῶτες) bezeichnet (vgl. oben S. 58).

Ptolemäus legt seinen Scalen nicht das Syntonon diatonon (unsere moderne Diatonik), sondern eine Stimmung zu Grunde, in welcher das nicht-diatonische Intervall 27 : 28 vorkommt (vgl. oben S. 96). Der Vereinfachung wegen sind im Folgenden die Scalen des Ptolemäus auf die reine Diatonik zurückgeführt.

Den griechischen Klangbenennungen ist eine fünffache Uebersetzung in modernen Notenbuchstaben beigegeben: zwei Kolumnen auf der linken, drei Kolumnen auf der rechten Seite.

Die erste und die zweite Kolumne mit den Ueberschriften: „Nach der Scala ohne Vorzeichnung" und „Nach der Scala mit Einem b" repräsentiren die erste den Tonos Hypolydios (zu Platos Zeit noch Hypodorios genannt) und den Tonos Lydios (vgl. oben S. 118). In diesen beiden Scalen sind die von Aristides überlieferten sechs Harmonien der Platonischen Republik geschrieben. Ausserdem sind alle uns überkommenen Melodiereste der griechischen Musik im Tonos Lydios gehalten. Wir haben überhaupt keine griechische Melodie, welche in einem anderen Tonos geschrieben wäre. Auch der Dorische Hymnos auf die Muse und auf Helios von Dionysios und Mesomedes (aus der Zeit des Ptolemäus) stehen im Tonos Lydios.

Die fünfte Kolumne mit der Ueberschrift „Nach Westphal, Gevaert und C. Lang" stellt diejenigen modernen Noten dar, welche nach Bellermann und Fortlage dem jedesmaligen Tonos des Ptolemäus entsprechen würden. Zuerst gab die zweite Auflage der griechischen Harmonik von Westphal die Ptolemäischen Tabellen in dieser Uebertragung; von dort aus sind sie in Gevaerts Histoire et Théorie de la Musique l'antiquité, I. (1875), vorher schon in Carl Langs Ueberblick über die griechische Harmonik (1872) herübergenommen.

Da Ptolemäus sich nachweislich einen Irrthum hat zu Schulden kommen lassen — die Dorische Octavengattung wird keineswegs immer im Tonos Dorios geschrieben, sondern auch, sogar von seinen Zeitgenossen Dionysios und Mesomedes — im Tonos Lydios, so hat die fünfte und letzte Kolumne (nach Westphal, Gevaert und C. Lang) keineswegs eine praktische Bedeutung für die Musik der Griechen. Es würde am passendsten sein, wenn jede der sieben Ptolemäischen Tabellen in sieben verschiedenen Transpositionsscalen übertragen wäre, wie bereits Forkel bemerkt und wie dies durch Oscar Paul in neun und vierzig Tabellen richtig ausgeführt ist.

Die dritte Kolumne der Notenbuchstaben mit der Ueberschrift „Thetisch-dynamische Klänge nach Wallis" enthält die von dem Herausgeber der Ptolemäischen Harmonik in den Anotationes hinzugefügten Notenscalen, aus dem Tenorschlüssel in unsere allgemein bekannten Notenbuchstaben übertragen.

Die vierte Kolumne mit der Ueberschrift „Eyles Stiles, Burney, Chapell, v. Jan" repräsentirt die Art und Weise, wie die griechischen Klangnamen von Burney übertragen sind. Dieselbe rührt von Eyles Stiles*) her, welcher auf diese Weise die Scalen seines Vorgängers Wallis zu verbessern vermeinte.

Die jedem der acht Tonoi gleichnamige Octavengattung ist durch fettere Schrift der zu ihr gehörigen acht Klänge gekennzeichnet.

---

*) Vgl. über ihn die oben angeführte Abhandlung des Herrn Dr. Demetrios Sakellarios.

Nach der Scala ohne Vorzeichnung.	Nach der Scala mit Einem b.	Dorischer Tonos des Ptolemäus. Dynamische Klangbenennungen.	Thetische Klangbenennungen.	Thetisch-dynamische Klänge nach Wallis.	Eyles Stiles, Burney, Chappell, v. Jan.	Nach Westphal, Gevaert und C. Lang.
a	d	Nete hyperbolaion.	Nete hyperbolaion.	a	a	b
g	c	Paranete hyperb.	Paranete hyberb.	g	g	as
f	b	Trite hyperb.	Trite hyperb.	f	f	ges
e	a	Nete diezeugmenon.	Nete diezeugmenon.	e	e	f
d	g	Paranete diez.	Paranete diez.	d	d	es
c	f	Trite diez.	Trite diez.	c	c	des
h	e	Paramese.	Paramese.	h	h	c
a	d	Mese.	Mese.	a	a	b
g	c	Lichanos meson.	Lichanos meson.	g	g	as
f	b	Parhypate meson.	Parhypate meson.	f	f	ges
e	a	Hypate meson.	Hypate meson.	e	e	f
d	g	Lichanos hypaton.	Lichanos hypaton.	d	d	es
c	f	Parhypate hypaton.	Parhypate hypaton.	c	c	des
H	e	Hypate hypaton.	Hypate hypaton.	H	H	c
A	d	Proslambanomenos.	Proslambanomenos.	A	A	B

		Phrygischer Tonos des Ptolemäus.				
g	c	Paranete hyperb.	Nete hyperb.	a		b
f	b	Trite hyperb.	Paranete hyperb.	g		as
e	a	Nete diez.	Trite hyperb.	fis		g
d	g	Paranete diez.	Nete diez.	c	e	f
c	f	Trite diez.	Paranete diez.	d	d	es
h	e	Paramese.	Trite diez.	cis	cis	d
a	d	Mese.	Paramese.	h	h	c
g	c	Lichanos meson.	Mese.	a	a	b
f	b	Parhypate meson.	Lichanos meson.	g	g	as
e	a	Hypate meson.	Parhypate meson.	fis	fis	g
d	g	Lichanos hypaton.	Hypate meson.	e	e	f
c	f	Parhypate hypaton.	Lichanos hypaton.	d		es
H	e	Hypate hypaton.	Parhypate hypaton.	cis		d
A	d	Nete hyperb. = Prosl.	Hypate hypaton.	H		c
G	c	(Paranete hyperb.)	Proslambanomenos.	A		B

Nach der Scala ohne Vorzeichnung.	Nach der Scala mit Einem b.	Lydischer Tonos des Ptolemäus.		Thetisch-Dynamische Klänge nach Wallis.	Eyles Stiles, Burney, Chappell, v. Jan.	Nach Westphal, Gevaert und C. Lang.
		Dynamische Klangbenennungen.	Thetische Klangbenennungen.			
f	*e*	Trite hyperbolaion.	Nete hyperbolaion.	a	*a*	b
e	*d*	Nete diezeugmenon.	Paranete hyperb.	g	*gis*	a
d	*c*	Paranete diez.	Trite hyperb.	f	*fis*	g
c	*b*	Trite diez.	Nete diezeugmenon.	es	*e*	f
h	*a*	Paramese.	Paranete diez.	d	*dis*	e
a	*g*	Mese.	Trite diez.	c	*cis*	d
g	*f*	Lichanos meson.	Paramese.	b	*h*	c
f	*e*	Parhypate meson.	Mese.	as	*a*	b
e	*d*	Hypate meson.	Lichanos meson.	g	*gis*	a
d	*c*	Lichanos hypaton.	Parhypate meson.	f	*fis*	g
c	*b*	Parhypate hypaton.	Hypate meson.	es	*e*	f
h	*a*	Hypate hypaton.	Lichanos hypaton.	d	*dis*	e
a	*g*	Nete hyperb. = Prosl.	Parhypate hypaton.	c	*cis*	d
g	*f*	(Paranete hyperb.	Hypate hypaton.	B	*H*	c
f	*e*	(Trite hyperb.)	Proslambanomenos.	A	*A*	B

		Hypodorischer Tonos des Ptolemäus.				
d	*g*	Lichanos hypaton.	Nete hyperbolaion.	a		B
c	*f*	Parhypate hypaton.	Paranete hyperbol.	g		As
h	*e*	Hypate hypaton.	Trite hyperbol.	fis		G
a	*d*	Nete hyperb. = Prosl.	Nete diezeugmenon.	e	*e*	F
g	*c*	Paranete hyperb.	Paranete diez.	d	*d*	es
f	*b*	Trite hyperb.	Trite diez.	c	*c*	des
e	*a*	Nete diez.	Paramese.	h	*h*	c
d	*g*	Paranete diez.	Mese.	a	*a*	b
c	*f*	Trite diez.	Lichanos meson.	g	*g*	as
h	*e*	Paramese.	Parhypate meson.	fis	*fis*	g
a	*d*	Mese.	Hypate meson.	e	*e*	f
g	*c*	Lichanos meson.	Lichanos hypaton.	d		es
f	*b*	Parhypate meson.	Parhypate hypaton.	c		des
e	*a*	Hypate meson.	Hypate hypaton.	H		c
d	*g*	Lichanos hypaton.	Proslambanomenos.	A		B

Nach der Scala ohne Vorzeichnung.	Nach der Scala mit Einem b.	Hypophrygischer Tonos des Ptolemäus.		Thetisch-dynamische Klänge nach Wallis.	Eyles Stiles, Burney, Chappell, v. Jan.	Nach Westphal, Gevaert und C. Lang.
		Dynamische Klangbenennungen.	Thetische Klangbenennungen.			
c	*f*	(Parhypate hypaton.)	Nete hyperb.	a		B
h	*e*	(Hypate hypaton.)	Paranete hyperb.	gis		A
a	*d*	Nete hyberb. = Prosl.	Trite hyperb.	fis		G
g	*c*	Paranete hyperb.	Nete diez.	e	*e*	f
f	*b*	Trite hyperb.	Paranete diez.	d	*d*	e
e	*a*	Nete diez.	Trite diez.	cis	*cis*	d
d	*g*	Paranete diez.	Paramese.	h	*h*	c
c	*f*	Trite diez.	Mese.	a	*a*	b
h	*e*	Paramese.	Lichanos meson.	gis	*gis*	a
a	*d*	Mese.	Parhypate meson.	fis	*fis*	g
g	*c*	Lichanos meson.	Hypate meson.	e	*e*	f
f	*b*	Parhypate meson.	Lichanos hypaton.	d		es
e	*a*	Hypate meson.	Parpypate hypaton.	cis		d
d	*g*	Lichanos hypaton.	Hypate hypaton.	H		c
c	*f*	Parhypate hypaton.	Proslambanomenos.	A		B

		Hypolydischer Tonos des Ptolemäus.				
h	*e*	Hypate hypaton.	Nete hyperb.	a	*gis*	H
a	*d*	Nete hyperb. = Prosl.	Paranete hyperb.	g	*fis*	A
g	*c*	Paranete hyberb.	Trite hyperb.	f	*e*	G
f	*b*	Trite hyperb.	Nete diez.	es	*dis*	f
e	*a*	Nete diez.	Paranete diez.	d	*cis*	e
d	*g*	Paranete diez.	Trite diez.	c	*h*	d
c	*f*	Trite diez.	Paramese.	b	*ais*	c
h	*e*	Paramese.	Mese.	a	*gis*	h
a	*d*	Mese.	Lichanos meson.	g	*fis*	a
g	*c*	Lichanos meson.	Paranete meson.	es	*e*	g
f	*b*	Parhypate meson.	Hypate meson.	f	*dis*	f
e	*a*	Hypate meson.	Lichanos hypaton.	d	*cis*	e
d	*g*	Lichanos hypaton.	Parhypate hypaton.	c	*h*	d
c	*f*	Parhypate hypaton.	Hypate hypaton.	H	*ais*	c
h	*e*	Hypate hypaton.	Proslambanomenos.	A	*gis*	H

Nach der Scala ohne Vorzeichnung.	Nach der Scala mit Einem b.	Mixolydischer Tonos des Ptolemäus. Dynamische Klangbenennungen.	Thetische Klangbenennungen.	Thetisch-dynamische Klänge nach Wallis.	Eyles Stiles, Burney, Chappell, v. Jan.	Nach Westphal, Gevaert und C. Lang.
e	a	Nete diezeugmenon.	Nete hyperbolaion.	a		b
d	g	Paranete diez.	Paranete hyperbolaion.	g		as
c	f	Trite diez.	Trite hyperbolaion.	f		ges
h	e	Paramese.	Nete diezeugmenon.	e	e	f
a	d	Mese.	Paranete diez.	d	d	es
g	c	Lichanos meson.	Trite diez.	c	c	des
f	b	Parhypate meson.	Paramese.	b	b	ces
e	a	Hypate meson.	Mese.	a	a	b
d	g	Lichanos hypaton.	Lichanos meson.	g	g	des
c	f	Parhypate hypaton.	Parhypate meson.	f	f	ges
h	e	Hypate hypaton.	Hypate meson.	e	e	f
a	d	Nete hyperb. = Prosl.	Lichanos hypaton.	d		es
g	c	(Paranete hyperb.)	Parhypate hypaton.	c		des
f	b	Trite hyberb.)	Hypate hypaton.	B		ces
e	a	(Nete diez.)	Proslambanomenos.	A		B

⟩§ 20.

Die Ptolemäischen Theseis in ihrer Bedeutung als Obertöne.

Von den Ptolemäischen Tabellen, welche in dem Vorausgehenden vorgeführt sind, sagt Zíeglers Abhandlung S. 14: „Sie geben allerdings, oberflächlich und flüchtig betrachtet, den Anschein, als sei eine specifisch thetische Benennung zur Anwendung gebracht, als seien z. B. auf der Mixolydischen Tafel die μέση und παραμέση des σύστημα ἀμετάβολον, die sich um einen Ganzton unterscheiden, der ὑπάτη und παρυπάτη μέσων κ. δ. μιξολυδίου gleichgestellt, welche sich nur um einen Halbton unterscheiden. Es ist mir wegen der äusserst klaren und concisen Ausdrucksweise des Ptolemäus sehr wahrscheinlich, dass sein Original-Manuscript, vielleicht auch die auf uns gekommenen Codices noch, diese Tabellen in einer Weise dargestellt haben, die gar keinen Zweifel über die Ptolemäische Auffassung zuliess, und dass nur der ziemlich grobe und ungeschickte Druck der Tabellen in den Wallis'schen Ausgaben sowohl vom Jahre 1682

als auch von 1699 durch an sich ganz unbedeutende Ungenauig-
keiten jene missverständliche Auffassung verschuldet habe."

Dem habe ich in der Uebersetzung und Erläuterung des
Aristoxenus S. 279 folgendes entgegnet: „Ein jeder, der sich auf
alte Drucke versteht, weiss, dass mein Gegner durch die angebliche 'Grobheit und Ungeschicktheit'(!) der Oxforder Drucke seine
Umänderung des Textes nicht motiviren durfte. Er musste sich
auf die Notiz des Herausgebers verlassen, dass er die Varianten-
Discrepanz der 11 von ihm zu Rathe gezogenen Handschriften
mitgetheilt habe, dass z. B. neben τετράχορδον die Lesart διὰ
τεσσάρων vorkomme, dass er in der Tabelle des Δώριος τόνος
dem τετράχορδον, für welches er sich als die ihm besser schei-
nende Lesart entscheidet (ich hätte mich für διὰ τεσσάρων entschieden) noch die Zusätze ὑπάτων διεξευγμένων hinzugefügt
habe, was ziemlich verkehrt und überflüssig ist. So können wir
uns wohl gestatten, die oben rechts in der Columne von Wallis
gesetzte Lesart 'τετράχορδον' gegen die zweite dem Herausgeber
nicht zusagende Lesart 'διὰ τεσσάρων' umzutauschen." Aber um
dergleichen Kleinigkeiten handelt es sich bei meinem Gegner nicht.
An Stelle der im Oxforder Drucke überlieferten Tabellen macht
er eigene neue Tabellen. Herr Ziegler selber wird wohl nicht
gedacht haben, dass seine Aenderungen auch bei aufmerksamen
Lesern die aus der Oxforder Typographie „Oxonii e Theatro
Scheldoniano anno Dom. 1682" hervorgegangenen verdrängen
würden. Ich unterlasse es, die angeblich „echt" Ptolemäische
Tabelle des Mixolydios Tonos, welche Ziegler aufstellt, hier des
Weiteren zu besprechen: sie verdient es nicht.

Wer für ein quellenmässiges Studium der griechischen Harmonik ein wirkliches Interesse hat, der wird für die Onomasie
des Ptolemäus sich an die Tabellen, wie sie Wallisius veröffent-
licht, nicht aber wie Ziegler dieselben verunstaltet hat, zu halten
haben.

Dass die Tabellen der Oxforder Ausgabe die genuinen
Tabellen des Ptolemäus sind, wird derjenige, welcher ihnen ein
sorgfältiges Studium zuwendet, alsbald inne werden. Sie rechtfertigen sich selber durch die innere Logik, dass die thetischen
Klänge in einer bestimmten Beziehung zu den Obertönen
der modernen Akustik stehen. Carl Lang sagt in seinem
„Kurzen Ueberblick über die griech. Harmonik, Heidelberg 1872",
einer Schrift. die nicht bloss die von anderen gewonnenen Resul-

tate in lichtvoller Weise zusammenfasst, sondern auch eine Fülle
eigener Resultate darbietet, auf S. 24: „Ausser der Pythagoreischen und der Aristoxenischen (temperirten) Stimmung gibt
es noch eine dritte, die sogenannte natürliche, von der die Alten,
eine höchst dürftige Spur von der Kenntniss der Obertöne bei
dem Peripatetiker Adrastos abgerechnet (Zeitalter des Ptolemäus), freilich nichts wussten. Wenn wir nämlich z. B. auf dem
Claviere das tiefere F anschlagen, so hören wir leicht zugleich
das höhere f, c, f und a. Man nennt diese oberhalb des an-
geschlagenen Tones liegenden Mitklinger Obertöne. Die Thatsache, dass jeder musikalische Klang (mit einziger Ausnahme des
durch pendelartige Schwingungen hervorgebrachten 'einfachen'
Tones der Stimmgabel) mehrere, unter günstigen Bedingungen
8—10 Obertöne enthält, — man hat diese Obertöne, bzw. Par-
tialtöne, nicht unpassend mit den Spektralfarben im weissen
Lichte verglichen, — ist durch Experimente als objectiv wirklich
erwiesen. Stellen wir dies in einem Accorde mit dem Grundtone (F) bzw. als harmonische Reihe dar, so erhalten wir:

Grundton

So weit Carl Lang. Von den vorstehenden fünf Obertönen
ergibt sich sofort, dass sie mit folgenden fünf Klängen des Ptolemäischen Tonos Lydios identisch sind (den Tonos Lydios
selbstverständlich in der Transpositionsscala ohne Vorzeichen
gedacht):

f	c̄	f̄	ā	c̿
Lydischer	Lydische	Lydische	Lydische	Lydische
Proslamban.	Hypate	Mese	Trite	Nete

Die harmonische Bedeutung dieser fünf Klänge ist folgende:

Dominante	Tonica	Mediante
Unterquart		Oberterz

Von unserem modernen F dur unterscheidet sich der Ptolemäische

Tonos Lydios dadurch, dass jenem die Quarte b zu Gebote steht, diesem nicht.

Im Tonos Phrygios des Ptolemäus werden, dieselbe Transpositionsscala ohne Vorzeichen vorausgesetzt, die entsprechenden Klänge und Tonnamen folgende sein:

g	d̄	ḡ	h̄	d̿
Phryg.	Phryg.	Phryg.	Phryg.	Phryg.
Proslamb.	Hypate	Mese	Trite	Nete

Die harmonische Bedeutung dieser Klänge ist folgende:

	Dominante	Tonica	Mediante
	Unterquart		Oberterz

Von unserem modernen G dur unterscheidet sich der Ptolemäische Tonos Phrygios dadurch, dass jenem die grosse Septime fis (als Leitton) zu Gebote steht, diesem nicht.

Im Tonos Hypophrygios des Ptolemäus werden, dieselbe Transpositionsscala ohne Vorzeichen vorausgesetzt, die entsprechenden Klänge und Tonnamen folgende sein:

c	g	c̄	e̅	g̅
Hypophr.	Hypophr.	Hypophr.	Hypophr.	Hypophr.
Proslamb.	Hypate	Mese	Trite	Nete

Diese Klänge haben in unserer c dur-Scala die Function der

	Dominante	Tonica	Mediante
	Unterquart		Oberterz

Unter den sieben Ptolemäischen Tonoi gibt es also drei, den Lydischen, Phrygischen und Hypophrygischen, in welchen die dynamischen Theseis eine solche Beschaffenheit haben, dass von den drei für die harmonische Beschaffenheit massgebenden Klängen Hypate, Mese, Trite (Unterquart, Tonica, Mediante) die letztere den Grenzklang einer grossen Terz bildet; somit entsprechen diese drei Tonoi den Dur-Scalen: der Tonos Hypophrygios entspricht genau unserem c dur, der Tonos Lydios kommt unserem f dur, der Tonos Phrygios unseren g dur am nächsten, der Unterschied besteht darin, dass dem Lydischen Dur die Oberquarte b fehlt, dem Phrygischen die grosse Septime fis. Unsere heutige Musik wendet diese beiden Dur-Tonarten so gut wie gar nicht an, wohl aber sind beide in dem Systeme der Kirchentöne vertreten: das Lydische Dur des Alterthumes heisst auch heute Lydischer Kirchenton (Tono Lidio), das antike Phrygisch fällt mit dem Mixolydischen Kirchenton zusammen.

Von den übrigen Tonoi des Ptolemäus sind der Dorische

und der Hypodorische Moll-Tonarten; denn hier ist das Intervall
von der Paramese bis zur Trite eine kleine Terz. Doch weder
der Tonos Dorios noch der Tonos Hypodorios entsprechen unseren
modernen Moll-Scalen genau.

Denn der Tonos Dorios hat zu seinen Theseis folgende
charakteristische Klänge:

A	e	a	$\bar{c}$	$\bar{e}$
Dorischer	Dorische	Dorische	Dorische	Dorische
Proslamb.	Hypate	Mese	Trite	Nete
erster	zweiter	dritter		fünfter
Oberton	Oberton	Oberton		Oberton

Der vierte Oberton fehlt, wir haben also kein Dur-, wohl aber
eine Molltonart:

Dominante	Tonica	Mediante
Unterquart		kleine Terz

Mithin ist nach den von Ptolemäus überlieferten Dorischen
Theseis die Dorische Harmonie der Griechen, die Transpositionsscala ohne Vorzeichen vorausgesetzt, nicht die moderne A moll-
Scala, da der Leitton gis fehlt, wohl aber kommt die Dorische
Harmonie der Alten mit dem sogenannten Aeolischen Kirchentone überein und findet auch in den modernen Volksweisen, besonders bei den Russen*), eine sehr häufige Anwendung.

Der Tonos Hypodorios des Ptolemäus hat zu seinen
Theseis folgende charakteristische Klänge:

D	a	$\bar{d}$	$\bar{f}$	$\bar{a}$
Hypodor.	Hypodor.	Hypodor.	Hypodor.	Hypodor.
Proslamb.	Hypate	Mese	Trite	Nete
erster	zweiter	dritter		fünfter
Oberton	Oberton	Oberton		Oberton

Der vierte Oberton fehlt, wir haben also keine Dur-, wohl aber
eine Molltonart:

Dominante	Tonica	Mediante
Unterquart		kleine Terz

Mithin bedingen die von Ptolemäus überlieferten Hypodorischen Theseis nicht eine im modernen Musiksysteme gebräuchliche D moll-Scala, denn das d moll des Ptolemäus entbehrt nicht
bloss des Leittones cis, sondern ihm steht auch der Klang b

---

*) Wer die jetzt in den grösseren deutschen Städten von den Sängern
des Herrn Slaviansky vorgetragenen russischen Chorlieder gehört hat, dem
werden die eigenthümlichen russischen Mollmelodien mit fehlendem Leitton
nicht entgangen sein. Diese Molltonart ist der sogenannte Aeolische Kirchenton.

nicht zu Gebote. Unter den Kirchentönen findet sich auch diese Octave, der sogenannte Dorische Kirchenton.

Von den Tonoi des Ptolemäus bleiben noch zwei übrig: der Hypolydios und der Mixolydios.

Tonos Hypolydios.

H	f	h	d	f̄
Proslamb.	Hypate	Mese	Trite	Nete
erster		dritter		fünfter
Oberton		Oberton		Oberton

Dies stellt weder eine Durtonart, noch eine Molltonart dar; denn es fehlt nicht bloss der vierte, sondern auch der zweite Oberton, welcher die Dominante repräsentiren würde.

Tonos Mixolydios.

E	h	e	g	h̄
Proslamb.	Hypate	Mese	Trite	Nete
erster		dritter		fünfter
Oberton		Oberton		Oberton

Auch für diesen Tonos des Ptolemäus wollen die Tonarten der christlichen Musik kein Analogon darbieten*).

Von den sieben Tonoi des Ptolemäus ergeben die Theseis des Lydios, Phrygios, Hypophrygios, Dorios, Hypodorios fünf auch in der christlichen modernen Musik, beziehungsweise in dem Systeme der Kirchentöne wohl bekannte Scalen, in den stets die thetische Mese als Tonica fungirt.

Schon bei Forkel Band 1 Seite 326 heisst es: „Von dem Ton Mese ist merkwürdig, dass er von den Alten für denjenigen Ton gehalten wurde, nach welchem sich alle übrigen Töne richten mussten. Dies versichert nicht nur Euklides, sondern auch Aristoteles in seinen Problemen, wo gefragt wird, warum alle Töne einer Tonleiter nach der Mese eingerichtet und gestimmt werden? An einer anderen Stelle (Problem 20) setzt er noch hinzu, dass alle Melodie, sie möge nun höher oder tiefer als die Mese sein, beständig eine gewisse Beziehung darauf haben müsse.“

---

*) Das Vorwort dieses Buches weist darauf hin, dass Ptolemäus, dessen Harmonik mehr eine akustische als eine musikalische Arbeit ist, zwar ein grosser Akustiker war, aber dass seine Musikkenntnisse in vielen Stücken unzureichend sein mochten. So scheinen auch die 7 Tonoi des Ptolemäus nach einer gewissen Schablone vielmehr, als unter Berücksichtigung der praktischen Musik ausgeführt zu sein. Das gilt von den Tonoi, deren Namen mit Hypo- und Mixo- gebildet sind.

Die Stelle Aristoteles' Probl. 19, 19 lautet: Διὰ τί ἐὰν μέν τις κινήσῃ ἡμῶν, ἁρμόσας δὲ τὰς ἄλλας χορδὰς κέχρηται τῷ ὀργάνῳ, οὐ μόνον ὅταν κατὰ τὸν τῆς μέσης γένηται φθόγγον, λυπεῖ καὶ φαίνεται ἀνάρμοστον, ἀλλὰ καὶ κατὰ τὴν ἄλλην μελῳδίαν· ἐὰν δὲ τὴν λιχανὸν ἤ τινα ἄλλον φθόγγον, τότε φαίνεται διαφέρειν μόνον, ὅταν κἀκείνῃ τις χρῆται; Ἢ εὐλόγως τοῦτο συμβαίνει; πάντα γὰρ τὰ χρηστὰ μέλη πολλάκις τῇ μέσῃ χρῆται καὶ πάντες οἱ ἀγαθοὶ ποιηταὶ πυκνὰ πρὸς τὴν μέσην ἀπαντῶσι κἂν ἀπέλθωσι ταχὺ ἐπανέρχονται, πρὸς δὲ ἄλλην οὕτως οὐδεμίαν. Καθάπερ ἐκ τῶν λόγων ἐνίων ἐξαιρεθέντων συνδέσμων, οὐκ ἔστιν ὁ λόγος Ἑλληνικός, οἷον τὸ „τε“ καὶ τὸ „τοι“, καὶ ἔνιοι δὲ οὐθὲν λυποῦσι, διὰ τὸ τοῖς μὲν ἀναγκαῖον εἶναι χρῆσθαι πολλάκις ἢ οὐκ ἔσται λόγος Ἑλληνικός, τοῖς δὲ μή. οὕτω καὶ τῶν φθόγγων ἡ μέση ὥσπερ συνδεσμός ἐστι καὶ μάλιστα τῶν καλῶν διὰ τὸ πλειστάκις ἐνυπάρχειν τὸν φθόγγον αὐτῆς. Wir erfahren aus dieser interessanten Auseinandersetzung folgendes: „Wenn man die μέση zu hoch oder zu tief stimmt, die übrigen Saiten des Instruments aber in ihrer richtigen Stimmung gebraucht, so haben wir nicht bloss bei der μέση, sondern auch bei den übrigen Tönen das peinliche Gefühl einer unreinen Stimmung — dann klingt also Alles unrein. Hat aber die μέση ihre richtige Stimmung und ist etwa die Lichanos oder ein anderer Klang verstimmt, dann zeigt sich die unreine Stimmung nur an den Stellen des Musikstücks, wo eben dieser verstimmte Ton erklingt." Weiter erfahren wir: „In allen guten Compositionen ist die μέση ein sehr häufig vorkommender Ton und alle guten Componisten verweilen πυκνά — d. h. sehr häufig — auf der μέση, und wenn sie sie verlassen haben, kehren sie bald wieder zu ihr zurück, was bei keiner einzigen anderen Saite in dieser Weise geschieht." Dann wird diese musikalische Eigenthümlichkeit mit einer Eigenthümlichkeit der griechischen Sprache verglichen: „Es gibt einige Partikeln, wie z. B. τε und τοι, die, wenn das Griechische ein wirklich griechisches Colorit haben soll, häufig gebraucht werden müssen — werden sie nicht gebraucht, so erkennt man daran den Ausländer; andere Partikeln dagegen können, ohne dem griechischen Colorit Eintrag zu thun, ausgelassen werden. Was jene so recht eigentlich griechischen Partikeln für die Sprache sind, das ist die μέση für die Musik: ihr häufiger Gebrauch verleiht den griechischen Melopöien ihr eigentlich griechisches Colorit."

Aehnliches berichtet Dio Chrysostomos (unter Domitian, Nerva und Trajan), welcher 68, 7 vom Stimmen der Saiteninstrumente sagt, man habe zuerst der Mese den richtigen Klang gegeben und erst nach diesem auch die übrigen Saiten gestimmt, ἐν λύρᾳ τὸν μέσον φϑόγγον καταστήσαντες ἔπειτα πρὸς τοῦτον ἁρμόζονται τοὺς ἄλλους εἰ δὲ μή, οὐδεμίαν οὐδέποτε ἁρμονίαν ἀποδέξουσιν. Aus den beiden Stellen der Aristotelischen Problemata und des Dio Chrysostomos glaubte die erste Auflage meiner Harmonik die Folgerung ziehen zu müssen, dass damit der Mese die harmonische Bedeutung der Tonica vindicirt sei. Unabhängig von mir wurde dies auch durch Helmholtz aus den Aristotelischen Problemen gefolgert, freilich nur für die Dorische Tonart; denn Helmholtz bezog jene Mese der Aristotelischen Probleme nur auf die dynamische, nicht auf die thetische Mese. Die Stellung aber, welche die Tabellen des Ptolemäus der thetischen Mese als der Tonica zugleich für die Dorische, Phrygische, Lydische und die übrigen Octavengattungen vindiciren, lässt schwerlich einen Zweifel, dass auch in den Aristotelischen Problemen und bei Dio Chrysostomos, dem jüngeren Zeitgenossen des Ptolemäus, die thetische Mese gemeint ist: dieselbe Dorische, Phrygische, Lydische u. s. w. Mese wie in den „Theseis" des Ptolemäus.

Wer mag da noch ferner mit Ziegler behaupten, dass die Ptolemäischen Tabellen, wie sie in der Ausgabe des J. Wallis vorliegen, gleichlautend in der Oxforder Quart-Ausgabe von 1682 und in der Oxforder Folio-Ausgabe von 1699, nicht die genuine Arbeit des Ptolemäus repräsentiren, sondern zufälligen Irrungen des Oxforder Typographen ihr Dasein verdanken? Die Integrität der in den Oxforder Ausgaben enthaltenen Verzeichnisse der Ptolemäischen Theseis wird nicht bloss durch ihre innere Logik bezeugt, dass nämlich die thetische Mese für die Dorische, Phrygische, Lydische Octavengattung die Bedeutung der Tonica, die Hypate und Nete die Bedeutung der Dominante hat, sondern auch durch die äussern Zeugnisse der Aristotelischen Probleme und des Dio Chrysostomos. Denn man wird doch nicht im Ernst annehmen wollen, dass es auf Druckfehlern oder Setzfehlern der Oxforder Typographie beruhe, wenn die Stellen des Dio Chrysostomos und der Aristotelischen Probleme über die Mese durch die Ptolemäischen Verzeichnisse der ϑέσεις ihre Bestätigung erhalten haben!

§ 21.

Die thetische Onomasie in der Byzantinischen Zeit.

Die Klangnamen der ἦχοι des Manuel Bryennios.

Wer für die Ptolemäischen θέσεις ein wirkliches Interesse hat, der wird nicht versäumen, zu deren Vergleichung auch die Mittheilungen des dem 14. Jahrhunderte angehörenden Manuel Bryennios zur Vergleichung herbeizuziehen. Derselbe schrieb in der Compilations-Manier seiner Zeit ἁρμονικῶν βίβλια τρία, abgedruckt in Johannis Wallis Opera Mathemat. III p. 259 ff. Oxon. 1699. Das erste Buch gibt in der Hauptsache einen Commentar zu Pseudo-Euklides, die beiden folgenden zu der Harmonik des Ptolemäus. Vom besonderen Interesse sind einzelne in diese Darstellung der altgriechischen Melik hineinverwebte Capitel, welche uns mit der Theorie der νεώτεροι τῶν μελοποιῶν, wie sie Bryennios p. 485 nennt, bekannt machen. Es sind dies folgende Capitel:

Βιβλίου β′ τμῆμα γ′.

Περὶ τοῦ ὑπὸ ποίων χορδῶν τοῦ πεντεκαιδεκαχόρδου ὀργάνου ἕκαστος τῶν ἐξαιρέτων τε καὶ γνωρίμων ὀκτὼ τόνων περιέχεται (p. 405—408).

Βιβλίου β′ τμῆμα δ′.

Περὶ τοῦ πόσῳ διαστήματι τῆς φωνῆς ἐστιν ἕκαστος τῶν ὀκτὼ τόνων ἑκάστου ὀξύτερος ἢ βαρύτερος (p. 408—410).

Βιβλίου γ′ τμῆμα δ′.

Περὶ τῶν ὀκτὼ τῆς μελῳδίας εἰδῶν (p. 481—484: die Namen ἦχος πρῶτος, ἦχος πλάγιος πρῶτος u. s. w., der Tonumfang eines jeden ἦχος, die μεταβολή in einen anderen ἦχος, die παραφθορά des ἦχος).

Βιβλίου γ′ τμῆμα ϛ′.

Περὶ τῆς προλήψεως τε καὶ προκρούσεως τῶν τῆς μελῳδίας εἰδῶν καὶ τῆς θεωρουμένης ἐν αὐτοῖς κοινωνίας τε καὶ διαφορᾶς (p. 485—487. Am Ende dieses Abschnittes die Classification der τέλεια und ἀτελῆ μελῳδίας εἴδη).

Die νεώτεροι μελοποιοί wenden nach der Mittheilung des Bryennios acht ἦχοι an, welche sich sofort als die innerhalb einer vollständigen diatonischen Octave vom Proslambanomenos bis zur Mese möglichen εἴδη τοῦ διὰ πασῶν herausstellen. Es sind acht, nicht sieben Octavengattungen, weil nicht nur auf den tiefsten, sondern auch auf den höchsten Ton des διὰ πασῶν eine Scala basirt wird.

In jeder Octavengattung sind es zwei Töne, welche eine besonders hervortretende Bedeutung haben, die sogenannte μέση und ὑπάτη des jedesmaligen ἦχος. Diese beiden Töne des ἦχος sind es nämlich, in welchen die demselben angehörende Melodie

geschlossen werden kann. Kein anderer Ton als nur einer von
diesen beiden kann die Melodie zu Ende führen, und von beiden
Tönen wiederum bevorzugt die Praxis der Melopoioi die μέση als
den gleichsam normalen Abschluss; denn die auf die μέση des
jedesmaligen ἦχος ausgehende Melodie wird als die vollständig
abschliessende (τέλειον εἶδος), die auf die ὑπάτη ausgehende als
die unvollständig abschliessende (ἀτελὲς εἶδος) bezeichnet. Da
die ὑπάτη eine Unterquarte unter der μέση liegt, so kann es
nicht weiter fraglich sein, dass die μέση die tonische Prime, die
ὑπάτη die Unterquart d. i. die Oberdominante der Tonart ist und
die vollständig und unvollständig schliessenden Melodien der byzantinischen Melopoioi berühren sich also aufs nächste mit den sog.
vollkommenen und unvollkommenen Schlusscadenzen der abendländischen Kirchentöne.

Die einzelnen Octavengattungen führen folgende Benennungen,
und zwar in der absteigenden Reihenfolge der acht Octavenklänge
(Bryenn. 3, 4):

1. ἦχος πρῶτος,   5. ἦχος πλάγιος πρῶτος,
2. ἦχος δεύτερος,   6. ἦχος πλάγιος δεύτερος,
3. ἦχος τρίτος,   7. ἦχος βαρύς (nicht πλάγιος τρίτος),
4. ἦχος τέταρτος,   8. ἦχος πλάγιος τέταρτος d. i. der um
                              eine Octave tiefere ἦχος πρῶτος.

Ausser dieser Nomenclatur gibt es noch eine andere, die indess
in der Praxis der Melopoioi seltener angewandt zu werden scheint:

1. Ὑπερμιξολύδιος,   5. Δώριος ἢ Ὑπομιξολύδιος,
2. Μιξολύδιος,   6. Ὑπολύδιος,
3. Λύδιος,   7. Ὑποφρύγιος,
4. Φρύγιος ἢ Ὑποϋπερμιξολύδιος,   8. Ὑποδώριος.

Was die relative Höhe und Tiefe der einzelnen Klänge eines
jeden ἦχος betrifft, so ist dieselbe von Manuel Bryennios aufs
genaueste angegeben. Für die Scala ohne Vorzeichnung:

Was uns zunächst in die Augen fällt, ist die genaue Uebereinstimmung, welche zwischen der Theorie unserer Melopoioi und
der mittelalterlichen Musiker des Abendlandes in Beziehung auf
die Namen *Δώριος, Λύδιος, Φρύγιος* u. s. w. besteht. Die byzantinische *ὑπάτη Ὑποδωρίου* (a) ist auch nach Hucbald und
Guido Aretinus der tiefe Anfangston des modus omnium gravis-
simus Hypodorius, die byzantinische *ὑπάτη Ὑποφρυγίου* ist auch
dort der tiefere Anfangston des modus Hypophrygius, und in
dieser Weise findet genaue Uebereinstimmung der Namen bis
einschliesslich zu der von byzantinischen und abendländischen
Musikern sogenannten Mixolydischen Tonart statt; bloss die von
den Byzantinern an erste Stelle gesetzte Hypermixolydische Tonart, die höhere Octavenlage der Hypodorischen, wird von den
Abendländern nicht als ein eigner Modus aufgezählt. Die mittelalterlichen Abendländer dehnen eine jede Octavengattung bis zur
Octave des Grundtons aus, die Byzantiner führen sie nur bis
zum siebenten Tone aufwärts von der *ὑπάτη*, den sie als die
νήτη des jedesmaligen *ἦχος* bezeichnen; sie lassen mithin die
höhere Octave der *ὑπάτη* unbenutzt. Hiermit ist also nach
Bryennios die Tonscala der *νεώτεροι* gewissermassen wieder zur
Anfangsperiode der Entwickelung der griechischen Musik zurück-
gekehrt; denn die byzantinische Scala von der *ὑπάτη* zur *νήτη*
hat genau den Umfang wie das schon vor Terpanders Zeit bestehende Dorische Heptachord, zu dem Terpander selber erst die
höhere Octave hinzugefügt haben soll.

Altes Dorisches Heptachord (s. oben S. 82).

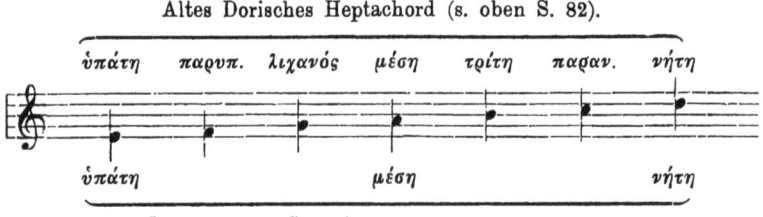

ἦχος τέταρτος ἢ Φρύγιος des Manuel Bryennios.

Die Uebereinstimmung kann nicht grösser sein; denn auch die
byzantinische Bezeichnung des höheren Schlusstones mit dem
Ausdrucke *νήτη* ist dieselbe wie sie in der allerfrühesten Zeit
üblich war, während späterhin der Name *νήτη* für die Octave der
ὑπάτη (das höhere e) gebraucht wurde; und wenn die *μέση* (a)
der vorliegenden byzantinischen Scala nach dem Berichte des

Bryennius als tonische Prime gebraucht wird, so hatte auch schon in alter Zeit die *μέση* jener Scala die nämliche Function, denn sie ist der Schlusston der auf jenem Heptachorde auszuführenden Aeolischen Melodien. S. oben S. 84. 85. So wenigstens bedient sich, wie wir gesehen haben, Pindar dieses Heptachordes; und wenn dem Pindar jene Scala ausreichend war, so dürfen wir uns nicht weiter wundern, dass die spätgriechische und byzantinische Zeit die in den Zeiten nach Pindar aufgekommenen Erweiterungen der Scala unbenutzt und sich an dem beschränkten Tonumfange früherer Zeit genügen liess.

Nach der Tiefe zu hat indess auch die byzantinische Zeit den heptachordischen Umfang ihrer Scalen überschritten. Es ist dies ähnlich, wie wenn man in der klassischen Zeit der griechischen Musik unterhalb der Terpandrischen *ὑπάτη* noch das Hypaton-Tetrachord und den Proslambanomenos hinzufügt. Doch ist es nur ein einziger Ton, welcher unterhalb der byzantinischen *ὑπάτη* oder Unterquarte hinzugenommen wird; um ihn zu bezeichnen, wird der Name Proslambanomenos oder vielmehr Proslambanomene auf ihn übertragen*). Eine tonische Bedeutung gleich der *μέση* oder der *ὑπάτη* hat er nicht; niemals wird in ihm geschlossen, und es würde der wahre Sachverhalt gänzlich verkehrt werden, wenn wir den byzantinischen Proslambanomenos mit dem von den abendländischen Musikern für ihre 7 Modi angesetzten tieferen Schlusstone identificiren wollten. Er ist eben nichts anderes als die tiefere Octav der byzantinischen *νήτη* oder Oberquarte, oder wie wir allenfalls sagen können, die Unterquinte der in der Mitte des Systems liegenden tonischen Prime. Wir sehen also: die byzantinischen Scalen reichen von der Unterquinte bis zur Oberquart des Grundtones der jedesmaligen Melodie.

Ich lasse nunmehr eine vollständige Uebersicht aller byzantinischen *ἦχοι* folgen, in der ich *μέση*, *ὑπάτη*, *νήτη* (tonische Prime, Unter- und Oberquarte) vor den übrigen Tönen durch halbe Noten auszeichne.

---

*) Es kann nach der hier allerdings nicht ganz unzweideutigen Darstellung des Bryennius p. 482 auch vorkommen, dass noch über die *νήτη* hinaus in die Höhe und über den Proslambanomenos in die Tiefe gegangen wird; dann aber fasst man dies unserer Quelle zufolge so auf, als ob der ursprünglich zu Grunde gelegte *ἦχος* verlassen und in einen verwandten höheren oder tieferen *ἦχος* übergegangen werde.

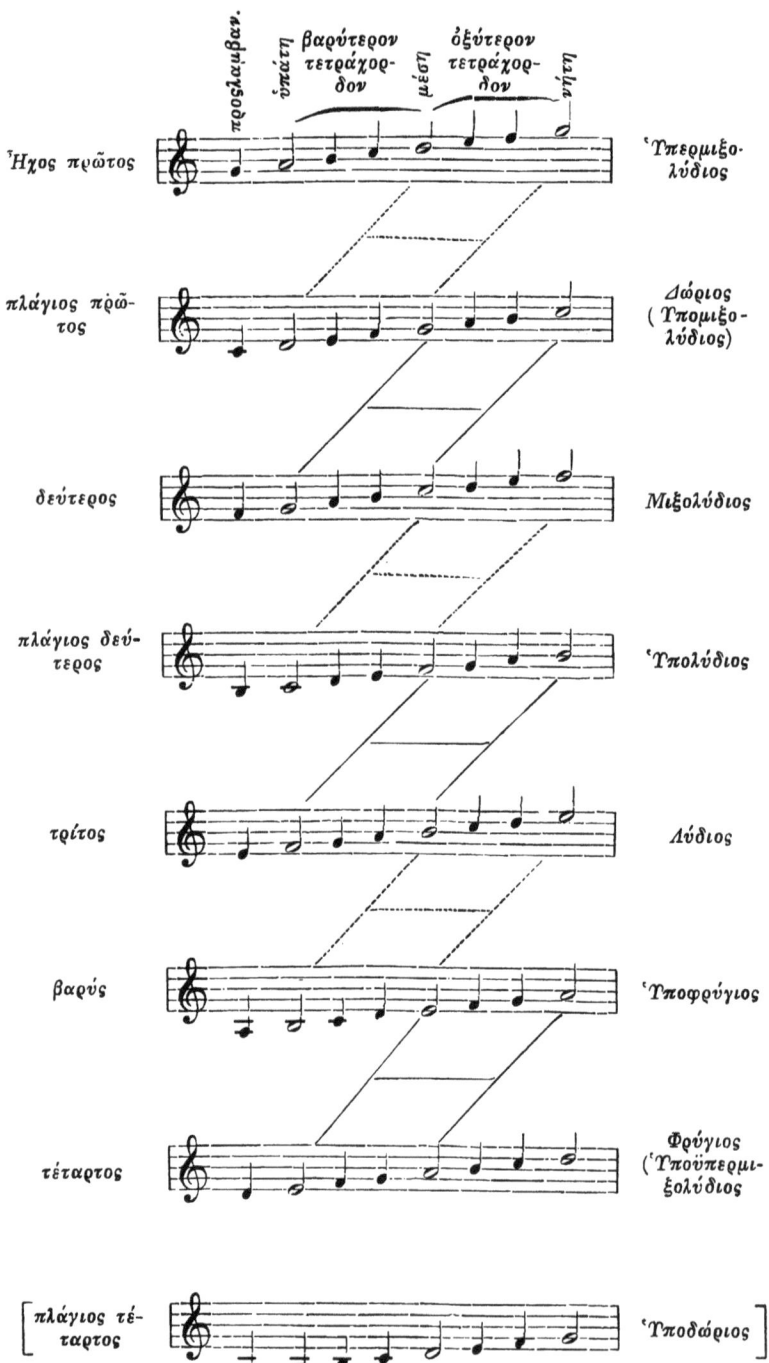

In der hier festgehaltenen Reihenfolge sind die Tonarten nach ihrer sogenannten „*κοινωνία*" (dem byzantinischen Quinten- oder vielmehr Quartenzirkel) geordnet. Bryenn. III, 5 p. 485. Ein jeder *ἦχος* zerfällt nämlich in zwei Tetrachorde: ein *βαρύτερον τετράχορδον* von der *ὑπάτη* bis zur *μέση* (Unterquarte bis Tonica) und ein *ὀξύτερον τετράχορδον* von der *μέση* bis zur *νήτη* (Tonica bis Oberquarte); die Proslambanomene wird bei dieser Tetrachord-Eintheilung und der auf sie basirten *κοινωνία* ganz ausser Acht gelassen. Das *ὀξύτερον τετράχορδον* des *ἦχος πρῶτος* bildet die höhere Antiphonie (d. i. höhere Octavenlage) von dem *βαρύτερον τετράχορδον* des *πλάγιος πρῶτος*; das *ὀξύτερον τετράχορδον* des *πλάγιος πρῶτος* ist mit dem *βαρύτερον τετράχορδον* des *ἦχος δεύτερος* homophon, und in derselben Weise statuirt Bryennios auch für alle übrigen benachbarten *ἦχοι* eine Homophonie oder Antiphonie der Tetrachorde. Die Homophonie haben wir durch ungebrochene, die Antiphonie der Tetrachorde durch punktirte Querlinien bezeichnet. Eine *κοινωνία* zweier Octavengattungen im engeren und eigentlichen Sinne findet nur dann statt, wenn das eine Tetrachord der einen mit dem anderen Tetrachorde der anderen homophon ist. Derjenige *ἦχος*, dessen unteres Tetrachord die tiefere Antiphonie von dem höheren Tetrachorde eines anderen *ἦχος* bildet, heisst dessen *ἦχος* „*πλάγιος*". Die *ἦχοι πλάγιοι* sind also nicht dasselbe wie die modi plagäles der abendländischen Musiker, obwohl dieser Name offenbar in den *πλάγιοι ἦχοι* seinen Ursprung hat. Derjenige *ἦχος*, dessen unteres Tetrachord die tiefere Antiphonie vom oberen Tetrachorde des *ἦχος τρίτος* bildet, sollte, wie Manuel Bryennios sagt, eigentlich *πλάγιος τρίτος* heissen. Statt dessen nennen ihn die Melopoioi den *ἦχος βαρύς*. Bryenn. p. 484. So konnte er nur heissen, wenn er unter den byzantinischen *ἦχοι* der tiefste war (seine Hypate ist das tiefe H). Nun wird zwar noch ein *ἦχος* statuirt, dessen Hypate noch um einen Ganzton tiefer steht als die des *βαρύς*, nämlich der *ἦχος τέταρτος πλάγιος* oder *ὑποδώριος*; aber da dieser kein selbständiger *ἦχος*, sondern nur die tiefere Octave des *ἦχος πρῶτος* ist, so darf angenommen werden, dass wenigstens ursprünglich der sogenannte *ἦχος βαρύς* in der That die Reihe der Tonarten nach der Tiefe zu abschloss und dass wie bei den Abendländern, so ursprünglich auch bei den Byzantinern nicht mehr als sieben Tonarten recipirt waren. — Bei der Bezeichnung der *ἦχοι* mit *Λύδιος*, *Φρύγιος*, *Δώριος* u. s. w. wird derjenige *ἦχος*, dessen höheres Tetrachord mit dem tieferen Tetrachorde eines anderen homophon ist, durch Vorsetzung der Präposition ὑπό bezeichnet. Daher sagte man statt Δώριος auch Ὑπομιξολύδιος, statt Φρύγιος auch Ὑποϋπερμιξολύδιος.

Die älteren Musiker bestimmen die einzelnen Octavengattungen dadurch, dass sie angeben, welche Töne des Doppeloctav-Systems die Grenztöne einer jeden Octavengattung sind. Vergl. § 15. Auch Manuel Bryennios geht bei seiner Darstellung der ἦχοι von einem Doppel-Octavensystem aus. Den 15 Tönen desselben gibt er dieselben Namen, welche die Töne des alten Doppeloctav-Systems führten. Aber nichts desto weniger ist dieses δὶς διὰ πασῶν des Bryennius ein anderes als das der älteren Musiker, welches wir S. 126 ff. beschrieben haben*). Von jenem alten δὶς διὰ πασῶν konnten wir sagen: Es enthält zwei Aeolische oder Hypodorische Octavengattungen: a h c d e f g a. Dagegen ist das von Bryennios für die 8 ἦχοι zu Grunde gelegte δὶς διὰ πασῶν derartig construirt, dass es nicht zwei Aeolische, sondern vielmehr zwei Ionische (oder Hypophrygische) Octavengattungen umfasst: g a h c d e f g. Auch hierbei fällt sofort die Uebereinstimmung mit den Musikern des abendländischen Mittelalters in die Augen, welche der Scala A H C D E F u. s. w. noch ein tieferes G (das tiefe Γάμμα) vorausgehen liessen.

Altgriechisch

| A | 1 H | $\frac{1}{2}$ c | 1 d | 1 e | $\frac{1}{2}$ f | 1 g | 1 a | 1 h | $\frac{1}{2}$ $\bar{c}$ | 1 $\bar{d}$ | 1 $\bar{e}$ | $\frac{1}{2}$ $\bar{f}$ | 1 $\bar{g}$ | 1 $\bar{a}$ |

| G | A | H | c | d | e | f | g | a | h | $\bar{c}$ | $\bar{d}$ | $\bar{e}$ | $\bar{f}$ | $\bar{g}$ |
| 1 | 1 | $\frac{1}{2}$ | 1 | 1 | $\frac{1}{2}$ | 1 | 1 | 1 | $\frac{1}{2}$ | 1 | 1 | $\frac{1}{2}$ | 1 |

Manuel Bryennios.

Von diesem seinem διαπασῶν-Systeme sagt Bryennios 2, 3: Die

---

*) Das ältere δὶς διὰ πασῶν oder πεντεκαιδεκάχορδον beschreibt Bryennios 1, 2 p. 369. Dass dieses von demjenigen Pentekaidekachorde, welches er für die byzantinischen ηχοι zu Grunde legt (2, 3. 4; 3, 4. 5) verschieden ist, wird zwar nicht von ihm gesagt, ergibt sich aber mit Evidenz aus der Stelle 2, 4 p. 405.

ὑπάτη ὑπάτων desselben (A) ist die Hypodorische Hypate, die παρυπάτη ὑπάτων (H) ist die Hypophrygische Hypate, die λιχανὸς ὑπάτων (c) die Hypolydische Hypate, die μέση (d) die Dorische oder Hypomixolydische Hypate, die παρυπάτη μέσων (e) die Phrygische oder Hypohypermixolydische Hypate, die λιχανὸς μέσων (f) die Lydische Hypate, die μέση (g) die Mixolydische Hypate, παραμέση (a) die Hypermixolydische Hypate. Analog der Hypate wird auch die Mese, Nete und die Proslambanomene eines jeden ἦχος bestimmt. Dann heisst es 2, 4: das Hypophrygische (d. h. seine Proslambanomene oder Nete) liegt einen τόνος unter dem Hypodorischen, einen τόνος über dem Hypolydischen, ein τριημιτόνιον über dem Dorischen, ein διὰ τεσσάρων über dem Phrygischen, ein διὰ πέντε über dem Lydischen, einen τετράτονος über dem Mixolydischen, einen πεντάτονος über dem Hypermixolydischen; und ebenso wird auch für die übrigen ἦχοι ihr Abstand von einem jeden ἦχος angegeben, so dass hierdurch auch zwischen den einzelnen Tönen eines jeden ἦχος und des zu Grunde gelegten Doppeloctav-Systems die Intervalle aufs genaueste bestimmt sind. Es drängt sich die Frage auf, woher die Verschiedenheit zwischen dem alten und dem von den Byzantinern construirten Doppeloctav-System und zwischen der alten und der byzantinischen Benennung der Octavengattungen? Man beachte, dass die Herbeiziehung eines Doppeloctav-Systems mit den Namen προςλαμβανομένη, ὑπάτη ὑπάτων, παρυπάτη ὑπάτων, λιχανὸς ὑπάτων u. s. w. und die Bezeichnung der ἦχοι mit den Namen Mixolydisch, Lydisch, Phrygisch, Dorisch, Hypolydisch u. s. w. erst die That eines gelehrten Recurrirens auf die schon längst der Praxis entschwundene Tradition der Aristoxeneer und des Ptolemäus ist. Schon die Aristoxeneer der Kaiserzeit reden von der Bezeichnung der Octavengattungen „Mixolydisch, Lydisch, Phrygisch, Dorisch" u. s. w. als von etwas der Vergangenheit Angehörigem; die damals vulgäre Bezeichnung ist „erste, zweite, dritte, vierte Octavengattung" u. s. w., wobei in der Zählung von der Tiefe nach der Höhe zu fortgeschritten wird. Selbstverständlich ist es nicht der Zweck der vorliegenden aus der zweiten Auflage wiederholten Bemerkungen, das Verhältniss der altgriechischen Octavengattungen zu den von Manuel Br. besprochenen ἦχοι der μελοποιοὶ νεώτεροι darzulegen; sie führen nur den Nachweis, dass bei den νεώτεροι der nämliche Klang, welcher in dem einen ἦχος die μέση bildet, in dem anderen als

ὑπάτη erscheint, dass also das Princip der Ptolemäischen ὀνομασία κατὰ θέσιν, wie es von mir einer 200jähriger Vergessenheit
entrissen ist, bis in die Zeit der Byzantiner hineinreicht. Nachweislich hat sich die thetische Onomasie der Klänge von der
Zeit an, wo sie von Ptolemäus ausführlich besprochen wird, noch
länger als ein Jahrtausend behauptet*).

§ 22.
Die thetische Onomasie bei Aristoxenus und Pseudo-Euklid.
Ungenauigkeiten des Ptolemäus.

Die früheren Auflagen meiner griechischen Harmonik gingen
von der Ansicht aus, dass Aristoxenus nur die dynamische, noch
nicht die thetische Onomasie der Klänge kenne. Damals glaubte
ich (S. 351 der zweiten Auflage) sagen zu dürfen: „die ganze Art
und Weise, wie Ptolemäus von der thetischen Onomasie redet,
zeigt, dass sie unmöglich etwas erst von ihm selbst Erfundenes
ist. Vielmehr setzt Ptolemäus dieselbe als die den Lesern seines
Buches bekannte Onomasie voraus, und die folgenden Erörte-

---

*) In einer Münchener Dissertation des Dr. Tzetzes wird gegen meine
Darstellung eingewandt, dass die ἦχοι der orthodoxen griechischen Kirche
keineswegs mit denen des Bryennios identisch sind. Freilich werden dieselben
sowohl im Kirchengesange der Russen wie der Griechen in einer anderen
Reihenfolge als bei Manuel Br. gezählt: der letztere überliefert, wie ich bereits bemerkte, die Reihenfolge der Modi des Abendlandes, wie sie seit
Hucbald gezählt und benannt werden. Wie ist das zu verstehen? Alles
andere ist griechisch, ist griechisches System; aber die Nomenclatur
der ἦχοι ist dieselbe wie bei den Modi ecclesiastici des Abendlandes! Schwerlich lässt sich das anders erklären, als dass Manuel Bryennios nicht dem
griechisch-byzantinischen Reiche, nicht der griechischen Confession, sondern
dem 1204 durch die Lateiner des sogenannten vierten Kreuzzuges gegründeten
Kaiserthumes „Romanien", in welchem die römische Confession zur Staats-
kirche erklärt wurde, angehört. Die Harmonik des Manuel Bryennios ist die
interessante Urkunde, dass in dieser lateinischen Kirche des griechischen
Ostens die Kirchentöne des Abendlandes recipirt waren. Mag nun Manuel
Bryennios dem von Constantinopel aus administrirten lateinischen Kaiser-
thume, mag er einem der lateinischen Herzogthümer von Athen und Theben,
Argos oder Nauplia angehört haben: wie der Name Bryennios mit Entschiedenheit auf fränkischen Ursprung hindeutet, so lässt das von ihm beschriebene Musiksystem der Melopoioi neoteroi keinen Zweifel darüber, dass
unter seinen ἦχοι die innerhalb des alten byzantinischen Reiches von den
Bekennern der abendländischen Kirche vertretenen Modi ecclesiastici zu
verstehen sind, auf die man, soweit es anging, die Theorie der griechisch-
mittelalterlichen Musik übertrug.

rungen werden keinen Zweifel darüber lassen, dass die thetische
Nomenclatur schon eine geraume Zeit vor Ptolemäus in der
Praxis der Musiker aufgekommen war und sich hier allmählig
so befestigt hatte, dass Ptolemäus sie als die vulgäre ansehen
durfte." Ich war so weit entfernt, sie auch bei Aristoxenus
vorauszusetzen, dass ich vielmehr die dynamische Onomasie für
die bei ihm ausschliesslich vorkommende erklärte.

Erst meine Uebersetzung und Erläuterung des Aristoxenus
unterzog den § 100 der Aristoxenischen Harmonik einer näheren
Beachtung:

> „Die Intervallgrössen (bei ihrem schwankenden Umfange
> in den Chroai) und (demzufolge auch) die Tonhöhen der
> Klänge ergeben sich als unbestimmte Begriffe der meli-
> schen Theorie; dagegen begrenzte und feste Begriffe sind
> die kəta Dynameis, die kat' Eide und die kata Theseis."

A. a. O. S. 359 gab ich die Erläuterung:

> „Die hier vorkommende Zusammenstellung 'kata Dynameis'
> und 'kata Theseis' lässt, zumal hier von Intervallgrössen und
> τῶν φθόγγων τάσεις die Rede ist, keinen Zweifel, dass Aristo-
> xenus dasselbe meint wie die Onomasia kata Dynamin und kata
> Thesin bei Ptolemäus. Dass dieser von Ptolemäus so ausführ-
> lich dargelegte Gegenstand auch schon in der Harmonik des
> Aristoxenus behandelt war, blieb mir in der ersten und in der
> zweiten Ausgabe meiner griechischen Harmonik noch unbekannt.
> Ich wusste nur dies, dass die Aristoxenische Nomenclatur der
> Scalen-Klänge mit demjenigen, was bei Ptolemäus dynamische
> Onomasie heisst, identisch ist. Dass auch die thetische Onomasie
> des Ptolemäus dem Aristoxenus bekannt sei, dies wusste ich
> damals noch nicht."

Dort sagte ich ferner:

> „In welchem Abschnitte Aristoxenus die 'κατὰ δύναμιν'
> näher behandelt habe, sagt er nicht. Vermuthlich im Abschnitt XV
> bei der Erörterung der 'Scala-Klänge'. Denn soviel wissen wir,
> dass die dritte Harmonik des Aristoxenus die δυνάμεις der
> φθόγγοι 'καὶ αὐτὸ τοῦτο τί ποτ' ἐστὶν ἡ δύναμις'; in dem Ab-
> schnitte περὶ τῶν φθόγγων, dem dritten jenes Werkes, erörterte,
> vgl. daselbst § 14. Betreffs der 'κατὰ θέσιν' müssen wir seinen
> Worten in § 17 wohl Glauben schenken, dass er darüber im
> Abschnitte von den Systemen unmittelbar nach den Verschieden-
> heiten des Schemas und der Synthesis handeln will.

Leider ist uns die Ausführung dieses Abschnittes in der handschriftlichen Ueberlieferung völlig verloren. Wir finden in keinem der von Aristoxenus über Harmonik geschriebenen Werke irgend eine Erwähnung der thetischen Onomasie, auch nichts, was entfernt darauf hindeutet. Auch die Musikschriftsteller der Kaiserzeit, welche die Aristoxenischen Doctrin zu Grunde legen, haben aus dem Aristoxenischen Abschnitte von der Thesis keinen Auszug gemacht, und daher ist es gekommen, dass die thetische Onomasie sich so lange Zeit dem Auge des Forschers entzogen hat.

Pseudo-Euklid, der sich unter allen Aristoxenianern am meisten an sein Original anzuschliessen scheint, ist der einzige, bei dem eine Stelle p. 18 auf das Aristoxenische Capitel über die thetische Mese zurückzugehen scheint. Vermuthlich ist dies dieselbe Stelle des Euklides, welche Forkel im Auge hatte (vgl. unten S. 159), als er auf die eigenthümliche Bedeutung, welche von Ptolemäus und von Euklid und von Aristoteles der Mese eingeräumt wird, hinweist. Pseudo-Euklid überliefert nämlich:

Ἁπλᾶ μὲν [συστήματα] οὖν ἐστι τὰ πρὸς μίαν μέσην ἡρμοσμένα· διπλᾶ δὲ τὰ πρὸς δύο· τριπλᾶ δὲ τὰ πρὸς τρεῖς· πολλαπλάσια δὲ πρὸς πλείονας.

Wie kann ein System mehr als eine Mese haben? Das kann nur so verstanden werden, wie wir oben S. 115 gelegentlich des Hendekachordes sagten, dass auf ihm zwei Klänge ein jeder die Bedeutung der Mese habe. Aber nicht in der dynamischen, sondern nur in der thetischen Onomasie ist der Name Mese für für jeden der beiden Klänge möglich. Nun gar Systeme mit drei, vier, ja noch einer grösseren Zahl von Mesen! Dynamische Systeme können das unmöglich sein. Die Aristoxenische Stelle, welche hier dem Pseudo-Euklid vorliegt, muss von den θέσεις geredet haben. Die Stelle des Pseudo-Euklid ist freilich damit nicht erklärt. Schon früher (in der deutschen Aristoxenus-Uebersetzung) musste ich gestehen, dass mir die πολλαπλάσια συστήματα des Aristoxenus ein Räthsel seien.

Aristoxenus übrigens kann bei der Darlegung der thetischen Onomasie nicht die Methode des Ptolemäus eingeschlagen haben, der diese als die allgemein bekannte voraussetzt und von ihr aus die dynamische Onomasie erklären will. Aristoxenus setzt umgekehrt die dynamische Onomasie voraus und gibt von ihr ausgehend eine Erklärung der thetischen Onomasie. Dies muss er etwa in folgender Weise gethan haben (zweite Harmonik im

XIII. Abschn. unmittelber nach dem Schema und der Synthesis, vgl. Aristoxen. übersetzt und erläutert S. 359 ff.):

„Wenn von den sieben Eide dia pason gesagt wurde, dass das erste oder Mixolydische Eidos von der Hypate hypaton und der Paramesos begrenzt wird, das zweite oder Lydische von der Parhypate hypaton und der Trite diezeugmenon u. s. w., so darf man sich nicht zu der irrigen Meinung verleiten lassen, als ob dies die einzigen Namen der angrenzenden Klänge seien. Vielmehr sind das die Benennungen, welche wir mit Rücksicht auf die Dynamis der Klänge gebrauchen. Mit Rücksicht auf die Thesis derselben dagegen nennen wir von den beiden Grenzklängen einer jeden der sieben Octaven den höheren: Nete diezeugmenon, — den tieferen: Hypate meson; — und die acht Klänge der Octaven heissen vom höchsten bis zum tiefsten (unter Weglassung des die verschiedenen Tetrachorde angebenden Zusatzes diezeugmenon und meson):

e	Nete
d	Paranete
c	Trite
h	Paramesos
a	Mese
g	Lichanos
f	Parhypate
e	Hypate.

Thetische Oktachorde.

	Thet. Hyp. (mes.)	Thet. Par. (mes.)	Thet. Lich. (mes.)	Thet. Mese	Thet. Paramesos	Thet. Trite (diez.)	Thet. Paran. (diez.)	Thet. Nete (diez.)
Erstes (Mixolyd.) Octaven Eidos	h	c	d	e	f	g	a	h
Zweites (Lydisches) Octaven-Eidos	c	d	e	f	g	a	h	c
Drittes (Phrygisches) Octaven-Eidos	d	e	f	g	a	h	c	d
Viertes (Dorisches) Octaven-Eidos	e	f	g	a	h	c	d	e
Fünftes (Hypolyd.) Octaven-Eidos	f	g	a	h	c	d	e	f
Sechstes (Hypophr.) Octaven-Eidos	g	a	h	c	d	e	f	g
Siebentes (Hypodor.) Octaven-Eidos	a	h	c	d	e	f	g	a

Dieselben Klangbenennungen finden sich auch auf dem 2 Octaven umfassenden Systema teleion ametabolon, und zwar hier in

einer Bedeutung, welche dieselbe ist wie bei dem vierten oder
Dorischen Octaven-Eidos, dagegen abweichend von der Onomasie
der 6 übrigen Octaven-Eide. Diese Klangbenennungen des Systema
ametabolon sind die der *κατὰ δύναμιν ὀνομασία*, — sind die
dynamischen Klangnamen. Es sind also die 15 Klänge des Systema
ametabolon benannt worden nach der Geltung (*δύναμις*), welche
sie, als Klänge des vierten oder Dorischen Eidos gefasst, haben
würden. Denn das Dorische Eidos muss der Theorie als das
vornehmste gelten.

Thetische Pentekaidekachorde.

Die 8 dynamischen Klänge des vierten oder Dorischen Eidos
dia pason von der Hypate (meson) bis zur Nete (diezeugmenon)
sind im grösseren Systema teleion ametabolon nach unten zu um
eine Quinte, nach oben zu um eine Quarte erweitert worden,
indem man für den höchsten Klang die Benennung Nete hyperbolaion, für den tiefsten die Benennung Proslambanomenos einführte.

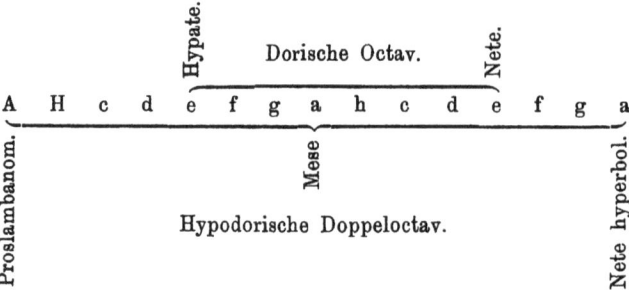

Proslambanomenos, Mese und Nete des Systema ametabolon
sind also die Grenzklänge zweier kata Synaphen verbundener
Hypodorischen Octaven-Eide; Hypate meson und Nete diezeugmenon sind die beiden Grenzklänge des vierten oder Dorischen
Octaven-Eidos.

Eine nach der Analogie des Systema teleion ametabolon
ausgeführte Erweiterung zur Doppeloctave hat man auch bei der
thetischen Onomasie der sieben Octaven-Eide vorgenommen, indem
man für ein jedes Eidos der Octave unterhalb der Hypate eine
Quinte und oberhalb der Nete eine Quarte hinzufügte; den tiefsten Klang der so gebildeten Doppeloctav nannte man den thetischen Proslambanomenos, den höchsten Klang nannte man
thetische Nete hyperbolaion.

Thetische Oktachorde.

	Thet. Prosl.	Thet. Hyp. hyp.	Thet. Parh. hyp.	Thet. Lich. hyp.	Thet. Hyp. mes.	Thet. Parh. mes.	Thet. Lich. mes.	Thet. Mes.	Thet. Param.	Thet. Trite diez.	Thet. Paran diez.	Thet. Nete diez.	Thet. Trite hyberb.	Thet. Paran. hyberb.	Thet. Nete hyperb.
Mix.	E	F	G	A	H	c	d	e	f	g	a	h	c	d	e
Lyd.	F	G	A	H	c	d	e	f	g	a	h	c̄	d̄	ē	f̄
Phr.	G	A	H	c	d	e	f	g	a	h	c̄	d̄	ē	f̄	ḡ
Dor.	A	H	c	d	e	f	g	a	h	c̄	d̄	ē	f̄	ḡ	a̅
HLy.	H	c	d	e	f	g	a	h	c̄	d̄	ē	f̄	ḡ	a̅	h̄
HPh.	c	d	e	f	g	a	h	c̄	d̄	ē	f̄	ḡ	a̅	h̄	c̿
HDo.	d	e	f	g	a	h	c̄	d̄	ē	f̄	ḡ	a̅	h̄	c̿	d̿

dyn. Hyp. mes.   dynam. Mese   dyn. Nete diez.   dyn. Nete hyp.

Die sieben horizontalen Zeilen der thetischen Pentekaidekachorde und die vertical durchschneidenden 15 Zeilen, welche die
thetische Onomasie der 15 Klänge angeben, werden von punktirten Linien schräg durchschnitten, welche die dynamische Onomasie der Pentekaidekachordklänge ergeben: die am meisten nach
links zu angebrachten punktirten Linien, welche die Töne A ein-
schliessen, zeigen die dynamischen Proslambanomenoi an; die
dann zunächst nach rechts folgenden, welche die Töne e ein-
schliessen, geben die dynamischen Hypatai meson an, und so
sind auch die dynamischen Mesai, die dynamischen Netai diezeugmenon und die dynamischen Netai hyperbolaion durch punktirte Linien ausgezeichnet.

Man ersieht aus dieser Tabelle, dass im Pentekaidekachorde
des vierten oder Dorischen Octaven-Eidos (wir haben dasselbe
durch punktirte horizontale Parallelen ausgezeichnet) die thetische
Onomasie der Klänge genau dieselbe ist wie die dynamische Ono-

masie, dass aber in den Pentekaidekachorden der sechs übrigen
Octaven-Eide die thetische Onomasie der Klänge stets von der
dynamischen Onomasie differirt.

Tiefere Klänge als die dynamischen Proslambanomenoi und
höhere Klänge als die dynamischen Netai hyperbolaion kommen
in der praktischen Musik der Griechen nicht vor. Daraus folgt,
dass alle Klänge, welche links von den die dynamischen Proslambanomenoi anzeigenden punktirten Linien stehen, und ebenso
diejenigen, welche rechts von den die Netai hyperbolaion anzeigenden Linien stehen, keine reale, sondern nur eine ideale
Existenz haben. Nichtsdestoweniger werden auch diese idealen
Klänge von der griechischen Theorie als dynamische Klänge
vorausgesetzt und ein jeder von ihnen mit demselben dynamischen Namen benannt, wie der um eine Doppeloctav
höhere oder tiefere Klang.

Die theoretische Bevorzugung der Dorischen Harmonie in
der dynamischen Onomasie der Klänge entspricht genau dem
Standpunkte, welchen Plato für die musikalische Praxis eingehalten wissen will. Der Terminus ὀνομασία κατὰ θέσιν würde
vom Standpunkte der Platonischen Philosophie ganz und gar verständlich sein. Eine ὀνομασία κατὰ θέσιν würde zufolge der von
Plato im Kratylos gegebenen Darstellung eine Benennung sein,
welche auf dem Uebereinkommen der menschlichen Gesellschaft,
auf der Convenienz, auf der Sprachwillkür beruht, im Gegensatze zu einer ὀνομασία κατὰ φύσιν, einer Bezeichnung, welche
sich aus der dem Menschen angeborenen Natur ergibt. Κατὰ
φύσιν und κατὰ θέσιν sind die beiden Gegensätze des Natürlichen und des Willkürlichen (des Künstlichen). Unter den griechischen Harmonien ist nach Platos Auffassung bloss die Dorische
eine echt Hellenische Harmonie, die übrigen sind barbarischen
Ursprungs, aus Phrygien und Lydien eingeführt; erst durch
einen gewissen Act der Willkür, eines Uebereinkommens unter
den Musikern von Fach, hat man neben den echt Hellenischen
Harmonien auch der aus der Fremde aufgenommenen Phrygischen
und Lydischen eine gewisse Berechtigung verstattet: nur die
Dorische Harmonie, als die echt nationale, ist die der genuinen
Beanlagung des Hellenischen Volkes entsprechende, ist das leib-
liche Kind des musikalischen Hellas; die Phrygische und Lydische
würden dagegen bloss Adoptivkinder sein. Unter den Bezeichnungen der Klänge würde diejenige, welche denselben als Klängen

der Dorischen Harmonie zukommt, eine *ὀνομασία κατὰ φύσιν*
sein: auf diese Benennungen würden die Klänge ein natürliches,
ein Geburtsrecht haben; die Bezeichnung der Klänge als Klänge
der nicht legitimen Phrygischen und Lydischen Harmonie würde
dagegen als eine *ὀνομασία κατὰ θέσιν* zu fassen sein, eine Bezeichnung, welche ihnen erst das Uebereinkommen der Fachmusiker verschafft hat. Der Terminus *ὀνομασία κατὰ θέσιν* ist
durchaus der Platonischen Anschauung gemäss, dass nur die Dorische, nicht die übrigen Harmonien legitim sind. Auch Aristoteles redet in der Politik IV 3 von Musikern seiner Tage, welche
nur zwei Klassen von Compositionen unterscheiden, Dorische
Compositionen und Phrygische Compositionen, unter denen sie
alle übrigen begreifen: „*Ὁμοίως δ' ἔχει καὶ περὶ τὰς ἁρμονίας,
ὥς φασί τινες, καὶ γὰρ ἐκεῖ τίθενται εἴδη δύο, τὴν Δωριστί,
τὰ δ' ἄλλα συντάγματα τὰ μὲν Δώρια, τὰ δὲ Φρύγια καλοῦσιν.*"
Das ist die auch bei Plato vorkommende Unterscheidung der echt
Hellenischen oder Dorischen und der aus der Fremde adop-
tirten Musik, als deren Typus vorwiegend die Phrygische gilt.
Für die Melopöie der ersten Klasse galt lediglich die dynamische
Onomasie der Klänge; für die zweite Klasse die je nach den verschiedenen Octavengattungen verschiedene *ὀνομασία κατὰ θέσιν.*
Der Ausdruck *ὀνομασία κατὰ θέσιν* kann nirgends anders als im
Kreise Platos entstanden sein. Dass aber für die entgegen-
stehende Bezeichnungsweise, welche die Geltung der Klänge im
Dorischen Diapason berücksichtigt, nicht der dem Plato entsprechende Ausdruck *κατὰ φύσιν*, sondern der hiermit ziemlich
gleichbedeutende *κατὰ δύναμιν* gebraucht wird, darin ist schwerlich der Einfluss des Aristoteles zu verkennen. Aristoteles stellt
in der Metaphysik entgegen *κατὰ δύναμιν* und *κατ' ἐνέργειαν*
oder *ἐντελέχειαν* d. i. eine Sache nach ihrer Möglichkeit und nach
ihrer Wirklichkeit. Für die beiden verschiedenen Onomasien der
Töne würden die zwei verschiedenen Kategorien der Aristotelischen Metaphysik nicht unzutreffend sein: Benennung der Klänge
als Dorische Klänge ist eine Onomasie *κατὰ δύναμιν*; mög-
licherweise könnten dies Dorische Klänge sein, in Wirklichkeit aber gehören sie einer anderen Harmonie an. Dass man
die eine der beiden Onomasien nicht auf Platonische Weise *κατὰ
φύσιν*, sondern auf Aristotelische Weise *κατὰ δύναμιν* genannt
hat, das scheint auf Aristoxenus hinzuweisen. Inwieweit aber
Plato selber oder Platonisirende Musiker, wie diejenigen, von

welchen die angeführte Stelle der Aristotelischen Politik redet,
bei den zwei Benennungsarten betheiligt sind, das entzieht sich
unserem Gesichtskreise. Wir wissen bloss dies, dass Aristoxenus
für uns der älteste Gewährsmann der beiden in Rede stehenden
termini technici ist. Die Sache selber mag so alt sein wie die
ältesten Kunstschulen der griechischen Musik: sowie an den
musischen Agonen ausser der national-dorischen Harmonie auch
noch die Phrygische und Lydische zugelassen wurden, musste
sich für diese eine eigene Onomasie, welche man später thetische
nannte, herausbilden.

§ 23.
Unvollkommene authentische Schlüsse.

Zum vollen Verständnisse der von der Mese handelnden
Aristotelischen Stelle müssen wir uns einer bereits oben herbeigezogenen Stelle der Probleme 19, 12 erinnern: „διὰ τί τῶν
χορδᾶν ἡ βαρυτέρα ἀεὶ τὸ μέλος λαμβάνει." Die Art der Musik,
von welcher dies Problem des Aristoteles spricht, ist keine homophone, sondern eine heterophone, wir können sagen ein Instru-
mental-Duett, in welchem von der einen Instrumentalstimme die
Melodie, von einer anderen eine Begleitstimme ausgeführt wird,
und zwar so, dass von den einen Accord bildenden zwei Klängen
der tiefere jedesmal der Melodiestimme, der höhere der Begleitstimme angehört. Die Melosstimme ist die untere, die Krusis-
stimme ist die obere.

Auch in der von der Mese handelnden Stelle oben S. 160
haben wir uns eine heterophone Instrumentalstimme als Begleiterin
des Gesanges zu denken. „Ist in dem begleitenden Instrumente die
Lichanos oder die Paramesos verstimmt, dann zeigt sich die unreine
Stimmung nur an den Stellen des Musikstücks, wo eben der verstimmte Ton erklingt. Ist aber die Mese zu hoch oder zu tief
gestimmt, so haben wir, auch wenn wir die übrigen Saiten des
Instrumentes in reiner Stimmung gebrauchen, dennoch nicht bloss
bei der Mese, sondern auch bei den übrigen Tönen, das peinliche Gefühl unreiner Stimmung, — dann hört sich Alles unrein
an. Auf der Mese verweilen die Componisten am häufigsten.
Bei keiner einzigen der übrigen Saiten ist es wie bei der Mese
der Fall, dass immer wieder, wenn man sie verlassen, zu ihr
zurück gekehrt wird." Das ist nicht anders zu verstehen, als dass
am Schlusse der Composition regelmässig die Mese zu Gehör ge-

bracht wird. Nun kann freilich an der bisherigen Annahme, dass
eine Dorische Melodie auf den Klang e ausgeht, ·nicht gezweifelt
werden. Laut thetischer Onomasie bildet der Klang e die Dorische
Hypate. Dem Berichte der Aristotelischen Probleme zufolge muss
beim Schlusse nothwendig die Mese zu Gehör gebracht werden, also
der Klang a. Dies ist nicht anders möglich, als dass, während
die Melodie mit der Hypate e schliesst, in der begleitenden
Krusis des Instrumentes als Schlusston die Mese a erklingt. So
ergibt sich für die Dorische Melopöie (die Transpositionsscala
ohne Vorzeichen vorausgesetzt) der zweistimmige Schlussaccord:

Analog schliesst die Phrygische Melodie in der Phrygischen Hypate (κατὰ ϑέσιν), die Krusis derselben in der Phrygischen Mese:

Und die Lydische Melodie schliesst mit der Lydischen Hypate
(κατὰ ϑέσιν), die dazu gehörende Krusis mit der Lydischen Mese:

Das Intervall, welches den Griechen am Schlusse eines mit Instrumentalstimme begleiteten Dorischen, Phrygischen, Lydischen Gesanges zu Gehör gebracht wurde, war die συμφωνία διὰ τεσσάρων,
die Quarte. Es schien bisher auf das musikalische Gefühl der
alten Griechen ein übles Licht zu werfen, dass ihre Theoretiker
die Quarte für eine συμφωνία (eine Consonanz) erklärten, da
unser modernes Ohr die Quarte als eine entschiedene Dissonanz
empfindet.

Bei der in dieser dritten Auflage der Harmonik zu Grunde
gelegten Auffassung der thetischen Onomasie und der heterophonen Instrumentalbegleitung verschwindet die bisher durch das
„consonantische Quarteninterval" verursachte Schwierigkeit:

Die Quarte, welche die Theoretiker im Auge haben, wenn sie dieselbe als συμφωνία bezeichnen, ist nicht das Quartenintervall, das in der That nur als Dissonanz empfunden werden kann, sondern die tonale Unterquarte, welche hier durchaus nur als Quinte der Tonart empfunden wird. Schon diese eine Thatsache, dass bei meiner Auffassung der griechischen Harmonik die συμφωνία διὰ τεσσάρων als Consonanz gerechtfertigt wird, sollte wohl im Stande sein, meine Auffassung als im höchsten Grade plausibel erscheinen zu lassen. Weiterhin wird sich zeigen, wie in analoger Weise auch die Auffassung der Terz als einer διαφωνία, welche den griechischen Theoretikern eigen ist, sich rechtfertigt.

Die oben angegebenen Schluss-Intervalle der Dorischen, Phrygischen, Lydischen Gesänge halten sich genau an den Aristotelischen Satz Probleme 19, 12: „διὰ τί τῶν χορδῶν ἡ βαρυτέρα ἀεὶ τὸ μέλος λαμβάνει."
Auch noch eine andere Stelle aus des Aristoteles Probl. 19, 39 muss hier herbeigezogen werden:

„Συμβαίνει γίνεσθαι καθάπερ τοῖς ὑπὸ τὴν ᾠδὴν κρούουσι· καὶ οὗτοι τὰ ἄλλα οὐ προςαυλοῦντες ἐὰν εἰς ταὐτὸν καταστρέφωσιν εὐφραίνουσι μᾶλλον τῷ τέλει ἢ λυποῦσι ταῖς πρὸ τοῦ τέλους διαφοραῖς."

Die auch bei Plutarch de mus. 28 von Archilochus in demselben Sinne wie hier bei Aristoteles gebrauchten Worte ὑπὸ τὴν ᾠδὴν κρούειν müssen wohl der Thatsache ihre Entstehung verdanken, dass die heterophonen Instrumentalstimmen in der Notirung stets unterhalb der Gesangstimmen geschrieben wurden. Denn die Instrumentalklänge können nicht unterhalb der Melodieklänge ihre Stelle gehabt haben, sonst müsste sich Aristoteles selber widersprechen, der in Probl. 19, 12 gerade das Gegentheil gesagt hat. Der Sinn des in Rede stehenden Problemes ist: die ein Melos mit den unterhalb der Gesangnoten stehenden Instrumentalklängen begleitenden Musiker, wenn sie das Uebrige mit divergirenden Aulostönen begleitet haben, kommen am Schlusse wieder mit der Singstimme zusammen, und haben dann am Ende einen grösseren Eindruck der Befriedigung, als der Eindruck der Unbefriedigtheit war, welchen sie vor dem Ende bei der Divergenz der Melodietöne und der Krusistöne empfinden mussten. Hier beschreibt Aristoteles genau die Eindrücke, welche wir bei Dissonanzen und bei den auflösenden Consonanzen des Abschlusses empfinden.

Aber bedeutet *ἐὰν εἰς ταὐτὸν καταστρέφωσιν* nicht einen homophonen Schluss dergestalt, dass Singstimme und Instrumentalstimme auf den nämlichen Klang ausgehen? Muss es nicht scheinen, als ob mit der am Schlusse stattfindenden Auflösung die Homophonie gemeint sei, als ob diese es gewesen, durch welche die Griechen nach dem peinlichen Eindrucke, nach dem Gefühl der Unbefriedigtheit bei der Heterophonie des Vorausgehenden sich beim endlichen Schlusse so sehr befriedigt gefühlt hätten?

Aber in demselben musikalischen Probleme fragt Aristoteles:

„*Διὰ τί ἥδιόν ἐστι τὸ σύμφωνον τοῦ ὁμοφώνου;*"

Das ist: weshalb befriedigt uns ein symphonirender Accord mehr als der Gleichklang? Deshalb glauben wir die im weiteren Fortgange desselben vorkommenden Worte

„*ἐὰν εἰς ταῦτο ν καταστρέφωσιν εὐφραίνουσι μᾶλλον τῷ τέλει ἢ λυποῦσι ταῖς πρὸ τοῦ τέλους διαφοραῖς*"

nicht sowohl von einem nach der vorhergehenden Divergenz der beiden Stimmen am Schlusse stattfindenden Gleichklange, als vielmehr von einem dort eintretenden symphonischen Accorde im Sinne der Alten interpretiren zu müssen. Wie denn auch der Stelle Probl. 19, 19 zufolge ein zur Kitharabegleitung gesungener Dorischer, Phrygischer, Lydischer Gesang am Schlusse regelmässig ein symphonisches Quarten-Intervall d. i. Unterquarten-Intervall:

Dorisch Phryg. Lydisch

Krusis
Melos

zu Gehör kommen lässt.

Wenn in der modernen Musik und in der Musik der christlichen Kirchentöne die Unterstimme auf der Tonica, die Oberstimme auf der Prime des tonischen Dreiklanges schliesst, so nennt man dies einen vollkommenen authentischen Schluss; geht aber die Oberstimme auf eine andere Tonstufe des tonischen Dreiklanges aus, auf die Terze oder auf die Quinte, so heisst dies ein unvollkommener authentischer Schluss.

Von den vollkommenen und unvollkommenen Schlüssen lesen wir in den griechischen Musikquellen zuerst bei Manuel Bryennios, welcher zwischen *εἴδη τέλεια* und *εἴδη ἀτελῆ* unterscheidet, jene mit dem Melodie-Ausgange auf der *μέση*, diese mit dem Melodie-

Ausgang auf der *ὑπάτη*. Mit Hinweglassung der Namen *τέλεια* und *ἀτελῆ εἴδη* kennt diese Schlüsse auf der *μέση* und auf der *ὑπάτη* bereits Ptolemäus in seiner Harmonik 2, 15. Für eine jede der griechischen Octavengattungen stellt er zwei Scalen auf, die eine unter der Bezeichnung *ἀπὸ τῆς τῇ θέσει μέσης*, die andere *ἀπὸ τῆς τῇ θέσει νήτης* d. i. von der höheren Octave der *ὑπάτη*, z. B.

τοῦ Φρυγίου ἀπὸ τῆς τῇ θέσει μέσης

d. i. Phrygische Scala von der *μέση* bis zum *προςλαμβανόμενος*

τοῦ Φρυγίου ἀπὸ τῆς τῇ θέσει νήτης

d. i. Phrygische Scala von der *νήτη διεζευγμένων* bis zur *ὑπάτη μέσων*

Die erste dieser beiden Scalen des Ptolemäus ist diejenige, welche in dem von Aristoxenus herrührenden Kanon der Octavengattungen als Hypophrygische bezeichnet wird, die zweite ist diejenige, welche dort den Namen der Phrygischen führt.

Jene ist nach der von Manuel Bryennios überlieferten Nomenclatur der *νεώτεροι μελοποιοί* ein *εἶδος τέλειον*, auf die *μέση* ausgehend; die zweite gehört nach dieser Nomenclatur zu den *εἴδη ἀτελῆ*. Jene, die Scala

g   a   h   c   d   e   f   g

ist die in der Tonica, der *μέση* ausgehende Form der Phrygischen Tonart, die Form mit vollkommenem (auf die Prime) ausgehendem Schlusse. Die Scala

d   e   f   g   a   h   c   d

ist die in der Dominante, der thetischen *ὑπάτη* oder der um eine Octav höheren *νήτη* ausgehende Form der Phrygischen Tonart, die Phrygische Tonart mit unvollkommenem auf die Quinte oder Oberquarte ausgehendem (authentischem) Schluss.

Die Form mit vollkommenem (Primen-) Schlusse geht auch in der Instrumentalbegleitung auf die μέση oder Tonica aus,

die Form mit unvollkommenem Melodieausgange auf der Quinte (oder Unterquarte) schliesst in der Begleitung wiederum auf der μέση oder Tonica, es ist also eine authentische, keine plagale Form des Schlusses.

In der altgriechischen Musik schliesst, wie sich vorher gezeigt hat, die Dorische, Phrygische, Lydische Melodie jedesmal in der thetischen Hypate d. i. der Unterquart (Dominante) des Grundtones, während die begleitende Instrumentalstimme regelmässig auf die um eine Quart höhere Mese κατὰ θέσιν (Tonica) ausgeht. Es muss also, wenn wir die für die Kirchentonarten übliche Classification auf die altgriechischen Octavengattungen anwenden wollen, von der Dorischen, Phrygischen, Lydischen Melodie gesagt werden, dass sie der auf unvollkommenen Quintenschluss ausgehenden Form der Octavengattungen angehören.

Nach Platos Forderung soll ausser der Dorischen Harmonie einzig noch die Phrygische im Staate zugelassen werden; nach Aristoteles soll auch die Lydische Harmonie mit der Phrygischen gleichberechtigt sein (vgl. unten § 26). Demnach sind die Dorische, Phrygische und Lydische Melopöie diejenigen, welche im griechischen Alterthume die beliebtesten waren. Alle drei Octavengattungen gehören der Hypate- oder Nete-Form an. Im griechischen Alterthume war mithin der Melodieabschluss auf der Unterquart (Dominante), nicht auf der Tonica (dem Grundtone) die üblichste und beliebteste Compositionsform. Jede dieser Tonreihen hatte also einen Schluss, welche unsere moderne Musik als unvollkommenen Schluss in der Quintlage des tonischen Dreiklanges bezeichnet.

§ 24.

Die Harmonien bei Heraclides Ponticus und Pratinas.

Die Octavengattungen bei Heraclides Ponticus.

Heraclides aus Heraclea am Pontus, dessen Blüthezeit mit dem Regierungsantritte Alexanders des Grossen zusammenfällt: ein jüngerer Zeitgenosse des Plato, ein älterer Zeitgenosse des Aristoteles, zuerst ein Schüler des einen, dann des anderen, schrieb ein ziemlich umfangreiches Werk περὶ μουσικῆς, aus welchem uns Athenäus 14, p. 624 eine längere Stelle über die griechischen Harmonien erhalten hat.

Ἁρμονίας εἶναι τρεῖς, τρία γὰρ καὶ γενέσθαι Ἑλλήνων γένη, Δωριεῖς, Αἰολεῖς, Ἴωνας... Τὴν οὖν ἀγωγὴν τῆς μελῳδίας ἣν οἱ Δωριεῖς ἐποιοῦντο, Δώριον ἐκάλουν ἁρμονίαν· ἐκάλουν δὲ καὶ Αἰολίδα ἁρμονίαν ἣν Αἰολεῖς ᾖδον· Ἰαστὶ δὲ τὴν τρίτην ἔφασκον ἣν ἤκουον ᾀδόντων τῶν Ἰώνων. Dann fährt er fort:

Ἡ μὲν οὖν Δώριος ἁρμονία τὸ ἀνδρῶδες ἐμφαίνει καὶ τὸ μεγαλοπρεπὲς καὶ οὐ διακεχυμένον οὐδ᾽ ἱλαρόν, ἀλλὰ σκυθρωπὸν καὶ σφοδρόν, οὔτε δὲ ποικίλον οὐδὲ πολύτροπον.

Τὸ δὲ τῶν Αἰολέων ἦθος ἔχει τὸ γαῦρον καὶ ὀγκῶδες, ἔτι δὲ ὑπόχαυνον· ὁμολογεῖ δὲ ταῦτα ταῖς ἱπποτροφίαις αὐτῶν καὶ ξενοδοχίαις, οὐ πανοῦργον᾽ δέ, ἀλλὰ ἐξηρμένον καὶ τεθαρρηκός. διὸ καὶ οἰκεῖόν ἐστ᾽ αὐτοῖς ἡ φιλοποσία καὶ τὰ ἐρωτικὰ καὶ πᾶσα ἡ περὶ ταύτην τὴν δίαιταν ἄνεσις.

Ἑξῆς ἐπισκεψώμεθα τὸ τῶν Μιλησίων ἦθος ὃ διαφαίνουσιν οἱ Ἴωνες, ἐπὶ ταῖς τῶν σωμάτων εὐεξίαις βρενθυόμενοι καὶ θυμοῦ πλήρεις, δυσκατάλλακτοι, φιλόνεικοι, οὐδὲν φιλάνθρωπον οὐδὲ ἱλαρὸν ἐνδιδόντες, ἀστοργίαν καὶ σκληρότητα ἐν τοῖς ἤθεσιν ἐμφανίζοντες· διόπερ οὐδὲ τὸ τῆς Ἰαστὶ γένος ἁρμονίας οὔτ᾽ ἀνθηρὸν οὔτε ἱλαρόν ἐστι, ἀλλὰ αὐστηρὸν καὶ σκληρόν, ὄγκον δὲ ἔχον οὐκ ἀγεννῆ, διὸ καὶ τῇ τραγῳδίᾳ προσφιλὴς ἡ ἁρμονία.

Eine Dorische, Aiolische und Ionische Harmonie! — In den aus Aristoxenus geschöpften Verzeichnissen der Octavengattungen (bei Pseudo-Euklid, Aristides u. s. w.) ist uns die Dorische Octavenscala den in ihr enthaltenen Klängen nach angegeben, nicht aber die Aeolische und auch nicht die Ionische Octavengattung.

Heraclides Ponticus im weiteren Verlaufe der Stelle gibt an, dass die Aeolische Harmonie dieselbe sei, welche jetzt Hypodorios genannt werde.

Für die Ionische Harmonie haben Böckh und F. Bellermann die Ansicht ausgesprochen, dass sie mit der Hypophrygischen Octavengattung des Pseudo-Euklid, Aristides u. s. w. identisch sei. Das ist durchaus auch meine Ansicht. Dieselbe stützt sich auf folgende Thatsache.

Nach Pollux 4, 65 sind dieselben drei Harmonien, welche Heraclides Ponticus nennt, die in der Musik der Kithara vorwaltenden. Die Ionische wird hier noch vor der Aeolischen genannt: „Δωρίς, Ἰάς, Αἰωλὶς αἱ πρῶται." Der Phrygisti, welche ebenfalls dem Pollux zufolge der Kitharodik angehört, wird von diesem den drei genannten Kithara-Tonarten gegenüber nur eine untergeordnete Stellung in der Kitharodik angewiesen.

Die Musiker der Kaiserzeit, welche für die 7 Octavengattungen die Namen überliefern, erwähnen von einer Ionischen gar nichts. Ebenso haben sie auch den Namen Aiolisti nicht gebraucht. Aber wie es aus dem Zeugnisse des Heraclides erhellt, dass die Aeolische dieselbe Tonart ist, welche später Hypodorisch genannt wurde (S. 184), so lässt sich auf indirectem Wege der sichere Nachweis geben, dass die Ionische Tonart mit der Hypophrygischen Octavengattung der späteren Musiker, also mit der Octavengattung

g a h c d e f g

identisch ist. Nach jener Stelle des Pollux kommen nämlich für die Kithara 3 Haupttonarten und als Nebentonart das Phrygische vor:

Dorisch	Ionisch	Aeolisch	Phrygisch.

Ptolemaeus 1, 16; 2, 1; 2, 16 bezeichnet die Kithara-Tonarten mit folgendem Namen:

Dorisch	Hypophrygisch	Hypodorisch	Phrygisch.

Ist also das Hypodorische, wie Heraclides sagt, mit dem Aeolischen, so ist das Hypophrygische mit dem Ionischen identisch. Die griechische Ueberlieferung bezeichnete den Ionischen Dichter Pythermos als denjenigen, welcher zuerst in Ionischer Tonart componirt habe, denselben Pythermos, dessen Ananias oder Hipponax erwähne (Heraclid. ap. Athen. 14, 625 C). Doch besass die spätere Zeit schwerlich noch Compositionen des Pythermos: vermuthlich sah sie in ihm den frühesten Vertreter jener Tonart, weil er der älteste Dichter war, der in seinen Poesien den Namen der Ἰαστί genannt hatte. Sie ist, denke ich, durch den Ionischen Meister Polymnastus aus Kolophon nach Sparta, wo er einer der ἡγεμόνες der zweiten musischen Katastasis wurde, gelangt.

Auch von der Lokrischen Harmonie ist bei Heraclides Ponticus die Rede. Aus Pollux 4, 65 wissen wir, dass sie neben der Dorischen, Iastischen, Aeolischen, Phrygischen in der Kitharodik angewandt wurde („Λοκρική, Φιλοξένου τὸ εὕρημα" —, muss wohl Ξενοκρίτου τὸ εὕρημα heissen). Von ihr sagt Heraclid. Pontic. ap. Athen. 14 p. 625: δεῖ δὲ τὴν ἁρμονίαν εἶδος ἔχειν ἤθους ἢ πάθους καθάπερ ἡ Λοκριστί· ταύτῃ γὰρ ἔνιοι τῶν γενομένων κατὰ Σιμωνίδην καὶ Πίνδαρον ἐχρήσαντό ποτε καὶ πάλιν κατεφϱονήϑη. Aus Pseudo-Euclid. 16, Gaud. 20, Bacch. 19 wissen wir, dass sie mit dem Hypodorischen dieselbe Octavengattung a h c d e f g a hatte.

In der angeführten Stelle des Pollux geben die Handschriften die Lesart Φιλοξένου, die unmöglich richtig sein kann; denn wie kann Philoxenos, welcher noch in das Zeitalter des Aristoxenus hineinreicht, eine Tonart aufgebracht haben, welche schon Simonides und Pindar mit Vorliebe gebraucht haben und die, wie wir aus Platos Stillschweigen schliessen müssen, in der Platonischen Epoche bereits abgekommen war? Ξενοϰϱίτου statt Φιλοξένου zu emendiren, liegt um deswillen sehr nah, weil die betreffende Tonart, die Λοϰϱιϰή, nach dem Lande ihrer Herkunft so benannt, auf den Lokrischen Meister der zweiten Spartanischen Katastasis Xenokritos „ὃς ἦν τὸ γένος ἐϰ Λοϰϱῶν τῶν ἐν 'Ιταλίᾳ" (Plut. de mus. 10) zurückzuführen zu sein scheint.

Die Harmonien des Pratinas.

Aus einem Gedichte des Pratinas, eines von Aristoxenus als Componist sehr hoch gestellten älteren Zeitgenossen des Aeschylus, haben sich folgende Verse erhalten (fr. 5 Bergk), welche von 2 verschiedenen ionischen Harmonien reden:

Μήτε σύντονον δίωϰε, μήτε τὰν ἀνειμέναν

'Ιαστὶ μοῦσαν, ἀλλὰ τὰν μέσσαν νεῶν ἄϱουϱαν

αἰόλιζε τῷ μέλει·

πϱέπει τοι πᾶσιν ἀοιδολαβϱάϰταις Αἰολὶς ἁϱμονία.

Hier ist von 3 Octavengattungen die Rede; in der Mitte der σύντονος und ἀνειμένη 'Ιαστί liege die Αἰολίς, für welche sich Pratinas unter Zurückweisung der beiden Iastischen entscheidet. Die Aiolis beginnt in a; die ἀνειμένη oder χαλαϱὰ 'Ιάς ist ihr, nach Pratinas, unmittelbar benachbart; eine Iasti beginnt (vgl. oben S. 185) mit g; da ist es denn nicht anders möglich, als dass die σύντονος 'Ιαστί, wenn die Αἰολίς zwischen ihr und der ἀνειμένη 'Ιαστί in der Mitte liegt, mit dem Tone h beginnen muss:

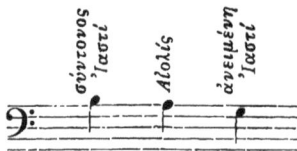

Welche Octavengattung hat Pratinas im Auge, wenn er Αἰολὶς ἁϱμονία sagt? Man wird eine richtige Interpretation

nur dann geben, wenn man den Sprachgebrauch seines Zeitgenossen, des Dichters Pindar, herbeizieht, welcher darunter die
Octavengattung in a versteht. Um so auffallender ist es, dass
die zweite Auflage von Heinr. Bellermanns Contrapunkte S. 80
unter der *Αἰολὶς ἁρμονία* des Pratinas die Octavengattung in e
verstehen will, „welche sowohl als Dorische wie auch als plagale Nebentonart des Aeolischen zu den echt griechischen Tonarten gehört“. Hätte Pratinas die Harmonie in e im Auge gehabt, so würde er sie nicht anders als Pindar genannt haben,
nämlich „*Δωρὶς ἁρμονία*“.

§ 25.
Die Harmonien der Platonischen Republik
und ihre alten Commentatoren.

Die berühmte Stelle der Platonischen Republik, welche für
unsere Kenntniss der griechischen Harmonien die bei weitem
wichtigste Quelle ist, wurde schon im griechischen Alterthume vielfach erläutert. Von Aristoteles geschieht dies in seiner Politik, in
welcher eine Kritik auch dieser Harmonien-Partie der Platonischen
Politik geliefert wird. Durch den Vorgang seines Lehrers Aristoteles mag auch der Schüler Aristoxenus darauf geführt sein,
die Harmonien der Platonischen Republik zu besprechen. Wir
wissen nicht genau, in welcher verlorenen Schrift; ansehnliche
Fragmente daraus hat uns Plutarchs Musikdialog aufbewahrt in
dem dort gegebenen kurzen Commentar der in Rede stehenden
Stelle der Platonischen Republik. Der Mittheilung des Suidas
zufolge hatte auch der im Anfange der römischen Kaiserzeit
lebende Musiker Dionysius von Halikarnass einen Commentar
über die in der Platonischen Republik vorkommenden musikalischen Erörterungen geschrieben. Endlich besitzen wir in der
Musikschrift des Aristides Quintilian eine Erläuterung der in
Platos Republik besprochenen Harmonien durch Notentabellen.

Die Platonische Republik lässt die griechischen Harmonien
vom Gesichtspunkte ihrer praktischen Bedeutung für die öffentliche Erziehung durch ein Zwiegespräch zwischen Sokrates und
dem Fachmusiker Glaukon erörtert werden.

ΣΩΚΡΑΤ. *Τίνες οὖν θρηνώδεις ἁρμονίαι; λέγε μοι· σὺ γὰρ
μουσικός.*

ΓΛΑΥΚΩΝ. *Μιξολυδιστί, ἔφη, καὶ Συντονολυδιστὶ καὶ τοιαῦταί τινες.*

ΣΩΚ. Οὐκοῦν αὗται, ἣν δ᾽ ἐγώ, ἀφαιρετέαι· ἄχρηστοι γὰρ
καὶ γυναιξὶν ἅς δεῖ ἐπιεικεῖς εἶναι, μὴ ὅτι ἀνδράσιν. Πάνυ γε.
Ἀλλὰ μὴν μέθη γε φύλαξιν ἀπρεπέστατον καὶ μαλακία καὶ ἀργία.
Πῶς γὰρ οὔ;
   Τίνες οὖν μαλακαί τε καὶ συμποτικαὶ τῶν ἁρμονιῶν;
   ΓΛΑΤ. Ἰαστί, ἦ δ᾽ ὅς, καὶ Λυδιστί, αἵτινες χαλαραὶ καλοῦνται.
   ΣΩΚ. Ταύταις οὖν, ὦ φίλε, ἐπὶ πολεμικῶν ἀνδρῶν ἔσθ᾽
ὅ τι χρήσει;
   ΓΛΑΤ. Οὐδαμῶς, ἔφη· ἀλλὰ κινδυνεύει σοι Δωριστὶ λεί-
πεσθαι καὶ Φρυγιστί.
   ΣΩΚ. Οὐκ οἶδα, ἔφην ἐγώ, τὰς ἁρμονίας, ἀλλὰ κατάλειπε
ἐκείνην τὴν ἁρμονίαν, ἣ ἔν τε πολεμικῇ πράξει ὄντος ἀνδρείου
καὶ ἐν πάσῃ βιαίῳ ἐργασίᾳ πρεπόντως ἂν μιμήσαιτο φθόγγους
τε καὶ προςῳδίας, καὶ ἀποτυχόντος, ἢ εἰς τραύματα ἢ εἰς θανά-
τους ἰόντος ἢ εἴς τινα ἄλλην ξυμφορὰν πεσόντος, ἐν πᾶσι ᾽τού-
τοις παρατετυγμένως καὶ καρτερούντως ἀμυνομένου τὴν τύχην·
καὶ ἄλλην αὖ ἐν εἰρηνικῇ τε καὶ μὴ βιαίῳ ἀλλ᾽ ἐν ἑκουσίῳ
πράξει ὄντος, ἢ τινά τι πείθοντός τε καὶ δεομένου, ἢ εὐχῇ θεὸν
ἢ διδαχῇ καὶ νουθετήσει ἄνθρωπον, ἢ τοὐναντίον ἄλλῳ δεομένῳ
ἢ διδάσκοντι ἢ μεταπείθοντι ἑαυτὸν ἐπέχοντα, καὶ ἐκ τούτων
πράξαντα κατὰ νοῦν, καὶ μὴ ὑπερηφάνως ἔχοντα, ἀλλὰ σωφρό-
νως τε καὶ μετρίως ἐν πᾶσι τούτοις πράττοντά τε καὶ τὰ ἀπο-
βαίνοντα ἀγαπῶντα. ταύτας δύο ἁρμονίας, βίαιον, ἑκούσιον,
δυστυχούντων, εὐτυχούντων, σωφρόνων, ἀνδρείων [ἁρμονίας] αἵτινες φθόγγους μιμήσονται κάλλιστα, ταύτας λεῖπε.
   ΓΛΑΤ. Ἀλλ᾽, ἦ δ᾽ ὅς, οὐκ ἄλλας αἰτεῖς λείπειν, ἢ ἅς νῦν
δὴ ἐγὼ ἔλεγον.

Im weiteren Fortgange ihres Gespräches über die Musik berühren Sokrates und Glaukon noch folgende Classification der
Harmonien:

   ΣΩΚ. Οἵτινες δ᾽ ἂν εἶεν οὗτοι οἱ ῥυθμοί, σὸν ἔργον, ὥς-
περ τὰς ἁρμονίας, φράσαι.
   ΓΛΑΤ. Ἀλλὰ μὰ Δί᾽, ἔφη, οὐκ ἔχω λέγειν. ὅτι μὲν γὰρ
τρί᾽ ἄττα ἐστὶν εἴδη, ἐξ ὧν αἱ βάσεις πλέκονται, ὥσπερ ἐν τοῖς
φθόγγοις τέτταρα, ὅθεν αἱ πᾶσαι ἁρμονίαι, τεθεαμένος ἂν εἴ-
ποιμι· ποῖα δὲ ποίου βίου μιμήματα, λέγειν οὐκ ἔχω.

Im Einzelnen hat Plato die Harmonien nach ihrem dreifach
verschiedenem Ethos geordnet:

I. Θρηνώδεις ἁρμονίαι, Tonarten der Wehmuth:
1. Μιξολυδιστί,
2. Συντονολυδιστί,
3. καὶ τοιαῦταί τινες.

II. Μαλακαὶ καὶ συμποτικαὶ τῶν ἁρμονιῶν, d. i. weichliche und weinseelige Tonarten:
1. Ἰαστί ⎫
2. Λυδιστί ⎭ ἥτις χαλαρὰ καλεῖται.

Die Harmonien dieser beiden ersten Kategorien sollen für die Erziehung ausgeschlossen sein.

III. Zulässig für die öffentliche Erziehung des Platonischen Staates sollen nur die beiden folgenden Harmonien sein:
1. Δωριστί, als die Harmonie der Energie und männlichen Gesinnung,
2. Φρυγιστί, als die Harmonie des Gott ergebenen Gemüthes.

Wie das Eidos der Rhythmen nach Plato ein dreifach verschiedenes ist, so sollen die gesammten Harmonien in vier Klassen zerfallen, welche den drei Rhythmengeschlechtern der continuirlichen Rhythmopöie gleich gestellt werden; denn bei der Erörterung der Rhythmen heisst es:

Τρί' ἄττα ἐστὶν εἴδη, ἐξ ὧν αἱ βάσεις πλέκονται, ὥσπερ ἐν τοῖς φθόγγοις τέτταρα, ὅθεν αἱ πᾶσαι ἁρμονίαι.

Dass Plato wie Aristoxenus τρία γένη τῶν ῥυθμῶν unterscheidet, das δακτυλικόν, ἰαμβικόν und παιωνικόν, liegt am Tage (was Aristoxenus γένη nennt, heisst bei Plato εἴδη). Aber wie die vier von Plato statuirten γένη τῶν ἁρμονιῶν heissen, darüber wissen wir zunächst nichts Genaueres. Die Aristotelische Politik 4, 3 spricht von Musikern seiner Zeit, welche zwei Klassen unterscheiden:

Ὁμοίως δ' ἔχει καὶ περὶ τὰς ἁρμονίας, ὥς φασί τινες, καὶ γὰρ ἐκεῖ τίθενται εἴδη δύο, τὴν Δωριστὶ καὶ τὴν Φρυγιστί, τὰ δ' ἄλλα συντάγματα τὰ μὲν Δώρια, τὰ δὲ Φρύγια καλοῦσιν.

Nicht zu übersehen ist, dass Aristoteles' Politik ebenso wie die des Plato die umfassendere Kategorie nicht durch den Ausdruck γένος, sondern durch εἶδος ausdrückt; erst Aristoxenus war es, der, wie er selber in der zweiten Harmonik § 111 sagt, den Ausdruck εἶδος gleichbedeutend mit σχῆμα für die einzelnen Harmonien-Species gebraucht.

Mit Rücksicht auf den Inhalt der vorliegenden Aristotelischen

Stelle über die Harmonien-Klassen dürfen wir annehmen, dass,
wenn bei Aristoteles die eine Harmonien-Klasse den Namen
Δώριον, die andere den Namen *Φρύγιον* führt, dass dann
auch die vier Harmonien-Klassen Platos analoge Benennungen
geführt haben werden. Die Terminologien *Δώριον γένος τῶν
ἁρμονιῶν* und *Φρύγιον γένος τῶν ἁρμονιῶν* dürfen wir auch als
Platonische Benennungen ansehen. Die zeitgenössischen Musiker,
von denen Aristoteles spricht, begriffen unter diesen beiden Namen
sämmtliche *συντάγματα*: eine jede Melopöie wurde entweder Dorisch oder Phrygisch genannt: Das heisst doch wohl, dass jene
Musiker unter dem Namen Phrygisch auch die Lydischen Melopöien begriffen; dass zur einen Klasse der Harmonien die Dorischen Melopöien, zur anderen Klasse alle von Plato der Doristi
als unhellenisch entgegengesetzten gehörten, und dass diese
zweite Klasse nach der vornehmsten der unhellenischen Melopöien, der auch im Platonischen Staate zugelassenen *Φρυγιστί*,
mit dem generellen Namen Phrygisch benannt wurde.

§ 26.
Fortsetzung.
Aristoteles über die von Plato in seinem Staate zugelassenen Harmonien.

Es genügt hier den Schluss der Aristotelischen Politik p. 1342
der I. Bekkerschen Ausgabe vorzuführen:

*Πρὸς δὲ παιδείαν, ὥσπερ εἴρηται, τοῖς ἠθικοῖς τῶν μελῶν
χρηστέον καὶ ταῖς ἁρμονίαις ταῖς τοιαύταις. τοιαύτη δ' ἡ δωριστί, καθάπερ εἴπομεν πρότερον· δέχεσθαι δὲ δεῖ κἄν τινα ἄλλην
ἡμῖν δοκιμάζωσιν οἱ κοινωνοὶ τῆς ἐν φιλοσοφίᾳ διατριβῆς καὶ
τῆς περὶ τὴν μουσικὴν παιδείας.*

*Ὁ δ' ἐν τῇ πολιτείᾳ Σωκράτης οὐ καλῶς τὴν Φρυγιστὶ μό-
νην καταλείπει μετὰ τῆς Δωριστί, καὶ ταῦτα ἀποδοκιμάσας τῶν
ὀργάνων τὸν αὐλόν. ἔχει γὰρ τὴν αὐτὴν δύναμιν ἡ φρυγιστὶ
τῶν ἁρμονιῶν ἥνπερ αὐλὸς ἐν τοῖς ὀργάνοις· ἄμφω γὰρ ὀργια-
στικὰ καὶ παθητικά. δηλοῖ δ' ἡ ποίησις· πᾶσα γὰρ βακχεία καὶ
πᾶσα ἡ τοιαύτη κίνησις μάλιστα τῶν ὀργάνων ἐστὶν ἐν τοῖς
αὐλοῖς, τῶν δ' ἁρμονιῶν ἐν τοῖς Φρυγιστὶ μέλεσι λαμβάνει ταῦτα
τὸ πρέπον, οἷον ὁ διθύραμβος ὁμολογουμένως εἶναι δοκεῖ Φρύγιον. καὶ τούτου πολλὰ παραδείγματα λέγουσιν οἱ περὶ τὴν
σύνεσιν ταύτην ἄλλα τε, καὶ διότι Φιλόξενος ἐγχειρήσας ἐν τῇ
Δωριστὶ ποιῆσαι διθύραμβον τοὺς μύθους οὐχ οἷός τ' ἦν, ἀλλ' ὑπὸ*

τῆς φύσεως αὐτῆς ἐξέπεσεν εἰς τὴν Φρυγιστὶ τὴν προςήκουσαν
ἁρμονίαν πάλιν. περὶ δὲ τῆς δωριστὶ πάντες ὁμολογοῦσιν ὡς στα-
σιμωτάτης οὔσης καὶ μάλιστ' ἦθος ἐχούσης ἀνδρεῖον. ἔτι δὲ ἐπεὶ
τὸ μέσον μὲν τῶν ὑπερβολῶν ἐπαινοῦμεν καὶ χρῆναι διώκειν φαμέν,
ἡ δὲ δωριστὶ ταύτην ἔχει τὴν φύσιν πρὸς τὰς ἄλλας ἁρμονίας,
φανερὸν ὅτι τὰ Δώρια μέλη πρέπει παιδεύεσθαι μᾶλλον τοῖς νεω-
τέροις. εἰσὶ δὲ δύο σκοποί, τό τε δυνατὸν καὶ τὸ πρέπον· καὶ γὰρ
τὰ δυνατὰ δεῖ μεταχειρίζεσθαι μᾶλλον καὶ τὰ πρέποντα ἑκάστοις.

Ἔστι δὲ καὶ ταῦτα ὡρισμένα ταῖς ἡλικίαις, οἷον τοῖς ἀπειρη-
κόσι διὰ χρόνον οὐ ῥᾴδιον ᾄδειν τὰς συντόνους ἁρμονίας, ἀλλὰ
τὰς ἀνειμένας ἡ φύσις ὑποβάλλει τοῖς τηλικούτοις. διὸ καλῶς
ἐπιτιμῶσι καὶ τοῦτο Σωκράτει τῶν περὶ τὴν μουσικήν τινες, ὅτι
τὰς ἀνειμένας ἁρμονίας ἀποδοκιμάσειεν εἰς τὴν παιδείαν, ὡς
μεθυστικὰς λαμβάνων αὐτάς, οὐ κατὰ τὴν τῆς μέθης δύναμιν
(βακχευτικὸν γὰρ ἥ γε μέθη ποιεῖ μᾶλλον) ἀλλ' ἀπειρηκυίας. ὥστε
καὶ πρὸς τὴν ἐσομένην ἡλικίαν, τὴν τῶν πρεσβυτέρων, δεῖ καὶ
τῶν τοιούτων ἁρμονιῶν ἅπτεσθαι καὶ τῶν μελῶν τῶν τοιούτων.
ἔτι δ' εἴ τίς ἐστι τοιαύτη τῶν ἁρμονιῶν ἢ πρέπει τῇ τῶν παί-
δων ἡλικίᾳ διὰ τὸ δύνασθαι κόσμον τ' ἔχειν ἅμα καὶ παιδείαν,
οἷον ἡ Λυδιστὶ φαίνεται πεπονθέναι μάλιστα τῶν ἁρμονιῶν, δῆλον
ὅτι τούτους ὅρους τρεῖς ποιητέον εἰς τὴν παιδείαν, τό τε μέσον
καὶ τὸ δυνατὸν καὶ τὸ πρέπον.

Plato Pol. 3, 398:	Aristot. Pol. 8, 5:
	Εὐθὺς γὰρ ἡ τῶν ἁρμονιῶν διέστηκε φύσις, ὥστε ἀκούοντας ἄλλους δια-τίθεσθαι καὶ μὴ τὸν αὐτὸν ἔχειν τρόπον πρὸς ἑκάστην αὐτῶν,
Τίνες οὖν θρηνώδεις ἁρμονίαι;	ἀλλὰ πρὸς μὲν ἐνίας ὀδυρτικω-τέρως καὶ συνεστηκότως μᾶλλον
Μιξολυδιστὶ καὶ Συντονολυδι-στὶ καὶ τοιαῦταί τινες.	οἷον πρὸς τὴν Μιξολυδιστὶ καλου-μένην,
Τίνες οὖν μαλακαὶ καὶ συμπο-τικαὶ τῶν ἁρμονιῶν;	πρὸς δὲ τὰς μαλακωτέρως τὴν διάνοιαν
	οἷον πρὸς τὰς ἀνειμένας.
Ἰαστὶ καὶ Λυδιστὶ αἵτινες χαλα-ραὶ καλοῦνται.	Cf. Aristot. Pol. 8, 7: Διὸ καλῶς ἐπιτιμῶσι καὶ τοῦτο Σωκράτει τῶν περὶ μουσικήν τινες, ὅτι τὰς ἀνει μένας ἁρμονίας ἀποδοκιμάσειεν εἰς παιδείαν ὡς μεθυστικὰς λαμ-βάνων αὐτάς.
Ἀλλὰ κινδυνεύει σοι Δωριστὶ λείπεσθαι καὶ Φρυγι-στί.	μέσως δὲ καὶ καθεστηκότως μάλιστα πρὸς ἑτέραν οἷον δοκεῖ ποιεῖν ἡ Δωριστὶ μόνη τῶν ἁρμονιῶν, ἐνθουσιαστικοὺς δ' ἡ Φρυγιστί.

Diesen Bemerkungen über die einzelnen Harmonien schickt
Aristoteles eine Auseinandersetzung voraus, dass die Musik nicht
bloss den Zweck der Bildung und der Erziehung habe, sondern
auch zweitens den Zweck der κάϑαρσις gerade wie die Tragödie
(wobei er auf seine Darstellung der Poetik verweist), drittens
auch den Zweck der Erholung und des Ausruhens von einer
vorher gegangenen Anstrengung. Die Melopöien, deren Wirkung
eine kathartische sei, seien zugleich die Quelle eines unschäd-
lichen Vergnügens: sie gehören unter die Theatermusik. Da das
Theaterpublikum ein aus Gebildeten und Ungebildeten gemischtes
sei, so müsse die Aufführung auch nach dem Geschmacke der
letzteren sich richten, um denselben eine Erholung zu gewähren.
Sowie die Seelen solcher Leute gleichsam verrenkt und von der
natürlichen Beschaffenheit abweichend seien, so müssten auch die
Harmonien, welche hier gefallen sollten, Ausartungen der wahren
Musik sein. Hiermit rechtfertigt Aristoteles solche Harmonien,
welche Plato als barbarische bezeichnet. Während Aristoteles
von der Dorischen Harmonie meint, ein jeder könne darin dem
Plato beistimmen, dass sie die vorzugsweise ethische Tonart sei,
in der sich der Charakter des Muthes und der Männlichkeit am
besten darstellen lasse, so erklärt er: was dagegen die barbarischen
d. i. die aus der Fremde nach Hellas eingeführten Harmonien betreffe,
so wisse er nicht, weshalb Plato ausser der Dorischen gerade nur
die Phrygische in seinem Staate zulassen wolle, die den Menschen
zu einer raschen und heftigen Thätigkeit stimme und ihn zum
Enthusiasmus treibe, und warum er nicht die Lydische Harmonie anempfehle, welche doch wegen ihres Anstandes besonders für die Jugend geeignet sei. Auch diejenigen Harmonien,
welche von Plato χαλαραί, von Aristoteles selber ἀνειμέναι genannt werden, seien keineswegs gänzlich zu verdammen, vielmehr sei unter besonderen Verhältnissen auch eine Musik von
abspannender und erschlaffender Wirkung an ihrer richtigen Stelle.
Mit dem Worte „συμποτικαί" dürfte eine derartige Harmonie nicht
bezeichnet werden, wie auch schon von Anderen gegen Sokrates
(d. i. gegen Plato) mit Recht bemerkt sei.

Mit dieser die Platonischen Harmonien kritisirenden Auseinandersetzung der Aristotelischen Politik ist eine Stelle der Aristotelischen Problemata 19, 48 in Zusammenhang zu bringen, von der
kein zureichender Grund gefunden werden dürfte, sie dem Aristoteles abzusprechen. Wenn sie nicht von Aristoteles selber herrührt,

ist sie jedenfalls von einem seinen Anschauungen möglichst nahe
stehenden älteren Peripatetiker niedergeschrieben. Sie handelt
hauptsächlich von der Hypodorischen (d. i. Aeolischen) und von der
Hypophrygischen (d. i. Ionischen) Harmonie, zieht aber gelegentlich auch noch andere, z. B. die Mixolydische, herbei. Die Stelle
Probl.. 19 lautet: *Διὰ τί οἱ ἐν τραγῳδίᾳ χοροὶ οὔθ᾽ ὑποδωριστὶ
οὔθ᾽ ὑποφρυγιστὶ ᾄδουσιν; Ἢ ὅτι μέλος ἥκιστα ἔχουσιν αὗται
αἱ ἁρμονίαι οὗ δεῖ μάλιστα τῷ χορῷ; ἦθος δὲ ἔχει ἡ μὲν ὑποφρυγιστὶ πρακτικόν, διὸ καὶ ἔν τε τῷ Γηρυόνῃ ἡ ἔξοδος καὶ ἡ
ἐξόπλισις ἐν ταύτῃ πεποίηται, ἡ δὲ ὑποδωριστὶ μεγαλοπρεπὲς καὶ
στάσιμον, διὸ καὶ κιθαρῳδικωτάτη ἐστὶ τῶν ἁρμονιῶν· ταῦτα
δ᾽ ἄμφω χορῷ μὲν ἀνάρμοστα, τοῖς δὲ ἀπὸ σκηνῆς οἰκειότερα·
ἐκεῖνοι μὲν γὰρ ἡρώων μιμηταί, οἱ δὲ ἡγεμόνες τῶν ἀρχαίων
μόνοι ἦσαν ἥρωες, οἱ δὲ λαοὶ ἄνθρωποι, ὧν ἐστιν ὁ χορός, διὸ
καὶ ἁρμόζει αὐτῷ τὸ γοερὸν καὶ ἡσύχιον ἦθος καὶ μέλος, ἀν-
θρωπικὰ γάρ· ταῦτα δ᾽ ἔχουσιν αἱ ἄλλαι ἁρμονίαι, ἥκιστα δὲ
αὐτῶν ἡ [ὑπο]φρυγιστί, ἐνθουσιαστικὴ γὰρ καὶ βακχική.* at vero
mixolydius nimirum illa praestare potest. *κατὰ μὲν οὖν ταύτην
πάσχομέν τι, παθητικοὶ δὲ οἱ ἀσθενεῖς μᾶλλον τῶν δυνατῶν εἰσι,
διὸ καὶ αὕτη ἁρμόττει τοῖς χοροῖς. κατὰ δὲ τὴν ὑποδωριστὶ καὶ
ὑποφρυγιστὶ πράττομεν ὃ οὐκ οἰκεῖόν ἐστι χορῷ, ἔστι γὰρ ὁ
χορὸς κηδευτὴς ἄπρακτος, εὔνοιαν γὰρ μόνον παρέχεται οἷς πάρ-
εστιν* (cf. Probl. 19, 30). Der Text ist in den erhaltenen griechischen Handschriften nicht vollständig überliefert; es fehlt ein
Satz, den die auf eine vollständigere Handschrift zurückgehende
Uebersetzung des Theodorus Gaza erhalten hat (vgl. Böckh, metr.
Pind. p. 262). Der diesem vorausgehende Satz indess ist in den
griechischen Handschriften besser erhalten, als bei Theodorus
Gaza, wo er lautet: quae minus ceteri concentus praestare queunt,
minimeque ipse subphrygius, hic enim animos lymphatis similes
reddit cupitque debacchari; nur das Wort *ὑποφρυγιστί* ist unrichtig; es muss statt dessen *φρυγιστί* geschrieben werden.

Wir erfahren aus der vorliegenden Stelle: die Hypodorische
und Hypophrygische (d. i. die Aeolische und Ionische) Tonart werde
wegen ihres Ethos nicht in den tragischen Chorliedern gebraucht,
sondern nur in den tragischen Bühnengesängen. Die Aeolische
habe ein *ἦθος μεγαλοπρεπές* und *στάσιμον*, die Iastische ein *ἦθος
πρακτικόν* und daher eigne sich die Hypodoristi und Hypophrygisti
für Heroen, wie diese auf der tragischen Bühne dargestellt würden;
für den tragischen Chor dagegen, als den *κηδευτὴς ἄπρακτος*, sei

ein ἦϑος γοερον καὶ ἡσύχιον passend, und ein solches ἦϑος hätten
die übrigen Tonarten (Dorisch, Phrygisch, Lydisch, Mixolydisch):
von diesen am wenigsten die enthusiastische und bacchische Φρυγιστί, am meisten die Μιξολυδιστί, denn diese drücke schmerz-
liche Gefühl aus, und so eigne auch sie sich für die Chöre, was
bei der Ὑποδωριστί und Ὑποφρυγιστί, in welchen sich energische
Thatkraft ausspreche, nicht der Fall sei. Die Δωριστί ist hier
nicht genannt, aber sie ist mitbegriffen unter den ἄλλαι ἁρμονίαι, welche ausser der Mixolydischen für die tragischen Chorlieder gebraucht werden; dies geht aus Aristox. ap. Plut. Mus. 16
hervor, wo es von der Μιξολυδιστί heisst: τραγῳδοποιοὺς λαβόντας (αὐτὴν) συζεῦξαι τῇ Δωριστί, ἐπεὶ ἡ μὲν τὸ μεγαλοπρεπὲς καὶ ἀξιωματικον ἀποδίδωσιν, ἡ δὲ τὸ παϑητικόν. Wenn
nämlich die Tragiker einerseits nach Aristot. Probl. die Mixolydische in ihren Chorliedern gebrauchten, andererseits nach
Aristoxenus die Mixolydische in Verbindung mit der Dorischen
anwendeten, so folgt daraus, dass es Chorlieder waren, in welchen die Dorische von den Tragikern angewandt wurde, und
wir können nun nach der vorliegenden Stelle folgende Scala aufstellen:

τὰ ἀπὸ σκηνῆς: Ὑποδωριστί, ἦϑος μεγαλοπρεπὲς καὶ στάσιμον.
　　　　　　　Ὑποφρυγιστί, ἦϑος πρακτικόν.

χοροί:　　　　Δωριστί, ἦϑος ἡσύχιον.
　　　　　　　Μιξολυδιστί, ἦϑος γοερόν, πάϑος.

Also (um von dem Mixolydischen abzusehen): Dorisch in den
tragischen Chorliedern, Aeolisch und Ionisch in den Monodien.

Wenn in unserer Stelle der Problemata dem Hypophrygischen oder Iastischen ein ἦϑος πρακτικόν zugeschrieben wird, so
stimmt das mit der von Heraklides gegebenen Schilderung dieser
Tonart (αὐστηρὸν καὶ σκληρόν, ὄγκον δὲ ἔχον οὐκ ἀγεννῆ, διὸ
καὶ τῇ τραγῳδίᾳ προσφιλὴς ἡ ἁρμονία) wohl überein, und lässt
sich auch mit der Aussage des Plato, dass sie συμποτική sei,
vereinigen. Auffallend muss nur erscheinen, dass in den Problemata dem Aeolischen oder Hypodorischen dasselbe ἦϑος
μεγαλοπρεπές und στάσιμον beigelegt wird, welches wir sonst
dem Dorischen vindicirt finden. Wir müssen daraus schliessen,
dass die Aeolische Tonart, obgleich sie bewegter und leiden-
schaftlicher als die Dorische ist, dieser dennoch näher steht als
alle übrigen, und zwar so nahe, dass bei Plato Resp. 3, 398,

wo alle Tonarten ausser der Aeolischen aufgezählt sind, die *Αἰολιστί* unter der *Δωριστί* mit einbegriffen ist.

Dies ist die Ansicht F. Bellermanns, welcher im Anonymus p. 38 sowohl für die Platonische Republik wie auch für den Laches p. 188 das Wort *Δωριστί* so interpretirt, dass es nicht bloss die Dorische Octave in e, sondern auch die Aeolische Octave in a bedeute. Wir müssen uns dieser Auffassung Friedrich Bellermanns durchaus anschliessen. Offenbar sollen in der Platonischen Stelle der Republik nicht alle *ἁρμονίαι* im Einzelnen namhaft gemacht werden, wie aus den Worten *Τίνες οὖν ϑρηνώδεῖς ἁρμονίαι;* ... *Μιξολυδιστὶ καὶ συντονολυδιστὶ καὶ τοιαῦταί τινες* hervorgeht. In diese Kategorie der *ϑρηνώδεῖς ἁρμονίαι* kann die *Αἰολιστί*, zufolge ihres von Heraklides und Aristoteles beschriebenen Ethos, nicht gehören; ebensowenig unter die *μαλακαί τε καὶ συμποτικαὶ τῶν ἁρμονιῶν*, sondern muss nothwendig mit der im Staate zuzulassenden *Δωριστί* und *Φρυγιστί* in dieselbe Kategorie fallen. Wenn nun Plato, nachdem die *ϑρηνώδεις* und die *μαλακαί τε καὶ συμποτικαὶ ἁρμονίαι* als nicht zulässig abgethan sind, dem Glaukon die Worte in den Mund legt: *ἀλλὰ κινδυνεύει σοι Δωριστὶ λείπεσϑαι καὶ Φρυγιστί*, so folgt daraus mit Nothwendigkeit, dass entweder auch die *Αἰολιστί* ausgeschlossen sein soll, oder dass sie von Plato unter einem dieser beiden Namen inbegriffen ist. Im letzteren Falle muss es die *Δωριστί* sein, unter welcher die *Αἰολιστί* mitbegriffen ist. Plato statuirt, wie wir oben gesehen, vier Harmonien-Klassen, zu denen jedenfalls die Dorische, die Phrygische, die Lydische Harmonie-Klasse gehören. Da nach der Mittheilung des Heraklides Ponticus für die Aeolische Harmonie auch die Bezeichnung Hypodorische Harmonie gebraucht wird, so müssen wir mit F. Bellermann annehmen, dass Plato der Dorischen Harmonie-Klasse zugleich die Doristi in e und die Hypodoristi oder Aiolisti in a zugewiesen habe.

Bei Plato gehören demnach in die Kategorie der zuzulassenden Harmonien:

die Harmonien in e: genannt *Δωριστί*,
die Harmonien in a: unter demselben Namen *Δωριστί*, sonst *Αἰολιστί* genannt,
die Harmonie in d: *Φρυγιστί*.

In C. von Jan's „Tonarten der alten Griechen" (Chrysanders

Allgemeine musikalische Zeitung 1878 Nr. 45) S. 708 heisst es:
„Die Tonleiter von e bis e mit einem Kreuze

e fis g a h c d e

war die Aeolische. Terpander hat Nomen in ihr gesungen, auch
die Lesbier Alkaios und Sappho, selbständige Bedeutung hat sie
im griechischen Mutterlande nie behauptet." Es thut mir
leid, dem durchaus nicht zustimmen zu können. Auf die Aiolisti
— oder wie seit der Zeit des Heraklides Ponticus genannt wird,
die Hypodoristi — passt, was C. v. Jan sagt, so wenig, dass sie
vielmehr neben der Doristi für die älteste, die angesehenste und
die am meisten in Gebrauch stehende Harmonie erklärt werden
muss. Wie sie im kitharodischen Nomos des Terpanders bereits
im Gebrauch war, so wird sie auch noch von Aristoteles für die
κιϑαρῳδικωτάτη erklärt und behauptet diesen Ehrenplatz auch
noch in der Kitharodik der mittleren Kaiserzeit; denn den Angaben des Ptolemäus zufolge führen die damaligen Kitharoden
die von ihnen sogenannten „Tritai" und „Tropoi" in der Hypodorischen Octavengattung aus, während bei ihnen die von ihnen
sogenannten „Parhypatai" der Kitharoden in der Dorischen Octavengattung gehalten werden. In der klassischen Zeit des Griechenthums ist die Hypodoristi (oder Aiolisti) die vornehmste Harmonie in den Monodien der Tragiker (laut Aristoteles); sie wird
ausserdem mit Vorliebe von den chorischen Lyrikern angewandt,
von Lasos, Pratinas und Pindar. Bei dem letzteren ist neben
der Doristi die Aiolisti entschieden die vorwaltende Harmonie:
keinem Philologen sollte es fremd sein, dass schon Gottfried
Hermann zwei Klassen Pindarischer Metra unterschieden hat,
von denen er die eine das Metrum der Dorischen, die andere das
Metrum der Aeolischen Harmonie nennen zu müssen glaubte,
eine Nomenclatur, welche A. Böckh aus der Metrik seines Vorgängers beibehielt. Von einer solchen Harmonie hat C. v. Jan
wenig Recht zu sagen: „eine selbständige Bedeutung hat sie im
griechischen Mutterlande nicht behauptet."

§ 27.

**Die Harmonien der Platonischen Republik
erklärt von Plutarch.**

Bei Plutarch de mus. 16 werden folgende Harmonien Platos
erläutert:

Σύντονος Λυδιστί oder Συντονολυδιστί.

Τὴν γοῦν Λύδιον ἁρμονίαν παραιτεῖται, ἐπειδὴ ὀξεῖα καὶ ἐπιτήδειος πρὸς θρῆνον· ἢ καὶ τὴν πρώτην σύστασιν αὐτῆς φασι θρηνώδη τινὰ γενέσθαι. Ὄλυμπον γὰρ πρῶτον Ἀριστόξενος ἐν τῷ πρώτῳ περὶ μουσικῆς ἐπὶ τῷ Πύθωνί φησιν ἐπικήδειον αὐλῆσαι Λυδιστί.˂ εἰσὶ δ' οἳ Ἄνθιππον τούτου τοῦ μέλους ἄρξαι φασί, Πίνδαρος δ' ἐν παιᾶσιν ἐπὶ τοῖς Νιόβης γάμοις φησὶ Λύδιον ἁρμονίαν πρῶτον ὑπ' Ἀνθίππου διδαχθῆναι. ἄλλοι δὲ Τόρηβον πρῶτον τῇ ἁρμονίᾳ χρήσασθαι, καθάπερ Διονύσιος ὁ Ἴαμβος ἱστορεῖ.

Hier ist als Parallelstelle Pollux 4, 78 herbeizuziehen: „καὶ ἁρμονία μὲν αὐλητικὴ Δωριστὶ καὶ Φρυγιστὶ καὶ Λύδιος καὶ Ἰωνικὴ καὶ σύντονος Λυδιστὶ ἣν Ἄνθιππος ἐξεῦρεν.“ Aus dieser Stelle geht die Verschiedenheit der Lydischen und Syntonolydischen Tonart hervor; ist die Lydische die Octavengattung c d e f g a h c, so kann nicht auch die Syntonolydische in derselben Octavengattung c — c bestehen. Eine directe Angabe über die Συντονολυδιστί lässt sich nur aus Aristides entnehmen, s. § 28. Eine indirecte Angabe liegt in den zu Anfang der Plutarchischen Stelle vorkommenden Worten: ὀξεῖα καὶ ἐπιτήδειος πρὸς θρῆνον; die letzten Worte stammen aus Plato, das Wort ὀξεῖα aber kommt in der Platonischen Darstellung nicht vor. Dass die Syntonolydisti eine Harmonie von hoher Tonlage ist (denn etwas anderes kann mit ὀξεῖα nicht gesagt sein), scheint aus dem Commentare des Aristoxenus zu stammen, auf den Plutarch sich hier wiederholt beruft. Die Λύδιος ἁρμονία, von welcher Pollux die σύντονος Λυδιστί unterscheidet, reicht von der dynamischen Parhypate meson f bis zur Trite hyperbolaion f̄. Mit Rücksicht auf die griechische Tonstimmung würde für diese Lydische Octave die Bezeichnung ὀξεῖα schwerlich zutreffend sein: die Syntonolydisti muss als „ὀξεῖα“ einen höheren Anfangs- und Schlussklang als die Lydisti haben. Darauf weist auch die Benennung „syntonos Lydisti“ d. i. „die hohe Lydisti“. Wenn unserer Plutarchischen Stelle zufolge Aristoxenus einen auletischen Nomos auf Pytho in der Λυδιστί componirt hat, so ist unter dieser Λυδιστί nicht die Λύδιος ἁρμονία in c, sondern die ὀξεῖα καὶ πρὸς θρῆνον ἐπιτήδειος σύντονος Λυδιστί zu verstehen. Der in unserer Stelle erwähnte Anthippos scheint mit dem bei Plutarch de mus. c. 4 genannten alten Hymnussänger Anthes aus dem Böotischen Anthedon dieselbe mythische Persönlichkeit zu sein.

Μιξολυδιστί.

Καὶ ἡ μιξολύδιος δὲ παθητική τίς ἐστι τραγῳδίαις ἁρμό-
ζουσα. Ἀριστόξενος δέ φησι Σαπφὼ πρώτην εὑρᾶσθαι τὴν μιξολυδιστί, παρ' ἧς τοὺς τραγῳδοποιοὺς μαθεῖν· λαβόντας γοῦν
αὐτοὺς συζεῦξαι τῇ δωριστί, ἐπεὶ ἡ μὲν τὸ μεγαλοπρεπὲς καὶ
ἀξιωματικὸν ἀποδίδωσιν, ἡ δὲ τὸ παθητικόν, μέμικται δὲ διὰ
τούτων τραγῳδία. ἐν δὲ τοῖς ἱστορικοῖς τῆς ἁρμονικῆς (ὑπο-
μνήμασι) Πυθοκλείδην φησὶ τὸν αὐλητὴν εὑρετὴν αὐτῆς γεγονέ-
ναι, αὖθις δὲ Λαμπροκλέα τὸν Ἀθηναῖον συνιδόντα, ὅτι οὐκ
ἐνταῦθα ἔχει τὴν διάζευξιν, ὅπου σχεδὸν ἅπαντες ᾤοντο, ἀλλ'
ἐπὶ τὸ ὀξύ, τοιοῦτον αὐτῆς ἀπεργάσασθαι τὸ σχῆμα οἷον τὸ ἀπὸ
παραμέσης ἐπὶ ὑπάτην ὑπάτων.

Diese Stelle haben wir weiter unten eingehend zu erörtern.

Χαλαρὰ oder (ἐπ)ανεμείνη *Λυδιστί.*

Ἀλλὰ μὴν καὶ την ἐπανειμένην Λυδιστί, ἥπερ ἐναντία τῇ
Μιξολυδιστί, παραπλησίαν οὖσαν τῇ Ἰάδι, ὑπὸ Δάμωνος εὑρῆ-
σθαί φασι τοῦ Ἀθηναίου.

Ἐπανειμένη Λυδιστί ist dieselbe Harmonie, welche von Plato
χαλαρὰ Λυδιστί, von Aristoteles ἀνειμένη Λυδιστί genannt wird.
Sie ist unserer Plutarchischen Stelle zufolge ἐναντία τῇ Μιξολυδιστί, παραπλησία τῇ Ἰάδι. Schwerlich bezieht sich dies auf
etwas anderes, als auf die Angabe Platos: „θρηνώδεις ἁρμονίαι ἡ
Μιξολυδιστὶ καὶ Συντονολυδιστί" … „μαλακαὶ καὶ συμποτικαὶ τῶν
ἁρμονιῶν ἡ Ἰαστὶ καὶ Λυδιστί, αἵτινες χαλαραὶ καλοῦνται." Die
χαλαρὰ Λυδιστί ist als μαλακή und συμποτικὴ ἁρμονία der θρην-
ωδὴς Μιξολυδιστί (dem Ethos nach) entgegengesetzt, der χαλαρὰ
Ἰαστί dagegen verwandt. Wir müssen uns bezüglich der hier in
Rede stehenden Gegensätzlichkeit oder Verwandtschaft direct an
die Worte der Platonischen Republik, welche Plutarch erläutert,
halten; wir werden uns nicht gestatten dürfen, die Gegensätzlichkeit der Mixolydischen und der Iastischen Harmonie mit Böckh
auf die Reihenfolge der in jeder dieser Octaven enthaltenen Intervalle zu beziehen.

Von Wichtigkeit ist es, dass die Plutarchische Stelle den
Athenischen Meister Damon, welchen Sokrates in der Platoni-
schen Republik über musik-theoretische Angelegenheiten Aus-
kunft geben lassen will, als Erfinder der χαλαρὰ oder ἐπανειμένη
Λυδιστί bezeichnet. Es kann also diese Tonart erst etwa im
Zeitalter Platos praktisch in Anwendung gekommen sein.

Δωριστί.

Τούτων δὴ τῶν ἁρμονιῶν, τῆς μὲν θρηνῳδικῆς τινος οὔσης, τῆς δ' ἐκλελυμένης, εἰκότως ὁ Πλάτων παραιτησάμενος αὐτὰς τὴν Δωριστὶ ὡς πολεμικοῖς ἀνδράσι καὶ σώφροσιν ἁρμόζουσαν εἵλετο· οὐ μὰ Δί' ἀγνοήσας, ὡς Ἀριστόξενός φησιν ἐν τῷ δευτέρῳ τῶν μουσικῶν, ὅτι καὶ ἐν ἐκείναις τι χρήσιμον ἦν πρὸς πολιτειῶν φυλακήν· πάνυ γὰρ προσέσχε τῇ μουσικῇ ἐπιστήμῃ Πλάτων ἀκουστὴς γενόμενος Δράκοντος τοῦ Ἀθηναίου καὶ Μετέλλου τοῦ Ἀκραγαντίνου. ἀλλ' ἐπεί, ὡς προείπομεν, πολὺ τὸ σεμνόν ἐστιν ἐν τῇ Δωριστί, ταύτην προυτίμησεν. οὐκ ἠγνόει δέ, ὅτι πολλὰ δώρια παρθένια Ἀλκμᾶνι καὶ Πινδάρῳ καὶ Σιμονίδῃ καὶ Βακχυλίδῃ πεποίηται, ἀλλὰ μὴν καὶ ὅτι προσόδια καὶ παιᾶνες, καὶ μέντοι ὅτι καὶ τραγικοὶ οἶκτοί ποτε ἐπὶ τοῦ Δωρίου τρόπου ἐμελῳδήθησαν καί τινα ἐρωτικά. ἐξήρκει δ' αὐτῷ τὰ εἰς τὸν Ἄρην καὶ Ἀθηνᾶν καὶ τὰ σπονδεῖα· ἐπιρρῶσαι γὰρ ταῦτα ἱκανὰ ἀνδρὸς σώφρονος ψυχήν. καὶ περὶ τοῦ Λυδίου δ' οὐκ ἠγνόει καὶ περὶ τῆς Ἰάδος· ἐπιστάτο γὰρ ὅτι ἡ τραγῳδία ταύτῃ τῇ μελοποιίᾳ κέχρηται.

„Da von diesen vier Harmonien die erste und die zweite zu wehmüthig, die dritte zu ausgelassen ist, so hat sie Plato verworfen und die Dorische vorgezogen als die für kampfesmuthige und gesittete Männer geeignete, obwohl es ihm, wie Aristoxenus im zweiten Buche seiner musischen Commentare sagt, sicherlich nicht unbekannt war, dass auch in jenen Harmonien manches liegt, was dem Gedeihen der Staaten förderlich ist; war ja doch Plato, der den Athener Drako und den Akragantiner Metellus gehört hatte, in der musischen Kunst wohl bewandert. Doch weil, wie gesagt, in der Dorischen Harmonie ein besonders würdevoller Charakter liegt, so hat er diese vorgezogen. Wohl wusste er, dass viele Dorische Parthenien von Alkman, Pindar, Simonides und Bakchylides componirt sind, und dass auch Prosodien und Päane und früher auch sogar Klagegesänge der Bühne und bestimmte erotische Compositionen in Dorischer Harmonie gesetzt sind. Doch genügten ihm die Compositionen auf Ares und Athene und die Spondeia."

„Auch in Bezug auf die Lydische und Iastische Harmonie war er nicht unerfahren, denn er wusste, dass sich die Tragödie derselben bediente."

Wissen wir, dass die anderweitig unbekannten Notizen, die uns im Vorausgehenden über die Harmonien der Platonischen

Republik gegeben werden, aus Aristoxenus geschöpft sind, so werden wir nicht umhin können auch die werthvollen Bemerkungen, welchen der die *Δωριστί* commentirende Abschnitt enthält, auf Aristoxenus zurückzuführen, zumal Aristoxenus gerade in dieser Partie ausdrücklich genannt ist. In der *Δωριστί* sind die Parthenien Alkmans, Pindars, des Simonides und Bakchylides, sind Prosodien und Päane componirt. Dann sagt Aristoxenus, dass auch einst die *τραγικοὶ οἶκτοι* und *ἐρωτικά* in Dorischer Melopöie gesetzt wurden. In der oben herbeigezogenen Stelle des Aristoteles hiess es, die *Δωριστί* sei den tragischen Monodien fremd, für welche vielmehr die *Ὑποδωριστί* geeignet sei: die *Ὑποδωριστί* sei die Tonart der tragischen Bühnenhelden. Wenn nun eine aus Aristoxenus geschöpfte Stelle die *τραγικοὶ οἶκτοι* im *Δώριος τρόπος* gesetzt werden lässt, so scheint unter diesem *Δώριος τρόπος* nicht die Doristi in e, sondern die Hypodoristi (Aiolisti) in a verstanden werden zu müssen: in der Erläuterung der in Platos Republik vorkommenden Harmonien scheint Aristoxenus gerade wie Plato die Doristi im weiteren Sinne als Octavenklasse, welche sowohl die eigentliche Doristi als auch die Hypodoristi oder Aiolisti umfasst, verstanden zu haben.

§ 28.

Fortsetzung.

Aristides über die Harmonien der Platonischen Republik.

Nachdem Aristides die oben § 7. 8 ausgeführte Darstellung der Tetrachordeintheilungen skizzirt hat, fährt derselbe fort p. 21 Meib. (wir geben die betreffenden Worte nach der neuesten Ausgabe von Albert Jahn):

Γίνονται δὲ καὶ ἄλλαι τετραχορδικαὶ διαιρέσεις, αἷς καὶ οἱ πάνυ παλαιότατοι πρὸς τὰς ἁρμονίας κέχρηνται. ἐνίοτε μὲν οὖν αὗται τέλειον ὀκτάχορδον ἐπλήρουν, ἔσθ᾽ ὅπη δὲ καὶ μεῖζον ἐξατόνου σύστημα, πολλάκις δὲ καὶ ἔλαττον· οὐδὲ γὰρ πάντας παρελάμβανον ἀεὶ τοὺς φθόγγους· τὴν δὲ αἰτίαν ὕστερον λέξομεν.

τὸ μὲν οὖν Λύδιον σύστημα συνετίθεσαν ἐκ διέσεως καὶ διτόνου καὶ τόνου καὶ διέσεως καὶ διέσεως καὶ διτόνου καὶ διέσεως (καὶ τοῦτο μὲν ἦν τέλειον σύστημα),

τὸ δὲ Δώριον ἐκ τόνου καὶ διέσεως καὶ διέσεως καὶ διτόνου καὶ τόνου καὶ διέσεως καὶ διέσεως καὶ διτόνου (ἦν δὲ τοῦτο τόνῳ τοῦ διὰ πασῶν ὑπερέχον),

τὸ δὲ Φρύγιον ἐκ τόνου καὶ διέσεως καὶ διέσεως καὶ διτόνου καὶ τόνου καὶ διέσεως καὶ διέσεως καὶ τόνου· (ἦν δὲ καὶ
τοῦτο τέλειον διὰ πασῶν),

τὸ δὲ Ἰάστιον συνετίθεσαν ἐκ διέσεως καὶ διέσεως καὶ διτόνου καὶ τριημιτονίου καὶ τόνου (ἦν δὲ τοῦτο τοῦ διὰ πασῶν
ἐλλεῖπον τόνῳ),

τὸ δὲ Μιξολύδιον ἐκ δύο διέσεων κατὰ τὸ ἑξῆς κειμένων
καὶ τόνου καὶ τόνου καὶ διέσεως καὶ διέσεως καὶ τριῶν τόνων·
ἦν δὲ καὶ τοῦτο τέλειον σύστημα. τὸ δὲ λεγόμενον σύντονον
Λύδιον ἦν δίεσις καὶ δίεσις καὶ δίτονον καὶ τριημιτόνιον. δίεσιν
δὲ νῦν ἐπὶ πάντων ἀκουστέον τὴν ἐναρμόνιον.

Σαφηνείας δὲ ἕνεκεν καὶ διάγραμμα τῶν συστημάτων ὑπο-
γεγράφθω. τούτων δὴ καὶ ὁ θεῖος Πλάτων ἐν τῇ Πολιτείᾳ μνη-
μονεύει, λέγων θρηνώδεις μὲν εἶναι τήν τε Μιξολυδιστὶ καὶ τὴν
Συντονολυδιστί, συμποτικὰς δὲ καὶ λίαν ἀνειμένας τήν τε Ἰαστὶ
καὶ Λυδιστί·

καὶ μετὰ ταῦτα ἐπιφέρει λέγων· κινδυνεύει σοι Δωριστὶ
λελεῖφθαι καὶ Φρυγιστί· τοιαύτας γὰρ ἐποιοῦντο τῶν ἁρμονιῶν
τὰς ἐκθέσεις, πρὸς τὰ προκείμενα τῶν ἠθῶν τὰς τῶν φθόγγων
ποιότητας ἁρμοττόμενοι. περὶ μὲν οὖν τούτων ὕστερον ἀκρι-
βέστερον ἐροῦμεν.

Wir befinden uns im Einklange mit Friedrich Bellermanns Tonarten und Musiknoten der Griechen S. 66, wenn wir unterhalb einer jeden der sechs Notenscalen des Aristides (mit Anwendung der oben S. 57 vorgeschlagenen Bezeichnung des der Enharmonik eigenthümlichen Klanges) die modernen Notenwerthe angeben.

In der die sechs Scalen einleitenden Vorbemerkung heisst es, dass es sich um die Harmonien der Platonischen Politeia handele, um die ϑϱηνώδεῖς Μιξολυδιστί und Συντονολυδιστί, um die συμποτικαὶ καὶ λίαν ἀνειμέναι Ἰαστὶ καὶ Λυδιστί, um die Δωριστί und Φρυγιστί. Wir ersehen daraus, dass in den Notentabellen bei der Λυδιστί die χαλαρὰ oder ἀνειμένη Λυδιστί verstanden werden soll; unter der Ἰαστί ist in gleicher Weise die χαλαρὰ oder ἀνειμένη Ἰαστί zu verstehen.

Die Transpositionsscala oder der Tonos, in welchem die sechs Harmoniescalen nach der Ueberlieferung des Aristides dargestellt sind, sind für α′ Λυδιστί der nach Aristoxenus sogenannte Tonos Hypolydios (von Polymnastus „Tonos Hypodorios" genannt); die fünf übrigen Harmoniescalen sind im Tonos Lydios ausgeführt. Es ist oben § 14 S. 118 nachgewiesen, dass beide Tonoi, von denen der erstere unserer Transpositionsscala ohne Vorzeichen, der zweite Tonos unserer Transpositionsscala mit Einem ♭ entspricht, bereits dem Plato geläufig sein mussten.

Aristides überliefert die Noten von sechs Harmoniescalen der Platonischen Republik für das enharmonische Tongeschlecht nach Tetrachordeintheilungen „αἷς καὶ οἱ πάνυ παλαιότατοι πρὸς τὰς ἀρμονίας κέχρηνται". Es sind nicht die enharmonischen Scalen derjenigen Form, welche wir bei Alypius finden, in denen die stete Intervallenfolge: Diesis, Diesis, Ditonos, Tonos für das enharmonische Pentachord eingehalten wird, d. i. die von Aristoxenus statuirte Diairesis des enharmonischen Pentachordes (vgl. oben S. 54), sondern eine voraxistoxenische, wie dies auch Aristides mit den Worten διαιρέσεις αἷς καὶ οἱ πάνυ παλαιότατοι πρὸς τὰς ἀρμονίας κέχρηνται andeutet. Die Aristideischen Scalen müssen in der Zeit zwischen Plato und Aristoxenus aufgestellt sein. Damit werden wir zu den Vorgängern des Aristoxenus geführt, den von diesem sogenannten alten Harmonikern, von welchen uns der Anfang der ersten Aristoxenischen Harmonik berichtet, dass von ihnen διαγράμματα (Notentabellen) in lediglich enharmonischem Tongeschlechte für das Megethos eines διὰ πασῶν aufgestellt seien. In seiner ersten Harmonik verweist Aristoxenus wiederholt auf eine besondere der Harmonik vorausgehende Schrift, in welcher er die δόξαι ἁρμονικῶν des Näheren besprochen habe. Wer anders als diese Aristoxenische Schrift über die δόξαι ἁρμονικῶν könnte die Quelle sein, auf welche in letzter Instanz, wenn, auch nicht unmittelbar, die von Aristides überlieferten enharmonischen Harmoniescalen zurückgehen. Ich sage „nicht unmittelbar" im Hinblick auf diejenigen, welche der Ansicht sind, Aristides gehöre erst dem dritten oder vierten nachchristlichen Jahrhunderte an, in welchem die umfangreiche Aristoxenische Litteratur bereits zum grössten Theile untergegangen sei. Auch der zur Zeit Hadrians lebende Dionysios von Halikarnass wird in seinen fünf Büchern, die er über die musikalischen Partien in Platos Politeia zusammenstellte, die Aristoxenischen δόξαι ἁρμονικῶν nicht unberücksichtigt gelassen haben, und derartige Schriften mochte es in der Kaiserzeit noch mehrere geben, aus denen die Auseinandersetzungen über die Harmonien der Platonischen Politeia von Aristoxenus bis zu Aristides gelangt sind.

Gestehen wir offen, von der Intervallfolge auf den von Aristides überlieferten enharmonischen Scalen haben wir kein Verständniss. Von der chalara Lydisti können wir nicht einmal mit Sicherheit die beiden Grenzklänge bestimmen, geben aber darin dem verehrten Forscher Fr. Bellermann Recht, dass nur die Octave von f bis f gemeint sein kann. Unter dieser Voraussetzung sind die oberen Schlussklänge der sechs Platonischen Harmoniescalen:

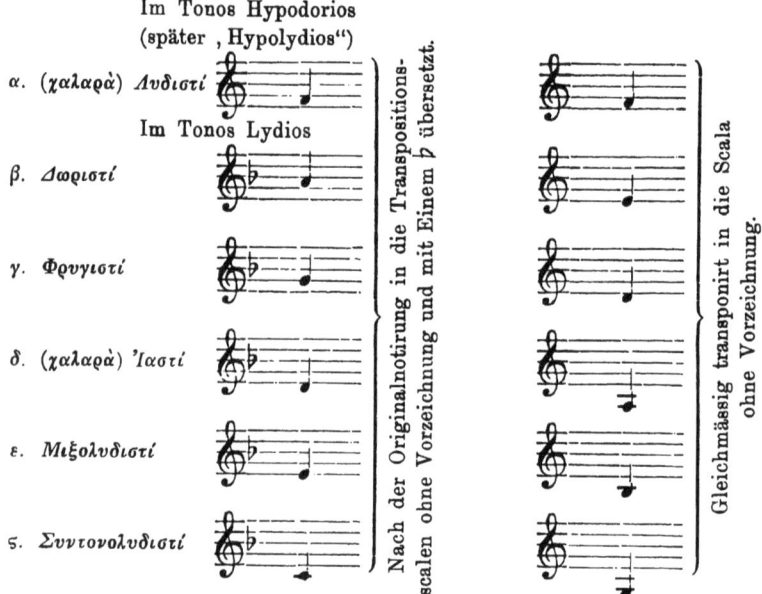

Für die Ἰαστί will die Aristideische Benennung mit den sonst aus den Quellen gewonnenen Thatsachen nicht stimmen. Denn es hat sich ergeben, dass die Ἰαστί mit der Ὑποφρυγιστί, also (ohne Vorzeichnung geschrieben) mit der Scala in g identisch ist. Hier bei Aristides wird der Scala in g (ohne Vorzeichen) der Name Συντονολυδιστί zuertheilt. Es ist nicht anders möglich, als dass hier in den Aristideischen Bezeichnungen ein handschriftliches Versehen vorliegt. Die beiden Ueberschriften Ἰαστί und Συντονολυδιστί müssen ihren Platz vertauscht haben: man setze die eine an die Stelle der anderen; dann werden die Platonischen Harmonien folgende sein:

δ. *Συντονολυδιστί*

ε. *Μιξολυδιστί*

ϛ. *χαλαρὰ Ἰαστί*

Thatsache ist es, dass sowohl nach Böckh wie nach Bellermann die Aristideische Zuschrift *Ἰαστί* an einer falschen Stelle stehen muss; deshalb ist Bellermann in seinen Musiknoten und Tonarten der Griechen S. 66 ff. mit der Deutung der Iastischen und Syntono-lydischen Scala, welche in der Aristideischen Stelle gegeben wird, nicht einverstanden. Denn nach ihr kommt die Ueberschrift *Ἰαστί* auf die Scala in a, die Ueberschrift *Συντονολυδιστί* auf die Scala in g (die moderne Notenbezeichnung a und g von einer Scala ohne Vorzeichnung verstanden). In der Musik des griechischen Alterthums S. 301 machte ich geltend: „Wir wissen aber anderweitig aufs bestimmteste, dass der Terminus Iasti oder Hypophrygisti vielmehr der Harmonie in g zukommen muss. So wie wir uns von dieser sicheren Thatsache bezüglich der 'Iasti' bei der Vertheilung der Aristideischen Ueberschriften auf die Notenscalen bestimmen lassen, dann ergibt sich mit Nothwendigkeit, dass in der Darstellung des Aristides die beiden Namen 'Iasti' und 'Syntonolydisti' mit einander zu vertauschen sind. Wie die Harmonie in g die Ueberschrift 'Iasti' für sich in Anspruch nimmt, so muss die Ueberschrift 'Syntonolydisti' auf die Harmonie in a kommen. Wer sich die Mühe geben will, das Facsimile der betreffenden Stelle der Aristides-Handschriften bei Bellermann und Albert Jahn anzusehen, der wird leicht zugeben, dass für eine solche Annahme einer Umstellung die Beschaffenheit der Codices Berechtigung gibt. Ich halte diese meine Umstellung für unabweisbar. Wenn es bei Bellermann im Schlusssatze auf S. 68 heisst: 'Für das Ionische und Syntonolydische, deren Schlussklänge nicht ausdrücklich überliefert sind, wird also durch die Aristideische Stelle durchaus nichts gewonnen'; so bin ich gerade der entgegengesetzten Ansicht: eben durch die Aristideische Stelle steht die Thatsache fest, dass die Syntonolydisti in der Octave a—a besteht, eine Thatsache, über welche wir keine andere directe Quellenangabe besitzen."

Es lässt sich die kritische Erörterung der betreffenden Stelle
des Aristides kürzlich folgendermassen fassen: Die Zuschrift
Iasti steht jedenfalls neben einer Scala, welche nicht die Iasti
ist. Von den übrigen Harmonienamen steht aber *Λυδιστί, Δωριστί, Φρυγιστί, Μιξολυδιστί* an richtiger Stelle; keine von diesen
vier Harmonien kann die Iastische sein. Da bleibt nur eine
einzige übrig, die Syntonolydisti, welche hier für die Kritik in
Frage kommen kann, da uns ja deren Schlusston anderweitig
nicht bekannt ist. Wenn in den Aristideischen Handschriften, wie
doch nicht anders möglich ist, der Name Iasti durch ein Versehen
des Librarius an diese Stelle gekommen ist, so bleibt keine andere
Harmonienscala als die Syntonolydisti übrig, mit welcher die
Vertauschung vor sich gegangen ist. Wir werden hierfür alsbald noch einen inneren Grund geltend zu machen haben.

Mit den *πάνυ παλαιότατοι* sind die von Aristoxenus so genannten *ἁρμονικοί* (*οἱ πρὸ ἡμῶν*) gemeint, welche *διαγράμματα*
(Notentabellen) der Octaven für das enharmonische Tongeschlecht
ausgeführt hatten, und zwar (nach dem Prooimion der dritten
Aristoxenischen Harmonik) die einen Harmoniker für fünf, die
andere für sechs Tonoi (Transpositionsscalen). Statt *τόνος Ὑπολύδιος* sagten sie allgemein *τόνος Ὑποδώριος*. Für diese fünf
oder sechs Tonoi waren die Octavenscalen von den Harmonikern
notirt. Was wir davon bei Aristides finden, sind Reste der für
den *τόνος Ὑποδώριος* und den *τόνος Λύδιος* aufgestellten Scalen.
Es ist vergeblich, der inneren Einrichtung der von Aristides
excerpirten Octavenscalen nachzuspüren. In dem Folgenden geben
wir für den *τόνος Ὑποδώριος* und *τόνος Λύδιος* die oberen Grenzklänge der sechs Octaven:

Die dynamischen Klänge von der Nete diezeugmenon abwärts bis zur Parhypate meson sind auch bei den Aristoxeneern die oberen Grenztöne der sieben Octavengattungen. Die Trite diezeugmenon ist bei den Aristoxeneern der oberste Grenzton der *Λυδιστί*; bei Plato wird nur die *χαλαρὰ Λυδιστί* (und die *Συντονολυδιστί*) genannt, aber nicht die *Λυδιστί* schlechthin, welche weder mit der *χαλαρὰ* noch mit der *σύντονος Λυδιστί* identisch ist. Deshalb kommt die eigentliche *Λυδιστί* auch nicht in dem Excerpte des Aristides vor. Bei Aristides werden nur sechs Octavengattungen genannt: zuerst die von Plato für legitim erklärte *Δωριστί* und *Φρυγιστί*; dann die beiden *θρηνώδεις ἁρμονίαι*, die *Μιξολυδιστί* und *Συντονολυδιστί*; endlich die beiden *χαλαραὶ ἁρμονίαι*, die *χαλαρὰ Ἰαστί* und die *χαλαρὰ Λυδιστί*. Diese Reihenfolge der sechs Harmonien hat einen guten Sinn: sie musste die ursprüngliche in der dem Aristides vorliegenden Quelle gewesen sein.

Ausser diesem inneren gibt es auch noch einen äusseren Grund für die Richtigkeit der Umstellung, gleichsam eine Probe, welche „angestellt werden" muss. Für das Wort *χαλαρὰ* nämlich gebraucht Aristoteles *ἀνειμένη*. Der Name *ἀνειμένα Ἰαστί* kommt auch bei Pratinas vor. Ist unsere Umstellung eine richtige, dann muss bei Aristides die *Ἰαστί* (d. i. *χαλαρὰ Ἰαστί*) — in der Transpositionsscala ohne Vorzeichen — denselben Anfangsoder Schlussklang haben wie denjenigen, welcher dieser Harmonie nach Pratinas zukommt. Nach dem Fragmente des Pratinas ist von folgenden Schlusstönen die Rede:

Μιξολυδιστί ῾Υποδώριος ῾Υποφρύγιος

Haben wir bei Aristides die Umstellung vorgenommen, dann ist dieser mit Pratinas völlig in Einklang, dann stimmen die beiden einzigen Quellenangaben, welche wir über die *χαλαρά* oder *ἀνειμένη* besitzen; wie aber die Handschrift des Aristides überliefert ist, differiren die Quellen um einen Ganzton.

Wir entnehmen daraus, dass Platos *χαλαρὰ Ἰαστί* mit der Hypophrygischen Octavengattung der Späteren identisch ist, dass ebenso die *σύντονος Ἰαστί* mit der *Μιξολυδιστί* sich deckt, und dass der *Συντονολυδιστί* oder, wie der Name bei Pollux lautet, der *σύντονος Λυδιστί* dieselben Grenzklänge wie der *Αἰολίς* oder *Ὑποδωριστί* zukommen. Es ergeben sich also folgende Nomenclaturen der in Rede stehenden Octavengattungen:

Transpositionsscala ohne Vorzeichen	mit einem ♭	Platos Harmonien.
in	in	
h	e	*Μιξολυδιστί.*
a	d	*Συντονολυδιστί, σύντονος Ἰαστί; Αἰολιστί, Ὑποδωριστί; Λοκριστί.*
g	c	*χαλαρὰ (ἀνειμένη) Ἰαστί.*
f	b	*χαλαρὰ (ἀνειμένη) Λυδιστί.*
e	a	*Δωριστί.*
d	g	*Φρυγιστί.*

Wir haben diese Anfangsklänge der Platonischen Harmonien in dem von Ptolemäus überlieferten System der thetischen Onomasie im Tonos Lydios ihre Stelle zu geben, indem wir zugleich die von Plato unmittelbar nach der Erörterung der Harmonien angegebenen „vier Harmonien-Klassen" als oberste Kategorien der verschiedenen Harmonien festhalten.

thetische Hypate		thetische Mese		thetische Trite	
d	*Φρυγιστί*	g	*χαλαρὰ Ἰαστί*	h	*σύντονος Ἰαστί, Μιξολυδιστί*
c	*Λυδιστί*	f	*χαλαρὰ Λυδιστί*	a	*σύντονος Λυδιστί*
e	*Δωριστί*	a	*Αἰολιστί*	c	*Βοιωτιστί*
a	*Λοκριστί*				

Der Vollständigkeit wegen ist in dieser Tabelle der Platonischen Harmonien auch die von Plato nicht erwähnte *Λοκριστί* an ihre richtige Stelle eingeschaltet; denn ich bin durchaus der Ansicht Heinrich Bellermanns, der in seinem Contrapunkte (1877) S. 79 Folgendes sagt: Die Nebentonart der Octave in d ist die Lokrische, welche nach Euklid, Bakchius und Gaudentius den Umfang der Hypodorischen Octavengattung hat (vgl. oben S. 186), sich offenbar aber durch eine andere Tetrachord-Eintheilung oder die Eintheilung in Quart oder Quint unterscheidet:

a   h   c   d   e   f   g   a

Lokrische   Lokrische
Dominante   Tonica

Nach der Ueberlieferung des Heraclides Ponticus, welcher von
der Lokristi bekauptet, sie habe ihr besonderes Ethos, sei also
von der in demselben Umfange sich haltenden Aiolisti bezüglich
ihres Charakters verschieden, war die Lokrische Tonart in der
Musikperiode des Pindar und Simonides mit Vorliebe angewandt,
wurde aber später zur Seite gelassen. Zur Zeit des Heraclides
muss sie bereits antiquirt gewesen sein, wahrscheinlich auch zur
Zeit Platos, welcher der Λοκριστί nirgends Erwähnung thut.

Auf S. 80 des Heinrich Bellermannschen Contrapunktes heisst
es: „Nun ist noch der Böotischen Octave Erwähnung zu thun,
von welcher uns aber nicht überliefert ist, welcher Octavengattung sie angehört. Vom Scholiasten zu des Aristophanes
Rittern wird sie als eine der Dorischen, Phrygischen, Lydischen u. s. w. ebenbürtige bezeichnet; und Suidas berichtet sogar,
Terpander habe einen νόμος Βοιώτιος componirt. Hiernach muss
sie eine gute, sogar auf Dorischen Tetrachorden beruhende Tonart gewesen sein, so dass wir sie wohl als die noch nicht be-
nannte plagale Form der Aeolischen ansehen können.“ Der verdiente Forscher hat jedenfalls das Richtige getroffen, wenn er
die Βοιωτιστί in die Dorische Harmonieklasse setzt. Aber diejenige Octave, welche er für die Böotische ansieht, die Octave
e bis e, ist vielmehr die „plagale“ Form in H. Bellermanns Sinne,
die eigentliche Λωριστί in engerer Bedeutung. Mit e beginnt die
Dorische Neten-Species (Quinten-Form), mit a die Mesen-Species
(Primen-Form). Für die Dorische Harmonienklasse bleibt nur die
Triten-Species in c übrig, und die nothwendig zur Dorischen Harmonienklasse zu rechnende Βοιωτιστί kann keine andere als eben
die Dorische Triten-Species in c sein. Denn es gibt nur drei Species
der Dorischen A moll-Tonart, eine mit vollkommenem Ganzschluss
in der tonischen Prime a, zwei mit unvollkommenem Ganzschluss in
der Quinte e und in der Terze c, eine vierte Species ist unmöglich.

§ 29.
Die Ἁρμονίαι σύντονοι und χαλαραί
nach Herrn C. v. Jan.

Die in dem Vorliegenden dargestellte Auffassung der Platonischen Harmonien hatte ich zum grössten Theil auch schon

in der ersten Auflage der Harmonik gegeben und in der zweiten
Auflage wiederholt. Die Auffassung beruht wesentlich auf meiner
Erklärung der von Aristides überlieferten enharmonischen Scalen
Platos. Eben diese Erklärung des Aristides gehört zu den wenigen
Stellen meiner 1883 herausgegebenen Musik der Griechen, welche
in der Recension des Herrn C. v. Jan (Berliner philologische
Wochenschrift 1883 Nr. 43. 50) einigermassen gebilligt wurde.
„Dankenswerth" — so sagt er — „ist ferner die Ausdauer, mit
welcher Hr. W. immer wieder auf die schwierigen Scalen des
Aristides Quintilianus zurückkommt. Dieselben sollen ja nach
Aristides nicht etwa von einem Commentator Platos herstammen,
sondern schon die Musik der πάνυ παλαιότατοι repräsentiren.
Nun sind zwar die Räthsel dieser Scalen auch jetzt nach W.s
erneuter Behandlung noch nicht in überzeugender Weise gelöst,
aber es beginnt doch bereits ein Schimmer von Licht sich auch
über diese dunkelste Stelle der musikalischen Tradition zu verbreiten."

Ob er meine Umstellung der Worte Συντονολυδιστί und
Ἰαστί für richtig anerkennt oder ob er sie missbilligt, darüber
sagt Herr C. v. Jan nichts. Vermuthlich schien ihm dies irrele-
vant, nachdem es ihm, wie er mehrmals nachdrücklich hervor-
hebt, auch ohne die Ueberlieferung des Aristides gelungen war,
von dem Kunde zu erhalten, was Plato unter der Συντονολυδιστί und der χαλαρὰ Ἰαστί verstanden wissen will.

„Hinweg also" — sagt er — „mit diesem beharrlich weiter
gesponnenen Systeme von Irrlehren, das die Tonarten eintheilt
in solche mit dem unmöglichen Schluss auf der Terze und solche
mit dem immer noch zweifelhaften Schlusse*) auf der Quinte

---

*) Wann wird Herr C. von Jan einsehen, dass er, so lange er solche
Behauptungen dem Herrn Ziegler nachspricht, eine grobe Unwissenheitssünde
sich zu Schulden kommen lässt? C. von Jan trägt doch sonst seine Vertraut-
heit mit alten Choralbüchern zur Schau. Hatte er als Leiter des Gesangunter-
richtes denn nicht aus den Compendien der Musiktheorie gelernt, dass neben
den vollkommenen Hauptschlüssen (in der Prime) auch die unvollkommenen
Hauptschlüsse (in der Terz und in der Quinte) in unseren älteren kirchlichen Gesängen häufig genug vorkommen, und dass auch noch das heutige
deutsche Lied, z. B. die Lieder Schuberts, Schumanns, Reineckes, an solchen Schlüssen gar nicht arm sind; dass der Terzenschluss unter Beethovens
Claviersonaten in Op. 109 E dur Adagio, unter den Fugen des wohltempe-
rirten Clavieres in II, 15 angewandt ist. Und C. von Jan begeht auch noch —
wie soll ich's nennen? die Unvorsichtigkeit in der allgemeinen musikali-

oder Unterquarte." Darum gibt er eine neue Auffassung der Platonischen Harmonien, durch welche, wie er versichert, „sich nun auch die ʽἐπανειμένη Λυδιστί, ἥπερ ἐναντία τῇ Μιξολυδιστί, παραπλησία οὖσα τῇ Ἰάδιʼ, deren Erklärung früher so unendliche Schwierigkeiten machte, ganz einfach von selbst ergibt."

Folgendes sind nach Herrn v. Jan die wahren Tonarten:

σύντονος Λυδιστί.   σύντονος Ἰαστί.

χαλαρά (aneimene) Λυδιστί.   χαλαρά (aneimene) Ἰαστί.

schen Zeitschrift 1878 Nr. 47 zu erklären: „Referent hat bereits mehrfach, unter anderem auch in dieser Zeitung 1872 Sp. 730, gegen jene Lehre protestirt" mit der Anmerkung: „Soweit es möglich war, wurden Gutachten sämmtlicher Sachverständiger in Deutschland über diese Frage eingeholt. Deutlich haben ihre Missbilligung der Westphalschen Theorie zu erkennen gegeben die Herren Autenrieth in Zweibrücken, Bellermann in Berlin, Deiters in Posen, Hübner-Trams und Ferdinand Schultz in Charlottenburg, Krüger in Göttingen, Taubert in Torgau und der Herausgeber dieser Zeitung. Viele Herren, die befragt wurden, trauten sich die Competenz zu einem Urtheilsspruch nicht zu, vertheidigt hat den Westphalschen Terzenschluss Niemand. Herr Oscar Paul in Leipzig hat geantwortet: ... ʽW. hat mir gegenüber erklärt, dass er meine Forschungen für die einzig richtigen halte. Welche Meinung er von meinen Forschungen hegt, können Sie aus der Vorrede des mir gewidmeten Werkes: Elemente des musikalischen Rhythmus (Jena 1872) deutlich ersehen. Da Westphal meine Entwickelungen, welche von den seinigen ganz verschieden sind, als die richtigen anerkennt, so erscheint mir jeder Protest ungerechtfertigt.ʼ Möglich also, dass Westphal jetzt selbst geneigt ist, seine Terzen-Theorie aufzugeben. Gegen die Metrik von 1867 aber, sowie gegen den neuerstandenen belgischen Bundesgenossen muss der Protest aufrecht erhalten werden. Auch Herr Deiters meint: ʽEs ist nöthig, die Grundlosigkeit und Willkür dieser Westphalschen Hypothesen darzulegen.ʼ " Ich weiss bestimmt, dass in der ganzen Reihe der von C. von Jan namhaft gemachten „Sachverständigen" auch nicht ein einziger ist, der nicht energisch gegen die Zumuthung protestiren würde, dass ihm die musikalische Thatsache der vollkommenen und unvollkommenen Schlüsse unbekannt sei. Unter die Kategorie dieser unvollkommenen Ganzschlüsse fallen aber auch die Tonschlüsse der alten Mixolydisti und Syntonolydisti. Oder haben diese Herren dem Herrn C. von Jan nur darin beigestimmt, dass die alte Musik die Terzschlüsse deshalb nicht gekannt haben könne, weil „die

Man schreibe nach C. v. Jan die E dur Octav (mit vier Kreuzen), so hat man Platos Syntonolydisti, man schreibe die Es dur-Octav (mit drei ♭), so hat man Platos chalara Lydisti. Ferner setze man vor E dur nicht vier, sondern drei Kreuze, wodurch die Scala den Ton d statt dis erhält, dann hat man die Syntonoiasti; man setze vor Es dur nicht drei, sondern vier ♭, wodurch die Scala den Ton des statt d erhält, so hat man die chalara Iasti.

So ist die Interpretation der Tonarten, „welche früher so unendliche Schwierigkeiten machte", kurz und bündig genug!

Das „hochgespannte Lydisch" steht nach C. v. Jan einen Halbton höher als das „nachgelassene Lydisch", das „hochgespannte Ionisch" einen Halbton höher als das „nachgelassene Ionisch". Nach Pratinas, dem einzigen, welcher die beiden Iasti einander gegenüberstellt, differiren sie um eine grosse Terze, bei H. Bellermanns Auffassung der Stelle um ein noch grösseres Intervall.

Der Unterschied der beiderseitigen parallelen Scalen besteht nach C. v. Jan nicht in einer verschiedenen Ordnung der Ganz- und Halbtonintervalle, wie dies sonst bei den ἁρμονίαι oder Octavengattungen der Fall ist, sondern in der Verschiedenheit der Transpositionsscalen, worin die Octave ausgeführt wird. Es sind nicht verschiedene Harmonien, sondern verschiedene Tonoi einer und derselben Harmonie.

Plato zwar spricht von der σύντονος Λυδιστί, von den Λυδιστὶ καὶ Ἰαστί, αἵτινες χαλαραὶ καλοῦνται, als verschiedenen ἁρμονίαι. Auch Aristoteles macht es ebenso. Das bestätigt C. v. Jan: „Die Scalen, welche uns in der griechischen Notenschrift als Dorische, Lydische ... entgegentreten und nur der Tonhöhe nach von einander verschieden sind, sind es nicht, welche Plato in der angeführten Stelle der Republik meint. Er denkt vielmehr an die verschiedenen Octaven, welche ähnlich unserm Dur, Moll, Kirchendorisch sich wirklich nur durch verschiedene Zusammensetzung aus ganzen und halben Tönen unterscheiden."

Aber die Συντονολυδιστί, χαλαρὰ Λυδιστί und χαλαρὰ Ἰαστί sind nach C. v. Jan nicht Octavengattungen in diesem Sinne; Plato drückt sich so aus, als ob auch sie es wären; er gebraucht

---

Terz dem gesammten Alterthume stets als eine Dissonanz gegolten habe?" Ueber diesen Punkt werden sich die folgenden Blätter die richtige Auskunft zu geben erlauben.

auch für sie den Namen ἁρμονίαι. Aristoteles nicht minder. Beide müssen nach v. Jan sich nicht richtig ausgedrückt haben! Auch der Erklärer Plutarch hat nach ihm die Sache nicht verstanden, wenn er sagt: Οἱ δὲ νῦν τὰ σεμνὰ τῆς μουσικῆς παραιτησάμενοι ἀντὶ τῆς ἀνδρώδους καὶ θεσπεσίας καὶ θεοῖς φιλῆς κατεαγυῖαν καὶ κωτίλην εἰς τὰ θέατρα εἰσάγουσι...! „Die Neueren bringen eine matte und süsständelnde·Musik ins Theater. Deshalb ist Plato im dritten Buche seiner Politeia über eine solche Musik von Unwillen erfüllt. Die (Syntono)lydische Harmonie verwirft er wegen ihrer hohen Tonlage und weil sie für den Threnos passend sei." Auch Aristides in der Erklärung der Platonischen Harmonien kann, falls v. Jans Deutungen richtig sind, die Sache nicht verstanden haben, wenn er unter diesen Harmonien die Octavengattungen der συστήματα τοῦ διὰ πασῶν („ἃ καὶ ἀρχὰς οἱ παλαιοὶ τῶν ἠθῶν ἐκάλουν") versteht und in einer und derselben Transpositionsscala in dem Tonos Lydios (Transpositionsscala mit Einem ♭) die Schlusstöne der Platonischen ἁρμονίαι folgendermassen angibt:

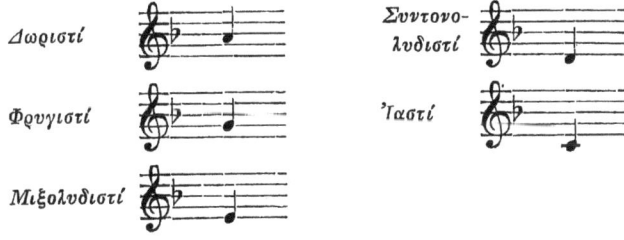

Herr C. v. Jan sagt in der Recension meiner Musik des griech. Alterth.: „Nun sind zwar die Räthsel dieser Scalen auch jetzt nach W.s erneuter Behandlung noch nicht in überzeugender Weise gelöst, aber es beginnt bereits ein Schimmer von Licht sich auch über diese dunkelste Seite der musikalischen Tradition zu verbreiten."

Herrn C. v. Jan sind solche Seiten der musikalischen Tradition zu dunkel. Er glaubt sich mit den Berichten der Musiker nicht befassen zu brauchen, um das Dunkel zu erhellen. Es scheint ihm garnicht der Mühe werth sich darüber zu erklären, ob und weshalb ihm meine für die Scalen des Aristides vorgenommene Umstellung der Worte Ἰαστί und Συντονολυδιστί richtig oder verfehlt erscheint. Kümmern ihn doch die von Aristides zur Interpretation der Platonischen Harmonien gegebenen

Notenscalen nicht im mindesten. Aristides legt für fünf der Platonischen Harmonien ein und die nämliche Transpositions-scala, den Tonos Lydios (Vorzeichnung mit Einem ♭), zu Grunde und setzt die Unterschiede der Platonischen Scalen lediglich in die Verschiedenheit der durch bestimmte Ordnung der ganzen und halben Töne sich manifestirenden Octavengattungen, in die Verschiedenheit der συστήματα τοῦ διὰ πασῶν, welche das frühere Griechenthum als „ἀρχαὶ τῶν ἠθῶν" d. i. „Hauptbedingungen für die Unterschiede des ethischen Charakters der verschiedenen Melopöien" auffasste.

Von allen quellenmässigen Ueberlieferungen absehend, glaubt C. v. Jan die von Plato gegebenen Unterschiede des Wehmüthigen, des Weichlichen u. s. w. besser als die Alten, ja als Plato selber erklären zu können, wenn er ein und dieselbe Octaven-gattung in verschiedenen Transpositionsscalen annimmt, z. B. unsere gewöhnliche Dur-Scala das einemal mit ♯♯♯♯, das anderemal mit ♭♭ bezeichnet. Mit ♯♯♯♯ soll dies die ϑρηνώδης Συντονολυδιστί, mit ♭♭ die συμποτικὴ und μαλακὴ Λυδιστί Platos gewesen sein. Hiernach sei es die Tonart E dur, welche Plato als eine Tonart der Wehmuth, die mehr für Weiber als Männer sich eigne, charakterisirt habe — es sei dagegen die Tonart Es dur gewesen, welche bei Plato schlaff und weinselig genannt wurde.

Es gab eine Zeit, wo die modernen Musik-Aesthetiker von einer verschiedenen Stimmung redeten, in welche das Gemüth des Hörers durch den Unterschied z. B. der E dur- und der Es dur-Tonart versetzt werde*). Dass die E dur-Tonart eine wehmüthige,

---

*) In der philologischen Wochenschr. vom 27. Oct. 1883 sagt C. v. Jan: „Ueber die χαλαραί einerseits und σύντονοι unter den Tonarten anderer-„seits hat Ref. in Fleckeisens Jahrbb. 1867 S. 815 eine Ansicht auf-„gestellt, die sich mehr und mehr bestätigt." Als Erläuterung hatte er hinzugefügt: „Plato will die chalara Lydisti und die chalara Iasti aus dem Grunde beim Unterricht der Jugend vermieden wissen, weil sie συμ-ποτικαί seien. Das heisst nach Aristoteles nicht etwa, dass sie ausgelassen schwärmerisch wären, sondern dass sie schlaff sind, oder wie Plato selbst sagt, weichlich. Wenn eben der Sänger entweder zu alt war, um zu der nach der hohen μέση a oder ais gestimmten Lyra bequem singen zu können, oder wenn von reichlichem Weingenuss die Kehlen für den Augenblick schlaff geworden war, dann war wohl oft der Gesang zur Lyra nur unter der Be-dingung möglich, dass die am meisten gebrauchte μέση in der tiefen Stimmung as und mit ihr ὑπάτη und νήτη in es standen. Um der Zukunft

frauenhafte, die Es dur-Tonart eine schlaffe, weinselige sein könne, wie dies aus C. v. Jans Interpretation folgen müsste, daran wird wohl noch kein Musiktheoretiker gedacht haben.

§ 30.
Theorie der Harmonien Platos.

Auch der nicht philologisch gebildete Musiktheoretiker ersieht sofort, dass es mit den Ergebnissen, welche Herr C. v. Jan über die Harmonien Platos gefunden haben will, nichts ist. Um zu einem wirklichen Resultate zu gelangen, muss man einen anderen Weg als C. v. Jan gehen, den mühevollen Weg hingebenden Quellenstudiums, welches jede Notiz der alten Schriftsteller sorgsam zu Rathe hält, nach der Methode philologischer Kritik behandelt, und alle diese vereinzelten Notizen, nachdem sie kritisch erläutert sind, zu einem Gesammtbilde vereinen.*) Dieses wird dann kein anderes sein können, als das in dem Musikalischen Wochenblatte 1883 Nr. 44 in dem Aufsatze „Beziehungen zwischen moderner Musik und moderner Kunst von R. Westphal und B. Sokolowsky" im Umrisse entworfene.

Die Darstellung der Harmonien in der Platonischen Republik behandelt dieselben nach den oben angegebenen drei Kategorien, denen wir nach den vorausgehenden Untersuchungen die einzelnen Octaven-Scalen hinzufügen.

Den von Plato gebrauchten Bezeichnungen fügen wir aus Ptolemäus 2, 15 die von den Anfangsklängen der Octave ausgehenden Termini technici, durch Platos Ueberlieferung erweitert, hinzu.

A.

ΑΠΟ ΤΗΣ ΤΗΙ ΘΕΣΕΙ ΤΡΙΤΗΣ.

Θρηνώδεις ἁρμονίαι, Tonarten der Wehmuth:

1. Μιξολυδιστί

	h	c	d	e	f	**g**	a	h

---

willen, meint der praktische Aristoteles, sei es darum gut, den Knaben auch diese Stimmung der Lyra zu zeigen."

*) In seiner gewaltigen Rede am 28. Januar sagte Fürst Bismarck: „Als ich noch Deichhauptmann war, gebrauchte ich das Sprichwort: 'wer nicht will dīken de mot wīken', d. i. wer nicht arbeiten will, muss weichen." Es liegt nahe diese Worte auch auf denjenigen anzuwenden, welcher ohne sich der Mühe des Quellenstudiums unterziehen zu wollen die alte griechische Musik durch Harioliren wieder finden zu können glaubt. Ein solcher hat sich des Rechtes begeben, in diesen Dingen fernerhin stimmberechtigt zu sein.

oder mit Einem ♭

c   f   g   a   b   **c**   d   e

2. *Συντονολυδιστί*

a   h   c   d   e   **f**   g   a

oder mit Einem ♭

d   e   f   g   a   **b**   c   d

3. *καὶ τοιαῦταί τινες*, welche zunächst noch unbestimmt gelassen werden müssen.

B.

ΑΠΟ ΤΗΣ ΤΗΙ ΘΕΣΕΙ ΜΕΣΗΣ.

Μαλακαὶ καὶ συμποτικαὶ τῶν ἁρμονιῶν, die weichlichen und weinseligen Tonarten:

1. *χαλαρὰ Ἰαστί*

g   a   h   c   d   e   f   **g**

oder mit Einem ♭

c   d   e   f   g   a   b   **c**

2. *χαλαρὰ Λυδιστί*

f   g   a   h   c   d   e   **f**

oder mit Einem ♭

b   c   d   e   f   g   a   **b**

Aber nicht zu den *μαλακαὶ τῶν ἁρμονιῶν*, sondern zu den für die Politeia gestatteten Tonarten gehört die von Plato unter dem Namen der *Δωριστί* mit inbegriffenen

Ὑποδωριστί oder *Αἰολιστί*

a   h   c   d   e   f   g   **a**

oder mit Einem ♭

d   e   f   g   a   b   c   **d**

Γ.

ΑΠΟ ΤΗΣ ΤΗΙ ΘΕΣΕΙ ΝΗΤΗΣ (ΥΠΑΤΗΣ).

Zulässig für die öffentliche Erziehung des Platonischen Staates sollen nur die beiden folgenden Harmonien sein:

1. *Δωριστί* als die Harmonie der Energie und männlichen Gesinnung. Es ist oben S. 145 nachgewiesen, dass von Plato darunter zwei Octavengattungen verstanden sind; die als *Αἰολιστί* bekannte Mesen-Species, und eigentliche *Δωριστί*, deren Octave folgende ist:

e   f   g   **a**   h   c   d   e

oder mit Einem ♭

a   b   c   **d**   e   f   g   a

2. *Φρυγιστί* als Harmonie des gottergebenen Gemüthes

    d   e   f   **g**   a   h   c   d

oder mit Einem ♭

    g   a   b   **c**   d   e   f   g

Aristoteles in seiner Kritik der Platonischen Harmonie verlangt, dass der *Φρυγιστί* die *Λυδιστί* als eine für Erziehung und Jugendbildung besonders geeignete Harmonie coordinirt werde.

3. *Λυδιστί*

    c   d   e   **f**   g   a   h   c

oder mit Einem ♭

    f   g   a   **b**   c   d   e   f

Im Speciellen bemerken wir über die

Triten-Tonarten.

Die beiden von Plato namhaft gemachten Kategorien sind die *Μιξολυδιστί* und die *Συντονολυδιστί*. Unter Voraussetzung einer Transpositionsscala ohne Vorzeichen werden das folgende Octaven sein:

Mixolydische Octave

Syntonolydische Octave

Unter Voraussetzung einer Transpositionsscala mit Einem ♭ (Tonos Lydios):

Mixolydische Octave

Syntonolydische Octave

Die Musikbeispiele des von F. Bellermann herausgegebenen Anonymus de Musica sind sämmtlich im Tonos Lydios, also in der Transpositionsscala mit Einem ♭ gehalten*). Hier findet sich im § 97 ein aus drei iambischen Tetrapodien bestehendes Musikbeispiel mit schliessendem e (Bellermann, welcher in die Scala ohne Vorzeichen transponirt, muss ihm füglich den Schlusston h

---

*) Der nämliche Tonos, in welchem bei Aristides die Mixolydische und Syntonolydische Harmonie gehalten sind (s. oben S. 201. 202) und in welchem sie auch schon zur Zeit Platos (S. 118), ja des Polymnastus (S. 117) ausgeführt wurden.

geben). Im § 104 befindet sich ein kleines Musikbeispiel, welches (bei der Vorzeichnung mit einem ♭) in d schliesst, ebenfalls aus drei tetrapodischen Kola in dreizeitigen Versfüssen bestehend. Meine Musik des griechischen Alterthumes S. 337. 338
bezeichnet das erste als „Mixolydisches Iambikon“, das zweite als
„Syntonolydisches Trochaikon“.

Mixolydisches Iambikon.
(Anonym. § 97.)

Die metrische Beschaffenheit der drei tetrapodischen Kola
ist folgende:

Der Hauptaccent ruht in jeder Dipodie auf der Schlusssilbe, wie
auch schon Bellermann angezeigt hat. Das rhythmische Zeichen
über der Anfangsnote des ersten Kolons soll den Chronos alogos
andeuten, für welches sonst das Zeichen ⌣ sich findet.

Wohl wird mancher sein, welcher dieser kleinen Melodie
das Wohlklingende und Gefällige absprechen und sie für mono-
ton wie keine andere erklären wird. Er wird ferner auch dies
sagen, dass der Anonymus nur zu rhythmischem Zwecke die
Noten in dieser Weise zusammengestellt habe: dieselben Noten
sollten das eine Mal § 100 einen Rhythmos tetrasemos, das
andere Mal § 97 einen Rhythmos hexasemos bilden, wie dies durch
die rhythmischen Ueberschriften angezeigt sei. Man kann dies
alles zugeben und doch zugleich die Behauptung aufrecht erhalten: der Musiker, welcher diese rhythmischen Beispiele niederschrieb, hat während dessen schwerlich die Rhythmopöie von der
Melopöie emancipiren können: sein rhythmisches Beispiel musste
zugleich ein Stück Melos sein, wie auch sonst im Leben der

musischen Kunst Melos und Rhythmus stets vereint war. Der
Anonymos oder der Musiker, aus welchem derselbe die Musikbeispiele excerpirt hat, kann aber ein Melos nicht anders als in
einer der griechischen Harmonien denken, wie auch bei uns ein
jedes Musikbeispiel fast ohne besondere Absicht des Componi-
renden entweder der Durtonart oder der Molltonart angehören
wird. Unser griechischer Musiker würde, um ein Beispiel des
ποὺς ἐξάσημος seinen Schülern vorzuführen, das zu diesem Ende
gemachte Musikbeispiel nicht mit der Note $\bar{\Gamma}$ geschlossen haben,
wenn nicht auch sonst ein solcher Schluss in der griechischen
Melopöie üblich gewesen wäre. Musste sich doch der Rhythmus
am leichtesten durch ein fassliches Melos dem Lernenden ein-
prägen!

Alle Beispiele des Anonymus stehen in der Transpositionsscala mit Einem ♭ (im Tonos Lydios). Bellermann bemerkt zu
diesen Beispielen: „Ceterum haec diagrammata ad explicandas
rhythmicas rationes potius, quam ad veras melodias tradendas
scripta esse crediderim, id quod item e sectionibus 97 et 100
colligendum videtur. Vix enim melodias vocare hos ita cumu-
latos sonos quisquam poterit." Dass die Partie des Anonymus
vom § 83 an ein wesentlich rhythmisches Interesse hat und dass
der Rücksicht auf den Rhythmus das Herbeiziehen der Musikbeispiele zu verdanken ist, lässt sich nicht bezweifeln. Aber
wenn auch der oberste Gesichtspunkt ein rhythmischer war, so
konnte der Musiker, von welchem unser Traktat herrührt, nicht
vermeiden, solche Beispiele zu wählen, welche irgend einer bestimmten Octavengattung angehörten. Transponiren wir das
Musikbeispiel des § 95 mit Fr. Bellermann in die Scala ohne
Vorzeichnung:

so sieht ein jeder Philologe, selbst der nicht musikalisch gebildete, dass es in derjenigen Octavengattung abschliesst, welche
bei Aristides, Pseudo-Euklid, Gaudentius den Namen Mixolydisch

führt. Mag das Musikbeispiel melodisch so unbedeutend wie
möglich sein, für die Theorie der griechischen Octavengattungen
hat es die höchste Bedeutung. Bellermann bemerkt, dass die
Scala in h als Kirchenton niemals vorkomme „nusquam adhibi-
tam reperies in ecclesiae nostrae carminibus". Sie sei etwas
durchaus Unmusikalisches, ebenso wie die Scala in f. „Consen-
taneum est, has duas, quae nostris sensibus displicent, ue vete-
ribus quidem probatas esse, qui, quum nulli systematis sono
intervalla diatessaron et diapente simul deesse vellent, certe primarium eius sonum, ad quem, quasi ad fundamentum, melodiam
semper reduci necesse est, neutro eorum carere passi sunt."
Bellermann weiss, wie oft in den Musikquellen der praktische
Gebrauch der Mixolydischen Melodie erwähnt wird. Nichts desto
weniger glaubt er bei Aristoxenus eine Stelle gefunden zu haben,
welche die Mixolydische Octave für ekmelisch erkläre, die mithin
jeder praktischen Anwendung widerstrebe. Bellermann meint den
§ 70. 71 der zweiten Aristoxenischen Harmonik, worin es heisst,
dass stets der erste mit dem vierten Klange der Tonleiter eine
Quarte, mit dem fünften Klange eine Quinte bilden müsse. Bellermann hat die Stelle des Aristoxenus gründlich missverstanden.
Vielmehr ist nach Aristoxenus eine jede der von ihm statuirten
sieben Octavengattungen, unter denen er dem Mixolydischen die
erste Stelle anweist, emmelisch. Er erklärt dies ausdrücklich in
dem Prooimion der ersten Harmonik § 18, wo er sich darüber
ausspricht, dass es nach der nicht genugsam überdachten Theorie
des Eratokles mehr als sieben Octaven-Systeme geben würde,
welche nicht emmelisch seien. Hiermit erklärt A. jene sieben
Octavengattungen, darunter auch die Mixolydische, ausdrücklich
für emmelisch.

Friedrich Bellermann sagt: die Mixolydische Octavengattung
(Octavengattung in h) hat den Ton h zur Tonica; wegen der
falschen Quinte h f ist dies eine durchaus unmusikalische Octave,
kann daher in der griechischen Musik nicht angewandt sein. Die
richtige Logik wäre folgende gewesen: Die Octavengattung in h
(Mixolydische Octav) ist bei den Griechen eine emmelische Tonart; wenn dies eine authentische Tonart wäre (mit dem Anfangs-
tone h als Tonica), dann wäre die Mixolydisti nicht emmelisch.
Da sie aber nach Aristoxenus emmelisch war, so darf sie nicht
als authentische Tonart in h aufgefasst werden.

Heinrich Bellermann, Friedrichs Sohn, entsagt der Ansicht

des Vaters: das Mixolydische sei keine authentische, sondern eine von ihm sogenannte plagalische Tonart, nämlich die plagalische Form des Dorischen (Contrapunkt, zweite Auflage, S. 81):

———————Dorisch———————

e   f   g   a   h   c   d   e   f   g   a   h

—————Mixolydisch—————

Sowohl nach F. wie nach H. Bellermanns Annahme bildet in der Dorischen Octavengattung der Anfangston die Tonica; die Doristi würde mithin eine e-Mollscala mit kleiner Secunde (f statt fis) sein. Aber als Tonica der Doristi ist, wie auch Herr C. v. Jan weiss, mit Helmholtz der Ton a zu fassen; mithin kann auch Fr. Bellermanns Auffassung der Mixolydisti nicht richtig sein.

Die richtige Auffassung der Mixolydisti ergibt sich aus § 97 des Anonymus: sie ist keine Mollscala, sondern eine die Melodie auf der Terz schliessende Durscala, welche des Leittones entbehrt.

Sie gehört weder in die Kategorie der authentischen, noch in die der plagalischen Kirchentöne, noch überhaupt in eine Kategorie von Tonarten, die dem Herrn C. v. Jan bekannt sind. Derselbe wird schon Ernst Meiers „Schwäbische Volkslieder mit ausgewählten Melodien, Berlin 1855" zur Hand nehmen müssen, um die in der Dur-Terz schliessenden Melodien kennen zu lernen. In Pfullingen hört man die Volksweise:

Es zog ein Knab' ins fer - ne Land,

derweil ward   ihm   sein Mäd-chen krank,

derweil ward ihm   sein Mädchen   krank.

Nach diesem sentimentalen Liede, wie man es in Pfullingen hört, wird man sich eine völlig zutreffende Vorstellung von der ϑϱην-ώδης Μιξολυδιστί, der Erfindung Sapphos, machen können, die nach Platos Republik zu jenen Harmonien gehört, welche mehr

einen weiblichen als einen männlichen Charakter haben und
deshalb in seinem Staate nicht zugelassen werden sollen, obwohl er, wie Plutarchs Commentar sagt, wohl wusste, dass die
schmerzvolle Mixolydische Tonart in den Tragödien Anwendung
findet. Man kann der vom Anonymus überlieferten Mixolydischen
Instrumentalmelodie ohne weiteres die Worte des Pfullinger
Liedes unterlegen:

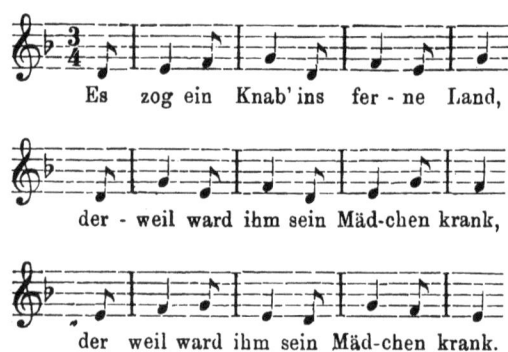

Es   zog ein Knab' ins   fer - ne Land,

der - weil ward ihm sein Mäd-chen krank,

der weil ward ihm sein Mäd-chen krank.

In dieser Weise gesungen, wird die kleine nur drei Kola um-
fassende Mixolydische Melodie, deren Kenntniss wir dem Anonymus verdanken, nicht viel monotoner erscheinen, als das gleich
grosse Volkslied aus Pfullingen. Grössere Kunst und Mannigfaltigkeit mögen auch die alten Mixolydischen Lieder der Sappho
nicht gehabt haben.

Auf die bereits oben S. 198 angeführte Stelle des Plutarchischen Musikdialoges, welche Platos Mixolydisti bespricht, haben
wir jetzt näher einzugehen. Die Stelle besagt:

„Auch die Mixolydische Harmonie hat etwas Schmerzvolles
und eignet sich deshalb für die Tragödien. Aristoxenus sagt,
dass die Mixolydische Tonart durch Sappho erfunden sei, von
welcher sie die Tragiker entlehnt und mit der Dorischen vereint
hätten, da diese einen grossartigen und würdevollen, jene einen
wehmüthigen Charakter habe, beide Gegensätze aber in der Tragödie vereint seien. In seinen geschichtlichen Commentaren der
Harmonik dagegen sagt Aristoxenus, dass der Aulete Pythokleides
ihr Erfinder sei, weiterhin aber ($Λύσις$ $δὲ$ lesen die Handschriften,
was meine Plutarch-Ausgabe in $αὖϑις$ $δὲ$ emendirt hat) habe
dann wieder der Athener Lamprokles gefunden, dass die Mixolydische Scala nicht an derjenigen Stelle die Diazeuxis hat, wo

dies fast alle annahmen, sondern vielmehr im höchsten Intervalle
der Scala, und demzufolge habe er die Mixolydische Scala in
ihrer jetzt üblichen Form von der Paramese bis zur Hypate
hypaton, construirt." Was den diazeuktischen Ganzton betrifft,
so haben denselben die sieben Octavengattungen an den folgenden
Stellen:

Hypodor.	a Δ h	c	d	e	f	g	h
Hypophryg.	g	a Δ h	c	d	e	f	g
Hypolyd.	f	g	a Δ h	c	d	e	f
Dorisch	e	f	g	a Δ h	c	d	e
Phrygisch	d	e	f	g	a Δ h	c	d
Lydisch	c	d	e	f	g	a Δ h	c
Mixolydisch	h	c	d	e	f	g	a Δ h

Die Stelle des diazeuktischen Ganztones ist in den vorstehenden
Scalen jedesmal durch Δ angezeigt. In der Mixolydischen Octavengattung liegt das diazeuktische Intervall a h an letzter und
höchster Stelle. Meine Geschichte der alten und mittelalterlichen
Musik S. 174 fügt hinzu: Dies „Schema" der Mixolydischen Scala
rührt nun, wie Plutarch berichtet, von dem Athener Lamprokles
her, oder, um genauer den Inhalt der Stelle wiederzugeben, es
ist durch ihn zur allgemeinen Anerkennung gekommen; denn
früher glaubten fast Alle, dass das diazeuktische Intervall der
Mixolydischen Scala sich an einer andern Stelle befinde. Es kann
also nach dieser Meinung der Früheren die Mixolydische nicht
die Skala h c d e f g a h gewesen sein, denn in dieser bildet die
Diazeuxis stets das höchste Intervall, man mag sie auf eine
Transpositionsstufe transponiren, auf welche man will; es muss
das, was man früher als Mixolydische Octavengattung bezeichnete, mit einer der sechs übrigen Octavengattungen zusammen-
gefallen sein, nämlich mit einer solchen, wo die Diazeuxis nicht
das höchste Intervall war, sondern in der Mitte oder irgendwo
weiter nach der Tiefe zu lag. Mit welcher andern Octavengattung
mochte aber die Mixolydische vor Lamprokles identificirt werden?
Es kann dies schwerlich eine andere sein als die Dorische in e.
Es werden in der früheren Zeit ebensowenig bei den Mixolydischen Melodien wie bei den Lydischen, Phrygischen und Dorischen die sämmtlichen sieben Töne der Scala gebraucht worden

sein. Nimmt man an, dass die Mixolydischen Melodien der Sappho in folgenden Tönen ausgeführt seien:

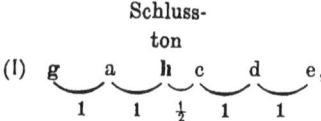

so ist dies genau dieselbe Scala wie folgende Dorische:

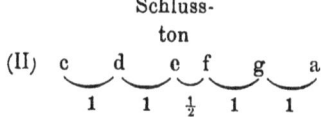

d. h. (I) und (II) sind verschiedene Transpositionsstufen einer und derselben Tonscala: die erstere ohne Vorzeichnung, die zweite mit Einem ♭.

Bei dieser Beschränkung auf die sechs genannten Töne konnte man auf dem heptachordischen Systeme Synemmenon unter Festhaltung der dynamischen Mese (e) als des Schlusstones der Melodie nicht bloss die Dorischen, sondern auch die Mixolydischen Melodien ausführen:

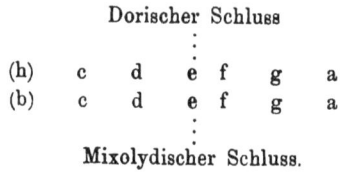

Die Tonarten aber waren trotz des gleichen Melodienschlusses dennoch verschieden genug; denn die sich mit dem Schlusston verbindenden Töne der Begleitung waren nicht dieselben, oder mit anderen Worten, die Tonica war für beide Tonarten eine andere. Das Dorische steht also zu dem alten nur auf 6 Töne beschränkten Mixolydisch in demselben Verhältnisse wie das Aeolische zum Lokrischen; denn auch hier ist der Ton a der gemeinsame Schlusston der beiderseitigen Melodien, während der das Wesen der Tonart bestimmende harmonische Grundton verschieden ist. In derselben Weise, wie die Octavengattung in a zugleich die Dorische und Lokrische Tonart bildete, ebenso glaubte man in der früheren Zeit der „Oligochordie", dass die Octavengattung in e nicht bloss die Dorische, sondern auch die Mixolydische sei, — man konnte dies aber nur deshalb annehmen, weil man in den Mixolydischen Compositionen die auf den Melodie-

Schlusston nach der Höhe zu folgende fünfte Tonstufe oder die
ihr nach der Tiefe zu vorausgehende vierte Tonstufe (d. h. den
Ton b) ausliess.

Dorisch		e	f	g	a	h	c	d	e
Altes Mixolydisch	e	f	g	a		c	d	e.	

Als man aber im weiteren Fortschritt der Musik jene zuerst aus-
gelassene Tonstufe hinzunahm, da sah man, dass dies nicht der
Ton h, sondern der Ton b war.

Mixolydisti	e	f	g	a	b	c	d	e

d. i. in der Transpositionsstufe ohne Vorzeichen

Mixolydisti	h	c	d	e	f	g	a	h.

Die volle Mixolydische Scala war also nicht mit der Dorischen
identisch, sondern diese hatte das diazeuktische Intervall a h in
der Mitte, während es in der vollen Mixolydischen Scala an
letzter und höchster Stelle lag. Es war die volle Mixolydische
Scala dieselbe, welche durch das Heptachord-Synemmenon dargestellt wurde; man konnte daher sagen, dass Terpander die
volle Mixolydische Scala aufgestellt habe, „τὸν μιξολύδιον τόνον
ὅλον προσεξευρῆσθαι λέγεται" Plut. mus. 28.

Sappho ist, wie Aristoxenus berichtet, die Erfinderin der
Mixolydischen Scala, aber diese Scala war damals noch eine un-
vollständige. Die vollständige Scala hat, wie derselbe Gewährsmann sagt, der Athener Lamprokles zur allgemeinen Anerkennung
gebracht. Lamprokles ist der Schüler des Pythokleides, von welchem Aristoxenus in einem anderen seiner Werke laut der Angabe
Plutarchs gesagt, dass er der Erfinder der Mixolydischen Tonart
sei. Wir werden in diesen scheinbar verschiedenen Berichten des
Aristoxenus keinen Widerspruch mehr finden. Sappho ist die Erfinderin der Mixolydischen Tonart; Pythokleides stellte zuerst die
vollständige Mixolydische Scala auf, welche man später allgemein
recipirte, während man früher die Scala mit der Dorischen iden-
tificirte; und derjenige, welcher diese vollständige Mixolydische
Scala (mit der Diazeuxis an höchster Stelle) zur allgemeinen
Anerkennung brachte, ist Pythokleides' Schüler Lamprokles. Denn
dass Lamprokles bei der Aufstellung der Mixolydischen Scala
nicht etwas Neues thut, geht aus den Worten hervor: ὅτι οὐκ
ἐνταῦθα ἔχει τὴν διάζευξιν ὅπου σχεδὸν ἅπαντες ᾤοντο; fast Alle,
aber nicht schlechthin Alle, hatten bis auf Lamprokles eine ver-
kehrte Meinung von der Form der Mixolydischen Scala; das

Richtige war schon vor ihm erkannt worden, aber nur wenigen zugänglich. Die Combination, dass es eben Lamprokles' Lehrer, Pythokleides, war, welcher diese richtige Form erkannt hatte, liegt auf der Hand. Sappho erfindet die Tonart, Pythokleides entdeckt die vollständige Scala, und Lamprokles, der Schüler dieses Theoretikers, bringt die Beschaffenheit der vollen Mixolydischen Scala zur allgemeinen Anerkennung. Wir verstehen jetzt, was es heisst Plut. 28: $T\acute{\varepsilon}\varrho\pi\alpha\nu\delta\varrho o\nu$ . . . $\varkappa\alpha\grave{\iota}\ \tau\grave{o}\nu\ \mu\iota\xi o$-$\lambda\acute{v}\delta\iota o\nu\ \tau\acute{o}\nu o\nu\ \ddot{o}\lambda o\nu\ \pi\varrho o\varsigma\varepsilon\xi\varepsilon\upsilon\varrho\tilde{\eta}\sigma\vartheta\alpha\iota\ \lambda\acute{\varepsilon}\gamma\varepsilon\tau\alpha\iota$; schon Terpander habe die vollständige Mixolydische Scala hinzuerfunden. Die durch das Heptachord des Synemmenon-Systems gegebene Tonreihe

h   c   d   e   f   g   a

enthält zwar nur die sieben Töne der Mixolydischen Scala (es fehlt die höhere Octave), aber sie ist insofern eine vollständige Reihe, als auf ihr derjenige Ton, der ihre Verschiedenheit von der Dorischen Scala bedingt und von dem wir anzunehmen haben, dass Sappho ihn unbenützt liess, enthalten ist, nämlich der fünfte Ton vom melodischen Schlusston der Mixolydischen Scala an gerechnet. Hätte nicht im Bewusstsein der alten Musiktheoretiker der Gegensatz einer in der von uns angegebenen Weise unvollständigen und vollständigen Mixolydischen Scala bestanden, so würde es keinen Sinn gehabt haben, wenn sie dem Terpander in jener heptachordischen Scala von h bis a die „vollständige" Mixolydische Scala vindicirt hätten*).

---

*) Aus meiner „Geschichte der mittelalterlichen Musik, 1865, F. E. C. Leuckart" S. 199 sei folgendes angeführt: „Zur Ausführung der Octavengattungen haben die 'ganz Alten' dasjenige Dodekachord genommen, welches man schon vor Platos Zeit den Tonos Lydios nannte: der höchste Ton, mit dem sie hier beginnen, ist die Nete diezeugmenon, von ihm aus wird eine Dorische Octavengattung nach der Tiefe zu geführt; in gleicher Weise wird von der dynamischen Paranete diezeugmenon an abwärts eine Phrygische, von der Paramesos an eine Mixolydische, von der Mese an eine Syntonolydische, von der Lichanos meson an eine Iastische Octavengattung ausgeführt. Die Syntonolydische Octavengattung hätte noch einen Ton tiefer (bis d) abwärts geführt werden müssen. Dies ist nicht geschehen. Es kann das keinen anderen Grund haben, als diesen, dass die 'ganz Alten' in der zu Grunde gelegten Scala den Ton d (es würde dies der dynamische Proslambanomenos des Tonos Lydios sein) noch nicht annahmen: die Scala ging damals über die Hypate hypaton noch nicht hinaus. Aus demselben Grunde musste auch in der Iastischen Octavengattung der vorletzte Ton, nämlich der Ton d, ausgelassen werden; bis zum letzten und tiefsten Tone c hätte man die Iastische Octavengattung auch auf den Dodeka-

So lässt sich nun auch die Benennung Mixolydisti erklären:
man fasste diese Tonart früher als eine Doristi auf, doch als
Doristi besonderer Art, als eine Mischung der Doristi mit der
Lydisti. Die eigentliche Doristi hatte den Klang a (die thetische
Mese) zur Tonica; die ganze Scala aber, welche man als eine
Mischung der Lydisti mit der Doristi auffasste, hatte zur Tonica
den Klang e, d. i. die thetische Trite. Hierbei vergleiche man
nun die über die Lydios Harmonia handelnde Stelle des Plutarchischen Musikdialoges Cap. 15: „Aristoxenus im ersten Buche
über die Musik sagt, dass zuerst Olympos das auletische Klage-
lied auf Pytho in der Lydisti gehalten habe." Diese Lydisti des
alten Olympos war aber, wie wir gesehen, die Syntonolydisti,
d. i. die Lydische Trite-Form, welche auf der grossen Dur-Terz
abschliesst. Eine frühere Form der Lydisti als diese Terzen-Form
gab es nicht. Eine Mischung der Doristi mit dem Lydischen ist
eine Dorische Octave, welche die Eigenthümlichkeit der Syntonolydisti hat.

Aus der Stelle des Pratinas hat sich oben ergeben, dass

---

chorde nicht zu Ende führen können; denn tiefer als bis zum dynamischen
Proslambanomenos ging der Lydische Dodekachord nicht abwärts."

Es wird durch diese Auseinandersetzung zu einer völlig sicheren Thatsache, dass es zur Zeit der „ganz Alten" zwar die drei Töne hypaton, aber
noch keinen Proslambanomenos gab, und zwar war dies eine Zeit, in welcher sowohl die Instrumental- wie die Vocal-Noten bereits erfunden waren.

Nach Plutarch de psychogon. in Tim. p. 1029 B. Francof war der Proslambanomenos dem Plato noch unbekannt. Der Timäus-Erklärer, welcher
diese Notiz überliefert hat, denkt an die Commentatoren der Platonischen
Harmonien, welche ein unvollständiges Dodekachord, dem der Proslambanomenos fehlte, vor Augen hatten. Plato selber aber statuirt seiner im
Timäus gegebenen Darstellung zufolge in den τριπλάσιοι διαστάσεις drei
vollständige Dodekachorde vom Proslambanomenos bis zur Nete diezeugmenon. Jene Commentatoren der von Plato in der Republik behandelten
Harmonien stehen also bezüglich des von ihnen zu Grunde gelegten Ton-
Systemes auf einem älteren Standpunkte als Plato selber. Dass die Athenischen Musiker Pythokleides und Lamprokles an der Aufstellung des dynamischen Tonsystemes gearbeitet haben, hat sich oben auf S. 225 gezeigt.
Wie weit ein jeder von ihnen im Ausbaue des dynamischen Systemes gekommen ist, wissen wir nicht. Offenbar hatte einer von ihnen den Proslambanomenos zum Hypaton-Tetrachorde noch nicht hinzugefügt, dieser
war es, an welchen sich jene Commentatoren der Platonischen Harmonien
anschlossen. Wären wir genauer mit der Geschichte der älteren Stoa bekannt, so würden wir auch jene Periode, in welcher sich die Theorie der
Musik-Systeme entwickelte, deutlich überschauen.

die Harmonie in h auch mit dem Namen syntonos Iasti bezeichnet wurde. Dieser Name scheint in früherer Zeit gebräuchlich gewesen zu sein. Wenn Aeschylus den Chor der Hiketiden singen lässt:

> τὼς καὶ ἐγὼ φιλόδυρτος Ἰαονίοισι νόμοισι
> δάπτω τὰν ἁπαλὰν νειλοθερῆ παρειάν.

so sind Syntono-Iastische d. i. Mixolydische Klagegesänge gemeint. In einem Chorliede dürfen wir ja die „Ionischen Weisen" nicht von der Ionischen = Hypophrygischen Octavengattung in g verstehen, denn es heisst Aristotel. Probl. 19, 30:

> κατὰ τὴν ὑποφρυγιστὶ πράττομεν, ὃ οὐκ οἰκεῖόν ἐστι
> χορῷ, ἔστι γὰρ ὁ χορὸς κηδευτὴς ἄπρακτος.

Aeschylus kann hiernach unter den Ἰαόνιοι νόμοι nur einen Chorgesang in der σύντονος Ἰαστί des Pratinas, d. i. der θρηνώδης Μιξολυδιστί verstanden haben.

Syntonolydisches Hexasemon.
(Anonymus § 104.)

Notenzeichen der sieben Handschriften*).

*) lib. N(eapolitanus 259, III. c. 1), p(arisinus 2460), π(arisinus 2532), B(arberinus), P(arisinus 2458), S(caligeranus Leid.), M(utinensis).

Das Beispiel führt die Ueberschrift κῶλον ἐξάσημον. Der
Herausgeber Fr. Bellermann, welcher aus fünf Handschriften die
Lesarten bringt, bemerkt dazu p. 98: „Hoc κῶλον ἐξάσημον multis
in locis superscriptas singulis notis habet lineolas et puncta, quae
quos locos in codicibus obtineant indicavi. Quemadmodum vero in
rhythmos ἐξασήμους disponendi soni huius melodiae sint, enucleare
mihi non contigit." Indem ich die über den Noten stehenden
Linien und sonstige rhythmische Zeichen, welche Bellermann in
den Anmerkungen mittheilt, sorgsam beachtete, habe ich die
ganze Melodie in ihre κῶλα ἐξάσημα zu theilen versucht und
unter Herstellung des Tonos Lydios, in welchem sie geschrieben
ist (Bellermann hat sie in die Scala ohne Vorzeichen transponirt), dürfte meine Herstellung den Anspruch machen, das Richtige getroffen zu haben.

C. v. Jan ist durchaus nicht gewillt, die Syntonolydische
Melodie des Anonymus anzuerkennen. Er sagt in den Neuen
Jahrbüchern für Philol. und Pädag. 1864 (in seiner Recension
meiner ersten Auflage der griech. Harmonik):

„Ganz entschieden irrig ist die Hypothese von einem Schlusse
der Melodie in der Terz, welcher das Eigenthümliche des Syntonolydischen gewesen sein soll. Die grosse sowohl wie die
kleine Terz gilt im Alterthume für eine Dissonanz; an
der einzigen Stelle, wo der grossen Terz eine Art Mittel-
stellung zwischen Consonanz und Dissonanz eingeräumt
wird (Gaud. 11), ist sie mit dem abscheulichen Tritonos
zusammen genannt. Wenn nun aber in einem Musikbeispiele
des Anonymus die Melodie auf der Terz zu schliessen scheint,
so muss dies Stück, wenn wir uns nicht etwa in Annahme der
Tonart irren, entweder unvollständig überliefert sein, oder aus
einer Zeit stammen, die den Gebrauch des klassischen Alterthumes gänzlich aufgegeben hatte."

In Chrysanders Allgemeiner musikalischen Zeitung 1878
Nr. 47 sagt Carl v. Jan (die Tonarten der alten Griechen):
„Referent hat bereits mehrfach, unter andern auch in dieser
Zeitung Jahrgang 1872 Sp. 730 gegen jene Lehre energisch pro-
testirt und dagegen geltend gemacht, dass die Terz dem ge-
sammten Alterthum stets als eine Dissonanz gegolten hat, dass
jene Handvoll Noten in Bellermanns Anonymus § 104, einem
Conglomerat aus ganz später Zeit, dagegen unmöglich etwas be-

weisen kann, um so weniger, da der Schluss jenes Notenbeispieles gar nicht sicher ist."

In demselben Aufsatze (Nr. 45) klagt Carl v. Jan, dass ihm die Entdeckungen aus Mykenä und Olympia nicht für die Musik der Griechen, sondern bloss für die bildende Kunst der Griechen zu Gute kommen. Wenn dort auch Entdeckungen, wie Jan sie wünscht, gemacht würden, — jemand, welcher das Musikdenkmal des Anonymus verächtlich eine Handvoll Noten nennt, würde sie sicherlich nicht zu verwerthen verstehen. Dem Herrn C. v. Jan würden sie nicht zu Gute kommen. Ein ernster Forscher, dem die Sache am Herzen liegt, darf von einem antiken Denkmale nicht so verächtlich reden, welches, es mag so spät sein wie es will, doch immer ein Denkmal der griechischen Musik sein wird. Klein genug ist es; die „Handvoll Noten" umfassen nicht mehr als nur drei Kola. Kann denn überhaupt der geringe Kunstwerth eines antiken Denkmals ein Grund für den Forscher sein, dass er dasselbe unbeachtet lässt? Von vornherein lässt sich niemals sagen, ob etwas wichtig, ob etwas unwichtig ist. E. F. Baumgart (Betonung der rhythmischen Reihe bei den Griechen 1869) scheint das von C. v. Jan so genannte „Conglomerat aus später Zeit" nicht so verächtlich wie C. v. Jan angesehen zu haben. Baumgart sagt dort S. XXIX: „Westphal hat die Stückchen des Anonymus (Fragm. d. Rhythm. S. 139) nur als Uebungsbeispiele angesehen. Das einzige κῶλον ἑξάσημον § 104 bedeutet etwas mehr." Karl Lang, Altgriechische Harmonik S 48, sagt von jener Melodie, sie würde durch ihre frische Lebendigkeit jedem unserer Componisten zur Ehre gereichen. „Ein Conglomerat aus ganz später Zeit" soll jene Handvoll Noten nach C. v. Jans Urtheile sein. Welches sind denn nach seiner Meinung die Musikreste der früheren Zeit? Diejenigen, deren Zeit sich bestimmen lässt (von der fraglichen Pindar-Melodie Athanasius Kirchers ist abzusehen), sind die Hymnen des Dionysius und Mesomedes aus der Zeit Hadrians und Marc Aurels. Ein bewährter Musiktheoretiker fällt über diese Hymnen das Urtheil: „Dem Uebelstande des Tritonos gegenüber, welcher in ihnen fast überall zu Tage tritt, sind die übrigen Ungehörigkeiten, welche die Melodien des Dionysius und Mesomedes darbieten, kaum noch von Bedeutung. Dahin gehören z. B. der melodiöse Schritt e͞ g in dem Hymnus an die Muse; dann aber namentlich auch die melodische Monotonie, Trockenheit und Bedeutungslosigkeit sämmtlicher Gesänge,

welche in dem an die Nemesis so weit gehen, dass man diese
noch am ehesten für eine unverständliche Bratschen-Füllstimme
halten möchte." Die von Bellermann einer besonderen Berücksichtigung gewürdigten Hymnen des Dionysius und Mesomedes
tragen ganz und gar das Gepräge absterbender Productionskraft
des Kaiserthumes. Wir müssen dem Geschicke auch dafür dankbar
sein, dass es uns diese Monumente Hadrianischer und Marc Aurel-
scher Zeit erhalten hat; dankbar in hohem Grade auch dem emsigen
Forscher Fr. Bellermann, dass er dieselben lesbarer, als sie früher
waren, gemacht hat; noch dankbarer dürfen wir freilich demselben Forscher dafür sein, dass er die kleine Syntonolydische
Instrumentalcomposition zuerst aus den Handschriften hervorgezogen, auch wenn er sie nicht in ihre Kola einzutheilen und
somit in ihrer künstlerischen Bedeutung nicht zu würdigen wusste.
Aber er war mit der griechischen Semantik und mit Handschriften
vertraut genug, um die Tonstufe der Noten richtig zu bestimmen, ein Punkt, worin wir völlig mit Bellermann übereinstimmen.
C. v. Jans Bedenken, das kleine Musikstück möchte wohl unvollständig überliefert, die Schlussnote möchte wohl in der Bellermannschen Interpretation nicht sicher sein, oder es möchte aus
einer ganz späten Zeit stammen, welche den Gebrauch des klassischen Alterthumes gänzlich aufgegeben habe, — alle diese Bedenken Jans sind völlig unbegründet. Die Noten können keine
anderen Tonstufen bezeichnen, als die von Bellermann p. 98 seines
Anonymus angegebenen. Ein Mann wie Friedrich Bellermann
weiss dies besser als Carl v. Jan. Es wäre vergebliche Arbeit,
wollte ich dem letzteren gegenüber nachweisen, dass die Schlussnote keine andere als die von Bellermann angegebene Note < sein
kann, die Terz des Syntonolydischen Dur. Herr C. v. Jan hat
Bellermanns Noten-Interpretation bemäkelt, ohne auch nur einen
einzigen Grund anzugeben. Das ist das allerbequemste, wenn
man etwas in Abrede stellen will. Wir aber wollen Karl Langs
Urtheil festhalten, dass jene Melodie durch ihre frische Lebendigkeit einem jeden neueren Componisten zur Ehre gereichen
würde: sie hat von allen Melodien des alten Griechenthums entschieden den höchsten Kunstwerth.

Es thut mir leid den Gegnern der thetischen Triten-Har-
monien zu den beiden in der Dur-Terz schliessenden Tonarten

auch noch zwei in der Moll-Terz schliessenden hinzufügen zu
müssen. Sokrates fragt den Glaukon: „*Τίνες οὖν θρηνώδεις
ἁρμονίαι; λέγε μοι· σὺ γὰρ μουσικός.*" Darauf die Antwort des
griechischen Fachmusikers: „*Μιξολυδιστί, ἔφη, καὶ Συντονολυδιστὶ καὶ τοιαῦταί τινες.*" Die Worte *καὶ τοιαῦταί τινες* besagen
ganz entschieden, dass in die Kategorie der Mixolydisti und Syntonolydisti noch andere Harmonien gehören — und zwar dem
Wortlaute zufolge nicht bloss eine, sondern mindesten zwei
(*τοιαῦταί τινες*). Plato hat mit Namen die beiden in der Terz
schliessenden Dur-Tonarten genannt. Auch die sentimentalen
Volkslieder der Schwaben haben den Dur-Terzenschluss. Aus
dem § 31 dieses Buches ist zu ersehen, dass es unter den Kirchentönen auch Moll-Tonarten mit unvollkommenem Ganzschlusse in
der Terzenlage des tonischen Dreiklanges gibt. Unmöglich kann
Plato unter den *τοιαῦταί τινες* andere Harmonien als die auf
den Moll-Terzenschluss ausgehenden Formen der Dorischen und
der Lokrischen Octavenklasse verstanden haben. Denn andere
Moll-Tonarten als diese beiden gibt es im klassischen Griechen-
thume nicht. Die der Dorischen Harmonieklasse angehörende
Form war es, für welche wir den Namen der Böotischen Harmonie zu vermuthen haben, denn dass diese mit der Octavengattung in e identisch sein sollte, wie Heinrich Bellermann annimmt, können wir nicht gelten lassen, da der mit e schliessenden
Octavengattung der Name Doristi als der Quintenform der Dorischen Octavenklasse zukommt. Dagegen haben wir die Ansicht
H. Bellermanns, dass unter der Lokristi der Alten die plagale
Form der Moll-Tonart in d zu verstehen sei, durchaus festzu-
halten; dass es auch eine authentische Form der Lokrischen
Moll-Tonart gab, ist nirgends überliefert; wenn aber Plato in die
Kategorie der Mixolydisti und Syntonolydisti noch „*τοιαῦταί τινες*"
zu setzen heischt, also mehr als eine Harmonie, so muss es
in der alten griechischen Musik nicht bloss für die Dorische,
sondern auch für die Lokrische Moll-Tonart eine Terzenform
gegeben haben. Bilden wir immerhin nach Analogie von *Συντονολυδιστί* die Bezeichnung *Συντονολοκριστί*, der freilich nirgends
nachweisbar ist.

Der entschiedene Hass gegen die griechische Terz datirt
wohl erst seit Forkel. Noch Fr. W. Marpurg sagt in seiner
„kritischen Einleitung in die Geschichte und Lehrsätze der alten
und neuen Musik," Berl. 1759, S. 238: „Wer von der Berechnung

der Intervalle auf den Gebrauch derselben schliessen will, der wird die Terz ohne Zweifel den Griechen absprechen. Aber daraus, dass sie selbige unter die Dissonanzen setzen, folgt gar nicht, dass sie selbige nicht gebraucht haben... Den Beweis, dass die Alten die Terzenharmonien kannten, entnehme ich aus dem Gaudentius p. 11."

Wie C. v. Jan diese Stelle, auf welche der alte Marpurg aufmerksam macht, interpretirt, kann man oben S. 229 nachlesen. Dergleichen ist in der Stelle des Gaudentius nicht zu finden. Dort wird die Unterscheidung von diaphonischen, paraphonischen und symphonischen Intervallen angegeben (beiläufig im Widerspruche mit Theo Smyrnaeus, Michael Psellus und Manuel Bryennios, deren Quelle hier offenbar eine viel bessere, als die des Gaudentius ist) und als Beispiel eines paraphonischen Intervalles die grosse Terz und der Tritonos herbeigezogen. Dass die Terz so schön wie der Tritonos klinge, hat nur C. v. Jan bei Gaudentius gelesen, kein anderer wird es dort finden. C. v. Jan meint, die Stelle des Gaudentius sei das günstigste Zeugniss, dass sich für den Eindruck des Terzenintervalles auf ein griechisches Ohr beibringen lasse. Eine Stelle des Anonymus § 89 der Bellermannschen Ausgabe bestätigt, was der alte Marpurg über die griechische Terz annimmt: sie sei ein Intervall, welches die antike Praxis wohl zu verwenden gewusst haben werde. Nach jenem Musikbeispiele, welches der Anonymus § 89 unter der Ueberschrift Δωδεκάσημος mittheilt, fand die Terz in der griechischen Melopöie eine ähnliche Verwendung wie bei uns.

Das erste und das letzte Kolon des Musikbeispieles schliesst mit dem gebrochenen D moll-Dreiklange als gebrochenem Accorde.

Mit Recht weist Gevaert darauf hin, dass der gebrochene Accord immer ein Accord ist, und dass mithin die Anwendung des tonischen Dreiklanges als Schluss musikalischer Abschnitte für das Griechenthum quellenmässig bezeugt ist.

§ 31.

Platos vier εἴδη ἁρμονιῶν, dargestellt an den christlichen Kirchentönen.

Die von Plato statuirten vier Harmonieklassen werden von ihm nicht namentlich aufgeführt. In der dritten Auflage meiner Rhythmik war die Vermuthung ausgesprochen, dass Plato darunter die Dorische, die Phrygische, die Lydische und die Lokrische Harmonieklasse verstehe. Ich habe keinen Grund, die Vermuthung aufzugeben.

Diese vier Harmonieklassen haben sich bis in die Musik der Kirchentöne fortgesetzt und weiter ausgebildet: als Aeolischer, Mixolydischer, Lydischer, Dorischer Kirchenton. Ein jeder Kirchenton zerfällt in drei Species, — eine Form, in welcher der Kirchenton in der Oberstimme auf die Octavenlage des tonischen Dreiklanges ausgeht, d. i. der Kirchenton mit vollkommenem Ganzschlusse — zwei andere Formen, in welchen der Kirchenton mit unvollkommenem Ganzschlusse entweder in der Terzenlage oder in der Quintenlage des tonischen Dreiklanges ausgeht. Ausser dem Ganzschlusse (authentischem Schlusse) kommt für die Kirchentöne auch noch der Halbschluss (Plagalschluss) vor, in welchem ebenfalls der Dreiklang den Ausgang bildet, aber der auf die Dominante basirte Dreiklang. Den griechischen Melopöien waren die Plagalschlüsse fremd; denn dort ist stets die thetische Mese ein nothwendiges Element des Schlussaccordes. Hätten die griechischen Melopöien den Plagalschluss gekannt, so hätte Aristoteles probl. 19, 36 nicht die thetische Mese, sondern die thetische Hypate als das nothwendige Element des Schlussaccordes angegeben.

Vier verschiedene Tonarten und Octavengattungen, zwei Molltonarten und zwei Durtonarten, sind der alten griechischen Musik und den christlichen Kirchentönen gemeinsam:

1) Eine Molltonart mit fehlendem Leitton, bei den Alten Dorische Harmonieklasse, in der christlichen Musik Aeolischer Kirchenton genannt.

2) Eine Durtonart mit fehlendem Leitton, bei den Alten Phrygische Harmonieklasse, in der christlichen Musik Mixolydischer Kirchenton genannt.

3) Eine Durtonart mit fehlender vierter Tonstufe, bei den Alten Lydische Harmonieklasse genannt, in der christlichen Musik gleichfalls als Lydischer Kirchenton bezeichnet.

4) Eine Molltonart, welche die Paralleltonart der Lydischen Dur ist. Bei den Alten führt diese Molltonart den Namen Lokrisch, in der Musik der christlichen Kirchentöne den Namen Dorisch.

Werden diese vier Tonarten der Griechen als *Δωριστί, Φρυγιστί, Λυδιστί, Λοκριστί* (im engeren Sinne) bezeichnet, so ist darunter diejenige Form der betreffenden Tonart zu verstehen, welche den unvollkommenen Schluss auf der tonischen Quinte hat.

Hat die betreffende Tonart den vollkommenem Abschluss auf der Prime, dann hat sie die Bezeichnung *Ὑποδωριστί (Αἰολιστί), Ὑποφρυγιστί (Ἰαστί* oder *χαλαρὰ Ἰαστί), Ὑπολυδιστί (χαλαρὰ Λυδιστί).* Die Lokrische Tonart kommt mit Primenschlusse nicht vor: ein *Ὑπολοκριστί* gibt es nicht.

Haben die beiden Durtonarten den Abschluss in der tonischen Terz, so führen sie die Bezeichnung *σύντονος Ἰαστί (Μιξολυδιστί)* und *σύντονος Λυδιστί (Συντονολυδιστί).* Für das Dorische Moll mit dem Schlusse auf der tonischen Terz nehmen wir die Bezeichnung *Βοιωτιστί* in Anspruch, für die analoge Form des Lokrischen Moll den nicht überlieferten Namen *σύντονος Λοκριστί* (s. oben).

Für die den griechischen Tonarten entsprechenden Kirchentöne gibt es nur die generellen Namen Aeolisch, Mixolydisch, Lydisch, Dorisch, ohne specielle Bezeichnung des jedesmaligen vollkommenen oder unvollkommenen Ganzschlusses. Wir entnehmen in dem Folgenden die Beispiele der Kirchentöne den Orgelpräludien in dem „theoretisch-praktischen Organisten, Stufe IV" von Fr. W. Sering, und den „kirchlichen Chorgesängen, zusammengetragen von F. Krauss und J. Ch. Weeber".

Dorische Harmonieklasse der Griechen.

a. Antikes Hypodorisch oder Aeolisch, Schluss auf der th. Mese.

Aeolischer Kirchenton mit vollkommenem Ganzschlusse. Orgelpräludium von J. G. Herzog. Sering a. a. O. S. 100:

b. Antikes Dorisch, Schluss auf der th. Hypate (Nete).

Aeolischer Kirchenton mit unvollkommenem Ganzschluss in der tonischen Quinte. Choral von Anton Lotti, Schlussvers, Krauss und Weeber 2, S. 12:

Aeolischer Kirchenton mit unvollkommenem Dur-Ganzschluss in der tonischen Quinte. Orgelpräludium von H. Bellermann, Sering S. 101:

c. Antikes Boeotisch(?), Schluss auf der th. Trite.

Aeolischer Kirchenton mit unvollkommenem Dur-Schluss auf der tonischen Terz. Choral von Orlandus Lassus, Krauss und Weeber 3, 1:

Phrygische Harmonieklasse.

a. Antike Hypophrygisti oder (aneimene) Iasti, Schluss auf der th. Mese.

Mixolydischer Kirchenton mit vollkommenem Ganzschluss. Orgelpräludium von J. G. Herzog, bei Sering S. 88:

b. Phrygisti, Schluss auf der thetischen Hypate (Nete).

Mixolydischer Kirchenton mit unvollkommenem Kirchenschluss auf der tonischen Quinte. Aus dem Weihnachtsliede, 1587, von Leonh. Schröter, bei Krauss und Weeber 3, 5 Schlussvers:

c. Syntonos Iasti oder Mixolydisti, Schluss auf der thetischen Trite.

Mixolydischer Kirchenton mit unvollkommenem Ganzschluss auf der tonischen Terze. Jacobus Gallus „Ecce quomodo moritur“, bei Krauss und Weeber 2, 5 Schlussvers:

Lydische Harmonieklasse.

a. Hypolydisti (chalara Lydisti), Schluss auf der thetischen Mese.

Lydischer Kirchenton mit vollkommenem Ganzschlusse. Orgelpräludium von F. W. Sering, a. a. O. S. 107:

b. Syntonolydisti, Schluss auf der thetischen Trite.

Lydischer Kirchenton mit unvollkommenem Ganzschlusse auf
der tonischen Terz. Orgelpräludium von J. G. Herzog, bei Sering
a. a. O. S. 108, die letzten Takte:

So hat auch die christlich-moderne Musik sich in der Syntonolydischen Tonart der alten Griechen versucht. Aber eine so schöne Melodie, wie das Syntonolydische Trochaikon beim Anonymus § 104 hat unsere moderne Musik schwerlich aufzuweisen!

Lokrische Harmonieklasse.

a. Hypolokrisch(?), Schluss auf der thetischen Mese.

Das Vorkommen einer solchen Tonart bei den Griechen ist durchaus unsicher. In der christlich-modernen Musik führt dieselbe die Benennung „Dorischer Kirchenton mit vollkommenem Ganzschluss". Als Beispiel derselben geben wir ein Orgelpräludium von J. G. Herzog, bei Sering a. a. O. S. 93:

b. Syntonolokrisch(?), Schluss auf der thetischen Trite.

Es ist von Plato nicht ausdrücklich gesagt, aber überaus wahrscheinlich, dass neben der Mixolydisti und Syntonolydisti unter den „anderen Harmonien der Art" die auf der Trite schliessenden Moll-Melodien gemeint sind, die Tritenspecies des Dorischen und des Lokrischen Moll. Der letzteren würde der Dorische Kirchenton mit unvollkommenem Schlusse auf der tonischen Terz entsprechen. Als Beispiel diene das Orgelpräludium von P. A. Homilius, bei Sering a. a. O. S. 92:

c. Lokristi, Schluss auf der thetischen Nete (Hypate).

Dorischer Kirchenton mit unvollkommenem Ganzschlusse in der Quintenlage. Psalm aus den 17. Jahrh., bei Krauss u. Weeber 2, 10 Schlussvers: „Und einen neuen gewissen Geist, Herr, gib mir!"

Wenn es mir gelänge, bei Heinrich Bellermann und den übrigen auf S. 211 genannten Sachverständigen das Interesse für die Parallele zwischen den griechischen Harmonieschlüssen in der thetischen Mese, Trite und Hypate einerseits und den vollkommenen und unvollkommenen Ganzschlüssen der Kirchentöne andererseits in der Weise das Interesse zu erwecken, dass sie sich bewegen lassen möchten, die auf diesen Blättern versuchte Skizze zu vervollständigen und zu berichtigen, so würde meine jahrelange Arbeit an der griechischen Harmonik in vollstem Masse belohnt sein.

Nachtrag zur Intervallenlehre.

S. 63. Die Bezeichnungen „ungemischte Tetrachordeintheilungen" kommen weder in den uns erhaltenen Partien der ersten noch der zweiten Harmonik des Aristoxenus vor. Wohl aber sagt Ptolemäus: Ἀλλ' ἡμεῖς, ἐπί γε τοῦ παρόντος, τὰς Ἀριστοξενείους ὑπερόψομεν, ἐχούσας οὕτως... Ἐξ ὧν ὑφίσταται διαφορὰς τῶν ἀμιγῶν γενῶν ἕξ. Μίαν μέν, τὸν τοῦ ἐναρμονίου Τρεῖς δὲ τοῦ χρωματικοῦ, μαλακοῦ τε καὶ ἡμιολίου καὶ τονιαίου Τὰς δὲ λοιπὰς δύο τοῦ διατονικοῦ τὴν μὲν μαλακοῦ, τὴν δὲ συντόνου. Es ist mit Sicherheit anzunehmen, dass Ptolemäus hier die siebentheilige Harmonik vor Augen hat. Das nämliche wie in dieser Stelle des Ptolemäus lesen wir auch in dem von Porphyrius gegebenen Commentare: Τὸν τόνον διαρεῖ ὁ Ἀριστόξενος... Ἐξ ὧν ὑφίσταται διαφορὰς τῶν ἀμιγῶν γενῶν ἕξ. Der Ausdruck ἀμιγῆ γένη, ἀμιγεῖς τετραχορδικαὶ διαιρέσεις wird wohl der Aristoxenische sein. In seiner Rhythmik stellt Aristoxenus den μικτοὶ χρόνοι die ἁπλοῖ χρόνοι gegenüber. Hätte er in der Harmonik dieselben Termini für die γένη gebraucht, dann würde er γένη μικτά und γένη ἁπλᾶ unterschieden haben.

Die betreffende Aristoxenische Stelle aus der siebentheiligen Harmonik kommt auch bei Boetius de institutione musica 5, 16 vor. Hier heisst es: „Fiunt igitur secundum hunc ordinum differentiae ⟨simplicium, non⟩ permixtorum generum sex, una quidem enarmonii, tres autem chromatici..., duae vero aliquae diatonici mollis atque incitati." In den handschriftlich überlieferten Worten permixtorum generum sex liegt entschieden ein Textfehler. Doch zeigen dieselben immerhin, dass hier in den Worten des Aristoxenischen Originals von einer Mischung die Rede war. Der ursprüngliche Wortlaut in der Uebersetzung des Boetius mag „simplicium, non permixtorum generum" gewesen sein.

For EU product safety concerns, contact us at Calle de José Abascal, 56–1°,
28003 Madrid, Spain or eugpsr@cambridge.org.

www.ingramcontent.com/pod-product-compliance
Ingram Content Group UK Ltd.
Pitfield, Milton Keynes, MK11 3LW, UK
UKHW040617240426
470322UK00010B/169